为了人与书的相遇

1979

增订本

八〇年代

1980

1981

1982

1983

1984

中国经济学人的光荣与梦想

1985

柳红 著

1986

The 1980s and Chinese Economists

1987

1988

1989

四川人民出版社

图书在版编目(CIP)数据

八〇年代：中国经济学人的光荣与梦想 / 柳红著.
-- 增订本. -- 成都：四川人民出版社, 2019.3

ISBN 978-7-220-11178-5

Ⅰ. ①八… Ⅱ. ①柳… Ⅲ. ①中国经济史 - 现代
Ⅳ. ①F129.7

中国版本图书馆CIP数据核字(2018)第295213号

BALING NIANDAI: ZHONGGUO JINGJI
XUEREN DE GUANGRONG YU MENGXIANG

八〇年代：中国经济学人的光荣与梦想

柳　红 著

责任编辑：唐　婧
特约编辑：曹凌志　黄　燕　王家胜
装帧设计：高伟哲
内文制作：李丹华
责任印制：祝　健
出版发行：四川人民出版社
地　　址：成都槐树街2号
网　　址：http://www.scpph.com
全国新华书店经销
印刷：山东临沂新华印刷物流集团有限责任公司

开本：710mm×1000mm　1/16
印张：33.5　字数：450千字
2019年3月第1版　2019年3月第1次印刷
书号：978-7-220-11178-5
定价：79.00 元

那是怎樣的一個時代呢？

一切從頭開始，英雄不問來路。

那是思想啟蒙的時代；是充滿激情暢想的時代；是穿軍大衣，騎自行車，吃食堂、住陋室的時代；是老年人、中年人、青年人一起創造歷史的時代。

目 录

增订本序
1980年代的“民族记忆”

朱嘉明，经济学家，生于1950年，北京人，中国社会科学院工业经济研究所1978年第一届研究生，参与创建国务院技术经济研究中心，1984年莫干山会议发起人之一。

在中国经济改革四十周年之际，柳红的《八〇年代：中国经济学人的光荣与梦想》再版，值得高兴。因为这本书记载了 1980 年代中国三代经济学人为中国改革所做的努力与贡献。近年来，各个阶层的人士都表现出一种对 1980 年代的怀念情感，而且呈现出愈来愈浓厚的趋势。这其实是一种“民族性”历史记忆的表现。一般来说，“民族性”的历史记忆有这样几个特征：跨越社会的阶级和阶层；涉及至少三代人；不断被重新解读和赋予新的历史含义，构成民族文化的反思现象；记忆可以传承更年轻的一代人，引起后人的共鸣。中国自 20 世纪开始至今，120 年过去，从清朝到民国，再到共和国，历史事变多矣，几乎每个十年都有它的特色，没有任何上一个十年可以预测下一个十年。但是，属于“民族性”的历史记忆并不太多，大概有三次：第一次是抗日战争；第二次是“文化革命”；第三次是 1980 年代改革。抗日战争和“文化革命”所留下的“民族性”的历史记忆符号是灾难、困苦以及悲欢离合、家破人亡；而 1980 年代给人们留下的符号是宽松、理想、希望和热气腾腾的向上与进取。这是因为：1980 年代建立新经济制度的框架，奠定经济起飞的基础，确立中国与世界相互依存的格局，整合了国家的精神和物质资源，开启全方位现代化转型。在这个意义上说，1980 年代，不仅是中国现代史不可逾越的时期，更是中国未来历史的全方位坐标。今天中国的各种经济、政治、社会问题和现象最终都可以在 1980 年代中找到基因和逻辑。1980 年代不仅吸引着经历过这个年代的人，同样吸引着没有经历过 1980 年代的年轻人。

在 1980 年代“民族性”的历史记忆背后，其实有着 1980 年代特有的“精神结构”，或者“精神范式”，而“理想主义”和“浪漫主义”就是其中最为重要的因子。

在人类漫长的文明历史中，绝大多数的岁月是平庸无奇的，能够被历史记载下来的时代其实并没有多少。被记载下来的年代，许多是精彩的和激动人心的，是与一种精神和理想联系在一起的，例如：基督教文明诞生，文艺复兴，法国大革命，美国独立战争，工业革命。在 20 世纪的中国，为什么五四运动有如此重要的地位？说到底，是因为五四运动与“德先生”和“赛先生”联系在一起，民主和科学在当时的中国是一种精神和理想。相比较而言，与五四运动前后并行的实业救国运动，虽然有着非常正面的历史作用，却并不被人们崇尚，因为实业救国运动被认为是一种经济和利益的运动。二战后的美国真正被历史高度肯定和记载的，其实就是 1970 年代的反战和学生运动，是马丁·路德·金的“我有一个梦想”，它们改变了西方的历史轨迹。

中国 1980 年代的理想主义丰厚和多元：共产党人的理想主义，知识分子的理想主义，中国文化传统中的理想主义，以及民族复兴的理想主义。不同的社会群体也有着自己的理想：农民的理想是吃饱饭，穿好衣，孩子能上学；市民和工人的理想是涨工资，家里有上“三大件”；知青的理想，回城，读书，找到工作；在科学家那里，让科学的春天持续下去，就是理想。

总之，那时社会各个阶层的理想，不论是深刻的，偏重精神和思想的，还是朴实、简单、平常、偏重物质的，彼此相容，求同存异。人们持有一种共同接受的价值观，道德取向一致。从普通老百姓到政治精英，人人希望改革，每个人心里也都有自己对改革的理解和期待。最初改革的概念并不清晰，谁也无法定义改革，谁都不能说清楚什么叫改革，但是，每个人都赋予改革以某种理想主义的含义，于是，改革既抽象又具体，既美好又艰辛，既那么遥远又似乎触手可及。正是这样，人们对于改革的期望和理想，如同溪流汇成江河，成就了历史性大潮。不然，1980 年代也不会激荡起那么多人的激情。这是个真实的历史过程，这是少有的历史现象。

与 1980 年代的理想主义不可分割的还有浪漫主义。改革的浪漫主义和改革的理想主义是共通的。理想主义从来包含着浪漫主义的成分，浪漫主义从来和一种想象与精神联系在一起，每当一个时代被理想主义左右的时候，这个时代一定洋溢着浪漫主义和美好想象，从而激发想象力与创造力。1980 年代改革，是对计划经济和当时体制的一次解构，解构过程导致社会呈现出增加自由选择的可能性，只是当时人们对此并没有那么自觉的意识。于是，改革导致人们从精神生活到物质生活的解放，最核心的是人性的解放，激发出丰满的、色彩斑斓、万象纷呈的历史时期。中国在 1980 年代的改革浪漫主义，与 18 世纪末欧洲兴起的浪漫主义，有些相似之处，基于对传统理念和理性的幻灭和批评，重新认知直觉和想象力，其中伴随着一种波及社会不同层面的精彩和活力：星星画展，朦胧诗，意识流，校园歌曲，沙龙，聚会，交谊舞，各类包含新思想的丛书，等等。连经过调整经济结构、增加轻工业品之后的商品消费，都带有浪漫主义色彩，对美的追求成为可能，广告、烫发、时装、色彩、商业都被赋予了浪漫主义。那时，经济学家也有他们的浪漫，为农民疾苦呼喊，为工人争取奖金，为企业扩权发声，为证明和结束短缺经济而思想、活动、写作、建言。与改革浪漫主义伴随的激情，甚至一度影响了改革进程。1984 年中青年经济学家的“莫干山会议”，体现了改革的浪漫主义和理想主义。

在1980年代，每个人理解的改革都不一样。每个人其实都是把自己的理想主义和浪漫主义糅合在一起来解释改革、期待改革。如今，1980年代的老人大都过世，那时四五十岁的人如今已经七八十岁，那时二三十岁的人已经五六十岁。但是，我们看到，1980年代已经被时间沉积为可以传承的文化，超越了“个体”性和“个人主义”的记忆，而成为一种民族和国民性的“历史记忆”。

人们怀念1980年代改革，在很大程度上是怀念那个年代存在过的，而现在已经不复存在的理想主义和浪漫主义，这种理想主义和浪漫主义永远有魅力，现在人们的失落是基于这样一个反差。但是，如果就此以为1980年代的理想主义和浪漫主义是脱离现实的，那是不对的。改革的真实历史场景是严酷的，人们需要改变思想，承认计划经济不能解决中国现代化问题，还要承认，“文革”之后的中国经济陷入全面危机。改革关系执政党生死存亡,改革决定着中国现代化的命运。所以，从执政党的决策者到人民大众，都知道改革要触动既得利益者并将遭遇曲折，但是，仍然选择改革，达成了前所未有的共识。

改革需要直面严酷事实，所需要的恰恰是理想。以安徽省凤阳县小岗村为例，他们之所以按手印，签生死状，决定包产到户，其实既是为了活下去，为了新的翻身，为了人的尊严，也是一种理想。蛇口工业区创办人袁庚，起初，就是为了一个理念：让内地的年轻人在自己的土地上生活，不必冒着丧生于退潮的海滩上的危险逃到港澳去讨生活。所以，现实和理想从来都是纠结在一起，只是后人在提及民族记忆的时候，会把理想主义背后的现实淡化。要知道，在历史的某种状态下，对多少年轻人来讲，能够吃饱穿暖，能够自由地唱歌跳舞，能够摆脱说话的恐惧，那就是理想。

当然，后来总结1980年代，还是需要反省的。1980年代改革的浪漫主义和理想主义，它们的共通之处包括一个高估和一个低估。高估，是指对目标合理性意义的高估；低估，是指对实现目标的成本和过程困难程度的低估。

十年前，柳红开始写“八〇年代”的人与事，是在改革开放三十年后，第一次向读者呈现1980年代宏大的改革场面。她的视角，不同于海外汉学研究较多关注的中国政治精英，更不是着眼于中国媒体上的“明星式”经济学家，而是写一个时代的经济学家群体。在这个群体中，有老年的、中年的、青年的，涉及数百人之多，通过他们参与的一件一件事项，呈现时代的演变。在那个年代，是民众的现实主义唤起了包括经济学人在内的精英的理想主义，精英的理想主义再赋予大众的现实主义以更高层次的意义。

如果说，改革十年时，我们看到的是人们对未来改革和发展空间的想象和奋发有为，改革二十年时，人们开始投入商海，追逐和实现财富积累的快感，那么，在改革三十年时，一方面是奥运会推动的“崛起”高潮，一方面是贫富差别的扩大，在改革四十年时，政治和经济生态发生深刻改变，改革展现的是超出预期的复杂性和不确定性。此时此刻，柳红书中所写的绝大多数经济学家，或逝去，或老去，或离开了舞台，曾经占据绝对话语权的经济学家业已趋于沉默。经济学“显学”时代悄然结束。中国的经济学人是否需要有面对历史与现实的“沉思”，怎样继往开来，怎样在经济学领域有所创新，对中国社会转型有新的贡献？

研究1980年代，是个历史工程，需要分门别类。柳红对1980年代的研究，集中在经济学界，从人与事入手，搜集史料，记下众多被遗忘的前辈，写出他们的名字和经历，为逝者，为失去话语权的老者、边缘者记录了他们曾经的努力和奋斗，重新赋予1980年代以鲜活的生命，表达对于历史和人的尊重。她视这样的公共写作为一种社会责任，但她的研究也为建立1980年代研究的理论体系提供了一些史实基础和研究线索。并且她本人近年来也已转向将1980年代历史研究纳入社会科学领域加以系统地理论研究。1980年代研究，成为当代中国历史研究的重大课题，甚至说形成“1980年代学”都不为过。自2010年柳红的《八〇年代：中国经济学人的光荣与梦想》出版，八年过去。这本书为中国 1980 年代的研究者所关注，为普通读者所接受，正是它再版的价值，期待柳红在 1980 年代研究方面的新成果。

2018年3月30日

序言

刘国光

刘国光，孙冶方经济科学基金会名誉理事长及其评奖委员会主任委员。生于1923年，江苏人，1946年毕业于云南昆明国立西南联合大学经济系。1982—1993年任中国社会科学院副院长。

柳红请我为她的书写序。为人写书序是一件严肃的事情。斟酌再三，不是要不要写，而是如何写。

这本书里的文章，我陆陆续续地读过一些，它们把我带回到了上个世纪 80 年代。很多事件是我亲身参与、经历的，也有我忘记的事情；很多人物都是我熟悉的，有师友，有同事，有学生，其中一些已经过世了。柳红告诉我，我是她所采访的经济学家中最年长的人。长江后浪推前浪，这就是历史。

《八〇年代：中国经济学人的光荣与梦想》讲的是改革初期中国经济学家对于经济改革的影响和贡献，特别是以北京地区为主的经济学家。在前年，纪念改革开放 30 周年前后，出版过很多纪念文集和相关的书，总有上百种。与那些书相比较，柳红的书给我留下两个深刻印象：其一，聚焦在 80 年代，然而又没有完全孤立地谈 80 年代。通过写老一代经济学家，让人们看到了 80 年代以至更久远的历史的延续。老一代，不论参加革命时间早晚，受教育程度高低，都经历过 1949 年中华人民共和国建立以前，及1949年以后到改革开放之前的经济生活；经历过中国在50年代前后的社会制度转型，也意识到这个新社会制度中的某些体制框架还要再度转型。这一个个经济学家个体，他们的背景，以及对80年代改革的参与，反映出了历史的传承性。这如同经济研究的对象——以老百姓的衣食住行为前提的国民经济运行，像河水一样绵延不断。其二，仔细阅读这本书，会发现80年代的经济学家，老年的也好，中年的也好，青年的也好，他们思考问题的深度、范围，他们的语言、思想，还有社会责任感、使命感、人格精神，都是很难超越的。90年代以后，随着改革的继续推进，经济学研究在一些方面有很大进步、深化，但更大程度上是在技术层面的进展，以及经济学家在社会层面的分化。我在这里并不是说80年代的经济学家有多么了不起，而是在讲，那是中国经济学家的智慧经过长时间积聚之后的爆发，经过长久压抑之后的显现，经过长期封闭之后的开放，其力度和精彩非同一般。熟悉中国历史的人，会羡慕春秋战国时期的百家争鸣；80年代的经济学界，就有百家争鸣之态。每天有新思想涌现，有新名字涌现；老当益壮，后生可畏，打破论资排辈，没有功名利禄。感谢柳红认真地将它们一一记录下来。

人们常说，历史是一面镜子。奇怪的是，活在当下的人不愿意面对历史的镜子，有的人可能太忙了，有的人可能太傲了，有的人可能自卑，这都好说。我认为还有一种情况，这面镜子不仅照出底细，还有内心深处不愿面对的事实。中国文人、草民都珍惜历史，不然为什么会有家谱呢？中国经济学界经久不衰，其实也有一个经济学界的家谱，柳红为这个家谱做了初步的工作。不要小看家谱，其意义不是一个家庭脉络的记载，而是一个社区、一个社会、一个国家历史的缩影。

2010年8月20日

序 言

高尚全，中国经济体制改革研究会名誉会长。生于1929年，上海人。1952年毕业于上海圣约翰大学经济系。1985—1993年任国家经济体制改革委员会副主任。

我始终认为，80 年代是中国改革的黄金时代。为什么这么说呢？

十一届三中全会之后，人们解放思想，开始思考社会主义的优越性为什么没有发挥出来，怎么才能让老百姓过上好日子？那时，万众一心，从上到下，都热切希望改革，摆脱中国的贫穷落后面貌。邓小平说，不改革没有出路，可以冒点风险。胡耀邦说，中央没想过的问题大家可以想，可以干。邓小平、胡耀邦等领导和推动了 80 年代改革。

那也是我最繁忙的年代。1982 年体改委成立时，我奉命调入；三年后，又被任命为国家体改委副主任，还参与创办了中国经济体制改革研究所，当首任所长；后来担任过中国经济体制改革研究会会长。其实，早在 1956 年，《人民日报》曾发表过我的一篇文章，题目是《企业要有一定的自主权》。有意思的是，编辑为它配了个漫画：某企业想买打字机，向中央部门打报告，等候审批，只见中央领导的办公桌上堆了一大摞文件。为此，我差点被打成“右派”。

虽说中国人的命运都和改革相连，而我的命运和改革的关系，更为特殊和深入。如果从1956年算起，历史和时代把我和经济体制改革问题连在一起，到如今整整54年了。所以，中国的经济体制改革对我来说，是使命、理想、思考、实践，也包含着心血和感情。今年我已经81岁了，怎么能想到我这一生的命运和轨迹与中国经济体制改革连在一起呢？所以，我自然非常关注中国改革史的研究。

柳红的《八〇年代：中国经济学人的光荣与梦想》以80年代为背景，以经济学家为主线，涉及了那个10年内经济改革中最重要的经济学家及其贡献。她把80年代的经济改革置于中国30年改革的历史中，用大历史的尺度来看80年代；再用10年，来看它承前启后的作用，给读者牵出了一个历史脉络。对于80年代的亲历者，柳红做了大量采访和考证，这是十分可贵的。历史不可以大而化之。中国是一个有记载历史传统、讲究考证和考据的国家。如何评价80年代，每个人都可以有自己的看法，但是不论你有什么样的判断标准，都必须基于事实。本书涉及的人物很多，是80年代经济学家的群像。从中可以看到，她没有门户之见，没有强调分歧和所谓“斗争”。在历史转折中总会有分歧、矛盾、争论，总会有人成为一个历史遗产的继承者，也会有人被淹没。她把那些曾经做过历史贡献，知名的、不知名的、已经作古的人物挖掘出来，表达了崇敬和纪念；对今天明星般的著名经济学家，也没有因其今日光环，美化其80年代的角色。柳红并非历史专业出身，但是遵循了治史的基本原则。

作为体制改革的直接参与者和实践者，我了解它的发展过程，目睹它的成就，体验了它的缺失。书中的人物，绝大部分都是我所熟悉的。读来一是亲切，二是感慨。希望柳红能把这个研究继续做下去。研究历史是为了面向未来。80年代的精彩和丰富，非一本书所能容纳。我希望，这是一本记载80年代经济改革历程、经得住历史和后人检验的书。

2010年8月18日于北戴河

自序

柳红

> 经济学家作为一种类型的知识分子和学者，常常以个人或主导一种思潮来参与和影响一个国家的经济政策。这种群体性的、大规模的、全方位的参与和影响，实在是中国经济改革中的一个独特现象。

中国1980年代全面启动的改革，涉及经济、政治、社会、文化、思想各个领域，涉及社会各个阶层，涉及城市和乡村。其中的经济改革是改革的中心，最具有冲击力、张力和渗透力，无时不在，无所不在。经过30多年，今天到了需要认真记载1980年代经济改革的时候了，更确切地说，我想把第一个10年的历史刻度划在1979年至1989年。究竟应该站在哪里看待1980年代的经济改革？这本书从经济学家群体的思想探索出发，以那个时代的一些典型事件为线索，呈现1980年代的时代风貌，试图为人们了解、理解、认知和研究早期经济改革，提供一个窗口，或者叫一条路径。

一

关于1980年代的经济改革历史，已经存在于各种形式的文字记载中，诸如经济改革大事记，具体经济部门和地区的经济改革史，对经济改革有过贡献的人物，包括某些经济学家的传记和回忆录，以及一些局部的关于经济改革的思想史。它们基本上按以下三种“范式”来组织：

其一，“革命史范式”。既然中国经济改革是以1949年建立的政治制度框架为前提，中国共产党是此次改革的“核心力量”，意识形态和政治因素对经济改革过程影响至深，因此，改革自然是中国共产党代表的革命正统的延续，改革历史自然是政治史，需要以重大政治事件为叙述对象，研究视角是执政党和领导人，例如中国改革和邓小平。

其二，“现代化范式”。1980年代的改革不可能独立于中国现代史。经济改革是中国现代化过程的组成部分，经济改革的历史似乎主要是经济发展，以及经济制度和经济结构变化的历史，研究视角或者是宏观经济，或者是区域的、部门的、企业的，例如农村改革历史，或者企业改革历史。

其三，“社会和文化范式”。这种范式力求以社会演变、文化思潮，以及相关人物为叙述对象，折射出经济改革。例如关于1980年代的“文化热”研究，隐含了对改革历史深层结构的探讨。

上述关于经济改革历史研究“范式”，反映了中国目前在近现代历史记载和研究方面基本“范式”的局限性。其实，不论是中国近现代历史，还是1980年代的改革历史，都是中国大历史，特别是20世纪的组成部分；革命、现代化和文化不过是其中的部分因素，经济改革所要建立的市场经济、开放经济和产权制度，中国原本有之。在1970年代末，中国告别这样的社会不足30年。那时40岁以上的人群，多有过“解放前”（1949年以前）经济生活的经历和记忆。所以，改革是否定计划经济的历史回归和重建，没有哪一种“范式”足以概括改革的真实过程。“范式”的局限就在于简单化地对待复杂历史，用某种“先验主义”，或后来的观念、理论和经验阐释历史。

我所记述的1980年代经济改革，做了一点新的尝试，以体验性的感性认识为基础：

首先，力求“一是一，二是二”地发掘和记载，像绘画似的“写生”和“白描”。

第二，叙述类型以人物为中心，即以参与了1980年代改革的经济学家为主要线索。但是，却不是这些经济学人物的传记，而是包括个体的群体，群体的思想渊源，彼此联系，及其对经济改革的影响模式。

第三，以人叙事，以人带事，重细节，注意将人和事与所处的历史时空，以及大历史走向紧密联系。

第四，以经济学人和相关事件为中心，带出制度、机构、组织、网络关系和各种“平台”的历史作用。

二

经过长达10年的“文化大革命”，到了上世纪70年代末，中国告别“革命”，开始“改革”。在“改革”还处于是口号、是方向、是一种新理想的时候，它已经满足了民众厌倦“革命”的普遍情绪，迅速深入人心。从此，在中国没有任何一个词像“改革”那样——中国和世界甚至处于离开“改革”的概念，就不足以描述和解释中国的地步。但是，时至今日，人们对“改革”的内涵莫衷一是，人们很难定义中国的“改革”。所以，中国“改革”从来也不可能被设计出来。

1980年代的真实情况是这样的：经济改革启动之时，并没有足够的时间准备和组织改革，没有现成的理论和思想指导改革，不清楚目标，不清楚过程，对走向和风险都没有办法估计。知道要改革，却不知道怎么改，更不知道要改成什么样子；知道改革如同过河，却不知道彼岸有多远；知道可能要摸着石头过河，却并不清楚石头在哪里，有多少石头。所以，中国的经济改革是历史自发的过程。在这个意义上说，这是被动的改革，是仓促的改革。

有若干文献记述了这样的历史场景。比如在《两份〈初步意见〉的背后》中写道：“必须改革，这是共识。但是，怎么改？改到什么程度，改成什么样子？尚来不及想。即使后来被称为改革总设计师邓小平的头脑里，也并没有蓝图。改革的序幕，是被一双历史的大手拉开的，所有的演员、导演都在场。然而，这是一场没有脚本的改革。”

经济学家群体的特殊性在于，他们的知识背景、专业训练、信息资源，使得他们能够具体地而不是抽象地认识到中国的贫穷，中国不仅与发达国家差距巨大，即使与发展中国家的差距都在急剧扩大；1949年以后在中国建立的计划经济、公有制和封闭经济难以为继。不仅如此，经济学家可以提出中国选择的参照系，哪怕是模糊和幼稚的。《访日归来》一文，记述的就是邓力群、马洪等人在改革早期的认识。

三

经济体制、结构、运行，三者高度依存，不可分解，牵一发而动全身。中国是一个质量超重的经济体，一旦经济改革启动，很快在广度和深度两个方面形成巨大惯性。在这样的历史场景下，经济学家群体性登场。1980年代，中国经济学家至少有如下基本功能：

其一，证明经济改革的合法化。中国的经济改革是在不改变政治制度、不触动既定法律体系和不挑战意识形态的前提下开始的。这样，经济学家最重要的初始任务就是证明发展商品经济不意味着否定社会主义计划经济。经济学家要用传统意识形态理论和概念解释改革实践，论证在计划和市场之间存在一个桥梁。关于“社会主义初级阶段”[1]理论，就是一个最重要的成果。

其二，探讨经济体制改革的基本政策，例如农村改革、金融改革和价格改革。

其三，推动建立开放经济。今天，中国需要开放是妇孺皆知的常识。在30多年前，需要有识之士，包括经济学家呼吁和论说中国为什么要开放，开放什么，怎样开放。中国人从接受需要外国的资本、技术，进而需要学习外国的管理、企业制度，直到接受中国必须和世界市场接轨，走外向型经济，自觉参加WTO，其过程谈何容易，这是和经济学家的贡献分不开的。

其四，论证中国经济模式转换和发展战略。在1980年代，产业政策、技术政策和经济发展战略，一度是社会各界关注的“热点”。当年的国务院技术经济研究中心主持的“21世纪中国研究”，代表了那个时代关于中国经济发展战略研究的最高水平。

其五，进行宏观经济分析、预测，提出政策建议。诸如经济运行是否正常，如何看待通货膨胀，如何处理货币政策和财政政策关系，等等。

其六，重大项目的可行性论证。例如上海宝钢论证和山西重化学工业基地论证。

其七，普及经济学、企业管理学的大学教育和职业教育。例如，1980年前后开讲西方经济学，蒋一苇创建旨在改善工业企业管理的刊授大学。

事实上，在1980年代经济改革的方方面面，经济学家都是不可缺失的一个群体。

四

1980年代的中国经济学家，就整体来说，没有多少人有很高的职位，更没有利益集团背景，如同其他公职人员和学者，收入普遍低下。他们主要分布在学术部门、高等院校、传统的政府部门，以及新建立的改革政策制定和咨询部门。但是，他们对中国经济发展和改革决策的影响力之“大”之“深”，是今天的经济学家难以“超越”的，也是今天的人们难以想象的。

那时，毛泽东时期的决策体系已经打破，新的决策体制尚未形成。传统的政府系统，包括中央政府的经济职能部门（例如国家计委、国家经委以及农业、工交、财政的机构）和各级地方政府，都难以适应急剧发生的经济体制改革。所以，1980 年代的经济改革决策，要实现创造性和避免重大失误，需要突破中央政府的“条条”和地方政府的“块块”约束。当时的高层决策，不得不更倚重 1980 年代建立的新机构（例如，国家经济体制改革委员会、国务院发展研究中心等机构）、舆论系统、民众的创举和呼声。那个时候的经济学家，具有提出改革理论和说法的能力，成为制定改革政策新机构的主力军；熟悉人民和基层，直接接触农村和工厂，直接面对民众和实际经济问题，发现和反映民众的创举和呼声，总结社会基层改革经验（例如，小岗村的家庭承包制、各地的“倒爷”、先富裕起来的“万元户”，都是发生在社会基层的民众的实际行动），把它们转化成经济改革的语言、逻辑和政策建议。经济学家甚至可以走向街头和民众对话，与媒体建立广泛联系。他们在实现改革决策过程中的上情下达、下情上达和增加改革决策透明度方面，扮演了不可替代的“历史角色”。

当然，1980 年代的经济学家能够对决策产生那么重大的影响，与他们中间的一些代表人物的资格、学识和所处的位置有极大关系。例如薛暮桥、杜润生、马洪，作为代表人物，他们事实上是经济改革决策集体中的重要甚至是主要的成员。

五

中国经济学家在 1980 年代能够参与和影响决策，是时代使然。那个时代的领导者对经济学和经济学家的强烈需求，也是一个原因，甚至是重要的历史原因。

古今中外的改革，不论成功和失败的，都有一个中坚决策集团，他们自觉、超前、有意识地指引、领导和推进历史改变。在 1980 年代，中国出现了改革的决策集团，邓小平、胡耀邦等是这个集团的重要成员，他们集拓荒者、设计者、决策者、领导者和实践者于一身。

在历史上，1980 年代，是共产党和国家领导人与经济学家的关系最为特殊的时期。他们学习、兼听、吸收、融会贯通、加以创新，转化成对于中国经济的判断力；他们适时地为经济学家提供参与改革决策的窗口和平台，赏识青年人，重视他们的思想；他们具有理解复杂经济系统、判断经济走向、推动经济发展和改革的能力；他们具有整体看待中国经济、理解世界经济趋势的素质，以及兼顾短期、中期和长期经济问题的眼光；他们懂得意识形态，回避意识形态，超越意识形态，为推进改革不断清除意识形态障碍。今天来看，中国 1980 年代的经济改革，之所以在很短的时间内全面铺开，进展深入，形成不可逆转的格局，是决定于这样的改革决策集团的。

六

对于参与 1980 年代经济改革的经济学家群体，我作了两种划分：

第一种：依据当时经济学家的思想资源，主要是马克思主义政治经济学、西方经济学，以及东欧国家的批判计划经济和改革理论，划分了五类：第一类，是留学英美，民国年间回到中国的学者，或在大学执教，像陈岱孙、张培刚等；或进了金融机构，像中国人民银行金融研究所里一些老先生；或在研究机构，像中央研究院的巫宝三等。第二类，生活在民国商品经济最发达区域，从农村调查研究开始起步的马克思主义经济学家，像陈翰笙带出来的薛暮桥、钱俊瑞、徐雪寒等。第三类,从共产党内被选送到苏联接受政治经济学训练的经济学家，像孙冶方等；第四类，从延安走出来的，土生土长靠自学的人，像马洪等。第五类，1949 年以前受过初等或高等教育，1949 年以后系统学习《资本论》，接受苏联政治经济学教育，1980 年代重新补修现代经济学，像刘国光、董辅礽、吴敬琏等。

第二种：以年龄划分，第一代，出生于 1920 年以前。他们中的很多人实际上是中国最后一代老布尔什维克，年轻时追求自由、民主，追随共产党，1949 年后，参与缔造计划经济体制，继而在历次政治运动中，饱受磨难。当改革开放时代来临，他们不计个人得失，一心为国为民，无私奉献，像孙冶方、薛暮桥、蒋一苇，等等。第二代，出生于1920—1940年。他们中有的在民国时期上大学，像刘国光在西南联大、董辅礽在武汉大学、高尚全在圣约翰大学，等等，接受了西方经济学训练；有的是1949年以后入大学，以学习《资本论》和苏联政治经济学为主，改革开放以后，得以学习现代经济学，像吴敬琏、赵人伟，等等。第三代，出生于1940—1960年。他们中有“文革”前的大学生，大多数则是“老三届”，即1966、1967、1968年毕业的初中生、高中生、大学生，经历了“上山下乡”，“文革”后，以高龄考大学，考研究生。这些人的主体如今也已是60岁上下的年纪。

1980年代的经济学家群体之所以产生那么大的能量，不可忽视两个效应：其一，“杂交”效应。不同的思想资源相互碰撞，相互融合，导致中国经济改革大体形成了中国式的思路和模式。其二，“三代同堂”效应。任何时代都会是三代到四代的共存，但是，1980年代的三代经济学家，实在差别太大，却集合在一起。中国农村改革的突破和进展，就有杜润生和中国农村发展问题研究组，第一代和第三代，官方和民间，共同推动的贡献。

如今，上述三代经济学家多数已经退隐，还有一些早已不为人知。然而，他们曾经是一个群体，一同创造历史。

七

1980年代经济改革的思想，兼收并蓄了马克思主义政治经济学、西方经济学，以及东欧国家的批判计划经济和改革理论。中国经济学家在那个时代所提供的经济理论，似乎是混杂的和混合的，创新成分很低，学术价值有限，不仅没有产生东欧国家诸如奥斯卡·兰格、弗·布鲁斯、奥塔·锡克、雅诺什·科尔奈那样自成体系的系统改革经济理论家，甚至没有形成中国经济学界自身的经济理论派别。

但是，需要为那时的经济学家说句公道话。中国在1950—1970年代，精神贫乏，教育倒退，经济学领域自难避免。此外，理论从来是滞后的。经济学理论研究的是一种稳定的经济形态，而不是急速变化的经济形态。中国经济改革的实践，超越了经济学家的思维范围——身在其中，距离太近。

绝大部分中国经济学家，虽然基础训练先天不足，但是具有顽强的学习能力。从1950年代到“文化大革命”期间，中国没有停止引进和介绍西方国家和其他实行“计划经济”国家的经济理论，包括萨缪尔森的《经济学》在内的大量经济学经典都有中文译本。1980年代伊始，中国经济学家立刻走出去，海外经济学家立刻被请进来。

1980年代的中国经济学界，有着强烈的“宫廷化”、“奏折化”、实用化特征。但是，1980年代的中国经济学家确实幸运，应被羡慕：他们此时此刻学习，此时此刻就有用武之地；他们形成影响，他们改变历史。经济学家如此重要，可能在1930年代出现过，其他时代则较罕见，在世界各国历史上同样并不多见。因为，经济学家作为一种类型的知识分子和学者，常常以个人或主导一种思潮来参与和影响一个国家的经济政策，这种群体性的、大规模的、全方位的参与和影响，实在是中国经济改革中的一个独特现象。

于是，在中国，经济学成为显学；经济学家最引人注意；经济学教育成为热门；经济学概念平民化、普及化。

今天，中国经济学界有了越来越多训练有素的经济学学者，中国终于有了自己的“学院派”。他们中的一些人，对1980年代的经济学家很不以为然，却也有失浅薄和偏颇。

八

中国1980年代的经济改革，从一开始就存在着矛盾：改革的对象其实就是执政党及政府赖以存在的现实政治和经济制度，而这样的改革又需要这个执政党及政府的领导和推进。所以，改革的动力和阻力都是来自现存的经济、政治和社会体系，特别是来自权力的核心。1980 年代，在意识形态的力量和惯性作用下的“清除精神污染”、“反对资产阶级自由化”、“批判人道主义与异化”，都曾经是阻止和挑战改革的“运动”。

到了 1989 年，虽然经过 10 年改革，可是没有来得及形成一个足够强有力与改革进程利益一致的社会阶层。农民是受益者，但不足以构成支撑当时改革的社会基础。在普遍要求改革的表象之后，民众的改革需求发生分裂。知识分子和学生提出了超越经济改革之外的社会和政治变革的诉求；而一些城市居民、国有企业职工，特别是旧经济体制下的受益者，不能理解改革才是改善他们根本利益的出路；部分体制中人则着重于眼前既得利益。

1980 年代的经济改革原本是存在着自身发展方向的。主要包括：其一，调整市场和政府的关系，加快市场发育，抑制政府膨胀；其二，全面推进非国有企业和民营经济发展，形成中产阶级，避免国家垄断资本主义形成；其三，将贫富差距控制在合理范围，建立社会福利保障系统；其四，推进政治改革，实现经济改革和政治改革的同步，从制度上抑制腐败现象。但是，历史常常存在拐点，存在关键的年月。1989 年就是中国当代历史的一个拐点。中国改革的决策集体彻底改变。影响决策的结构变了，改革的内涵和价值取向变了。

中国的 1980 年代是在思想、理论和人才的断裂，改变原本轨迹的背景下结束的。如果突破“历史必然性”的僵化观念，承认历史的路径并不是简单宿命，是非线性发展，那么，可以假设，没有 1989 年的拐点，历史会是另一种结果，中国今天的改革面貌很可能大相径庭。

从大历史的角度看：1980 年代的改革，其实孕育了中国后来多种走向的基因。中国在 21 世纪的演变的各种可能性，都可以从 1980 年代的改革中找到原因，发现征兆。人们常说的历史视野，其实就是这个意思。

九

能够完成此书，是因为“天时、地利、人和”。讲“天时”，1980年代是一个正在逝去，但尚不久远的年代。切入这个选题时，正好是改革30年，越来越多的知识分子开始反思改革，回顾1980年代。讲“地利”，身处北京，除了故事在北京上演，北京是这些人物的舞台，这里有着国家的学术机构，是政府部门的集中地。讲“人和”，与三代经济学家有直接和间接的联系。此外，《经济观察报》的支持，为我写1980年代经济学家的那些人与事，提供专栏版面，也是重要的。

再有，是我自己在1980年代的经历和感受。那是我20岁至30岁的日子，我的教育，我的工作，我的生活，我的价值观，多与1980年代密不可分。英国哲学家柯林武德提出“一切历史都是思想史”，即历史是历史学家思想的反映。其实，历史是记忆的载体，记忆永远是一种表达。我既不是历史学家，也并非经济学家，但是，本书对于历史的裁剪和记载，也是我思想的显现。

十

在文学领域，有所谓的现代主义和后现代主义。根据现代主义的说法，人是彻底隔离的、孤独的、苦闷的和自我毁灭的。但是，现代主义还是主张要对历史进行解释，认为历史传统和个人记忆是解释历史的两个因素。后现代主义则认为人是碎片，历史是碎片化过程，历史不可解释，不过是各种文本和档案的集合。面对历史，我所倾向的是现代主义的：虽然历史的过程是碎片，历史事实不可能被穷尽，历史事实和历史资料之间存在重大偏差和时间差距，但是，人们需要历史，历史需要历史，现在需要历史。历史就是要尽可能地还原和拼凑碎片，而碎片和记忆本质上是一回事，人是记忆的主体，尽管记忆存在选择和偏差。

这本书就是选择1980年代的经济学家群体，依据私人收藏历史文献，依据可以采集的个人记忆，将碎片化的历史重现拼凑起来，提供一长串曾经在那个时代发挥过作用的人的名单。先是一个一个故事，再将故事串联在一起，把历史贯通，为读者提供一个可以延伸的线索和可以展开的画面。历史的登堂入室，总是要有门径的，希望这本书，可以给所有关心那个时代的人，和关心那个时代对后来影响的人一个门径。

1980年代，集中了今天久违的激情、想象力、热忱、浪漫、理想主义和人文精神。人民支持启蒙，崇尚真理，独立思考，自由表达。王小波说过：让我们歌唱80年代。王小波是意识到1980年代价值和对历史深远影响的先行者。除了王小波，还有许多在1980年代尚是青年的一批人，包括我本人，也有1980年代情结，拒绝用“往事如烟”、“恍如隔世”来描述那个年代。这不是单纯的“怀旧”，其背后是对于1980年代的理想和价值判断。

一个世纪有10个10年，但是，在一个世纪中，不是每个10年都同等重要。人们在经历1990年代和21世纪的第一个10年之后，几乎不约而同地发现，1980年代的影响是如此深刻和深远，其遗产是如此沉重和丰厚。1980年代承上启下，其重要性也许还需要更长时间，甚至两三代人才会得以全面评估。至今在中国，依然存在着一种无形的，但是确实作用着的1980年代能量。某种历史的能量不会因为时间流逝而丧失，反而会积聚和裂变，就如同某些宇宙能量一样。

2010年8月10日

---

1. 1987年，中共十三大提出社会主义初级阶段基本路线，即：领导和团结全国各族人民，以经济建设为中心，坚持四项基本原则，坚持改革开放，自力更生，艰苦创业，为把我国建设成为富强、民主、文明的社会主义现代化国家而奋斗。概括起来就是“一个中心、两个基本点”。“一个中心”即以经济建设为中心，这是由我国社会主义初级阶段的主要矛盾——人民群众日益增长的物质文化需要同落后的社会生产之间的矛盾决定的。“两个基本点”即坚持四项基本原则，坚持改革开放。

楔 子[1]

1980年代是一切从头开始、英雄不问来路的时代，是思想启蒙的时代，是求贤若渴的时代，是充满激情畅想的时代，是物质匮乏、精神饱满的时代，是经济学家没有和商人结合的时代，是穿军大衣、骑自行车、吃食堂、住陋室的时代，是老年人、中年人、青年人一起创造历史的时代。

1978 年召开的中共十一届三中全会，标志着中国改革时代的来临。

30 年，对于历史长河，是一瞬；对于人，至少是一代。30 年前种的一棵树，如今长成了参天大树；30 年前种的一片树，如今长成了茂密的树林。在改革开放的历史中，第一个 10 年尤为难忘，它开启了改革的航船，确立了方针和战略，奠定了不可逆转的格局。

1980 年代，有一个特殊群体，它的主要人物是经济学家或经济工作者。从空间而言，他们的舞台多在北京三里河、月坛北小街、皇城根 9 号院一带。从人物跨度而言，上下三代。第一代，是薛暮桥、孙冶方、马洪、蒋一苇等这一代。他们既是革命者，也是学者；他们是马克思主义者，却不固守教条；他们是共产党员，同时充满了仁慈博爱之心。他们是中国改革事业的先驱，在改革开放之前就已经意识到中国需要改革，当历史时机到来时，全身心投入，披荆斩棘，呕心沥血。第二代，是 1949 年以后成长起来的学者，如刘国光、董辅礽、孙尚清、吴敬琏、厉以宁、赵人伟等。他们年富力强，承担起历史使命，先是用正统理论阐释改革，把政策和理论联系在一起；继而补修现代经济学，呼唤市场取向改革。第三代，曾经是“老三届”，当过工人、农民、知识青年，对中国社会有着深刻的了解，又赶上上大学、读研究生，带着强烈的问题意识和学以致用之心，以极大的热情和激情直接切入到改革的核心问题，有创见，有合作精神，他们中间的不少人相继脱颖而出；从贡献而言，他们承上启下，将中国社会底层老百姓自发的改革意愿和呐喊转化成执政党的文件政策，转化成学术理论。这三代人为让人们接受在今天看来的常识付出了极大的心智。没有这个特殊群体的努力，没有他们的桥梁作用，背负着巨大历史包袱的中国改革怎么能够启航?

这个群体中的很多人有著作、传记和文集。我无意阐述改革中重大的理论学术问题及其争论，而是通过第一手资料和采访记录，来体现这些经济学人的理想、理念、胸怀、勇气和人性。对于如今的人们，那些精神似乎久远了。因其久远，我更愿意重新提起。大约，我将写作的故事主人公，都是上一个世纪的共产党员，有的出生入死，有的备受考验，有的不仅是共产党内的精英，也是民族的精英，至少都曾经是马克思列宁主义者，那是他们早年接受的信仰。他们都是失去过时间的人，有深重的历史感，对于历史机会，怀着后人难以想象的珍惜之情。

相比较而言，只有1980年代具有这样一个巨大、开放、令人振奋的舞台。那是怎样的一个时代呢？1980年代是一切从头开始、英雄不问来路的时代，是思想启蒙的时代，是求贤若渴的时代，是充满激情畅想的时代，是物质匮乏、精神饱满的时代，是经济学家没有和商人结合的时代，是穿军大衣、骑自行车、吃食堂、住陋室的时代，是老年人、中年人、青年人一起创造历史的时代。

人们常说历史是无情的。历史的最大无情是忘却。还有，历史越长，每一个篇章就被压缩得越短，删节掉细节。我想将镜头回放，看一个一个经济学家组成的特殊群体，把改革的起步过程与那些有血有肉的人和事联系起来，就像我们想象历史上每次战争，其实都是和有血有肉的将军和士兵联系起来那样。

第一代改革经济学家大多已先后过世了。当年的中年人，健在者也已过古稀之年。所谓年轻人，如今也年届花甲。这些人，有的是我的师长，有的是我的学长，有的是我的兄长，有的是我久仰的人，有的是我神交的人。在我刚刚开始准备做这个工作时，一些师长和朋友就给了我热情的帮助。我想，在改革40年、50年纪念的时候，大概没有这么多人能帮助我了，人们大概也没有这样的热情回忆20世纪80年代的改革岁月了。

让我们重温1980年代。

这是他们的故事，也是你们的故事，还是我们的故事。

1．原载《经济观察报》，2008年12月8日。

第一代　|　1900—1920

他们几乎都曾是忠诚于共产主义的“老布尔什维克”，是“经典”的革命者，也是经济学家。是他们，怀着后人难以想象的理想，参与创建了中国的计划经济制度；又是他们，最早觉悟到这是一个没有出路的制度，以极大的勇气批判、改革他们亲手建成的制度。他们是集立德、立功、立言于一身的一代。

三本书的命运[1]

三位开路先锋：孙冶方、薛暮桥和于光远。三幅人物肖像：一位犀利，一位沉稳，一位潇洒。他们风格互补，是一个组合、一个团队、一道风景。可惜，我们再也看不到这么精彩的风景了。

人们都知道，中国改革不是从先有一套理论、设计、蓝图和规划开始的。但是，却不能认为中国经济改革没有理论准备。上世纪 70 年代末 80 年代初，在经济理论准备方面有三位开路先锋：孙冶方、薛暮桥和于光远。他们的贡献不仅在于对传统社会主义理论和实践的反思、质疑、总结，对极“左”思潮的批判，还在于为探索和写作政治经济学社会主义部分所产生的思想矛盾和冲突、觉悟和突破，发出的改革理论先声。

早在 1955 年，中共宣传部长陆定一就交派了一项任务，请薛暮桥、于光远、孙冶方写一本政治经济学教科书。三人分头准备，搭班子，研讨、探索，历经数十载，无论在监狱、在干校、在病榻都念兹在兹。然而，政治经济学社会主义部分始终是一项未完成的任务。更耐人寻味的是，由此出发，三个人三条路：孙冶方试图按《资本论》的逻辑写，几起几落，直至拼死一搏；薛暮桥改弦更张，一本《中国社会主义经济问题研究》行销千万册；于光远皓首穷经半个世纪，出版《政治经济学社会主义部分探索》七卷。

在薛暮桥保存的文档中有自50年代起，大约“一五”时期，在全党范围内开展学习斯大林的《苏联社会主义经济问题》的资料；1959年底，毛泽东、刘少奇、周恩来分别组织人到外地学习苏联政治经济学教科书。中国人喜欢列宁说的“没有革命的理论，就没有革命的实践”。信奉马克思主义的政党，势必要以政治经济学为理论基础；同时，为了摆脱苏联政治经济学教科书的控制，找到社会主义实践的理论依据，也需要一本政治经济学社会主义部分教科书。刘少奇曾说：不懂政治经济学是要垮台的！“政治经济学是党纲的理论基础。”[2]

孙冶方版本

如今，即使经济系的学生，知道孙冶方的也不多了。然而，孙冶方曾经是中国经济学界最著名的人物，不仅因为他自1957年担任中国科学院经济研究所代所长，还因为在60年代初期和“文革”中，他被打成“中国经济学界最大的反革命修正主义分子”。在著名经济学家中，遭受牢狱之灾的，恐怕孙冶方独一无二。他是那个时代中国经济学家悲剧命运的典型和缩影。

1959年冬，刘少奇带领一些人在南方读《政治经济学》（社会主义部分）。回京后，1959年12月14日，刘少奇请薛暮桥、王学文、邓力群、于光远、孙冶方、许涤新等去他家座谈，听取他们对苏联政治经济学教科书的意见。他说：政治经济学是党纲的理论基础。恩格斯早就说过：“无产阶级政党的全部理论内容是从研究政治经济学产生的。”[3]孙冶方告诉刘少奇，他正和经济所的同志编一本《社会主义经济论》，刘少奇很赞赏，嘱咐他抓紧时间赶快把书写出来。那年11月，孙冶方组织所里29位研究人员集体写书。三个月后的1960年2月，他们写出40万字，然而，怎么都觉得不像政治经济学，像政策论文集，[4]干巴巴的，要么是政策汇编，要么是规律汇编，只是下定义。孙冶方决定重写，写一本有血有肉的书。

1960年5—6月,孙冶方组织全所近百人学习社会主义政治经济学,讨论书的提纲。7月,集中一部分人开始写作,因开展整风运动而暂停。1960年10月至1961年1月,他集中了37人在中央党校写出110万字的初稿。正值大饥荒时期,主副食都短缺,暖气时有时停,孙冶方拖着患肝病多年的身体和大家夜以继日地工作。贫乏的营养已经支持不了高度紧张的脑力劳动了,眼看着一些人开始消瘦、浮肿。孙冶方要求总支书记冯秉珊保证写书人员按时休息。入夜,每个房间都是一再催促才熄灯,只有孙冶方房间有时灯亮到半夜,一早人们见到他的时候他已经从操场练罢太极拳回来了。[5] 3—5月,他们移师香山,完成了《〈社会主义经济论〉初稿的讨论意见和二稿的初步设想》。自始至终参加讨论的,除孙冶方本人外,有刘国光、江冬、孙尚清、杨坚白、何建章、赵效民、骆耕漠、桂世镛、董辅礽。[6] 孙冶方还邀请了刚刚分配到经济研究所、因庐山会议被罢官的张闻天参加并指导编写工作。有一天,张闻天来指导,当他和年轻的桂世镛握手时,一旁的孙尚清情不自禁说了句:"两个总书记握手了!"时年60岁的张闻天,曾任中国共产党总书记;25岁的桂世镛,时任团支部书记。[7] 这句亦真亦玩笑的话,后来成了孙尚清的一个"罪状",这是后话。这期间,孙冶方两次向李立三汇报编写情况和争论。[8]

《资本论》有一根贯穿全书的红线,就是剩余价值。孙冶方也为《社会主义经济论》找到一条红线:"以最少的社会劳动消耗,有计划地生产最多的、满足社会需要的产品。"(简称"最小—最大"理论)起初,他们还设计了一个富有激情的导言——"我们的时代"[9],想开宗明义地宣告,在我们这个时代,社会主义政治经济学肩负着什么样的历史使命。

孙冶方带着初稿和二稿的设想,去上海、南京召开经济学家座谈会。1962年和1963年上半年,他给中国人民大学政治经济学系研究班学生讲《社会主义经济论》,形成了15万字的记录稿。几个回合下来,他的思路越来越清晰,按照《资本论》的逻辑,先分析生产过程、流通过程,最后是整个生产过程。其中，流通篇是个难点。因为受自然经济论的影响，当时的问题是："社会主义有无流通？"一种压倒性的意见是认为：没有流通。

1963年1月，孙冶方明确指出，经济所要以政治经济学为中心任务，不排斥资本主义政治经济学、经济史、经济思想史等。他还要求公开翻译出版波兰经济学家明兹的《社会主义政治经济学》，同时，继续在人大讲授《社会主义经济论》的流通概论。[10]

此时，批判修正主义的浪潮滚滚而来，孙冶方的"最小—最大"理论被斥为否定社会主义的阶级斗争；利润是"牛鼻子"的观点，被斥为"利润挂帅"和否定"政治挂帅"；加上他面对批判大义凛然，"我应战，我就喜欢赤膊上阵"的态度，致使1964年10月，康生派出70人的工作队进驻经济所，以"张（闻天）孙（冶方）反党联盟"的罪名围剿孙冶方，撤销他党内外一切职务。"文化大革命"一开始，孙冶方就被打成"中国经济学界最大的反革命修正主义分子"，1968年4月被公安部以"特务"、"里通外国"罪名逮捕，关进秦城监狱。

孙冶方是一位既有组织能力，又有学术能力的人物。他出生于1908年，无锡人。16岁入党，17岁到莫斯科中山大学学习。1930年回国后，参与陈翰笙创立的中国农村经济研究会，编辑《中国农村》杂志，与王学文、薛暮桥、陈翰笙等人组织和领导了"中国农村社会性质大论战"。1949年以后，先后担任上海军事管制委员会重工业处处长、华东军政委员会工业部副部长、国家统计局副局长和经济研究所所长。

从入狱第二天起，孙冶方就按着过程法的顺序，开始在脑中回忆思考《社会主义经济论》，一共21章183节。曾经，他以为只要给他纸笔，只要给他马恩列斯著作，他就能很快把书写出来。他唯恐这些思想烂在肚子里。然而，终究是没有给他写的机会。直到1975年4月获释，狱中7年，孙冶方打了85遍腹稿！这是一种什么样的信念啊！

1975—1976年，孙冶方将狱中的腹稿追忆下来。"文革"一结束，他就进入又一个拼命工作的高峰。照样是英雄虎胆，五不怕——"不怕撤职、不怕开除党籍、不怕坐牢、不怕杀头、不怕离婚，坚持真理，修正错误”。1979 年 3 月 2 日，在全国经济科学规划会议上，孙冶方再次批判自然经济论，“那种没有交换观念，没有流通观念，要把货币批臭的思想，就是自然经济思想”。“体制问题是政治经济学的研究对象。”[11]1979 年 9 月，有几十年肝病史、受过摧残的身体，以一个肝癌把正在高负荷运转的孙冶方送进了医院。社科院和经济所的人首先想到要抢救他在狱中为《社会主义经济论》所打的腹稿。孙尚清等到医院同他谈写作计划，同时成立了包括吴敬琏、张卓元、冒天启、高涤陈、林泉水、林青松、霍俊超的 7 人编写小组。从 1980 年 1 月 14 日起，这 7 人便到医院来工作，孙冶方躺在病床上口授，助手们记录和录音，他们在北京协和医院附近租了一大一小两间房子，以便随时交流。

孙冶方在日记中写道:“进展速度极慢。……要抢时间呀！”当谈完《流通篇》的提纲之后，写作遇到了瓶颈，孙冶方建议写作小组停下来，用两个星期的时间阅读《资本论》第 2 卷的一、二篇。病房成了一个思想抢救室，室内回荡着孙冶方喜欢的贝多芬交响乐。经过一个冬春，1980 年夏，写作组起草出了 15 万字的《社会主义经济论》大纲，共 20 多章。同年 7 月，孙冶方出院转到青岛疗养院疗养，写作小组随同前往。

1982 年 2 月，孙冶方因肝癌扩散，又住进北京医院。他知道时间不多了，更加发奋地工作。《光明日报》总编辑杜导正亲自部署有史以来最大规模的对科学家的宣传，要求尽最大可能在孙冶方在世时见报。1983 年 1—3 月，《光明日报》以《孙冶方颂》为总标题，发表了 20 多篇、约 7 万字的文章和几组照片。孙冶方深感不安，亲自给《光明日报》和中宣部写信，提出对他的经济理论可以进行宣传和评论，但不要对他个人进行宣传赞颂。1983 年 2 月 22 日，孙冶方逝世。

按照孙冶方的设想，似乎可以写出一部结构严密、逻辑一贯的社会主义政治经济学。然而，他们越写越发现理论上的障碍难以逾越。困难来自何方呢？直到参加了后期的写作，吴敬琏才发现了孙冶方思想体系中的深刻矛盾。一方面，他感到，按传统理论组织经济运行不畅，

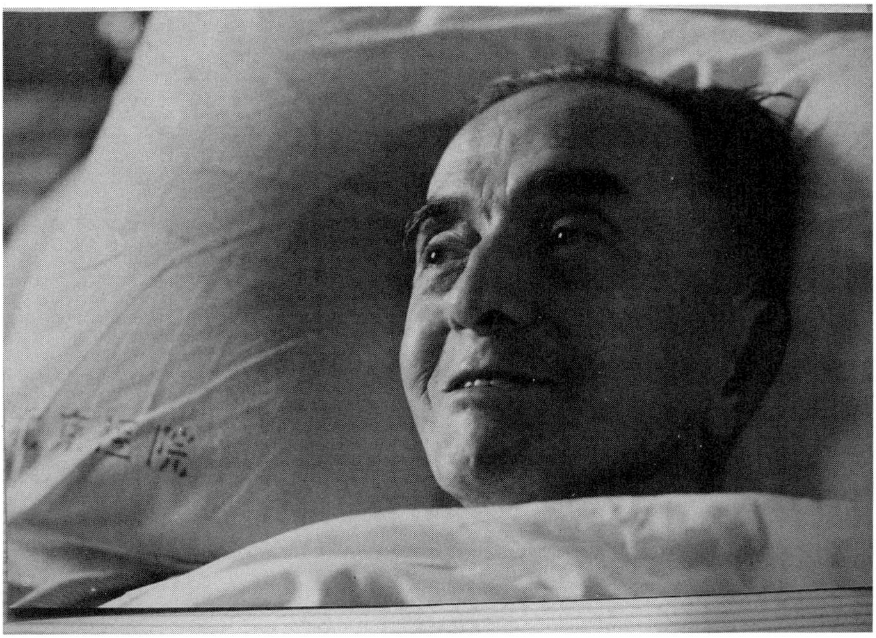

孙冶方在北京医院。（李昭提供）

不利于生产力发展，会带来一系列矛盾，造成极大的社会浪费。孙冶方从小在无锡长大，对于市场规律的力量、市场经济的活力深有感受，那是一种融化在血液里的东西。另一方面，他在苏联接受经济学训练，经历了斯大林主义批判布哈林时代，传统的苏联式政治经济学对他的影响根深蒂固。他固执地认为经济中的基本比例关系是可以用计划协调的，他所讲的“价值”，不是第一号价值，即市场价值，而是第二号价值，只是计算的工具，不需要通过市场的价格波动来起作用。因此，他的“价值”理论不彻底，一接触实际问题，就难以自圆其说。[12] 孙冶方从一只手打倒自然经济、另一只手打倒市场经济开始，到“文化大革命”结束，慢慢地往市场经济靠拢，然而天不假年，他没能完成自己的思想和理论长征。

孙冶方曾经说，在民主革命时期，自己写文章思如泉涌，一挥而就，甚至是站在排字房的门口，写一页，排字工人排一页；而社会主义改造以后，写文章变得下笔艰难，有时候一篇文章要写几个月，怎么也写不出来。[13]孙冶方和另外一些老派共产党员一样，是骨子里的民主主义者。在青年时代，他们的这种追求和社会主义理想是完全融和的，但在步入新社会以后，却难以摆脱与现实体制的不融洽。

孙冶方力图创立一个新的社会主义政治经济学体系，一个区别于传统社会主义经济模式的新经济模式，然而他没有找到出路。但是，无疑，他是中国社会主义经济体制改革的理论先导。他的理论体系的历史意义不在于理论本身，而在于打开了思想牢笼。

1999年出版的《孙冶方全集》共五卷，其中四、五两卷是历次《社会主义经济论》的稿本。这一套话语体系和《资本论》的逻辑对如今的经济系学生来说已经十分陌生了。读来，既有感佩又有感伤。感佩于他，以赤诚之心不懈追求真理；感伤于他，鞠躬尽瘁而求之不得。

李昭这样评价养父孙冶方："虽然是个马克思主义经济学家，但是他的性格中更多的是艺术家的激情，他像一个'牛虻'，总是在与旧社会、旧体制对垒中开辟一个个新战场，呼啸着屡败屡战，用他清癯的身体为其他后来人撕开对方的防线。"[14]真是入木三分。英雄成为学者的很少，而学者具有英雄特征、带有唐吉诃德特征的，孙冶方是一个。曾有人这样发问，如果孙冶方在世，他会支持市场化改革吗？我想，如果给他时间，以他的智慧，以他开放的胸襟，一定能走出早先的理论陷阱。他其实是最早走向真理的人之一。流通、价值规律、利润都是他的题中之义，正是因此，他才受到了最严厉的清洗和折磨。把这么多新东西塞在一个旧框架里塞不进去，需要打破旧框架。这好比破茧成蝶，很痛苦，需要时间。

薛暮桥版本[15]

除了《毛泽东选集》等政治读物，薛暮桥的《中国社会主义经济问题研究》三年销量千万的纪录，在出版界和经济学界大概前无古人后无来者。

人人都有“奢侈”的爱好，薛暮桥爱吃西瓜。看见家里地上码着七八个西瓜，他就笑眯眯的；看见少了，就要孩子们去买。西瓜水多，有人探究这和薛暮桥的长寿、性格、思想有联系。还真是，若要用一种自然之物和薛暮桥相提并论，莫过于水了。他清澈、平静、绵长、隐忍，逆来顺受，水滴石穿，以一个世纪的漫长生命，一点一滴，确立他的历史地位。要想理解这一整段历史，从建立计划经济到向市场经济转轨，薛暮桥是关键人物，没有任何一位当代经济学家可以和他比拟。

1948 年在西柏坡时，薛暮桥就已经在周恩来领导下开始筹建新中国计划经济体制了。1955 年，中宣部部长陆定一让他参与写一本政治经济学教科书时，薛暮桥也正热情地执行自己参与起草的“一五”计划，试看计划体制怎么运转。作为准备，他和苏星、林子力先写了《中国国民经济的社会主义改造》[16]，向国庆 10 周年献礼。然而，社会主义实践并非想象中那么一帆风顺。写书，对于身兼国家统计局局长、计委副主任这两个计划体制要职的薛暮桥来说，根本排不上。

“文化大革命”一来，批判薛暮桥的大字报被刷到了天安门上。他的罪名包括：“三反分子”、“走资派”、“资产阶级反动学术权威”、“反革命修正主义分子”、“贩卖苏联统计的祖师爷”和“叛变出狱的叛徒”。这位靠边站的“修正主义者”，在牛棚，除了“毛选”，其他书一概不许读，薛暮桥就老老实实地把《毛泽东选集》四卷读了四遍，写出《毛泽东主席论社会主义经济》。

1969 年 12 月，他去国家计委在湖北襄樊的“五七”干校劳动改造。那时，没人读书，干一天活儿，收工就歇了。只有薛暮桥，拿个小马扎趴在床边写书。很多人反对他写，他也不辩驳，那不是他的个性，只是默默不停地写。年过六旬的薛暮桥虽说被分派干“轻活”，有些“轻活”却实在不轻。一个雨雪交加的夜晚，没人愿意去看花生地，就派他这个老“走资派”去了。他坐在小板凳上，浑身湿透，冻得发抖，一边看着，脑子里一边想白天写的书，突然有了思路，清晨回宿舍赶紧把夜里想的写下来。每一稿写完，订起来，包上皮，用美术字写上书名。回北京探亲时，拿块黑底红花头巾包上，放在行李里，是他最呵护的一件东西。[17] 薛暮桥曾一度获准回到北京，无事可做，在家写书。夫人罗琼是“文革”前全国妇联第一书记，此时虽未官复原职，已开始上班。她特别反对丈夫写书，唯恐再因言获罪，不明白他在写什么，究竟能写出什么来。薛暮桥不想让家人担心，趁她上班，赶紧写；等她一下班，就把书稿藏进抽屉里。好景不长，他又因为“历史问题”，被勒令返回干校。不抵抗，服从，只是无论走到哪儿，他都带着那个花包袱。直到 1976 年，8 年中写了 6 稿。起初，薛暮桥是想写成《政治经济学教科书（社会主义部分）》，但越写越困难，没办法摆脱斯大林的定论，加上不能碰的禁区，写出来的稿子他不满意，觉得跟“文革”前相比进步不多。

1975 年国庆，薛暮桥和许涤新受邀参加国庆宴会，次日，他们的名字出现在《人民日报》上，这等于宣布他被解放了。随后，他成为计委经济研究所顾问，时年 71 岁。[18]1977 年，薛暮桥去找中央党校校长借房子，和徐禾、吴树青、余学本住在里面三个月，引经据典，写出新稿。但是，经典著作并不能给出中国经济问题的答案，还是不满意。[19] 薛暮桥是从上世纪 30 年代中国农村调查起家的，要解决现存的经济问题，必须到基层去调查研究。

这时的中国，还有“两个凡是”当道，总结历史教训、纠正“左”的错误还是禁区。薛暮桥说：“我们绝大多数同志尤其是领导干部，左的错误只有多少之分，深浅之分，觉悟迟早之分，而没有有无之分。”[20] 经过再三考虑，他在 1978 年 4 月 18 日给邓小平、李先念写了一封信，其中谈道：“需要认真总结过去 28 年的经验教训，特别是 1958 年‘大跃进’和接着所做调整工作的经验教训。”而“如果没有中央负责同志出来说话，是很难打破这个‘禁区’的”。[21] 没想到，没过多少天，一个对中国社会具有深远影响的事件发生了。

1978年5月10日，中央党校内部刊物《理论动态》发表了经胡耀邦审阅定稿的《实践是检验真理的唯一标准》一文。5月11日，这篇文章以特约评论员名义在《光明日报》发表，新华社转发；5月12日，《人民日报》和《解放军报》转载，全国各地的报纸陆续转载。一场全国范围的真理标准问题大讨论开始了。

1978年初夏，薛暮桥和王耕今、何建章、吴凯泰等去安徽、江苏调查。万里（1916—2015）正在安徽开始搞农村改革；江苏首先试行了财政承包责任制、苏南社队工业和上海协作。这些打开了薛暮桥的思想，他提出扩散城市工业、发展乡镇企业、准许私商长途贩运等建议，支持安徽包产到户，非得系统地清理"左"倾思想，总结经验教训，才能迈出新的步子来。1978年10月，他向计委党组提出再组班子到外地写书。苏星、何建章、余学本、吴凯泰参加。这一回，薛暮桥下决心抛弃写教科书的夙愿，取而代之，写一本《社会主义经济问题研究》。一是因为社会主义建设历史不长，发展不成熟，缺乏实践经验，很难形成完整的理论体系；二是想根据亲身经历提出一些自己认为必须探索、解决的问题。他说，这样做，"可能对于今后政治经济学（社会主义部分）的写作，有一点用处"。[22] 即使是放弃，还是为了教科书。

写作小组在杭州，上午8—12点、下午2—6点写作。三个月后，他们向100多位经济学家和主管经济的官员发出征求意见稿，一个月内，就接到近百封回信。1979年4月，再去无锡修改。此时，孙冶方也带着4个人在同一家宾馆同一层楼里写《社会主义经济论》。两班人马，时而交换意见。薛暮桥说："这是一段愉快相聚的时日。"[23] 没想到，回到北京，孙冶方就查出患有肝癌。论辈分，薛暮桥是孙冶方（原名薛萼果）的堂兄。两人，同样的赤子之心，同样的激情。薛暮桥不像孙冶方那样暴风骤雨般地倾泻而出，而是含蓄地、深沉地表达。薛暮桥曾不无得意地笑谈孙冶方常常带着写作班子白天黑夜地争论，海阔天空，时间过去了，东西没写出来。而薛暮桥则是一板一眼，定好计划就要完成。

写作《中国社会主义经济问题研究》时合影，从左至右：苏星、余学本、薛暮桥、吴凯泰、何建章。（薛小和提供）

高度专心是他的特征。女儿小时，趁他伏案写作，在他后背缝上一串扣子，薛暮桥就带着红红绿绿的扣子出门。“文革”时，他和另一个人被关在一间办公室里，那人在办公室内的卫生间自杀了，而薛暮桥在读“毛选”，竟全然不知。专心，是他入定的方式，所以，他长寿。

1979 年 12 月，《中国社会主义经济问题研究》由人民出版社出版。第一版印刷不到两个月就一抢而空。人民出版社印 300 万册还是供不应求，只好提供纸型，让各省人民出版社翻印。

思想解放和改革的步骤很快，不久，薛暮桥就觉得书落后于实践。1983 年初，完成了修订稿，他登门请 30 年前交派任务的陆定一作序。此时，历史已经跨越了计划经济时代，他们也进入了耄耋之年，站在新的历史门口，继续兑现当年的千金一诺。曾被毛泽东称为“阎王”、

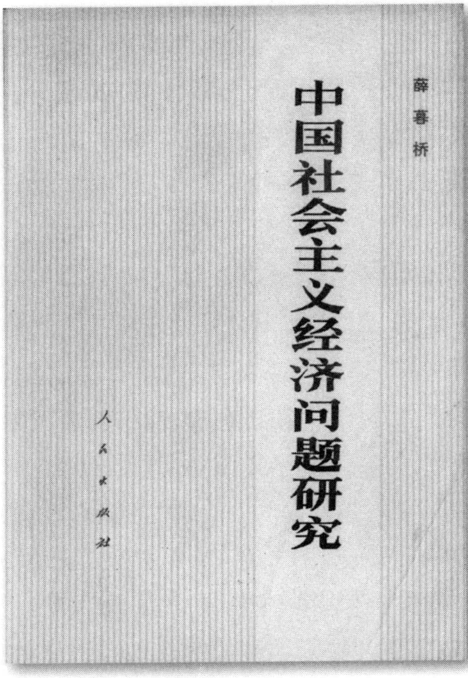

《中国社会主义经济问题研究》书影。

担任了22年中宣部部长、被关押过13年的陆定一有些激动，连夜写就序言，其中写道：“既然中国共产党能够创造性地建立马克思主义的有中国特点的革命政治理论和革命战争理论，那么有什么理由说，中国共产党不能建立有中国特点的社会主义经济建设的理论呢？”原来，这才是中共党内理论家的情结。年底，修订本出版。

1987年8月，薛暮桥将《中国社会主义经济问题研究》的手稿捐给中国社会科学院经济研究所图书馆，并给所长董辅礽一信，尽数历时二十载的成书历程：“这本书的前后十稿和两个‘跋’，不但反映我个人思想的变化，而且更重要的是反映时代的变化。我当然不能不受时代的影响，可以自慰的是经常走在时代的前列，有些方面还起了一点‘开路先锋’的作用。所以我觉得这一系列旧稿还有保存价值，给后人去考证10多年来时代的变化。”[24]

薛暮桥，既有科学家的严谨、献身真理的精神，又有始自青年时代的献身于共产主义事业的忠诚，二者时有矛盾。为此，他不免常常在党内受批评做检讨。他说：“我很想做个学者，但我首先是个共产党员。”女儿薛小和说：“父亲这样一个老计委，怎么能如此坚定地主张商品经济，其实并不奇怪。作为一个共产党人，当他为之献身的事业竟然走到与其初衷相悖的道路上去，并且由他和整个国家一起吞下自己参与种下的苦果，给他造成的刺激会更深，促使他反省的动力会更大，推动他改革的愿望会更迫切，他对改革目标的认识也容易达到常人难以达到的高度。”[25]

1989年以后，反对市场经济、批判资产阶级自由化的势力抬头。此时的薛暮桥已是一位坚定的市场取向改革的捍卫者。1990年底，87岁的薛暮桥写了一篇文章《关于社会主义经济的若干问题》，在《中国社会科学》杂志发表。他写道，马克思写《资本论》时，“资本主义制度已经有一个成熟的模式，可以探索它的发展规律，而且有资产阶级古典经济学家的著作可供参考。现在社会主义经济还不具备这样好的条件……要有几个（至少我们自己）改革完全成功的社会主义国家，才能写出一本完善的社会主义政治经济学来”。文中，他对10个重大理论问题作了分析，被赞为“把市场取向改革的理论提升到了一个新的高度”。他还是说，这是“为将来编写社会主义政治经济学积累一些历史资料。如果在这方面有所贡献，我就心满意足了”。

纵观薛暮桥的思想和1949年以来经济制度的演变，有交叉有分离，有平行有逆行，他曾经想解释，想修正，想扬弃，想否定，最终实现了飞跃。他既懂得市场经济理论，又见过市场经济运行；既懂得计划经济理论，又主导过计划经济运行。和时代的进步相比，他把自己滞后的时间缩得最短，追得最快。说到底，薛暮桥一生奋斗追求的是人民幸福、社会公正，是接近普遍价值的社会主义。而接近这样社会形态的，既不是资本主义，也不是斯大林式的社会主义。

于光远版本[26]

和于光远这个名字相连的有一个“机构”，叫“于光远编写组”，就是编写政治经济学社会主义部分教科书的小组。书，终究没有编出来；只留下于光远所著7卷本《政治经济学社会主义部分探索》（以下简称《探索》）。

于光远不像孙冶方那样烈士般地悲壮，也不像薛暮桥那种水滴石穿地专注，而是游刃有余地在众多领域里出来进去，以“人生何处无乐趣”的心态，过“丰富多彩、热热闹闹”的人生。于光远1915年生于上海，早年就读清华大学物理系，和钱三强、王大珩、何泽慧同学，参加过“一二·九”运动，后去延安；1955年，当选中国科学院哲学社会科学学部委员，担任过中宣部理论宣传处处长、科学处处长；“文革”后，担任国家科委副主任和中国社会科学院副院长，是经济学和自然辩证法两界的领头人，涉及领域包罗万象，连“笼养苍蝇”也在其中。

因为涉及领域宽，“文革”中，他的“罪行很全面”（于光远语），专门为他设立了一个“批斗于光远联络站”，有农经分站、心理学分站、科技分站，好协调各个分站对他的批斗。[27]说起这些，于光远不是一脸“苦大仇深”，而是调侃。有一次，别人讲，在电视上看见他在“文革”中戴高帽、挂牌子挨斗的镜头，他兴致勃勃，说“真想看看自己那时的光辉形象”。[28]

于光远不拘一格，爱琢磨，讲科学，发明创造特别多。政治经济学资本主义部分和社会主义部分这么拗口的说法，就是于光远发明的，连苏联人都跟着这么叫了。他的理由很简单：因为不能把政治经济学资本主义部分称为资本主义政治经济学，它属于社会主义学说体系；同样，也不能叫社会主义政治经济学，而是要把“资本主义”、“社会主义”放到后面去。

于光远想写一本《政治经济学社会主义部分》的心愿始于1953年，那是在斯大林《苏联社会主义经济问题》一书出来以后。在其后的近半个世纪里，写作起起落落。1956年，他在中宣部组织了一个写作班子，碰到1957年的“反右”运动而中止；1958年重新拾起来，出版了《政治经济学社会主义部分探索》。一度，中国经济学界写教科书的热情高涨，1960年达到顶峰，在高级党校召开了政治经济学教科书讨论会，然而，不久又中断了。最后一次努力是在1960年底到1966年的五年半时间。于光远说：“我们花的时间不少，写下来的东西也很多，但始终没敢拿出来征求意见。”[29]

那时，中国科学院哲学社会科学学部由中国科学院和中央宣传部双重领导，行政归中科院管，业务归中宣部管。于光远任中宣部科学处处长，副处长是林涧青。于光远领导的政治经济学教科书编写组，集中在厂桥附近的一个招待所工作。按照《资本论》的思路，他们只花了一个月就写完了政治经济学的资本主义部分，并在1961年由人民出版社出版，[30]发行量极大。“文革”中，于光远在宁夏干校劳动，有一次去银川看病。医生看见病历上的名字，大为惊讶：“你就是写《政治经济学》的那个于光远吗？”“是啊！”医生顿时对他充满敬意，细心治疗。

而社会主义部分却始终没有写出来。编写组的人反复研读马恩列斯毛的原著，也只写出了一些阶段性的篇章。从中科院经济所来参加编写的吴敬琏总觉得气氛有些特别：一方面，于光远骨子里倾向自由主义，他在编写组里培育自由讨论的气氛，几乎任何问题都能讨论；另一方面，他又是中宣部在科学方面的总管，需要贯彻党中央的政治意图。[31]

于光远对于中国经济学界最大的贡献，要属1977—1979年拨乱反正期间，发起对“四人帮”在上海组织编写《社会主义政治经济学》的批判，组织关于社会主义生产目的和按劳分配四次全国讨论会。在中国新时期的思想解放运动中，于光远，无疑是一个闪光的名字。

“文革”一结束，于光远就向国务院领导提出，要完成当年接受的任务，编写政治经济学社会主义部分。社科院一成立，就有了一个编书组，设在院写作组里。于光远说：“十年‘文革’使我懂得了不少原

1984年，于光远在新疆考察时与牧民合影。（胡冀燕提供）

先并不真正懂得的道理，使我思考了不少过去没有思考过的问题，我的思想境界提高了一个层次。”[32]他感到，实践给他的启发和提出的问题让他应接不暇。1979年9月，时任社科院副院长的于光远兼职了马列所所长，于光远编书组也跟着转移到了马列所。然而，“20年过去了，好像离开写出一本政治经济学社会主义部分的目标还是很远很远”。于光远提出化整为零的办法，先研究范畴。比如，写一本辞典，使大家有一个讨论问题的共同语言。同时，建立了一个政治经济学社会主义部分研究会，亲任会长，宋涛、骆耕漠、冯兰瑞为副会长，薛暮桥、孙冶方和许涤新为顾问。这是早年被称作“经济学界四大名旦”的薛、孙、于、许短暂的一次齐聚这个事业。到了80年代初，于光远就已经清楚地知道，“我们取得的社会主义实践经验，对于写出一部有高度科学性的政治经济学著作来说是很不够的”。[33] 中国人民大学经济系研究生有一门课叫“于光远经济著作选读”。1983 年 12 月 2 日，于光远和研究生们有一场谈话专门谈他在写政治经济学社会主义部分的历程和想法。[34] 他依然雄心勃勃，把政治经济学社会主义部分当作自己的主要研究方向。[35] 1985 年，他在中国经济学团体联合会（简称“经团联”）上发出倡议，用通信方式，举行为期半年的“政治经济学社会主义部分学术讨论会”。[36]

然而，事与愿违，他看到的是政治经济学的悄然退场。1988 年，于光远说：“目前在我国经济学界明确自己在研究政治经济学社会主义部分的经济学家已经很少，许多人把马克思主义经济学置于很不重要的地位。对于这样的看法，我不敢苟同。”[37] 他的奋斗变得越来越孤单，1987—1988 年，他下了很大功夫，在《探索》四、五、六卷中，约有 100 万字的内容与此课题相关。在他这儿，这是统一的，一面执着于政治经济学探索，一面论述对社会主义的再认识、所有制问题，呼唤建立现代市场经济。在《探索》第七卷里，股份制是重点，还有“于氏简明社会主义所有制结构辞典初稿”。2000 年 4 月，85 岁的于光远又发表了《呼唤世界历史大调整时期的政治经济学》，宣称：“这篇文章是我对政治经济学新一轮研究的开始。”[38] 如此激情，痴心不改！

著作等身的人不多，于光远是一个。有人戏称“自然辩证法”为“自然变戏法”。于光远就像个变戏法的人，在各种政治力量之间，在学科之间，在人际之间，在工作和生活之间，变出一张张好牌来。他曾给女儿小东记《终生日记》，编《小东小字典》；在干校给一位爱酒之人编《马克思论酒》，好让他喝酒有依据；还为外孙女非非出版了一本《非非——我的观赏动物》，被书店放到了宠物类书里。他得过癌症、肝炎，还得过“大玩学家”称号。我们很难再见到这样的人了。他的思维既是科学的、严谨的，又是发散的、跳跃的、天马行空的。他，官员兼学者，开怀大笑，口若悬河，幽默风趣，真心童趣。从 1986 年起，于光远每年给亲友写贺年信，汇报过去一年的情况，他报告：“我的心情

2008年，于光远在家中。（胡冀燕提供）

一如既往地那样愉快”。

关于于光远的笑话，最著名的是那个查无实据而流传甚广的“厕所政变”。说的是，70 年代末，社科院高层讨论接替胡乔木的院长人选，不少人提于光远。正在节骨眼上，偏巧，于光远起身如厕。这时，座中有人说了，于光远有错误思想倾向。待于回来，已是花落他人。

于光远以“世界真奇妙，后来才知道”的“活命哲学”，以“无时不思，无日不写”的方式，快乐而勤勉地活到 98 岁，于 2013 年逝世。

尾声

中国经济学家从1956年开始进行政治经济学社会主义部分的研究。孙冶方、薛暮桥、于光远曾经是经济学界的“三巨头”，他们不仅是三个有智慧的大脑，而且是可以调动资源组织力量的人。他们穷毕生之力，没有完成1955年所接受的编写政治经济学教科书的任务。不能不说他们的努力已经走到了极限。这有点像三个人从三个角度研究“永动机”，命中注定，走不出来。他们所要完成的课题，是人类智慧和思想资源尚没有办法对付的。但是，他们都创造了新的高度，给人们打开新的视野；他们用他们没有走出来的路，启发和告诉人们，为我们，为20世纪的中国留下了探索的记忆和思想的财富。

三幅人物肖像：一位犀利，一位沉稳，一位潇洒。他们风格互补，是一个组合、一个团队、一道风景。可惜，我们再也看不到这么精彩的风景线了。

附 记

原中国社会科学院经济研究所的黄范章先生读罢这篇文章，曾致信给我：“感慨深沉，老一辈为探索改革历尽磨难。他们既要顶住政治摧残，更要克服历史加诸他们的思想局限性，多难呀！”“改革开放30年不应忘掉老一辈（以孙冶方为代表）的贡献。现在我们坐在沙发上讨论改革，当年老一辈是在政治刀尖上探讨改革。”我深有同感。

孙冶方先生，我没有见过。我的先生朱嘉明是中国社会科学院研究生院1978年第一届研究生，听过孙冶方的课。他记得，孙冶方走进教室时，全体同学起立鼓掌。在学术界，一个人被尊敬，不仅因为他的思想，还因为他的人格和他的传奇人生。孙冶方的面容，具有古希腊雕刻的美感——深沉的眼神，挺拔的鼻子。而这样的形象，合成于他的天赋与人格之美。在北京西城区月坛北小街二号院3号楼二层的经济所走廊中央，摆放着孙冶方雕像。每一次走过，我都会注目，而另一幅雕像——罗丹的《思想者》也会同时跃入脑海。

1999年，在一次抢救中被切开气管后，薛暮桥恳切地对医护人员和家人说:“我不要拖累国家，拖累医院，拖累家里”,“我不是病，是老，医生治得了病治不了老，让我早点死吧”。[39] 然而，这是由不得他选择的生命。此后，他一直在病床上躺着，躺了6年。

拜见薛老，是长念在心的事。自2004年开始，我也多在医院里照看生病的孩子。每一次约好可以去看时，都因为我这里情况突变而走不开。直到2005年5月27日，终于了了心愿。

那天，我们穿着布鞋，轻轻地走进病房。他躺在那里，躺得很舒服，呼吸均匀，心律60，血氧饱和度100，血压125/46。他闭着眼睛，但是醒着。护理人员帮薛老睁开眼睛，说:“你看，谁来了？”走近他，仔细端详——肤色健康，面容安详，脸颊饱满，嘴闭着，时而动一动。没有皱纹，那双手特别光滑细嫩，像婴儿的皮肤。薛小和在一旁说：他的手握了一辈子笔，什么也没干。在这一年的早些时候，中国经济学杰出贡献奖颁给了四位经济学家，薛暮桥是首位。薛小和曾用毛笔写下这个消息，举在父亲眼前，只见薛暮桥的目光一遍一遍地往复，随后，淡然地闭上眼睛。2005年7月，薛暮桥辞世，享年101岁。

在各种会议上，见过于光远先生多次，他是笑口常开、妙趣横生之人。写作本文时，有意采访他，然而他的身体状况已经不允许了。

1. 原载《经济观察报》，2009 年 3 月 23 日，2009 年 4 月 6 日，2009 年 4 月 13 日。

2. 孙冶方：《孙冶方全集》（第 4 卷），山西经济出版社，364 页，1998。

3. 恩格斯：《卡尔·马克思〈政治经济学批判〉》，见《马克思恩格斯选集》（第 2 卷），116 页，北京，人民出版社，1972。转引自孙冶方：《孙冶方全集》（第 3 卷），226 页。

4. 孙冶方：《孙冶方全集》（第 4 卷），2 页。

5. 冯秉珊：《忆孙冶方同志》，见中国社会科学院经济研究所资料室编《孙冶方纪念文集》，上海人民出版社，260 页，1983。

6. 孙冶方：《孙冶方全集》（第 4 卷），1 页。

7. 2010 年 7 月 23 日乌家培先生对笔者谈及。

8. 孙冶方：《孙冶方全集》（第 5 卷），305 页。

9. 孙冶方：《对各篇初稿的意见及二稿的初步建议》，见《孙冶方全集》（第 4 卷），18 页。

10. 孙冶方：《孙冶方全集》（第 5 卷），314—316 页。

11. 同上，336 页。

12. 吴敬琏：《论孙冶方的经济理论体系》，见《社会主义的政治经济学体系探索》，北京，经济科学出版社，1985。

13. 吴敬琏先生向笔者谈及。

14. 李昭：《薛暮桥伯伯——一位沉稳、平和的老人》，见《百年沧桑　一代宗师：薛暮桥逝世一周年纪念文集》，北京，中国发展出版社，2006。

15. 薛暮桥的女儿薛小和女士提供了资料和故事。

16. 薛暮桥、苏星、林子力：《中国国民经济的社会主义改造》，北京，人民出版社，1959。

17. 薛小和：《我很想做个学者，但我首先是个共产党员——写在父亲薛暮桥 100 岁寿辰之际》，见《薛暮桥回忆录》再版附文，412 页。

18. 被分配担任顾问的还有许涤新和齐燕铭。此时国家计委经济研究所所长是于光远。

许涤新（1906—1988），广东人，1933 年毕业于国立上海商学院（现上海财经大学），加入中国共产党。抗战期间，先后任重庆《新华日报》编委、中共中央南方局宣传部秘书、统战委员会经济组组长。撰写出版《中国经济的道路》、《现代中国经济教程》等著作。自 1946 年来，任中共中央南京局上海工作委员会委员、财经委员会书记、中共香港工委委员、财经委员会书记等职，撰写出版了《官僚资本论》、《广义政治经济学》等著作。自 1949 年来，任上海市军管会财经接管委员会副主任兼工商处处长。先后担任华东财经委员会副主任、上海市工商局长等职。1952 年底调北京，先后任中共中央统战部秘书长、副部长，中央工商行政管理局局长，全国工商联副主席等职，并出版《中国过渡时期国民经济的分析》等著作。“文化大革命”后，出任中国社会科学院副院长兼经济研究所所长等职。

齐燕铭（1907—1978），蒙古族，北京人。1932 年至 1937 年在中国大学、中法大学、东北大学讲授中国文学史、戏曲史、文字学，编印了《中国文学史略》（上册）、《中国戏剧源流》等讲义。1938 年加入中国共产党。1940 年后任延安中央研究院研究员，编写中国文学史，并在鲁迅艺术学院兼课。1945 年后任中共赴重庆、南京代表团秘书长，中共中央城市工作部、统战部秘书长。1949 年后，历任中央人民政府办公厅主任，政务院副秘书长，中共中央统战部副部长、总理办公室主任、国务院专家局局长，文化部党组书记、副部长等职。

19. 薛暮桥：《薛暮桥回忆录》，314 页。

20. 同上，322 页。

21. 薛暮桥：《写给邓小平、李先念同志的一封信》，见《薛暮桥改革论集》，北京，中国发展出版社，9 页，2008。

22.《中国社会主义经济问题研究》的序和跋，见《薛暮桥改革论集》，32 页。

23. 薛暮桥：《薛暮桥回忆录》，330 页。

24. 薛暮桥：《给董辅礽的信》，见《薛暮桥改革论集》，北京，中国发展出版社，72 页，2008。

25. 薛小和：《我很想做个学者，但我首先是个共产党员——写在父亲薛暮桥 100 岁寿辰之际》，《薛暮桥回忆录》再版附文，416 页。

26. 2009 年 3 月在中国社会科学院经济研究所图书馆查阅于光远的《政治经济学社会主义部分探索》1—7 卷，里面的文章跨越近 50 年。从书签上看，有的从未被借阅过。翻着那一张张泛黄的书页，感触良多。

27. 于光远：《当了一回“胜利者”》，见《于光远自述》，郑州，大象出版社，142 页，2005。

28. 同上，153 页。

29. 于光远：《政治经济学社会主义部分探索》（二），北京，人民出版社，1981。

30. 于光远、苏星：《政治经济学》（资本主义部分），北京，人民出版社，1961。

31. 柳红：《当代中国经济学家学术评传——吴敬琏》，陕西师范大学出版社，86 页，2002。

32. 于光远：《政治经济学社会主义部分探索》（三），北京，人民出版社，487 页，1985。

33. 同上，337 页。

34. 同上，482 页。

35. 1984 年 9 月，于光远在一次会上发言说：“政治经济学社会主义部分是我的主要研究方向，对有关这个讨论都有兴趣。”同上，498 页。

36.《于光远倡议采用通信方式讨论政治经济学社会主义部分有关理论问题》，载《广东社会科学》，1985（3）。

37. 于光远：《政治经济学社会主义部分探索》（五），北京，人民出版社，184 页，1991。

38. 于光远：《政治经济学社会主义部分探索》（七），北京，经济科学出版社，2001。

39. 薛小沂：《想念爸爸》，见《百年沧桑　一代宗师：薛暮桥逝世一周年纪念文集》，北京，中国发展出版社，197 页，2006。

两份《初步意见》的背后[1]

这分明是一出边演边排边导的历史剧。历史常常是这样，高瞻远瞩的思想，一时不被接受。不过，凡是代表历史进步方向的，终究会成为人们的共识。

1979 年 1 月 1 日的《人民日报》，发布了几件标志历史转折的事件：元旦社论《把主要精力集中到生产建设上来》、人大常委会《告台湾同胞书》、国防部长徐向前宣布停止炮击金门等岛屿和中美建交。接下来，1 月 18 日至 4 月 3 日，中央宣传部和中国社会科学院分两个阶段召开理论务虚会，批判“两个凡是”[2]，第一次认真讨论“阶级斗争”和“无产阶级专政下继续革命”的口号，确定了以现代化建设为中心，坚持改革开放和四项基本原则的方针。

必须改革，这是共识。但是，怎么改？改到什么程度，改成什么样子？并没有蓝图。改革的序幕，是被一双历史的大手拉开的，所有的演员、导演都在场。然而，这是一场没有脚本的改革。

1979 年 7 月 2 日，在国务院财政经济委员会下成立的经济体制改革研究小组（以下简称“体改组”），要充当“编剧”的角色。他们的任务是，制订出一个适合国情、办法配套、步骤恰当的体制改革方案来。体改组组长是张劲夫，副组长是薛暮桥、房维中、廖季立和刘明夫。

专职成员有廖季立、柳随年、季崇威和徐景安等。本着大改着眼，小改着手，从7月下旬起，体改组一边请各部委和理论界人士座谈，一边收集国内外体制改革情况。

让我们把目光聚焦在几位经济学家身上。他们刚刚从计划经济和阶级斗争中走过来，站在新时期的起点上，激情满怀，迸发出积蓄已久的能量。其头脑之清楚、感觉之准确、预见之高明令今天的我们为之骄傲。

从7月24日至8月上旬改革总体设想座谈会的发言摘要中看到，薛暮桥说："体制改革的根本道路就是按照经济发展规律管理经济。要准备冒风险。"中国社会科学院财贸经济研究所所长刘明夫连发15问[3]，例如："如何保证把商品经济纳入社会主义道路和有计划按比例发展的轨道？"经济研究所原所长孙冶方讲到经济民主化必须有政治民主化来保证。经济研究所副所长刘国光系统而清晰地论述了经济体制模式选择、集权与分权关系、企业自主权、发挥市场作用等重大理论问题。同为副所长的董辅礽则单刀直入地指出经济体制改革的实质是改革全民所有制的国家所有制形式。[4]杨培新[5]主张改革"三大步"——扩大企业自主权、组织专业公司和发挥银行的作用。

10月份，体改组草拟出一份《关于经济体制改革总体设想的初步意见》，因为不成熟，没有提交给财委审议。而邓小平听说有这么一份素材性的稿子后说："可以披头散发和大家见面，征求意见嘛。"[6]于是，1979年12月3日，体改组把《初步意见》提交给全国计划会议、调研组长会议，15日张劲夫做了一个说明。

一上来，张劲夫先说，对于怎么改，大家的看法不完全一致，有些问题也一下子吃不透、看不准，还需要探讨。这个稿子是抛砖引玉，可以推倒重来。它只是一个总的设想，不是体制改革的具体方案，主要是为了解决体制改革的方向和如何起步两个问题。

"方向准、起步稳"，是张劲夫提出来的一个原则。

《初步意见》主张用经济手段管理经济，实行计划调节与市场调节相结合，扩大企业自主权，划分中央和地方职权。其中具体地拟定了五项改革内容：把企业从行政机构的附属物，改为相对独立的商品生产者；把单纯的行政管理，改为经济办法与行政办法相结合；把单一的计划调节，改为计划调节与市场调节相结合；划分中央与地方权限，充分发挥地方积极性；在重视物质利益的同时，加强思想政治工作。[7]

至于如何起步，他们提出，调整期间需要适当集中，改革要求适当分权。在国民经济调整任务没有基本完成以前，匆忙进行大改，不仅改革本身不能顺利进行，还可能打乱调整的步骤，给国民经济带来不应有的损失。对于旧体制中必须改而又可以改的部分，要积极改革，先立后破。一两年内，要拟定出改革方案和实施步骤，包括：调整价格和税制改革方案，做好扩大企业自主权、组织公司的试点，全面推行固定资产有偿使用、流动资金全额信贷、部分基建投资实行银行贷款、部分事业单位改为企业化管理、一般民用建筑由专门的建筑单位统建、学校和行政单位支出实行计划包干。

据徐景安回忆，1980 年初，李先念在中南海主持召开了国务院财经会议，讨论《关于经济体制改革总体设想的初步意见》。“晚上 7 点开始，开了一个半小时，参加的人员都不谈正题，东拉西扯。到了 8 点 45 分，李先念说：‘这个稿子我看了两遍，都没有看懂。’‘他们是中国共产党党员，我相信他们是对党负责的。所以，我建议，这个文件还是先发下去试行。’”对于与会者不发表意见，徐景安表示理解，因为“他们对于怎么改，改什么，想都没有想过”。[8]

体改组只存在了一年。1980 年初，四川省委书记赵紫阳被调进北京，3 月被委派主抓经济，担任财经领导小组组长；9 月受命担任国务院总理。四川是国有经济改革的试验地。从 1978 年第 4 季度起，那里就开始了扩大国营企业自主权的试点。1980 年 6 月已经扩展到全国 6600 个国有大型企业。

5 月 8 日成立的国务院体制改革办公室（简称“体改办”），体现了把改革纳入一个总体规划的意图。体改办的职能是制定改革总体规划，协调各方面改革。杜星垣（1914—2011）任办公室主任。薛暮桥任顾问。又要另起炉灶起草《经济体制改革的初步意见》了。6月、7月间，薛暮桥接连发表《关于经济体制改革的探讨》、《关于经济体制改革的一些意见》、《计划调节和市场调节》等一系列文章。[9] 他强调："现阶段，我国社会主义经济只能是一种商品经济；计划调节要和市场调节相结合，在计划指导下，充分发挥市场调节作用。"这些思想都被写进了《初步意见》。这确实是一份崭新的《经济体制改革的初步意见》，其中最具突破性的创见是指出："我国现阶段的社会主义经济，是生产资料公有制占优势，多种经济成分并存的商品经济。我国经济改革的原则和方向应当是，按照发展商品经济的要求，自觉运用价值规律，把单一的计划调节改为在计划指导下，充分发挥市场调节的作用。"[10]

完稿之时，恰逢中央召开各省市区第一书记会议。领导决定把《初步意见》提交会议讨论，指定薛暮桥在会上作一个说明。

薛暮桥是理性、谨慎、内敛的人。从外表，人们不易发现他的感情变化。然而，今天重读他的说明，可以十分强烈地感受到他的激情、热望和理想。他说：

"我们起草这个文件时，深深感到所谓经济管理体制的改革，是要解决在中国这块土地上，应当建立什么形式社会主义经济的问题，这是社会主义建设的根本方针。将来起草的经济管理体制改革规划，是一部'经济宪法'。"

"经济宪法"，何其崇高的标志！这确是那一代杰出人物的理想。

"现在我国的《宪法》是要解决国家的政治结构和政治活动准则问题，经济管理体制改革方案则要解决国家的经济结构和经济活动的准则问题。"他向大家解释《初步意见》中一个又一个挑战30年教条的思想突破，号召大家讨论，看看这样的认识对还是不对。

总书记胡耀邦大为赞扬《初步意见》和薛暮桥的说明。各省书记要求印发薛暮桥的发言稿。而发言稿是在开会前头一天刚写出来的，还没来得及修改。胡耀邦说先不修改了，拿去印吧。但人们毕竟对于改革十分生疏，会上并没有展开讨论，作出决定。《初步意见》只是作为供大家研究的草案。会后也没有公开发表。[11] 重新想想邓小平的“披头散发”见人、李先念的“看不懂”“先发下去”和胡耀邦的“先不修改”，这分明是一出边演边排边导的历史剧。细节，在此时此刻，在这样的大历史面前并不那么重要，还不是精雕细刻的时候。从中，我们看到，这些共产党的元老，和参与过共和国创建的薛暮桥等人，对于历史变迁、变革的需求、责任感、紧迫感和行动能力。这时的每一步，都在创造历史。

有评论说第一份《初步意见》囿于毛泽东《论十大关系》的框框，思想解放不够；第二份《初步意见》，在理论上有巨大突破，堪称中国市场取向改革的第一个纲领性草案，是划时代的。而也因为它的超前，在高层对改革思路尚未达成共识时，除了有识之士的激赏，并没有成为政府的决策。历史常常是这样，高瞻远瞩的思想，一时不被接受。不过，凡是代表历史进步方向的，终究会成为人们的共识。

前后两份《初步意见》，凝聚了那个时代先进人物对于改革的全方位思考，其影响力最终化作经济改革整个行动方案的一块牢固基石。在这块基石上，深深地刻着我们今天想起来就肃然起敬、在未来想起来也会肃然起敬的人们的印记。

1．原载《经济观察报》，2009 年 2 月 19 日。

2．1977 年 2 月 7 日，《人民日报》、《红旗》杂志、《解放军报》发表的两报一刊社论《学习文件抓纲要》，公开提出“两个凡是”的方针，即“凡是毛主席作出的决策，我们都坚决维护；凡是毛主席的指示，我们都始终不渝地遵循”。

3．体制改革从何入手，刘明夫提出 15 个问题：

⑴是否应当按照社会主义商品经济的规律来建立我们的计划管理？

⑵如何保证把商品经济纳入社会主义道路和有计划按比例发展的轨道？

⑶采用什么办法使计划性与灵活性、统一性与有领导的自由结合起来？

⑷承认各个企业处于相对独立的商品经营者的地位，健全经济核算制。企业要把经济效果好坏的责任担负起来。要把职工个人利益同企业的盈亏同职工本人劳动的好坏挂起钩来。而且，企业可以自负盈亏。在实行税利合一，把国家需要集中的资金用税收的办法取走以

后，企业不再上缴利润。

(5)如何根据专业化协作的原则，把各种企业分别组织起来？

(6)哪些服务行业要发展？比如为生活、生产、科研、教育、文化服务的行业要社会化。

(7)哪些租赁业务要搞起来？

(8)如何利用税收和利息等经济杠杆，对商品价格进行合理的调整，使各行业中的独立核算企业，处于平等竞争的地位？

(9)如何建立各种经济协调组织？

(10)划分经济区域，合理地组织经济协作问题。

(11)建立若干经济中心与流通枢纽，按照合理流向，组织商品流通问题。

(12)如何加强工商行政管理？

(13)制定各种经济法规问题。

(14)中长期计划如何搞好？

(15)搞好大改的思想准备、组织准备与物质准备问题。

4. 房维中：《在风浪中前进——中国发展与改革编年纪事 1977—1989》第 2 册，1979 年卷，87—132 页，2004 年 11 月初稿（电子版）。

5. 杨培新，1922 年生于广东，1949 年起协助中国人民银行南汉宸行长研究和制定金融政策，创建金融研究所。

6. 张劲夫：《为革命奋斗一生，为改革鞠躬尽瘁》，见《生命不息　奋斗不止：纪念经济学家蒋一苇》，2 页。

7. 房维中：《在风浪中前进——中国发展与改革编年纪事 1977—1989》第 2 册，1979 年卷，221—232 页，2004 年 11 月初稿（电子版）。

8. 徐景安：《我所经历的经济体制改革决策过程》，载《百年潮》，2008（2）。其时，徐景安为国家计委研究室研究人员。

9. 后汇集于薛暮桥：《当前我国经济若干问题》，北京，人民出版社，1980。

10. 薛暮桥：《薛暮桥回忆录》，356 页。

11. 同上，358 页。

鲜为人知的莫干山会

记1982年苏联东欧经济体制改革座谈会[1]

> 莫干山会在思想上和所涉及问题的面上是广泛而深刻的，但是影响有限。它本可以开得更精彩，影响更大，但是不得不压着嗓子说话。尽管如此，绝不意味着它的历史意义可以被忽略。

浙江德清县的莫干山，是为纪念春秋时期夫妻铸剑匠师干将和莫邪而取名，素有“清凉世界”之称。古往今来，引无数风流人物聚会。在20世纪80年代，经济学界有两次莫干山会，一次是赫赫有名的1984年第一届中青年经济学家会议，另一次，则是鲜为人知的1982年苏联东欧经济体制改革座谈会。

苏联东欧经济体制改革座谈会是由中国价格学会主办，国务院经济研究中心总干事薛暮桥、国家物价总局局长刘卓甫、国家经济体制改革委员会委员廖季立主持的。海外来宾是一行7人的考察团，有英国牛津大学教授、曾任波兰政府经济（咨询）委员会副主席的布鲁斯（Wlodzimierz Brus），西德《东方经济报告》编辑、曾任波兰国家物价委员会主任（1953—1968）的斯特鲁明斯基（Julius Struminsky），西德法兰克福大学教授、曾协助前捷克副总理奥塔·锡克（Ota Sik，1962—1968年在任）进行经济改革的考斯塔（Jiri Kosta），美国威斯康星大学教授格拉尼克（David Granick），法国巴黎社会科学高等教育学院教授、曾在匈牙利外贸部工作的肯德（Peter Kende），世界银行东亚及太平洋局经济专家林重庚及伍德。

1981年3—4月，奥塔·锡克应邀在北京、上海、苏州三个城市做了7场学术报告，参加座谈会，介绍捷克价格改革，在中国掀起了研究改革理论和实际措施的热潮。还有一个直接结果是建立了国务院价格研究中心。计划价格是计划经济的支柱，建立一个专门的价格研究机构，足以显示国务院领导的改革决心。受此鼓舞，邀请锡克来访的刘国光向林重庚提议请世界银行出面，再邀请一些既懂改革理论又有实际经验的东欧经济学家来华。林重庚在中国经济改革早期的作用是独一无二的。他在中国和世界经济学界之间，起了穿针引线、搭建桥梁的作用。

而此时，1981年4月，中共中央书记处研究室印发了一份内部材料，整理出一些言论，分四类：第一类坚持计划经济，第二类将计划调节和市场调节并列，第三类主张对宏观和微观经济分别实行计划和市场调节，第四类主张商品经济。邓力群等列第一类，薛暮桥、廖季立、林子力（中央书记处研究室室务委员兼理论组组长）等为第四类。虽说走出了"拨乱反正"时期，进入改革开放时代，然而较之"拨乱世，反诸正"更为艰巨的其实是拨思想之乱、反思想之正。维护计划体制的势力和主张市场取向的思想第一次被端出来，正面对峙。[2] 1982年4月，中央书记处研究室又印发了《奥塔·锡克反马克思主义的经济改革理论》，锡克被指为"反社会主义分子"。起因是国家计委《经济消息》第16期上刊登了一篇西德《经济周刊》的文章报道奥塔·锡克关于经济改革理论的谈话，题目是《害怕失去权力》。奥塔·锡克讲道："我深信，经济制度和经济制度的改变，首先取决于政治条件。""如果真要让一项改革起作用，那么就必须停止党对经济的强制命令。"于是，拟议申请外国专家来华不宜再大张旗鼓，但又不好取消，只得降低接待规格。

1982年5月4日，"国家经济体制改革委员会"正式成立（以下简称"国家体改委"），其职能之一是制定经济体制改革的总体规划，国务院总理任主任。就在成立当天，国务院经济研究中心和体改委受命组织的经济体制改革理论讨论开始了。这场讨论延续了4个月，有300多位参加者，分成8个组，大小会开了70次之多。

薛暮桥作动员，谈计划和市场的关系、条条和块块的关系。他必须表态，是赞成计划调节和市场调节相结合，充分发挥市场调节作用呢？还是赞成以计划经济为主，市场调节为辅？在回忆录中，他写道："我虽然在思想上赞成社会主义商品经济论和计划调节与市场调节相结合、充分发挥市场调节作用的方针，但是，当时一方面我自己的认识还不深入，观点还不很彻底和坚定；另一方面，我是国务院的现职干部，尽管在内部可以提出自己的意见，但在公开场合，我有义务同中央保持一致。"[3]这样的无奈缠绕他一生。

1982年9月是中共十二大召开的时间，此前，各种思想势力角逐，以期影响和主导大政方针。8月，胡乔木批发了参加起草十二大报告的王忍之、袁木等五人给他的一封信，信中说："在我国，尽管还存在着商品生产和商品交换，但是绝不能把我们的经济概括为商品经济。如果作这样的概括，那就会把社会主义条件下人们之间共同占有、联合劳动的关系，说成是商品等价物交换的关系；就会认定支配我们经济活动的，主要是价值规律，而不是社会主义的基本经济规律和有计划发展规律。这样就势必模糊有计划发展的社会主义经济和无政府状态的资本主义经济之间的界限，模糊社会主义经济和资本主义经济的本质区别。"自那以后，大概有一年的时间，在论坛上出现了不少批判社会主义经济是商品经济的文章，而主张社会主义经济也是一种商品经济的文章则销声匿迹。[4]

9月6日，刘国光在《人民日报》发表《坚持经济体制改革的基本方向》，写道："随着买方市场的逐步形成，随着价格的合理化，要逐步缩小指令性计划的范围，扩大指导性计划的范围。"而十二大政治报告还是坚持"计划经济为主体，市场调节为补充"的原则，在市场的方向上没有进展。刘国光也因为他的主张受到有组织的批判，在中国社会科学院党组会上作检讨。

在这样的大背景下，原先打算由计委主办的莫干山会改由价格学会主办，淡化官方色彩，并且交流活动的消息和内容，一律不见报，不公开发表。外国人也看出中国的气候变了,议论中国可能要改变方向，走回头路了。

莫干山会从 7 月 11 日开到 16 日。专家们的发言正是我们需要的，比如 :《对苏联、东欧最近经济体制发展情况的评述》(布鲁斯)、《计划与市场——在不用指令性计划指标的情况下对经济的控制》(肯德)、《东欧国家工业企业的决策权》(格拉尼克)、《社会主义经济中的价格形成问题》(伍德)、《苏联和匈牙利决定价格的经验》(斯特鲁明斯基)、《苏联和东欧在工资、奖励和收入分配上的经验》(考斯塔) 及《国际上对中国体制改革问题的看法》(林重庚)。林重庚的独特视角引起了会议组织者的注意。他认为,虽然中国的经济体制同苏东国家十分相似，但是经济发展水平差异非常大。中国的经济信息系统比苏东国家薄弱得多，不知道计划是怎么做出来的? 国外有的经济学家甚至认为中国不能算是“计划经济”。

谈及改革可能产生的副作用，布鲁斯说，世上并不存在一个十全十美的解决方案。本来预期要通过改革解决的问题，可能得不到解决，还会带来新的问题。改革会产生同目标不一致的副作用。专家们强烈建议中国采用“一揽子”改革方案。然而，从莫干山上下来，他们去上海、杭州、重庆考察一圈儿回到北京后，对中国的观察和理解已经发生了变化。他们看到中国这么穷,各地差距这么大,不能一揽子改革，要有总体规划，有明确的改革目标，一步一步进行，先改必须改又能够改的领域，然后逐步扩大改革范围。

10 份简报记录了每一场发言的要点，以及讨论的专题，严肃有余。生动的面貌却在薛暮桥回忆录中留下痕迹 : 莫干山，“有翠竹千顷，景色宜人，剑池飞瀑最为幽胜。我早起散步游剑池，曾赋诗抒情 : 幽谷飞瀑涤俗尘，林泉深处养劳神。文山会海无已付,不如偷闲理经纶。改革开放疑难多，中外贤哲共琢磨。莫道胸怀千顷竹，老马岂能尽识途。”[5]

莫干山宾馆前合影，前排左三廖季立、左四林重庚、左五布鲁斯、左六薛暮桥。（会议参加者提供）

1982 年 8 月 10 日，薛暮桥、刘卓甫、廖季立向国务委员薄一波（1908—2007）、国务院秘书长杜星垣和国务院总理报送了《关于布鲁斯为首的经济体制考察团来访情况的报告》。此时，苏东国家的改革动向是：由中央集权向分级分权发展；由国营经济，到发展多种经济成分和经营方式；由计划控制，到重视市场机制；由用行政办法管理经济，转向结合经济手段。双方的交流主要集中在这样一些问题上：所有制和经营方式、计划和市场、价格、劳动、工资和奖金等。此外，外方对我国经济改革提出了看法和建议。简言之，首先，中国农业改革要注意把新体制与原体制的优点结合起来。如依靠集体力量进行水利建设、合作医疗、普及教育，等等。第二，如果很好地利用竞争的力量，其推动经济的作用将比任何国家都大得多，因为中国拥有无比广阔的国内市场。第三，过分地实行行政分权是不可取的。第四，中国经济体制改革主要依靠什么社会力量，是一个很重要的问题。城市工商业的改革，要着重依靠那些年富力强、有科学技术水平和经营管理才能的人员。第五，改革要有总体规划，要有明确的改革目标，然后一步一步地进行（先改那些必须改又能够改的领域，再把相关的领域联系起来，逐步扩大改革的范围）。这种改革可能存在难以深入甚至有走回头路的危险，但这种危险比苏联、东欧国家要小得多，因为中国农业已经发生了深刻变革，这个变革是难以逆转的。8 月 15 日，薄一波对这份报告批示："问题提得突出，反映了我国实际情况，充分介绍了苏联、东欧国家体改经验，可资对照研究。问题就在于更进一步总结我国体制改革的经验，并能提出较佳方案。此件我还想再看看。阅后退我。" 25 日，国务院副总理万里批示："很有参考价值"。[6]

考察团承诺两个月后，即 10 月下旬，向中方提出一份对于我国经济体制改革问题的内部咨询报告。[7]

1982 年 9 月 16 日，国务院批转国家物价局等部门《关于逐步放开小商品价格实行市场调节的报告》，决定对 3 类工业品中的 160 种小商品实行市场调节，由企业定价、随行就市。从此，小商品价格逐步放开。而进入 1983 年，商品经济论就被当作"精神污染"欲清除之。就是这样，务虚和务实，时而并行，时而走岔，时而逆行。

在纪念改革开放 30 年时，林重庚回顾说："即便是后话，也很难评价与这些苏东改革经济学家的交流对中国领导人及经济工作者们的影响有多大，对中国整体经济改革理论的影响更难以估量。"他认为在三个方面意义深远：首先，他们引进了使用现代经济学来分析斯大林体制弊病的方法；其次，无论是布鲁斯的"有管理的市场模式"，还是锡克的"新经济模式"，都有重大瑕疵；再次，中国需要找到自己的改革出路。[8] 无疑，莫干山会在思想上和所涉及问题的面上是广泛而深刻的，但是影响有限，只上报给了几位领导。不仅后代所知甚少，同代也所知不多。它本可以开得更精彩，影响更大，但是不得不压着嗓子说话。尽管如此，绝不意味着它的历史意义可以被忽略。

附 记

因为历史的际遇，很多有价值的人物事件常常被遮蔽。因此，书写历史的人，需要拨开，不仅记录那些轰轰烈烈的，也记录那些默默无闻的，不仅记录那些被重视的，也记录那些被忽略的。

回看浩繁的关于计划与市场的争论资料，抠字眼、抠概念，后人会觉得多么乏味、无聊和不解。那些“1+1=2”的常识，何以至于耗费中国人这么多的才智和能量？然而，唯其如此，才突显了在旧体制禁锢下的思想解放的不易，和改革探索者的光辉。

1．原载《经济观察报》，2009 年 8 月 24 日。

参考文献：苏联、东欧经济体制改革座谈会会务组：《苏联、东欧经济体制改革座谈会简报》，1—10 期。

2．前国家经济体制改革委员会常务副主任兼党组书记安志文说：“当时，把对商品经济的态度，看成一种政治态度，作为政治排队的依据。我是不赞成这种分类的。因为改革是一个前所未有的事业，对我们这些长期在计划经济体制下工作过的实际工作者来说，虽然都看到了计划经济体制的弊端，但对如何改革都有一个认识和实践的过程，有先有后是不可避免的。”载《历史研究集粹》，第 1 辑，5 页。

3．薛暮桥：《薛暮桥回忆录》，293 页。

4．张卓元：《“社会主义市场经济论”形成始末》，载《北京日报》，2009 年 8 月 10 日。

5．薛暮桥：《薛暮桥回忆录》，295 页。

6．《国家体改委重要文件资料汇编》，北京，改革出版社，1999。

7．我没有看到这份咨询报告，也没有找到任何相关文献，包括当事人的记录。想必，它没有发生足够的影响。

8．林重庚：《中国改革开放过程中的对外思想开放》，载《比较》第 38 辑。

薛暮桥：把“漏洞”改成“大门”[1]

> 靠山吃山，靠水吃水，凡是能赚钱的都可以干。在不违反国家计划和国家政策法令的条件下，大利大干，小利小干，无利不干。

在薛暮桥的遗物中，发现他保存了很多信件。其中有一部分是“知识青年”写来的。显然，信都是冒寄的，收信人是：“北京市　国家计委　转交　薛暮桥同志收”，想让薛暮桥读到，却又不知他确切的地址、单位及职务。

这一封写在很小的纸上，来自河南淮阳郑集公社殷庄：

> 薛暮桥所长您好：
>
> 我是一位下乡知识青年，也是一位返乡知识青年……我已经下乡十年了，是否可以回城？时间短的可以回，时间长的为啥不可以回哩？这是什么道理？请薛所长回答这个问题，如何解决吧？
>
> 薛所长，我的理想只有两个：一个是热心邮政工作，想当一名投递员，我愿风雪无阻保证投递畅通。二个是热心列车员工作，愿把工作做到旅客满意。

另一位城市青年向薛暮桥反映住房问题，起因则是这样的：

> 暮桥所长：
>
> 您好！我阅读了你七月十八日对北京日报记者谈话，关于“城镇劳动就业问题”，内容非常具体，而且是我国目前存在的问题，根据中央指示精神，各地都大办服务和商业网点，解决大批待业人员，中央军委又作出英明决策，今年征兵全部征社会青年，在职在学不征，又解决了很多待业人员……你是经济学家，我向你反映城市住房严重问题，希望研究向中央汇报。

他们大概不会想到，这些信，薛暮桥不仅收到了，而且细心地保留下来，作为他调查研究的一个来源。

1978年11月，十一届三中全会前夕，时年75岁的薛暮桥带吴凯泰、余学本去杭州，撰写《中国社会主义经济问题研究》一书。他想的是要总结28年的经验教训，清理“左”的错误，实际写起来发现很困难，越写问题越多，而解决问题的办法却很少。

1979年元旦之后不久，便是羊年春节。这期间，浙江上山下乡的回城待业青年到省府大院请愿，要求就业。这不是孤立的行动。此时，全国待业人员已经有2000多万，回城知青700万，留城待业青年320万。[2]有21个省、市、自治区的上山下乡知识青年、城镇待业人员，先后集会、游行、罢工、绝食、请愿、拦火车、进北京、写公开信，惊动中南海，成为“爆炸性问题”。

薛暮桥听说消息，提出要去现场。

眼前的这些青年，身处大好年华却走投无路，无事可做，无业可求，令薛暮桥十分痛心。这不仅事关知青的前途，还关系到多少家庭的幸福和社会安定。而眼下，国家百废待兴，腾不出手来，也没有办法安置如此之多的青年。他觉得自己有责任。

在共产党高级干部中，薛暮桥大概是最有学者气质的人物之一。

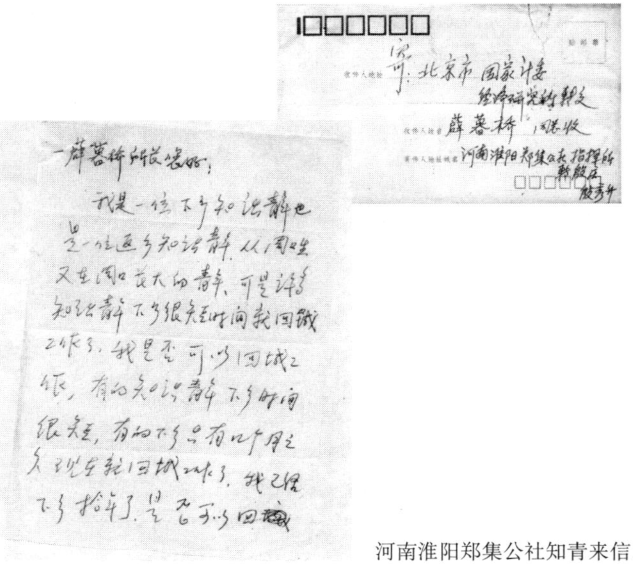

北京市 国家计委
经济研究所 薛暮桥 所长收
河南淮阳郑集公社指挥所
新股庄

薛暮桥所长您好：

我是一位下乡知识青年也是一位返乡知识青年，从闸口出又在闸口长大的青年，可是许多知识青年下乡很久都向我回城工作了。我是否可以回城工作，有的知识青年下乡时间很短，有的下乡只有几个月之久就已经回城工作了。我已经下乡十年了，是否可以回城

河南淮阳郑集公社知青来信。（薛小和提供）

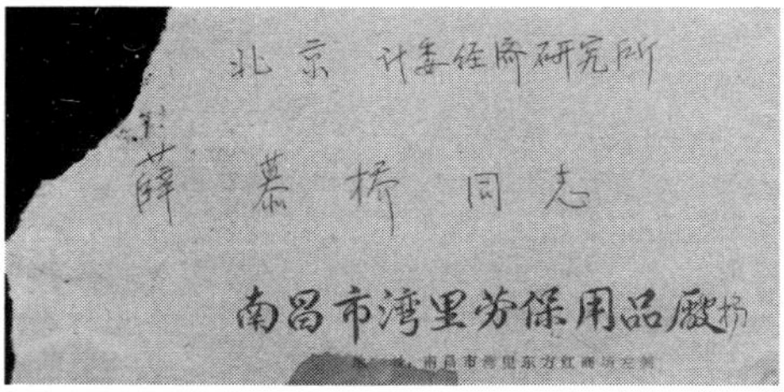

北京 计委经济研究所

薛暮桥同志

南昌市湾里劳保用品厂缄

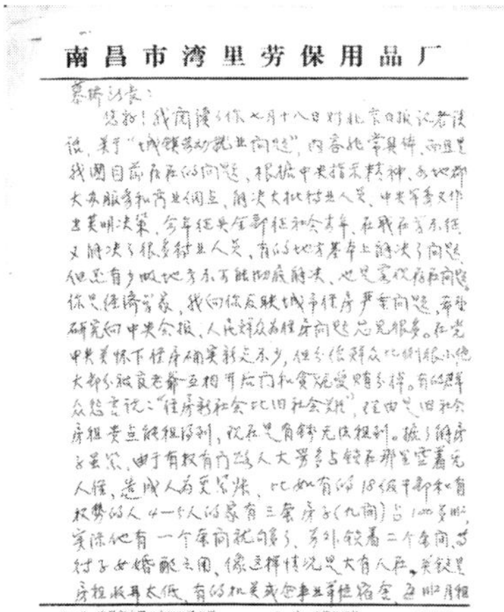

南昌市湾里劳保用品厂

暮桥院长：

您好！我阅读了你七月十八日对北京日报记者谈话，关于"城镇劳动就业问题"，内容非常具体，而且是我国目前存在的问题，根据中央指示精神，各地都大办服务和商业网点，解决大批待业人员，中央等会文件出英明决策，今年经央全部社和会青年，在我所在市不但又解决了很多待业人员，有的地方基本上解决了问题，但还有少数地方还不能彻底解决，也是实际存在问题。你是经济学家，我向你反映城市住房严重问题，希望研究向中央会报，人民群众为住房问题总是很多。在党中央关怀下住房确实新建不少，但分给群众比例很小，绝大部分被有老爷互相开后门和贪污受贿分掉。有的群众总要说："住房新社会比旧社会难"，但由于旧社会房租贵点能租得到，现在是有钱无法租到。据了解房子虽然，由于有权有门路人大多占较大那里空着无人住，造成人为更紧张，比如有的18级干部和有权势的人4—5人的家有三套房子（九间）占100多平米，实际他有一个房间就够了，另外较着二个房间，等待子女婚配之用，像这样情况是大有人在。关键是房租收取太低，有的机关或企事业单位宿舍，每月房租

南昌市湾里劳保用品厂职工来信。（薛小和提供）

他既是理论家，也是实干家。他的调查研究始于1932年，参加中央研究院社会科学研究所陈翰笙负责的农村经济调查，后又加入陈翰笙创办的中国农村经济研究会，担任《中国农村》杂志主编。20世纪30年代、40年代新知书店曾出版过薛暮桥的《中国农村经济常识》、《农村经济的基本知识》和《政治经济学》等书籍。1943年，他在山东担任分局政策研究室主任期间，通过发行根据地货币，排挤法币、伪币，占领市场、稳定物价，创造了一段光荣的历史。1949年后，他任中央财经委员会秘书长兼私营企业局局长，国家计委副主任兼国家统计局局长。此时，他是计委经济研究所所长。

不从理论上找到问题的根本，孤立地研究一项具体管理制度是没有出路的。薛暮桥认为要解决这个问题，必须得从根上动。根在哪儿呢？根就在所有制结构上。

他找到浙江省委书记铁瑛，和他交流看法。

3月，薛暮桥带着写好的书稿回北京，正赶上劳动部开会，他去参加，发言说：应当允许并帮助待业青年组织起来就业和自找职业。如果不这样做，总有一天会把劳动局的大门挤破。

1979年3月24日全国改革工资制度座谈会秘书处整理的薛暮桥讲话《谈谈劳动工资问题》[3]，印在黑而薄的纸上：

“理论界还有‘恐右病’，把资本主义当作瘟神，必须使它完全绝种。……目前，留一点资本主义和个体经济的尾巴，可能利多害少。第一，可以有一点竞争，使国营经济减少一点官僚主义；第二，填空白，干一些国营经济不愿干的事；第三，满足市场需要，方便人民生活。”

“我们的思想能不能再解放一点，研究一下22年来工农业生产发展这样慢的根本原因。现在我们这一套经济管理制度是不是最完美的制度？能不能再灵活一点？凡是国家包不了的地方就让大家自由发展？

社会主义不是比资本主义更优越吗？资本主义国家能做得到的事情，为什么社会主义反而做不到呢？原因恐怕是我们现在这样的社会主义生产关系，管得太多，统得过死，国家不能帮助人家广开生产门路，又不准人家自找生产门路，把两只手束缚起来了，只剩下一个嘴巴张着要饭吃。人家看到门路可找，把手动一动，就是投机倒把，复辟资本主义，这样的‘社会主义’，就有可能比不过资本主义。”

“过去，各地都在‘堵资本主义的路’，结果把人民的生路都堵住了，‘社会主义的步’也就迈不开了。”

接着，薛暮桥呼吁取消禁令：

“靠山吃山，靠水吃水，凡是能赚钱的都可以干。在不违反国家计划和国家政策法令的条件下，大利大干，小利小干，无利不干。”

如果安排就业的办法不改，“总有一天会把劳动局的大门挤破”。“劳动局一安排，就是‘铁饭碗’，一包到底，不好好干活也不能开除，开除出来还要劳动局再替他安排工作。”

“能不能搞一点自负盈亏的建筑队伍。车站码头食品供应，组织一批小贩来干。……城市居民最忙的是吃饭，卖小馄饨、烤白薯等类的小摊贩也可以恢复起来。洗衣也是一项繁重的家务劳动，现在家庭买不起洗衣机，洗衣作坊有可能买一个洗衣机，这样职工在星期天就可以不至于半天洗衣，比平日更劳累。”

北京市委有位负责人说：北京市的“资本主义漏洞”多得堵不胜堵，农民进城干零活一天赚两三块钱很容易。薛暮桥反问：“可不可以把这些漏洞向城市待业青年开放呢？”

1979 年 7 月，薛暮桥去中央党校做了一场报告，说：“有必要坦率地讨论我国现有所有制结构为什么会如此严重地束缚生产力发展？在目前，留一点个体经济和资本主义的尾巴，可能利多害少。”

他讲了一个笑话：一位外国公主到了机场愿出 10 美金请人提一件行李，然而没人干这个活。公主走遍全世界，就是到了中国，第一次自己提小皮箱。

他提到过去车站、机场有人帮助搬行李；新中国成立前，上海的祥生出租汽车公司，还有搬家公司，都办得好。

薛暮桥生于清光绪三十年，即 1904 年，他的青少年是在有“七分资本、三分封建”的无锡度过的，曾经体验过市场经济，对其活力和效率留有深刻印象。

这个报告得到胡耀邦的支持，7 月 5 日，在中央党校理论研究室的内部刊物《理论动态》上发表。

30 年后，有的人可能忘记了，有的人可能根本不知道，有的人可能很难想象中国的改革是从哪里起步的，是在怎样的物质基础和思想资源下起步的。

透过文字，仿佛在听薛老讲话，听他发问，穿越时空，又回到那个年代：

“听说最近北京市有一些退休的建筑工人自动组织一个包工队，工程质量好，施工时间缩短几倍，很受人欢迎。当局因为他们领了退休金，下令取缔，但就是取消不了。能不能准许这些老工人带上一批青年人组织合法的包工队，解决房屋建筑和修理的困难呢?

现在看病这么难，想找退休的老医生。但是国家规定退休的老医生不准看病开药方，因为他们已经领了退休金。为什么一定要使他们有力无处使呢？”

“铺子里补一双鞋要等一个星期，摆一个小摊子可以当场取货。衣服破了找不到人缝补，桌椅坏了找不到人修理，为什么就不能让大家设些小铺子、小摊子来为居民服务呢？”

“过去把它当作‘资本主义漏洞’，堵不胜堵，现在需要把‘漏洞’改成大门。城市中不仅集体所有制还要提倡，连个体劳动，如游街串巷磨刀的、补鞋的，最好也不要完全砍光。”

7 月 18 日，《北京日报》摘要发表了这篇讲话，《北京周报》把它翻译成各国文字，《人民日报》和各地报纸也都转载。接着，《北京日报》开始了一场关于打破“铁饭碗”的辩论。薛暮桥的建议在北京地区首先试行。前门摆起了大碗茶，天坛开了燕京书画社，个体户挎个包或推个小车照相的生意开进了天安门广场。待业青年生产自救者一切税费全免。

薛暮桥留影，天安门照相个体户摄。（薛小和提供）

家住王府井红霞公寓的薛暮桥，每天早上去天安门散步、打太极拳。看到有个体户在那儿照相，他很高兴。这天，他特意上前照顾他们的生意。当他在取相单上写下自己的名字时，那位个体户激动地说："噢，是您啊？就是您说我们可以自谋职业，我才有了这份工作。"他高兴地给薛暮桥照了好多相片，坚决不肯收钱。

一般来说，个体户在天安门一天可以拍到 100 份照片，一份 7 毛 5 分，成本大约 2 毛钱，晚上在家里冲洗，第二天就给客人寄出去，一天可以挣二三十块钱。而那时的普通工人月工资才三四十块钱。

自薛暮桥的文章发表后，国内外读者纷纷来信表示赞成，并向薛老提出新的问题请他解决。这就回到了这篇文章的开头。是薛暮桥把一个具体问题提到了最高的层次，使知青成为受益者之外，中国的劳动就业制度、所有制结构的改革也由此起步。[4] 1980 年 8 月，中共中央颁布《关于转发全国劳动就业会议文件的通知》，提出“劳动部门介绍就业、自愿组织起来就业和自谋职业相结合”。1981 年 10 月，中共中央、国务院发布《关于广开就业门路、搞活经济、解决城镇就业问题的若干决定》。待业青年的就业问题终于逐步得到解决。

附 记

薛小和把她父亲的一些资料送给了我，其中有一批书信，给我印象比较深的是一组知青的信。这件事一直在我心上，当提笔写80年代时，自然首先想到。

2005 年薛暮桥先生去世，2006 年他的夫人罗琼女士也去世了。为了给母亲寻找和父亲一样的骨灰盒，薛小和去了同一家卖骨灰盒的小店。她向店老板描述想要的样式，只见老板从里间捧出来一个，有点骄傲地说：“去年，薛暮桥家买的就是这种。”店老板如数家珍地说起薛暮桥的生平，还说：“如果没有他，就没有改革开放的今天，就没有我这个小店。”当薛小和告知自己正是薛暮桥的女儿，这一次是为妈妈选购时，店老板立刻掏出 100 元钱，要求二老骨灰安葬时，代买纸钱。薛小和婉言谢绝了。

其实，30 年后，中国的劳动就业体系，也没有实现薛暮桥的理想。

1．原载《经济观察报》，2009 年 12 月 8 日。

2．薛暮桥：《薛暮桥回忆录》，322—323 页。

3．薛暮桥：《谈谈劳动工资问题》，见《薛暮桥经济论文选》，北京：人民出版社，216 页，1984。

4．1980 年 4 月 25 日《市场报》刊登了一篇冯国熙的报道《经济学家赶集》，颇有趣味："本报讯　3 月 4 日下午，经济学家薛暮桥到北京北太平庄农副产品市场赶集。……"这位 75 岁高龄的老人，兴致勃勃地挤进人群东瞧西看，问这问那。见到卖鲜鱼的，便问是怎么运进城里来的。有几个顾客正和卖主讨价还价，最后达成协议：一元二角一斤。薛暮桥同志高兴地说："好，我也买一条。"卖鱼的拣了一条又大又肥的活胖头鱼，一称，五斤重。薛暮桥一边付钱，一边说："看来还是两个市场好。"买完鱼又买了一条擀面杖。这时，一个老头在叫卖挖耳勺。他赶忙过去花了三分钱买下一个，说："我很早就想买这么个小东西，总买不着，今天算是碰着了。"……赶完集，来到市场管理所，薛暮桥对管理所同志说："这样的市场多开辟几个，分散一些就更方便了，是不是可以让那些较富裕的社队自己投资建市场呢？"管理所同志说也有个别人搞投机倒把。他说："我看要进行教育，做到公买公卖。我们以国营市场为主，农贸市场作为补充，提倡社队集体卖货，也保留少数商贩。"

蒋一苇：挺进，挺进[1]

> “壮志未酬”这几个字，是肺腑之言，我们这一代人很少有什么个人之计，无非想做点事以振兴华夏，但艰难曲折，难以想象。

改革总得有刊物做阵地啊！为了办刊的事，中国社科院工业经济研究所所长马洪跟于光远说起。传闻于光远说：“有个人才，不知你敢不敢用？”所谓人才者，蒋一苇是也。蒋一苇，1920 年生，福州人，1941 年入广西大学数理系学习。要论办刊，他确是专家。1945—1948 年，他在重庆任《科学与生活》主编，《彷徨》杂志主编。特别值得一提的是，蒋一苇是中共地下刊物《挺进报》的编辑和刻板人。该报从 1947 年 7 月至 1948 年 4 月共出刊 23 期，后遭国民党破坏，引发重庆地下党受损，史称“《挺进报》事件”。[2] 之后，他逃往香港，在香港三联书店任编辑，1949 年 3 月，进入北京三联书店，主编《科学技术通讯》杂志；1950 年科学技术出版社成立，他担任社长兼总编辑。当然不仅是办刊。1952—1959 年，蒋一苇担任第一机械工业部（一机部）政策研究室主任兼《机械工业》主编。1959 年他被划成“漏网右派”，“开除党籍，降职降级降薪”，先是下放到郑州第二砂轮厂，后调入一机部所属石家庄电机制造学校任财会专业主任。1975 年，他被借调到一机部，培训企业管理人才。事实上，除了1966—1969年作为“黑帮”受到批判之外，蒋一苇始终未脱离企业管理的研究和实际工作。

马洪是爱才之人。1978年7月，蒋一苇被调进社科院工经所，担任副所长，并筹办一本经济管理类综合性刊物。而这年12月，经一机部复查，才决定撤销对蒋一苇的原处分决定，恢复政治名誉，恢复党籍。也就是说，马洪任用了一批像蒋一苇这样尚未解除“戴罪之身”的干部。这是他的魄力、勇气和事业心的显现。仅两个月，1979年1月15日，《经济管理》创刊号面世，发行量达到四五万份，很快又上升到10万份、20万份。[3]

刚成立的工经所，住房困难。蒋一苇和老伴、小孙子只能住办公室，在走廊里用煤油炉做饭。直到1981年秋天，他才在古城分到一套三间的住房，在全院所级干部中，住在古城的只他一家。

1979年，酝酿城市改革，从哪儿开始，怎么改？有三种意见：一是“条条为主”，由中央各部为主集中管理；二是“块块为主”，以省、市、自治区为主分散管理；三是“企业为主”。蒋一苇称其为“国家本位论”、“地方本位论”和“企业本位论”。他主张“企业本位论”，认为经济改革归根到底是要解放生产力，生产力不在中央，也不在地方，而在企业。改革应当以搞活企业为立足点、出发点和归宿点。改革要从企业改革开始，把行政组织和经济组织区分开来，确立企业应有的自主权。1979年春，他把《企业本位论》初稿，作为内部资料送中央领导和有关部门，受到胡耀邦和袁宝华等人重视，被推荐为1979年10月省市区党委第一书记座谈会的参考资料[4]；6月，以《企业本位论刍议》为题在《经济管理》杂志发表；8月，《人民日报》以《经济体制改革的一个根本问题》为题发表了摘要；最终修订稿发表在《中国社会科学》杂志1980年创刊号上。

1979年7月，国务院发布五个扩大企业权利的文件。当时的国家经委副主任袁宝华回忆：“那时候，我们对改革开放没有思想准备，许多问题还来不及仔细研究思考，就事论事，为了解决实际问题，提出一些具

蒋一苇（中立者）与工经所同事合影。左一刘春勤，左二沈鸿生，右一周绍朋，右二周叔莲。（周绍朋提供）

体措施。但总觉得这些措施缺乏理论根据，所以落实起来也是困难重重。”当读到《企业本位论》时，“如获至宝。他在理论上阐明了这一问题，使扩大企业自主权有理有据，理直气壮”。[5]而对于正在草拟中的《经济体制改革的初步方案》，国务院财经委员会主任张劲夫说：“虽未采用‘企业本位’的名词，其实际内容是体现了‘企业本位’精神的。”[6]

蒋一苇是说确立企业自主权，而不是扩大企业自主权。

批评的声音也很多。蒋一苇的学生周绍朋清楚地记得，蒋老师曾对他说：“他们也不看我写了什么，就望文生义。‘左’的也批我，‘右’的也批我。难道说，金本位、银本位也是本位主义？”在周绍朋看来，他所谓企业本位，是讲了一个基准。先给企业定性定位，再按此设计宏观经济体制。

《企业本位论》不是凭空从天上掉下来的，它是厚积薄发之作。

1952年底，蒋一苇到第一机械工业部工作，做政策研究室主任，每年有半年时间调研；1959 年，他被划为“漏网右派”，开除党籍，降职降级降薪，下放到郑州第二砂轮厂当翻砂工。他还颇为骄傲地跟人说：“我最大还当过车间主任呢！”后来，他到企业整顿办公室，给全厂制订了 500 多项规章制度。“文革”期间，他写了一部 20 万字的《企业管理概论》书稿。1977 年，又被借调回一机部搞企业整顿。因此，他对计划经济下的企业有极为深刻的认识。中国日后建立现代企业制度改革，其根本一点，就是让企业成为企业。说“企业本位”，就像说以黄金作为货币的本位。它不是从现代经济学中来，而是从蒋一苇的头脑中来，那是他的语言。

其实，人们对于《企业本位论》的历史地位至今也估计不足。企业本位在中国长期未能确立。

1979 年，蒋一苇重新走上舞台时已经 59 岁了。1982 年 12 月被任命为工经所所长时已近 63 岁。[7] 按常理，这是退休的年纪。然而，这才是他挺进的开始。他要把积淀的思想活化、释放出来，付诸实践；他要创新、创建、创立。

让我来大致清点一下蒋一苇创建或参与创建的事业吧：

1978 年：《经济管理》月刊；

1979 年：经济管理杂志社；

1980 年：《工业经济管理丛刊》；

1981 年：《中国经济年鉴》；

1981 年：中国工业企业管理教育研究会[8]；

1983 年：经济管理刊授联合大学；

1984 年：《中国工业经济学报》（后更名《中国工业经济研究》）；

1984 年：经济管理出版社；

1985 年：《少年经济学家》杂志；

1988 年：《改革》杂志[9]；

1988 年：中国工业经济协会[10]和中国工业经济研修中心；

1987年1月17日重庆中药股份（有限）公司成立剪彩仪式合影。前排右五张劲夫，右三蒋一苇。

1989 年：综合开发研究院；

1991 年：中国企业改革与发展研究会。

特别值得一提的是经济管理刊授联合大学（简称“刊联大”）。这是蒋一苇在改革开放之后的十几年中经历最为曲折复杂、耗费心血最多的事业。[11] 当时中国全民所有制企业担任管理工作的 350 多万人中，受过系统管理科学教育的不到 10%。[12] 要想改变这种状况，光靠数量有限的大学管理专业难以胜任。于是，蒋一苇提出“八路进军”，即普通高校、企业职工大学、业余大学、电视大学、函授大学、刊授大学、

蒋一苇工作留影。

夜校和培训中心，培养管理干部。1982年9月，蒋一苇在庐山召开的中国工业企业管理教育研究会第一次年会上，就组建“刊联大”向参会的78所有管理专业的大专院校和科研单位作了精彩的、富有感召力的报告，端出他想办“刊联大”的设想和初步计划，号召大家联合创办。1983年7月，经济管理刊授大学正式成立。[13] 蒋一苇组织专家编写出当时国内最完整、最有特色的一套企业管理专业教材。[14] 到1986年底，除西藏、青海、新疆外的26个省、市、自治区的大中城市和特大型企业，共建立了79所分校，招收学员近3万人。[15]

在蒋一苇创办的诸多事业中，他自己都不当头儿，而是请薄一波、吕东、马洪等人来挂帅。有人说：“蒋老师，你干了这么多大事，是造船匠。造一次让人家开走一次，你自己什么都没有啊。”蒋一苇笑笑说：“那行，下次再造一艘，谁也不让他开，咱自己开。”这就是中国企业改革与发展研究会，他亲自当会长。

这些事业，都被蒋一苇干得轰轰烈烈。

周绍朋回忆蒋老师教导：“写文章要么让人痛，要么让人痒，最忌讳的是不痛不痒。所谓痛，就是要击中要害，所谓痒，就是要说出别人想说又没有说出的话。”有记者来采访，蒋一苇常常拿出复写纸，记者站在一旁等，他坐着写，写完了一扯二份，记者拿走一份。他说写文章一是要自圆其想，二是要自圆其说（话），三是要自圆其写。

1985 年，蒋一苇 65 岁时卸任社科院工经所所长。

重庆筹建社会科学院想到了蒋一苇。市委决定动员蒋一苇回重庆工作。1986 年 11 月 6 日，蒋一苇给重庆市委书记廖伯康写了一封信，说道[16]：

> 临走之前的一席恳谈，使我十分感动。“壮志未酬”这几个字，是肺腑之言，表达了您和我的心声。的确，我们这一代人（当然不是所有人），从革命到建设，很少有什么个人之计，无非想做点事以振兴华夏，但艰难曲折，难以想象。直到今天，仍然困难重重，但毕竟迎来了一个有可为的春天。但年龄又到了限额。本来我想处理完一些未了责任（“刊大”等等），退入书房，在理论上留点遗产就行了。您的动员，使我十分矛盾，回家后反复思考，倾向于接受您的挑战……
>
> 如果重庆处于西南一隅，采取“开放”方针，有可能树一面旗帜，影响全国。思想如此，实践也如此……在学术上，兼容并包，形成一个真正贯彻“双百”方针的宽松环境，又有一定物质条件。类似抗战时期桂林、昆明的特点。如果这样，尽管“蜀道难，难于上青天”，这里是精神上的西天乐土，也会吸引全国有志改革之士。

他又挺进了。1987 年，他担任重庆社科院院长，随后创办《改革》杂志。

蒋一苇风趣，讲笑话常常把人笑喷。比如这个笑话：某人年纪大了，记忆力衰退，有一次，客人来家，他介绍夫人时，突然记不起夫人叫什么名字，于是当着客人的面问他夫人："您叫什么名字？"结果引得哄堂大笑。[17]

1991年，他被确诊得了肺癌。他说："死对我来说并不可怕，从参加革命起，早就把生死置之度外了。我这一生闯过许多次生死关，一次次都过来了。同我在一起的陈然、江姐，为了革命，早早地就牺牲了。他们被关在敌人的监狱时，知道新中国已经成立了，在走向刑场时还高呼中华人民共和国万岁的口号，但是他们没有过上一天新中国的幸福生活。我是个幸存者，比起他们，我已经很满足了。"

他常这样表达："我要靠迅速抓紧时间，去留住稍纵即逝的日子。""我想凭时间的有效利用，去弥补匆匆流逝的岁月。""剩下的生命愈短暂，我愈使它过得丰盈饱满。"[18]人说注意身体，细水长流，他答："我要有水快流"，"人的生命意义不在于活着，而在于活得有意义"。[19]直到临去世，他仍感叹："遗憾的是要做的事太多太多，而时间又太少太少了。"

周绍朋说："他这个人几乎不休息，从来不考虑自己的利益。他有那么大名声，住得却那么艰苦，一谈起学术来没完没了。他对各式各样的人都非常好，用每一个人。"

蒋一苇说过：我不是科班出身，人家是理论联系实际，我是实际联系理论。在他生命垂危时，他还说：我们搞经济体制改革需要两支队伍结合，一支是联系实际的理论队伍，另一支是能够并且善于联系理论的实践队伍，特别是领导队伍。

另一个学生郑海航提示了一个关键点："蒋老师每提出一个理论见解后，一是往下走，在实践中检验；二是往上走，去说服有关部门的领导，变成国家的政策。"[20]

其实，中国改革就是靠着这样一些人从中上下联络，推动出来的。

蒋一苇瘦削、和蔼、耐心。从他的躯体上看不出有什么能量，然而他的精神如此伟大。张劲夫这样说："在这瘦小的身躯里怎么蕴藏着如此巨大的能量？因为他有一颗为振兴中华、为人民过富裕幸福生活而奋战拼搏的坚贞忠心、热烈爱心。"[21]

1993年1月25日蒋一苇去世，时年72岁。曾在工经所工作、时任国务院副总理的朱镕基参加了遗体告别，哀悼这位一生挺进的《挺进报》人。

附 记

1984年我准备考中国社会科学院工经所研究生时，《企业本位论》是我的课本之一，1985年进所时，蒋一苇已经不担任所长了，见到他的机会不多；三年后毕业时，他在做《改革》杂志的社长兼主编。和他最近的接触是有一次他来我们工业经济研究室，坐在黄载尧先生的桌子上，和室里的老师们聊天，谈笑风生。那时他已患癌症，笑谈于光远也患癌症——男性乳腺癌。我没有很多机会领略他的风采，在我心里，他是个了不起的传奇人物。凡是和蒋一苇接触过的人，都深深感觉到了他的人格魅力。他的学生，我的师兄们，都说对他"很崇拜"、"很敬仰"。

一个人持久的魅力必然和精神、道德相连。有个念头一直跟着我——蒋一苇是改革事业的捐躯者，他没有享受改革的成果，并且他根本不在乎。这让我禁不住想起1947年他和陈然办《彷徨》时合作的《论气节》。[22]他们写道：

"许多人在平时都是英雄、志士，讲道理口若悬河，爱国爱民，一片菩萨心肠，但到了'威武'面前，低头了，屈服了，不惜出卖朋友，出卖人民以求个人的平安，再不然就关门读书去了。"

"气节，是个人修养的最高一级，也是最后的考验。"

“灾难降临的时候，不妥协、不退缩、不苟免、不更其守！固执着真理去接受历史的考验！”

人，能一生坚持自己的理想，是幸运又幸福的。

---

1. 原载《经济观察报》，2008 年 12 月 22 日。写作本文时，得到如下帮助：

   ⑴ 2008 年 11 月 28 日，笔者采访了周绍朋先生（1946 年生，河南人），他是蒋一苇的博士生，原中国社会科学院工业经济研究所企管室主任，后曾任国家行政学院经济管理学部主任。认识周绍朋是在 1984 年，当时我在机械工业部工作，备考研究生，是他使我知道了社科院工经所，并指导我考取工经所研究生。

   ⑵通过经济管理出版社社长张世贤联系，从在出版社工作的蒋一苇先生的儿子蒋方那里得到一册《生命不息　奋斗不止：纪念经济学家蒋一苇》（《改革》杂志社编，经济管理出版社，1986 年 3 月出版）。本文引文多有出自该书回忆文章。

2. 参见中共党史研究室编《胡康民党史研究文集》，第 37 章、第 56 章，重庆出版社，2009 年。
3. 这是第一本由国家有关经济领导机关、大专院校、科研单位和一些报社联办，专门探讨经济管理问题的公开发行的综合性月刊。
4. 参见 1980 年 3 月蒋一苇参见工业经济研究所学术职称评定时提交的《研究工作小结》，油印稿。蒋一苇之子蒋平提供。
5. 袁宝华：《一位勇于探索真理的人》，见《生命不息　奋斗不止：纪念经济学家蒋一苇》，9 页。
6. 张劲夫：《为革命奋斗一生，为改革鞠躬尽瘁》，见《生命不息　奋斗不止：纪念经济学家蒋一苇》，1 页。
7. 根据中共中国社会科学院党组文件（82）社科党组字 49 号。
8. 马洪任会长，蒋一苇任副会长。
9. 蒋一苇任杂志社社长兼主编。
10. 蒋一苇任协会副会长和学术部主任。
11. 郝觐桓、张汉亚详细地记载过刊联大的经过。郝觐桓、张汉亚：《探索在职高等教育的新路》，见《生命不息　奋斗不止：纪念经济学家蒋一苇》，140—156 页。
12. “根据鞍钢的调查，厂处级以上管理干部中，大学水平的占 14.2%，中专和高中水平的占 17.2%，其他都是初中和初中以下水平；科级管理干部中，大学水平的占 6.5%，中专和高中水平的占 26.3%，其他都是初中和初中以下水平。”“全国财经院校只有 22 所，学生 9600 人，加上综合大学经济系和工科大学管理专业学生，也只有 18000 多人，只占在校学生总数 2.6%。而且我国财经院校主要是培养会计、统计、计划、劳动管理等职能部门的初级专业管理人员，缺少培养中、高级管理人员（如厂长、经理）的院校和系科”。据马洪 1980 年 2 月 28 日在中国企业管理协会首次年会开幕式上的讲话。见马洪《经济结构与经济管理》，226—231 页。
13. 国家经委副主任袁宝华任名誉校长，中国社会科学院院长马洪任校务委员会主任兼校长，中国社会科学院工业经济研究所所长蒋一苇、国家经委经济班干部教育局局长赵海峰、北京市经委副主任银重华、《经济管理》杂志编辑部副主任沈鸿生、天津财经学院教授郝觐桓为校委会副主任兼副校长。

14．蒋一苇亲自挑选国内在企业管理教学方面有较深造诣的专家参加他所主编的《工业企业管理学》教材的编写，还请马洪主编《工业经济学》、刘国光主编《政治经济学》、周志诚主编《现代管理方法》、刘儒主编《统计学原理与工业统计》、王存学和谢怀轼主编《工业经济法》、葛家澍主编《会计学原理与工业会计》、钱志坚和陈开明主编《管理数学》，等等。

15．刘其昌：《一苇同志与〈经济管理〉》，见《生命不息　奋斗不止：纪念经济学家蒋一苇》，165 页。

16．陶维全：《死而不已的良师益友》，见《生命不息　奋斗不止：纪念经济学家蒋一苇》，56 页。

17．张泽荣："我经常被他讲得喷鼻大笑。"《深切怀念蒋一苇教授》，见《生命不息　奋斗不止：纪念经济学家蒋一苇》，115 页。

18．陶维全：《死而不已的良师益友》，见《生命不息　奋斗不止：纪念经济学家蒋一苇》，63 页。

19．蒋一苇：《给家人的一封信》，见《生命不息　奋斗不止：纪念经济学家蒋一苇》，379—382 页。

20．郑海航：《忆高风亮节的恩师蒋一苇》，见《生命不息　奋斗不止：纪念经济学家蒋一苇》，214 页。

21．张劲夫：《为革命奋斗一生，为改革鞠躬尽瘁》，见《生命不息　奋斗不止：纪念经济学家蒋一苇》，1 页。

22．唐自杰：《富有创新和实干精神的一苇》，见《生命不息　奋斗不止：纪念经济学家蒋一苇》，241 页。

访日归来[1]

中国人领受欧风美雨是从日本开始的。遗憾的是，中国近现代历史最大的特点就是中断，一次次中断，一次次重来。

那是十一届三中全会前。

1978 年 10 月 31 日至 12 月 5 日，国家经济委员会副主任袁宝华率一行 23 人去日本考察企业管理。副团长是徐良图（国家经济委员会副主任）和叶林（北京市革委会副主任），中国社会科学院副院长邓力群任顾问，张彦宁（国家经委委员）是秘书长。成员有宋季文（轻工部副部长）、张淮三（天津市革委会主任）、周璧（上海市革委会工交办主任）、刘昆（国家经委委员、局长）等，社科院一共去了 4 人，还有马洪（工经所所长）、孙尚清（经济所研究人员）和吴家骏（工经所室主任）。

东道主是日中经济协会，他们盛情接待第一个来访的中国经济界高层代表团。小宫隆太郎等经济学家出面，介绍日本战后经济发展的脉络；经济企划厅和国土厅的官厅经济学家，从实际操作上讲解战后日本经济的运行、产业政策。代表团分成三个组，跑了好几个城市，去了 43 家企业，考察了新日铁公司的君津和八幡钢铁厂、小松工程机械公司、丰田汽车工业公司、松下和东芝电器公司。在每一家公司，他们都要待上三五天，听讲，看生产流程，交流企业管理经验，马不停蹄，连轴转。日本人午餐过后就工作，而习惯了午睡的中国人，又困又累，只能硬挺着。据说有一位曾坐在马桶上睡着了，还是听到鼾声的过路人发现了他。

邓力群说："就我一生而言，1978 年到日本去考察，身临其境去看资本主义这是第一次。在此之前，我没有去过资本主义国家。"[2]

确实，这个资本主义给了他们太强烈的视觉冲击和深深的思索。

邓力群描绘得仔细：

"包括农民在内，一般都穿毛料子。服装样式很多。我们星期天到一条热闹的街上去，所看到的妇女，没有穿同样衣服的。接待我们的女工作人员，也是每天换衣服。衣服式样朴素大方，倒也不是什么奇装异服。"[3]

而此时的中国正流行卡其布中山装，男女一律如此。出国时要体面，不能丢国家的脸，由国家补助置装费，每人可以做两套衣服，回来以后，上交一套，自留一套。如果是冬天，要穿大衣怎么办呢？社科院外事局有一间仓库，里面存放一些先前出国人员穿的毛花呢大衣。出国人员可以去那儿挑，有合适的就穿，没有合适的才可以做。

大家对西装都不在行。能做西装的裁缝师傅也少。行前，他们去有名的红都定做服装。邓力群是自己出的样子，请人家做了一套"西装"。这个"西装"的样式是，把中山装的领子改成西装领子，下面保留四个扣，比西装多两个扣。有了西装领就可以打领带，大框架还是中山装。

如此中西合璧，邓力群真是太有创意了！记得中国一度流行过男式小翻领衣服，不知是不是打他那儿来的，或是他先发现拿来的样子。

吴家骏清楚地记得自己的那身西装，袖子长到手指头，又肥又短，极其滑稽。一位日本人开玩笑说他穿的是中式棉袄罩衣。

东京的百货公司，琳琅满目，经营 50 多万种商品，而北京王府井百货公司只有 2.2 万多种。日本的社会风气和社会秩序也给代表团的人

1982年吴家骏在日本。这次穿的西服还是三年前借过的那一套，袖子很长。（吴家骏提供）

留下深刻印象：

“把车子放在路旁，不上锁，下班以后再从这里骑回去。他们的工厂不生产自行车、摩托车的锁。他们的商店，下班时候不上门板，也没有铁栅栏。有些拍卖品，摆在窗外的台子上，下班不收进去。”[4]

这与中国官方一贯灌输的关于资本主义的丑恶完全不同。由此引发邓力群的思索：

“一个资本主义社会，自行车不上锁，拍卖品不收起来，人与人之间很讲礼貌，说明日本人民的道德水平提高了。我们必须充分重视进步的社会制度、进步的思想对于人们的教育作用。但是，进步的社会制度和进步思想的教育作用，不能离开生产力发展的基础。日本人民公共道德水平的提高，不是靠说教而是靠生产力的发展、生活的改善取得的。”[5]

还有严格的时间观念。一个公司，一上午要接待好几家，几点开始，

与日方会谈，左起第一人为马洪。（马怡提供）

几分钟欢迎词，几分钟答词，几点结束，都在控制之中。代表团不得不适应人家的节奏，完了这场，赶下一场。路上留出半个小时，不敢耽误。负责协调的人抽空就要提示现在是上厕所的时间，接下来就没有时间了。吴家骏觉得一切都像自动流水线，和生产组织一样。

有一天去参观工厂，路程比较远，怕堵车，他们出发得早，结果提前了十几分钟到达。司机把车停在厂外路边。代表团一行都纳闷儿：为什么待在这儿不进去呢？原来是，人家夹道欢迎的队伍还没有出来，因为没到时间，不会早等在那里欢迎你。大概离预约的时间差两分钟时，代表团的车队才开进去，欢迎的人群晃动着小旗子。前后也就五分钟左右的光景，代表团进到会议室，欢迎人群则回到自己的岗位。这种严丝合缝，着实令中国人领教了什么是秩序，什么是效率。

吴家骏说：原来中国讲有计划按比例，好像按比例是计划经济的产物。然而，在日本的市场经济条件下，他们也可以按比例，而且是

参观工厂留影。（吴家骏提供）

高超的比例。比如在丰田，一分钟一辆车被总装出来。我们问，你们的仓库得多大啊才能装这么多？人家答，不需要仓库，供应零部件的厂按小时送，这边车装出来运出去。生产衔接可以精致到这种程度，我们禁不住说，原来市场并不那么可怕啊！

给邓力群印象特别深的是，1960 年池田内阁提出“国民所得倍增计划”，让日本人全都知道，这个计划能否实现和每个人都有密切关系。他发现，原来现实中的资本主义日本较之马克思在《资本论》中所说的资本主义的基本矛盾——企业内部的有组织与整个社会生产的无政府——有了很多新变化。

日程排得很满。对于刚刚开放的中国，日本企业非常感兴趣。他们都提出来希望座谈，中国代表团实在难以安排。孙尚清便利用休息时间去接触。比如日本兴业银行，从此建立了和中国经济界的关系。

1978年11月25日访日代表团全体合影。前排左一孙尚清、左二张彦宁、左五徐良图、左六邓力群、左七袁宝华；右一马洪、右二周璧、右三张淮三、右四宋季文、右五叶林。二排左七田银华，三排左三吴家骏。（吴家骏提供）

兴奋而又高强度的35天，12月5日，代表团回到北京。12月底，袁宝华和代表团成员向国务院作了汇报。他们说：在中国"大跃进"前，日本经济和中国差不多，而后来的差距越来越大。日本先学美国，经消化吸收形成自己的特点。与这些国家比，我们生产技术落后，管理方面更落后，因此在引进技术的同时，必须注意同时引进先进的科学管理方法。[6]

回过头看，他们说对了一，没有说出二。其实越拉越大的差距恰恰是制度带来的。从1955年到1976年的20年间，日本工人收入增长了2.1倍。除了工资，每年分红两次，每次分红增发1—3个月工资，还有福利补助。普通家庭有四五十平方米住房，每两户拥有一辆汽车，95%以上的人家有电视、冰箱、洗衣机等。而中国城市职工二十多年没涨过工资，人均住房3.6平方米，人们盼望着拥有自行车、手表、缝纫机。在农村，温饱尚不能解决。

不看不知道，日本企业既生产又销售，而中国的企业只生产不销售，与市场不联系。再有，日本的重工业也生产耐用消费品。他们从战后起步，加强企业管理，用数学统计方法进行质量管理，工时测定、工序控制，重视市场营销、综合计划，高度重视发挥员工积极性。

1979 年 1 月 10 日，国家经委访日代表团向国务院上报《日本工业企业管理考察报告》[7]，有 6 个方面：企业组织、企业计划、专业化和协作、质量管理、职工培训，以及日本企业刺激职工积极性的办法。报告提出了 6 个方面的建议：一是学习资本主义国家企业管理的科学方法；二是要重视开发国内市场；三是计划经济与市场调节相结合；四是要鼓励竞争；五是要以改革推动管理；六是要加强立法和经济调节手段。同时附有《日本企业的组织、计划、专业化协作》、《日本的质量管理》、《日本企业刺激职工积极性的制度、办法和职工生活水平》及《日本政府在经济发展中的作用》等 5 个专题报告。[8] 还向国务院建议：由有关工业部门、厂矿企业、研究单位和高等院校等组织成立企业管理协会。[9]

按照国务院副总理康世恩[10]、余秋里[11]的批示，1 月 20 日国家经委印发了国家经委访日代表团的《日本工业企业管理考察报告》，使之广泛传播，影响很大。1979 年 3 月，中国企业管理协会成立，袁宝华任会长。中企协做的第一件事就是举办企业管理干部研究班，轮训省级、大城市经委负责人和国有企业管理干部，首先介绍日本经验。1979 年 4 月，中国社会科学出版社发行了考察报告的单行本。[12]

代表团同日方达成了一个中日企业管理、质量管理经验交流的协议，规定日中双方互派以厂长为主的考察团，互派人员参加对方的“质量月”活动。这期间，他们还得知日本政府有一笔援外预算名为“协力基金”。如果能取得这笔资金，就可以用来培养我国管理人才。于是，张彦宁开始为此努力，最终争取到了日本政府提供的研修经费。此外，计划邀请 30 名日本企业管理专家、教授来华讲学，为中国企业进行诊断，中国向日本派遣 150 名进修生学习企业管理等，都从 1980 年初开始实行。

《日本工业企业管理考察》书影。

《访日归来的思索》书影。

据袁宝华回忆，在代表团的建议下，在京津沪三市选少数基础较好的工厂进行改革企业管理的试点，试点厂分别与日本厂对口挂钩，定期互访，交流管理技术和经验；训练厂长、培训骨干；编印日本和其他国家企业管理、质量管理的教材；设立“质量月”，颁发质量奖；开展企业管理经验的国际交流。

社科院这边，在历史所小礼堂，邓力群组织了几场报告会，几百人的会场，挤得满满的。邓力群讲观感，讲积累和消费问题、农轻重问题、价值规律和计划性。马洪介绍《日本资本家怎样管理工业企业》，孙尚清介绍《关于日本的技术引进和企业对职工的经济刺激问题》，吴家骏报告《关于日本工业管理和企业管理的几个问题》。1979 年 10 月，这 4 个报告也汇集出版了，以邓力群的文章题目为书名，叫《访日归来的思索》。

其实，中国人的改革冲动和意愿早就有了，好像序幕一直在缓缓开拉。十一届三中全会是一个集结号。最初的企业改革是从改善企业管理开始的，然后是体制上的变革。至于向发达国家学习，则是从身边的日本开始的。

1949 年以后，政府派高级代表团出访西方资本主义国家，始自 1978 年。这不免令人感慨。清朝末年，大清帝国多次组织高级官员出国考察，其中对清末改革影响最大的莫过于八大臣出访。到了民国，无论北京政府还是南京政府，与西方国家的交流之频繁和深入，远非今日中国人所能想象。而中国人领受欧风美雨是从日本开始的。遗憾的是，中国近现代史最大的特点就是中断，一次次中断，一次次重来。

最后我想写下他们访日时的年纪：袁宝华 62 岁，邓力群 63 岁，马洪 58 岁，孙尚清 48 岁，吴家骏 46 岁。

附 记

吴家骏老师讲他们借西服、改装西服的事儿时，他笑，我大笑。他们看到，外国人年纪越大，领带系得越花，花到什么程度呢，花到像我们的绸缎花被面。中国人长期穿蓝、绿、灰三色觉得花领带戴不出去。几十年没穿过西服，也不会系领带。要出发集合了，领带系不上岂不着急？于是，他们急中生智，把领带打好，先缝起来，用时，往上一拽。

三十多年前，这些人从这里一起出发，激情澎湃地向国人介绍国外的先进思想和做法；三十年间，他们走了不同的路，留下不同的足迹。就是这些貌似与国际很不接轨的人，在中国重新打开大门后，最先领略发达的资本主义国家风气，把所见所闻带回中国，并凭借他们的地位和影响，搭建平台，传播、推动新的学习和引进。

1．原载《经济观察报》，2009 年 1 月 12 日。为写作本文，于 2008 年 12 月 2 日采访了中国社会科学院工业经济研究所原副所长吴家骏先生。

2．“我的青少年时代，也就是 20 世纪 30 年代，我在北平读书，对社会没有多少了解。当时北平也有资本主义，但没有接触。上海没有去过。抗日战争时期在延安，那里没有资本主义。解放战争时期到东北后，日本人搞的资本主义企业已经被没收了，而我们党的工作又在农村。所以，资本主义是怎么回事，它的企业如何经营管理，厂长（经理）、工人与企业的关系，和我们社会主义究竟有什么不同和共同之处？没有切身体验。这是第一次实地考察和接触”，见《邓力群自述：十二个春秋》电子版。

3．邓力群:《访日归来的思索》，见邓力群、马洪、孙尚清、吴家骏:《访日归来的思索》，北京，中国社会科学出版社，1—19 页，1979 年 10 月。

4．邓力群:《访日归来的思索》，见邓力群、马洪、孙尚清、吴家骏:《访日归来的思索》，1—19 页。

5．同上。

6．肖冬连：《历史的转轨——从拨乱反正到改革开放》，见香港中文大学当代中国文化研究中心：《中华人民共和国史（第十卷）1979—1981》，香港中文大学出版社，782 页，2008。特约记者：《学习外国经验与探索中国自己的建设道路——访袁宝华同志》，载《百年潮》，2002（11）；贺耀敏：《扩权让利：国企改革的突破口——访袁宝华同志》，载《百年潮》，2003（8）。

7．中国企联大事记，http://www.cec-ceda.org.cn/china/dsj/1979.htm。

8. 吴家骏：《访日归来的思索——改革开放初期工业领域和科学管理领域的开山之作》，见中国社会科学院老干部工作局编：《人民共和国是一切胜利之源》，北京，世界知识出版社2009年，108—116页。

9. 协会主要研究国内外企业管理制度、方法和经验；协助有关部门交流、推广企业管理经验；组织有学者、教授参加的专家团，举办各种管理讲座，帮助企业运用科学方法改进管理和质量，培训企业管理干部；出席有关国际会议，进行国际交流；收集有关情报资料，出版有关杂志、书籍。

10. 康世恩（1915—1995），河北怀安人。1975年至1978年任石油化学工业部部长。1978年至1982年任国务院副总理，其间曾兼任国家经济委员会主任、国家计划委员会副主任。

11. 余秋里（1914—1999），江西吉安人，中将军衔。1958年至“文化大革命”初期任石油工业部部长。1964年至1970年任国家计划委员会第一副主任兼秘书长。1966年9月，经毛泽东批准，中央决定由他和谷牧协助国务院领导抓经济工作。1970年至1975年任国家计委革委会主任、国家计委主任。1975年至1982年任国务院副总理，其间曾兼任国家计委主任、党组书记。

12.《经济管理》编辑部:《日本工业企业管理考察》，北京，中国社会科学出版社，1979年4月。

承前启后的结构组[1]

事关“结构”，此前都用马克思再生产理论中两大部类的关系，生产资料优先增长规律，农、轻、重比例关系来分析阐述。提出经济结构，具有极大的创新性。

1979年4月，中共中央决定在三年内要贯彻“调整、改革、整顿、提高”八字方针。其中调整是关键。所谓调整，归根结底是调整经济结构。[2]

1979年3月，中共中央决定成立国务院财政经济委员会，陈云挂帅，姚依林和张劲夫是专职成员。6月下旬，国务院财政经济委员会、党中央办公厅和中国社会科学院，成立四个调研组：经济管理体制组，由张劲夫负责；经济结构组，由马洪负责；技术引进和现有企业的现代化组，由汪道涵负责；经济理论与方法组，由于光远负责。6月27日，姚依林在调研组座谈会上提出，要在经济体制、经济结构和技术引进三个方面进行系统的调查研究：一是现状，二是历史，三是国外经验。外国的发展道路也是调研的一个方面，“既包括苏联、东欧，也包括资本主义国家”，要了解它们有什么经验教训，有什么可取之处。[3]

今天看，成立这四个组是一件相当了不起的事，选准了四个最基本的问题。

结构组的负责人是马洪，时任中国社会科学院副院长，兼国家机械委员会副主任和工业经济研究所所长。

马洪是山西人，1920 年生。他这一生，与毛泽东有过几次有意思的交道。第一次是在延安马列学院学习时，被评为延安模范青年，毛泽东给他颁发奖章。第二次是 1939 年春，毛泽东去马列学院作报告，马洪请求毛泽东题词。听马洪说爱读报，毛泽东便挥毫写“看报有益 毛泽东”；马洪还说喜欢读书，毛泽东又写“读书是好的 毛泽东”。马洪接着说了对工作的感想后，毛泽东第三次提笔，写“工作着是美好的”。[4] 1948 年 6 月，马洪被调往东北局政策研究室。他写的《东北经济的构成和方针》十分精彩，其中第一次把东北经济划分为五种经济成分：国营经济、合作社经济、私人资本主义经济、个体经济和“秋林经济”。毛泽东在 1949 年 3 月西柏坡开的中共七届二中全会上采用了五种经济成分的说法，只有“秋林经济”，用的是它的本意“国家和私人合作的国家资本主义经济”。[5] 这五种经济成分也被写入政协的《共同纲领》。俗话说：三十而立。30 岁的马洪担任东北局副秘书长，主持起草东北局重要的政策文件；1952 年，进京任国家计划委员会委员兼秘书长。两年之后的 1954 年，马洪被认定为高岗的“五虎上将”[6] 之一，“犯了十分严重的错误”，撤销党内外职务，时年 34 岁。《毛泽东选集》中，还为此点了他的名。1956 年，马洪被重新起用，进入新组建的国家经济委员会政策研究室。1961 年，对北京第一机床厂调查后，马洪参与起草《国营工业企业工作条例（草案）》（即《工业七十条》）。条例实施后，收到很好的效果。邓小平曾对薄一波回忆，毛泽东直到临终，枕边都还摆着一本有些破损的《工业七十条》。[7]“文革”后期，马洪担任北京石化总厂设计院副院长，兼 30 万吨乙烯工程副总指挥。

经济所的孙尚清辅助马洪抓结构组的日常调研组织工作，也从此开始了他们俩长达十几年的搭档合作。他们初识于 20 世纪 60 年代初撰写《中国国营工业企业管理》一书；1976 年，又一同去大庆调查写作《对大庆经验的政治经济学考察》；1978 年底，参加访日代表团，起草出国考察报告。马洪本姓牛，18 岁到延安时名叫牛黄，陈云要他改

1984年，孙尚清留影。（尹淑琴提供）

名马洪。有人十分机巧地开玩笑，称马洪和孙尚清的合作是“牛黄上清（尚清）丸”。

他们从中国社会科学院工业经济研究所和经济研究所，抽调了一些人加入结构组。工经所1978级的第一届研究生也被吸收进各个调研组。朱嘉明、郑新立、陈佳贵、郑海航等参加结构组，丁敬平参加技术引进组。经济所的张泽厚担任办公室负责人。办公地点设在月坛北小街2号院3号楼对面的计委楼上。也有的人参加两个组。像吴敬琏即既参加结构组，也参加理论方法组。理论方法组的成员主要来自中国社会科学院马列所和经济研究所。

事关“结构”，此前都用马克思再生产理论中两大部类的关系，生产资料优先增长规律，农、轻、重比例关系来分析阐述。提出经济结构，具有极大的创新性。是谁先提出来的尚无从考证。[8]不过国门既开，发达国家的发展道路和经验蜂拥而来，可以看到日本和美国都有很多关于经济结构的研究。为了快，来不及出版，有时采用摘译的办法。工经所的钱家骏、朱嘉明、王元等人翻译了一本写于1939—1940年的书——《美国的经济结构》。书有两编，一是《结构的基本特征》，是美国国家资源委员会工业部写给罗斯福的报告；二是《向充分利用资源前进》，是经济专家关于经济结构的文章。1980年、1981年，中国社会科学出版社翻译出版了《外国经济结构文集》[9]和《主要资本主义国家的经济结构》[10]。还有一个思想来源是关于三个产业的研究。中国过去只讲农轻重，没有了服务业。

结构组开始全面听取汇报。每周至少听取三位以上各工业部综合计划司司长带着处长来做的汇报。一个一个部，完整地听下来，形成一个总体概念。

此时，马洪对于经济结构问题已经有了一些理解。1979年7月下旬，在财经委经济体制改革研究小组开的座谈会上，他第一次系统地谈经济结构问题。

首先提出问题：从1950年到1978年，中国同世界各国相比，发展速度都是相当高的，为什么别的国家富裕起来了，中国却很穷？为什么生产增长，生活困难？他的回答是，国民经济结构有严重缺陷是一个重要原因。举“以钢为纲”的方针为例，马洪追问：这是哪儿来的？是上帝决定的，还是长官想当然、拍脑袋、天才意志决定的？还是由经济发展的客观需要决定的？钢只有成为最终产品时，才能供人们消费。应该由农业、工业发展的需要决定钢铁生产，而不是由钢来决定其他。1958年“大跃进”时决定钢产量翻一番，难道对钢的需要量一下子就翻了一番啦？他语重心长地提醒大家：“‘以钢为纲’究竟是成功的经验，还是失败的经验？在党内是可以讨论而且应该讨论的。”当时中国的钢产量超过3000万吨。马洪以美国、苏联、西德、日本钢产量3000万吨时的经济结构与中国比较得出，我国虽然用了很多钢铁，并没有做出相应的事情来，是一种“以钢为纲”的、重轻农的、闭关锁国的不合理经济结构。[11]

此时，结构组的工作目标和内容已十分明确：弄清楚我国经济结构的历史、现状和问题，找到解决办法。更深层的目的是，总结 30 年的历史经验教训。同时，研究一些主要国家，探索其经济结构发展的规律性，找到适合我国情况的经济结构。

酝酿了好多次，结构组决定从 10 个方面开展调查研究：一，产业结构；二，技术结构；三，经济组织结构，包括专业化组织、联合化组织及其相互关系，以及大、中、小型企业的关系；四，所有制结构，包括全民所有制、集体所有制、个体劳动的相互关系；五，产品结构和进出口产品结构；六，就业结构；七，投资结构；八，地区结构和城乡结构；九，价格结构；十，积累和消费的结构。结构组还打算研究 20 世纪末，实现四个现代化的总目标，比较理想的经济结构是什么样子；研究三年调整时期和今后比较合理的经济结构，以及相应的产业政策，提出逐步向合理的经济结构过渡的办法和步骤，为编制近期和长远的规划提供依据。

400 多人的队伍，200 多人搞理论，100 多人作为综合调研直属队，分别到十多个省市，包括广东、海南、江浙、东北，等等，进行经济结构调查，这是建国以来规模最大的一次全国经济调研活动。调研进行了 10 个月，到 1980 年 5 月基本结束。[12] 调研成果陆续上报国务院，提出在调整经济中必须着重加强农业和轻工业，重工业要讲究质量而不是数量。1979 年，计划会上讨论“六五规划”草案时，吸取了一些调研成果。

马洪和孙尚清要在这个基础上形成专著，在报刊上发表文章。他俩主编的《中国经济结构问题研究》一书在 1980 年秋天完成，参加撰写的阵容十分庞大，有周叔莲、张卓元、杨坚白、李学曾、刘中一、戎文左、孙尚清、邱靖基、于祖尧、杨圣明、汪海波、陈吉元、张曙光、吴敬琏等数十人，共 26 章，分部门讨论中国经济结构现状、问题，提出调整和改革的建议。开篇第一章《30 年来我国经济结构的回顾》，

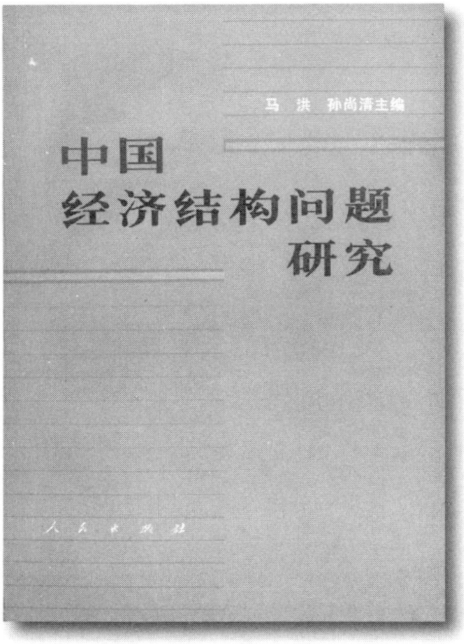

《中国经济结构问题研究》书影。

由周叔莲撰稿。最后一章，是吴敬琏所写的《经济体制改革和经济结构调整的关系》。他指出，结构和体制互为因果。集中计划体制来源于优先发展重工业的路线，反过来又加强这一路线，造成结构失衡。长期以来，限制、排斥市场的作用，导致生产和需要脱节，国民经济比例失调；经济发展的决策权几乎完全集中在党政领导机关，个别领导人的目标和意志处于支配地位，加上各种违背客观规律的决策失误等，使得既没有人民生活的日益提高，也没有生产的高速增长。

《中国经济结构问题研究》1981 年一上市就脱销。有评论称它是中国第一部用数字说话的经济类著作。它确实是中国进入改革开放时期后，关于中国经济问题研究的一本影响很大的书，并有俄文版、英文版。当时的苏联国际政治经济研究所所长、后为俄罗斯总理的普里马科夫来华访问时，曾专门就经济结构问题拜访马洪，他认为当时苏联经济结构问题比中国更严重，而这种情况是传统社会主义经济体制所必然导致的。[13]

结构组的调研，对之后较长一段时间的经济结构研究有重要影响。[14] 1982 年，马洪出版了《中国经济调整、改革与发展》。以研究生身份参加结构组的朱嘉明，1980 年在《百科知识》上发表《经济结构和经济结构学》和《国民经济基础结构》两篇文章，然后撰写《国民经济结构学浅说》，被纳入上海知识出版社的“现代化知识文库”丛书出版。[15] 当时正在考虑科学革命、技术革命、产业革命和社会革命的钱学森，还就这本书给朱嘉明写了一封信，讨论产业革命和经济结构的问题。可见，那时，经济结构问题不只局限在经济界，它被当作一个新概念新知识来普及，启发了很多人的思想。一度非常流行的“使用投入产出法”也与经济结构研究相关。结构组的历史使命完成了，但是以结构组人员为主体的结构研究一直继续。由马洪、孙尚清任主编，周叔莲、张卓元任副主编的“中国社会主义经济结构研究丛书”[16] 陆续出版。孙尚清则以经济结构研究作为自己带博士生的方向，他组织结构组原班人马撰写的《论经济结构对策》[17] 一书获首届孙冶方经济学专著奖。相关的产业结构和产业政策的研究也逐渐兴起。

从经济结构的视角看，计划经济的问题彻底显现了，这对否定计划经济、转向市场经济起了相当重要的作用。

---

1. 原载《经济观察报》，2009 年 1 月 19 日。写作本文采访了当时在结构组工作的张泽厚、朱嘉明先生。

2. “调整什么呢？我们常常说调整就是调整比例关系，加强短线，缩短长线。但是，究竟这个比例是以什么为标准？你有你的标准，他有他的标准，都说自己是短线，于是大家都向国家计委要投资，争吵不休，长线照样长，短线照样短，总是不能解决问题。那么，我们所要的究竟是什么样的比例，这个问题就和经济结构分不开。”摘引自马洪在 1979 年 8 月中共中央党校所做的报告。见马洪：《经济结构与经济管理》，北京，人民出版社，6 页，1982 年 3 月。

3．肖冬连：《历史的转轨——从拨乱反正到改革开放》，见香港中文大学当代中国文化研究中心：《中华人民共和国史（第十卷）1979—1981》，779 页。姚依林：《同心协力做好经济改革的调查研究》，载《经济研究参考资料》，3 页，1979（144）。

4．刘世锦、赵林如、梁仰椿：《马洪：自学成才的道路》，见《自学成才的经济学家》，北京，中国发展出版社，8 页，2000。

5．张明扬：《为市场经济正名者马洪逝世》，载《东方早报》，2007 年 10 月 31 日。

6．“五虎上将”是指“高岗反党集团骨干分子”。1954 年 4 月，时任中共中央东北局第二副书记张秀山，第三副书记张明远，组织部部长郭峰，曾任东北局副秘书长兼办公厅主任、时任国家计划委员会秘书长马洪，时任东北局秘书长赵德尊，被撤销党内外一切职务。

7．吴志菲：《马洪：为中国国情开“良方”》，载《财经界》，2006（7）。

8．1979 年 8 月，马洪在中共中央党校所做的关于“中国式的社会主义现代化与经济结构的调整问题”的报告中讲道，“经济结构是一个新的名词、新的概念，大家比较生疏。最近经过几次讨论，有了一点看法。所谓经济结构，是指国民经济各个部门、各个地区、各种成分、各个组织和社会再生产各个方面的构成，以及它们的相互联系、相互制约的关系”。

9．经济研究参考资料丛书，北京，中国社会科学出版社，1980。

10．经济结构组办公室、经济研究参考资料编辑部编，北京，中国社会科学出版社，1981。

11．参见 1979 年 7 月 24 日，马洪在国务院财经委经济体制改革研究小组召开的“经济体制改革的总体设想”座谈会上的发言。房维中：《在风浪中前进——中国发展与改革编年纪事 1977—1989》第 2 分册，1979 年卷，87—132 页，2004 年 11 月初稿（电子版）。

12．马洪、孙尚清：《中国经济结构问题研究》后记，北京，人民出版社，1981。

13．《自学出来的中国经济学大师——记我院前院长马洪》，http://www.cass.net.cn/y_09/y_09_04/y_09_04_14.htm。

14．江小涓：《建国以来产业结构与产业组织理论研究的回顾》，载《管理世界》，2004（1）。

15．朱嘉明：《国民经济结构学浅说》，上海，知识出版社，1984 年 1 月。

16．(1)陈文辉：《中国经济结构概论》，1994。

(2)俞恒：《中国工业部门结构研究》，1990。

(3)刘中一、刘尧传：《中国农业结构研究》，1986。

(4)张朴编：《中国轻纺工业结构研究》，1986。

(5)梁中堂、张广柱：《中国交通运输结构研究》，1989。

(6)孙尚清、翟立功：《中国能源结构研究》，1986。

(7)谭承栋、汤扶霄：《中国钢铁工业结构研究》，1986。

(8)李京文：《中国建筑材料工业结构研究》，1986。

(9)魏瑞朗、成少非：《中国化学工业结构研究》，1986。

(10)李茂生：《中国金融结构研究》，1986。

(11)《中国流通结构研究》。

(12)杨圣明：《中国消费结构研究》，1986。

(13)陈玉光、张泽厚：《中国人口结构研究》，1986。

(14)刘厚成、张泽厚：《中国教育结构研究》，1989。

(15)姜渔、党晓捷、姜洪编著：《中国就业结构研究》，1986。

(16)《中国所有制结构研究》。

(17)陈栋生、陈吉元：《中国地区结构研究》，1986。

(18)《中国企业组织与企业管理结构研究》。

(19)张卓元、李小西、边勇壮、石小抗：《中国价格结构研究》，1988。

此套丛书由山西人民出版社和中国社会科学出版社联合出版。

17. 孙尚清：《论经济结构对策》，中国社会科学出版社，1984 年 3 月。

光荣绽放的工经所[1]

马洪和蒋一苇分别作为工业经济和企业管理研究两个方向的带头人，彼此鼎力相助，成就大事。他们都有足以服众的个人魅力和领导才能，联络和组合各路英才，形成智囊。

北京西城区月坛北小街2号院里有三座建于上世纪50年代的四层红色砖楼。其中，2号楼是中国社会科学院几个经济研究所的所在地。工业经济研究所在三、四层楼上。

工经所成立于1978年4月，马洪是第一任所长；第二任所长是蒋一苇，任期到1985年。在短短的7年里，工经所建功立业，在国内外享有很高的知名度。

1977年4月5日哲学社会科学学部向中央递交了一份请示报告，要求改名为“中国社会科学院”，一个月后获得批准。胡乔木担任中国社会科学院院长，邓力群和于光远出任副院长。撤出“军宣队”、“工宣队”；恢复业务，专做研究。这是“文化大革命”后，开始中国社会科学研究的时代。许多学科尚待草创，他们打算在原有经济研究所的基础上，衍生出工业经济、农业经济、财贸经济等研究所。

此时此刻，受于光远委托，马洪正率领一个考察组在大庆调研，写作《对大庆经验的政治经济学考察》和《大庆工业企业管理》两本著作。

他接到北京的命令，让他筹建工业经济研究所。人们料想不到，工经所的面世，将在中国经济改革的舞台上掀起怎样的风云来。

马洪延请了一批人才。他们中有的是老革命，是参与执行第一个五年计划的人、第一批探索国有企业管理制度的人，具有实际经验、领导才能和学术基础。比如，担任过副所长的陆斐文，曾是延安女兵、沈阳第一机床厂总支书记、国家计委机械局副局长和经济研究所领导。因为资格老，有威信，人称“老太太”。她跟78级研究生朱嘉明和黄江南讲过自己当年参加开国大典的情景，“你们不能想象中国的工业基础是什么样的。开国大典时，根本找不着那么大的吊车往天安门城楼上挂毛主席像，那是用滑轮拉上去的”。还有来自国家计委的张宣三，他思想解放，知识丰富，1979年曾和许良英等人编译出版过《爱因斯坦文集》三卷本。薛宝鼎，是1948年归来的留美学生，156项工程建设时期，在国家计委重工业局工作。他辅佐马洪，使工经所的研究成果得到姚依林副总理的重视。因而，姚依林指定工经所研究人员参加国家计委五年计划的编制工作。担任过副所长的还有蒋一苇、周叔莲、吴家骏、裴叔平等，以及曾经是康生秘书的李鑫。

不能不提1998年成为国务院总理的朱镕基。1951年从清华大学毕业后，他到了东北工业部。马洪那时是中共东北局委员和副秘书长；朱镕基担任计划处生产计划室副主任。当马洪1952年进京，任国家计委委员兼秘书长后，朱镕基也被调入国家计委，在燃动局和综合局工作。1978年，马洪将朱镕基从廊坊的石油工业部管道局电力通讯工程公司调入工经所。

马洪设立了三个研究室——国内室、国外室和综合室，调来一批懂英、日、俄语的人才，专门搜集、研究国外管理理论和动向。

经济改革有两大块，一是农村，一是城市。无疑，杜润生是农村改革的旗手。回过头看，马洪和蒋一苇领导工经所，在推进城市改革，在探索工业和企业管理体制改革上，有着卓越的历史贡献。一上任，马洪就直奔主题。1978年9月，他在《光明日报》发表《论充分发挥

1979年6月在上海召开中国工业经济管理研究会第一届会议暨《中国工业经济管理》教材讨论会留影。其中有马洪、陆斐文、曾延伟、吴家骏、戴伯勋、黄德鸿、李贤沛、刘廉生、吴岐山、朱骥、杨公朴、郭义钧、云冠平等。

1979年11月26日《中国工业经济管理》编审组定稿工作结束后于北京留影。前排左起：汪祥春、顾理、曾延伟、陆斐文；第二排左起；刘可容、刘敏世、李贤沛、吴岐山、高粮；第三排左起：陈朝宝、戴伯勋、朱骥、刘廉生、吴家骏。

企业的主动性》一文，认为经济管理体制改革应当把发挥企业主动性作为基本出发点，不能只在中央和地方的关系上兜圈子。1979年他在《改革经济体制和扩大企业自主权》[2]一文中又指出："经济管理体制要从扩大企业自主权入手"；社会主义企业"是商品生产的基本单位"，"企业必须实现经营管理的'自动化'"，即"企业能够经常充分地发挥主动性，实行自主管理，自动调节"。与此同时，蒋一苇的《企业本位论》虽毁誉参半，也影响巨大。有一段时间，马洪既是中国社会科学院院长，又是工经所所长，还担任国务院副秘书长，这样的官学两界集于一身，实属罕见。这使他得以调动很多资源，来完成重大的研究项目。在工经所内，马洪和蒋一苇分别作为工业经济和企业管理研究两个方向的带头人，彼此鼎力相助，成就大事。他们都有足以服众的个人魅力和领导才能，联络和组合各路英才，形成智囊。1979年的经济结构调查，马洪任结构组组长，经济所的孙尚清辅助；1981年作为宝钢论证组负责人，马洪带领部委和研究机构的各方面专家开展论证；之后，产业结构、产业政策、工业发展战略的研究也都做得有声有色。

1978年6月，陕西财经学院刘廉生、陈维满，辽宁财经学院汪祥春，辽宁大学戴伯勋，在马洪的支持下，联合倡议有关院校协作编写工业经济教材，由工经所牵头。马洪决定成立"中国工业经济管理研究会"，挂靠工经所，代表工经所与各校联系，决定立即动手编写《中国工业经济管理》教材。[3]

1982年以后，马洪不再兼任工经所所长。蒋一苇的办所方针是，必须为中国经济实践服务，必须为企业服务。[4]自1982年起，企管室对首都钢铁公司、成都量具刃具厂、第二汽车制造厂、上海机床厂等企业进行了系统的考察。首钢是北京市第一批扩大企业自主权试点企业之一，成效显著，到了1982年试点期结束时，蒋一苇和四川社会科学院副院长林凌带着研究队伍，在首钢工作了40天。毕业留所的78级研究生陈佳贵、周绍朋、郑海航等都参加了调研。他们写了一份关于首钢实行利润递增包干试点的报告，通过马洪送给国务院领导。不久，

1982年在香港参加首届“中式管理研讨会”后，途经广州，在小岛宾馆合影，前排从右至左：韩岫兰、邱靖基、蒋一苇；后排从右至左：刘述意、陈慧琴、沈鸿生、周绍朋、刘春勤。（周绍朋提供）

这个报告被批准。他们在报告中提到的关于在重庆进行中心城市综合改革试点的建议，也得到“原则同意”的批示。于是，蒋一苇又带着这班人马去重庆。这里经济权限小，条块分割，阻碍了经济发展，他们认为必须扩大中心城市的经济管理权限。还是通过马洪递交请示报告，很快，也被批准下来。1984 年，蒋一苇去二汽考察之后，写了《企业自由联合的一种有效形式——东风汽车工业联营公司在自愿基础上搞好联合的调查报告》，胡耀邦总书记看到后，批示在《人民日报》发表。这篇文章对于促进企业联合，冲破条块分割起了推动作用。1986 年，蒋一苇去欧洲访问。在飞机上，蒋一苇告诉同行的王元：行前，国务院总理找他，让他借这次机会了解关于股份制企业的情况。他们的调研主题，也因此有了改变。[5] 回国后，蒋一苇带着邱靖基、刘纪鹏等人

1979年，中国工商行政管理代表团访美留影，第一排右一何建章，第二排右一蒋一苇、右二马洪，第三排中间着中山装者薛暮桥，第五排右六周叔莲。（周叔莲提供）

去重庆嘉陵机器厂搞股份制和企业集团试验，提出了全面构思和设计。讨论中，蒋一苇提出要成立国有资产投资公司，承担国有资产经营。

从扩大企业自主权、承包制到企业联合、股份制，国企改革的这条道路，是在实践中一步步研究探索走出来的，两年一个台阶。马洪和蒋一苇都有把调查研究成果变成政策建议的高超本领。80 年代的经济改革，依靠来自四面八方的合力，其中有中央和地方官员、有经济学家、有企业人士，运用他们的知识和政治智慧，争取改革在一些关键问题上的突破。而马洪和蒋一苇是非常典型的人物，有着老派共产党员的赤诚，极富建设和创造力，极富感召和行动力。

在今天，MBA 已经时髦过了；在那时，人们还没有听说。追根溯源，中国最早的 MBA 教育发生在工经所。1979 年 10—11 月，马洪率

“中国工商行政管理代表团”考察了美国麻省理工学院、宾州大学、印第安纳大学、斯坦福大学、哈佛大学的管理教育。团员有国家计委的廖季立、庞川，鞍钢副总经理孙传志，社科院工经所的周叔莲，经济所的何建章，清华大学的王应洛，武汉大学的吴红先，上海机械学院的戴鸣钟，等等。在哈佛大学，他们坐进教室，听美国教授讲企业管理。周叔莲记得特别清楚，外面下着雪。教授讲的是最一般的常识，可是对于他们来说，还是挺新鲜的。回国后，他们到鞍钢住了一个月，写出了一本《美国怎样培养企业管理人才》的书，于 1980 年出版，介绍美国的管理教育体系，学制、课程、学生概况、教学方法、教师队伍、科研工作，以及美国公司培训管理人员的情况。周叔莲说：这本定价 0.73 元、230 页的小册子，“是中国第一本 MBA 教材”。他们看到，美国的企管人士都受过高等教育；而同行的鞍钢负责人说，他们那里处级以上干部中有近 60% 是初中及初中以下文化水平。

这次访美是中美隔绝 30 年之后迈出的一大步。美国方面格外重视。麻省理工学院保罗 · 格雷院长甚至向马洪提出了不情之请——写一本关于美国的书，不是学术性的，而是由他们出资，请一位作者来美体验生活，写一本活泼、有趣的书。马洪接受了这个请求。社科院推荐外文局的王作民女士完成此任。王作民是 1949 年从美国密苏里大学新闻学院毕业回国的。1982 年至 1983 年，她赴美采访，写出了介绍美国地理、历史、社会生活的《美国万花筒》[6]，并在《北京晚报》上连载，受到广泛好评。王作民的先生段连城还将它译成英文出版。这是一段插曲。

蒋一苇做过一个调查，在国营企业担任管理工作的 350 多万人中，受过管理教育的不到 10%，其余是由工人提拔起来、部队转业过来、行政部门调来、技术干部转来的。而当时有管理专业的院校很少，企管人员又不能脱产学习。为此，蒋一苇提出“八路进军”——高校、职大、业大、电大、函大、刊大、夜校和培训中心。早在 1979 年下半年，蒋一苇就倡议并主持了与中央电视台经济部合办的“工业经济与企业

1981年工经所第一届研究生毕业合影。前排从左至右：杜迅生、陈乃醒、李文基、朱嘉明、黄江南、丁敬平、胡元直、周绍朋；后排从左至右：吕政、刘文林、戴俭明、陈元、郑新立、张吉庆、张思平、陈佳贵、郑海航。（朱嘉明提供）

管理基本知识讲座”，据统计，企业中层以上干部听讲的超过 200 万人，发行了 800 多万册教材。1983 年，马洪和蒋一苇以工经所的《经济管理》杂志为依托，开办《经济管理》刊授联合大学，在全国设立了 60 多所分校，共 4 期，培训了 4 万人。由此，国家才开始在高校设立工商管理系，增设工商管理硕士和博士点。后来，蒋一苇又创办了企业高层次管理人才研修中心。工经所除了两本杂志《中国工业经济研究》、《经济管理》，两份报纸《中国经营报》、《精品购物指南》，还成立了经济管理出版社。

马洪和蒋一苇都是以天下为己任的人。工经所，是他们在改革时代实现鸿鹄之志的起点，也因为他们，背负了历史使命，光荣绽放。1985 年，周叔莲成为第三任工经所所长。与马洪和蒋一苇的风格不同，他是脚踏实地的纯粹学者。长期担任工经所副所长的是吴家骏、裴叔平。

如果讲 80 年代早期工经所的耀眼，那么除了这些精彩的老人，还有一批精彩的青年。78 级研究生杨沐，1988 年 3 月被任命为工经所副所长，他说："马洪是共产党内懂经济懂企业的专家，是能出政策的专家，这使工经所和其他经济所有很大不同，并使工经所在社科院中处于独特的地位。当时的国务院领导人在经济发展、企业改革等方面，都很依赖于马洪提出的建议。"杨沐还说："在 80 年代初，工经所的朱嘉明和黄江南成为著名的'四君子'中人；1984 年，他们筹备召开了莫干山会议，我负责企业组；会后，北京的青年学者，形成了几个互相支持的圈子，代表人物是：体改所的陈一谘、王小强，发展所的王岐山、周其仁，中信国际所的李湘鲁、朱嘉明，经济所的华生、何家成，工经所的杨沐。"当年的青年，如今已步入老年。他们中的每一位都在科研教育、实业金融、中央地方的各个岗位上曾经和依然发挥着骨干作用。[7]

1980 年代早期，工经所是一个既没有学院气息，也没有学部传统，又没有国家机关限制的研究所，是认真摸着石头过河的改革先驱。就像 78 级研究生王元所说："那时候的工经所每天都有故事。"

---

1. 原载《经济观察报》，2009 年 3 月 2 日。写作本文时采访了朱嘉明、周绍朋、王元、周叔莲诸位。
2. 1979 年 9 月马洪向北京地区社会科学界庆祝中华人民共和国成立 30 周年学术讨论会提交的论文。见《马洪专集》，山西经济出版社，216 页，2005。
3. 中国工业经济学会：《中国工业经济学会辉煌三十载（1978—2008）》。
4. 丁敬平：《严师益友，情谊忘年》，见《生命不息　奋斗不止：纪念经济学家蒋一苇》，209 页。
5. 据对王元先生的采访。王元，工经所 1978 级研究生，现为科技部中国科技促进中心主任。
6. 王作民：《美国万花筒》，北京，中国社会科学出版社，1985。
7. 1978 年工经所第一届招考研究生 20 位，1979 年转学来 1 位，共计 21 位。他们后来的身份、曾经任职或退休前最后一个任职机构是（按姓氏拼音顺序）：
   陈佳贵（1944—2013，四川人），中国社会科学院副院长（1998—2009）；
   陈乃醒（1945 年生，安徽人），中国社会科学院工业经济研究所室主任；
   陈元（1945 年生，上海人），国家开发银行董事长，十二届全国政协副主席；

戴俭明（1944 年生，安徽人），中央纪委巡视组组长；
丁敬平（1949 年生，湖北人），中国社会科学院外事局副局长；
杜迅生（1946 年生，江苏人），国家发改委中小企业司副司长；
胡元直（1954 年生，北京人），江西丫丫公司驻莫斯科代表；
黄江南（1950 年生），梧桐树资本董事局主席；
李文基（1938 年生，内蒙古人），北京华都集团原总经理；
刘文林（1946 年生，辽宁人），中国人民银行辽宁省分行副行长；
吕政（1945 年生，安徽人），中国社会科学院工业经济研究所所长；
王元（1954 年生，北京人），中国科技发展战略研究院常务副院长；
杨君昌（1946—2010，江苏人），上海财经大学教授；
杨沐（1946 年生，江苏人），华南理工大学公共政策研究院执行院长；
张吉庆（1943 年生，山西人），中国人民解放军大连海军舰艇学院教授；
张思平（1954 年生，河南人），深圳市委常委，副市长；
郑海航（1945 年生，山东人），首都经贸大学副校长；
郑新立（1945 年生，河南人），中共中央政策研究室副主任；
周绍朋（1946 年生，河南人），国家行政学院经济学部主任；
周天豹（1944—1987，重庆人），重庆社科院经济发展所所长；
朱嘉明（1950 年生，北京人），台湾大学客座教授。

附录：马洪——一位知行合一的经济学家[1]

朱嘉明

进入2018年，中国经济改革经历了四十个寒暑，曾经是改革重镇的中国社会科学院工业经济研究所（以下简称“工经所”）也已建所四十周年。值此之际，纪念工经所创始所长马洪（1920—2007），重新解读他在改革早期历史中所做的独特而重要的贡献，发掘他在经济领域的思想遗产，有助于全面认识改革历史，梳理当代中国经济学思想脉络，理解中国智库的形成与演变。

2005年，马洪获得首届中国经济学杰出贡献奖。授奖理由是：为数不多的进行跨学科研究并取得全面成就的学者，经济学、管理学理论研究的先行者，改革开放进程中经济决策咨询工作的一位卓越的开拓者和组织领导者。

如果对马洪加以概括，他是一位知行合一的经济学家。

中国经济学家的分布和马洪的位置

自20世纪开启至20世纪30年代，中国已经形成了相当规模和多元化的现代经济学人群体。1949年，这个群体，发生了分裂和分流。共和国建立之后的经济学人可以大致作如下划分：共产党体制内的经济学人，像薛暮桥（1904—2005）、许涤新（1906—1988）、孙冶方（1908—1983）、骆耕漠（1908—2008）、林里夫（1909—2001）、狄超白（1910—1977）、顾准（1915—1974）、于光远（1915—2013）、杨培新（1922—2016）、马洪等；学院派经济学人，像马寅初（1882—1982）、陈瀚笙（1897—2004）、陈岱孙（1900—1997）、巫宝三（1905—1999）、陈振汉（1912—2008）、张培刚（1913—2011）等；出生于1920年代，在民国年间接受大学教育的，像刘国光（1923年生）、董辅礽（1927—2004）等；出生在1930年前后，在1949年后入大学的经济学人，像周叔莲（1929—2018）、孙尚清（1930—1996）、吴敬琏（1930年生）、乌家培（1932年生）、张卓元（1933年生）、赵人伟（1933年生）等。在数代经济学人的背后，是丰富的经济思想资源，主要是马克思主义政治经济学和包括不同流派的西方经济学。

遗憾的是，自1950年代到“文化大革命”结束，经济学人并没有获得发挥应有作用的机会，且有相当数量的经济学人遭遇政治性灾难：1957年，北大的马寅初因“新人口论”被打成“右派”；陈振汉因《我们对于当前经济科学工作的一些意见》（与若干经济学人合写）一文也被打成“右派”；1958年，科学院经济所的狄超白和林里夫被定性为“狄林反党集团”；“文革”期间，孙冶方被定性为“修正主义者”，入狱多年；顾准曾两次被戴上“右派”帽子，病逝于“文革”期间。不一而足。

经济改革伊始，急需适应改革需求的经济学人来提供思想资源，并能运用执政党的话

1　原载《经济观察报》，2018年3月19日。

语系统加以表达。正是在这样的背景下，马洪脱颖而出。马洪有着与上述各类经济学家不同的阅历：

首先，他自学成才，17 岁参加共产党，成为铁路工会负责人；18 岁到延安；先后与毛泽东、张闻天、高岗、陈云、邓小平、胡耀邦等有过直接工作关系。他是共和国第一个五年计划、计划经济体制，以及推动工业化的参与者甚至奠基者之一，对于国情和宏观经济有认知和判断能力。

其次，他长期从事经济与政策研究工作，或在工业企业一线。

第三，他上下贯穿，承前启后。他前面是 1910 年前后的经济学人，后面是 1930 年前后的经济学人。马洪还成为 1950 年代出生的新生代经济学人的直接导师。所谓新生代，是指“老三届”，经过上山下乡，“文革”后上大学的经济学人。

马洪在获得历史机会和舞台之后的不足十年内，成为中国最有影响、贡献范围最大的经济学家。在一定意义上说，马洪超越了经典标准的经济学家。近年来，农口纪念杜润生（1913—2015），基于他在 1980 年代对中国农民、农村和农业做出的不可替代的历史性贡献，称其为“中国农村改革之父”。其实，在城市、产业部门和工业企业领域，以至在宏观经济政策领域，马洪具有和杜润生在农口相当的历史地位。

今天回顾这段历史，比较马洪和杜润生，可以发现两人有不少相似之处：同是山西人，抗日战争早期参加共产党；参与了共产党执政后计划经济的创建和实际运行；卷入过党内政治斗争，政治生命跌宕起伏；熟知国情，深谙改革的本质是在共产党领导下的渐进转型；务实，善于发现和使用人才，尤其是年轻人，有调动各种资源并加以组合的能力，尤其在如何将新思想和创意传递给决策者的方式上各有技巧，言简意赅。此外，杜润生擅长讲，马洪擅长写。如果说马洪和杜润生有哪些差别的话，可能马洪更有学术偏好，有志于在学术领域有所建树，行事谨慎；而杜润生则专注于农业和农民，举重若轻，言谈幽默。

马洪对中国经济改革的思想和理论贡献

在改革的第一个十年，马洪对经济问题的思考、提出和理论化，围绕的是如何服务于现实经济，并被现实经济所验证。

关于国民经济调整与改革的关系。对于“文化大革命”结束时的国民经济存在着全面危机，几乎没有争议，问题是如何对待和处理危机。当时主要存在两种意见：一种认为只要改革，自然解决国民经济的危机问题；另一种认为首先要解决国民经济结构严重失调的问题，在国民经济全局发生正面转变的同时，开启改革，以形成经济增长和经济改革的良性互动。1979 年，中国经济决策层支持后一种意见，确定了调整、改革、整顿、提高的方针。历史证明，这是正确的决策。

1979 年至 1980 年，马洪受命领导和组织一百多人的经济结构调查组，通过经济结构方法加以系统分析，穷尽国民经济所有部门，开展了自 1949 年以来最认真、最彻底的国民经济大普查。进而各个产业部门、各省市，也用同样方法对本部门、本地区进行调查研究。这有助于改革决策层形成系统的经济结构调整政策，有效缓解危机，也避免了仅仅用旧办法解决国民经济失调问题。马洪据此提出了国民经济结构整体性调整的建议，并在此基础上，形成了产业和区域发展政策。到 1980 年代初，中国形成了这样一番景象：一方面是由中央政府主导自上而下的国民经济结构全面调整；另一方面是鼓励自下而上的具有创造性的改革，包括启动农村改革。中国改革在第一阶段获得了成功。

马洪对中国经济结构失调的原因和机制，加以历史过程地全面探讨，提出了系统的经济结构理论。1979年8月，在《中国式的社会主义现代化与经济结构的调整问题》一文中，他阐述了经济结构调整、经济改革与现代化三者之间的关系，肯定了调整和改革都是以中国的现代化为基本目标。由马洪主编的结构调查组的综合成果《中国经济结构问题研究》（人民出版社，1981年12月第1版）一书，对于分析与实践经济结构调整和体制改革，提供了理论框架和思路。

关于重新确立市场经济地位的理论逻辑。经过计划经济体制的国家如何重建市场经济，既是一个重大的理论问题，更是一个重大的现实经济问题。

如果从1953年第一个五年计划算起，至1978年经济改革，中国市场经济中断了约25年的光景，相当于一代人的时间。那时四十岁以上的人，或多或少有过市场经济的生活体验。马洪代表了那个历史时期的经济学人，在承认既定的社会主义制度，以及不触动既有的意识形态框架下，要从理论上回答恢复市场经济的历史逻辑和现实意义。

马洪出色地完成了这样的历史性和理论性难题。1984年，马洪的长文《社会主义制度下的商品经济》不仅阐述了在社会主义制度和公有制基础上商品经济存在的必然性，以及这种商品经济的历史特征，更重要的是，他将商品经济与经济改革、对外开放紧密联系在一起。在当代中国经济思想史上，马洪对社会主义市场经济的理论与政策的贡献是超前的、全面的、系统的。特别需要提出来的是，1984年9月，在中共十二届三中全会召开前夕，他给国务院领导写信，建议把“社会主义经济是有计划的商品经济”这一提法写进全会决议中，说“这个问题太重要了，如果不承认这一点，我们经济体制改革的基本方针和现行的一系列重要的经济政策都难以从理论上说清楚”。正是因为马洪的这封信，以及来自体改委和众多经济学家对于商品经济在社会主义经济体制下的必要性的反复论证和坚持，开启了中国向市场经济回归的新的历史进程。之后，马洪继续推动市场经济理论的研究和实验，巩固了市场经济不可逆转的态势。直至1990年代，他主编《中国市场发展报告》，涉及市场化进程的方方面面。

关于产业经济和企业管理。1980年代的中国，一方面，农村人口数量大，农业是国民经济基础；另一方面，工业经济对国民经济至关紧要，且实现了一定程度的城市化，拥有相当数量的城市人口。所以，在启动农村改革的同时，不得不面对工业改革、企业改革和城市改革。马洪作为经济学家，为工业和企业改革做出了理论和学科性贡献。

马洪改造了传统的工业经济学，开创了产业经济学。在计划经济下，工业是一个被计划的部门。在改革开放大背景下，马洪将工业经济视为一个以加工业为主体的产业体系。因此，他认为应该以产业政策替代传统的工业政策。马洪进而奠定了中国现代产业政策的理论与框架，推动了产业经济、产业政策、产业思想的空前普及。1986年初，马洪领导的国务院经济技术社会发展研究中心，组织了关于中国产业政策的系统研究。国务院领导在对《我国产业政策初步研究》报告上批示：“此文提出了一个重要的思路，值得认真研究。”前两年，有一场经济学家关于中国要不要产业政策的争论。其实，自马洪时代始，产业政策已经成为中国经济中不可缺少的特征。

马洪还奠定了一套中国的企业管理理论，开启了企业制度现代化，特别是企业管理现代化的历史之门。在他看来，中国改革和开放，必须从企业制度改革做起；而企业制度改革，必须从企业的现代化管理做起。1979年10月，马洪率领中国工商行政管理代表团访美归来，将包括麻省理工学院（MIT）在内的几所美国最好的商学院管理课程介绍到中国。今天在中国所讲的MBA，所讲的现代企业管理学，起始于马洪和他当时创建的中国社会科学院工业经济研究所。也就是在这个历史风口，工经所的蒋一苇提出了振聋发聩的“企业本位论”（1979年），工经所吹响了扩大企业自主权和增强企业活力的号角。如果没有马洪和工经所团队的努力，中国的现代产业思想和现代企业管理，很可能要推迟或长或短的一个时期。

值得提及的是，早在1961—1962年，马洪主导的编写小组曾完成一部《中国社会主义国营工业企业管理》（人民出版社，1964年），首次提出了中国本土企业管理理论的基本体系和方法。

关于技术革命和技术经济。马洪在这方面的贡献是需要被历史记载的：第一，1981年，马洪已经形成技术和经济不可分离，且技术放在经济前面的技术经济理念。第二，1983年10月，马洪主导、组织数百位经济学界、科学界、技术界的专家学者寻找与世界科学技术的差距，讨论中国在新时代的新技术革命对策，很快演变为涉及所有国民经济部门的当代科学技术普及教育，冲击了长期存在的封闭和愚昧观念。可以说，这场大讨论决定和影响了中国技术发展和产业发展的方向，意义重大。第三，马洪提出“把开发高新技术产业放在经济发展战略全局的主导地位”、“中国高新技术产业化政策的重点应由区域倾斜转向产业倾斜和技术倾斜”的主张和具体政策建议，奠定了中国改革时代科技政策的框架和体系。

1989年，马洪在《新技术革命和我们的对策》一文中，讨论和呼吁人们重视包括后工业社会问题、信息社会问题、信息经济问题、新技术革命与人类社会的关系等问题，特别强调中国必须解决新兴技术的研究开发和新兴产业的研究问题。在技术经济与技术革命领域，马洪无疑是先行者。

关于经济预测和经济发展战略的研究与制定。马洪从1980年代中期起，倡导和参与了中国经济发展战略的研究，将战略研究分成三种类型：第一类是地区发展；第二类是部门发展；第三类是国家层面。

区域战略研究的范例是山西省能源重化工基地建设综合经济规划。1982年至1983年，在马洪主持下，国务院技术经济研究中心组织1400余人，制定了《山西能源重化工基地建设综合经济规划（1981—2000）》。这个规划第一次运用经济数学模型和电子计算机，研究一个省的社会经济问题。其中，与煤炭产业相关的若干模型经受了历史验证（《山西综合规划：经济数学模型汇编》，国务院技术经济研究中心、山西省计划委员会编，1984年，内部交流）。

关于国家层面的中长期规划的范例是“2000年的中国”研究。1983年，为了回答2000年的中国是个什么样子的问题，在马洪主持下，国务院技术经济研究中心组织各方面专家学者历时三年开展“2000年的中国”课题研究。其预测领域包括：人口、能源、耕地、粮食、交通、水资源、国民收入的生产与分配、消费、投资、外贸、体制改革等。很多研究成果得到了历史验证。

在1980年代，马洪开启通过跨学科的专家团队，运用数学的、经济学的多学科办法，以处于高速发展、制度转型的中国为对象的中长期预测和战略研究。正是这样的努力，使战略意识、战略预测和战略选择等概念被决策者、学者、企业家普遍运用，在很大程度上推动了中国的前瞻性，自觉追求在当代世界上的位置。

马洪的研究方法

马洪的研究方法是实证的，注重调查，从1940年代持续一生。

1940年代。1941年到1942年，马洪随同张闻天，到晋绥边区的兴县地区和陕甘宁边区的米脂县、绥德县等地，以生产力和生产关系为主题，进行过一年半时间的农村和小城镇的社会调查，形成了具有经典意义的《米脂杨家沟调查》；1947年土改时期，马洪任宁城县委书记，对当地农村的土地制度、阶级关系以及土地改革的全过程进行了考察；1949年，马洪就城市工作和城市如何领导乡村等问题，用半年时间在大连和沈阳两市考察。

1960年代。1960年底，经济调整时期，在国务院领导下，马洪率调查组到北京第一机床厂作了半年调查。这次调查，为日后邓小平主持的《国营工业企业工作条例（草案）》（即工业七十条）的写作提供了素材。自1959年至1964年，马洪还参与撰写了大量经济评论（以许辛学为笔名发表），从题目就可以发现马洪经济思想的务实特征，例如："一切经过实验"（1959.6.1），"指标要切合实际"（1959.6.16），"更大规模地开展技术革新运动"（1959.11.16），以及"进一步健全工业企业的责任制"（1961.10.16）等。

1970年代。从1977年夏到1978年夏，马洪参加了于光远率领的课题组，做大庆调查，主编了《大庆企业管理》，并参与主编了《对大庆经验的政治经济学考察》（人民出版社，1979年6月）。

1980年代。马洪先后到首钢、一汽、二汽等大型国营企业进行调查，就企业发展战略和改革提出建议。马洪在《一汽在改革开放时期的技术改造》（国务院技术经济研究中心编，中国财政经济出版社，1988年）的前言里，针对当时企业技术落后、设备陈旧的基本状况，例如大中型企业能够达到国际一般技术水平的设备仅占12.9%，系统阐述了中大型企业的技术改造和技术进步问题。

当中国决定改革开放的时候，最高领导集团已经意识到必须直接全面、系统地了解发达国家的情况，寻求差距所在。从1978年开始，马洪参与了有关方面多次组织的对主要发达国家的考察，将调查研究的方法运用到海外，并据此形成考察报告、提出政策建议，主要集中在两大基本问题：

管理和管理教育。1978年11月，马洪参加国家经委代表团到日本考察工业企业管理问题，了解1955年以来日本工业发展和企业管理的制度和历史演变。这次考察报告以《访日归来》的题目结集出版。马洪在回国后作报告的题目是《日本资本家是怎样管理工业企业的？》。1979 年 10 月至 11 月，马洪参加中国工商行政管理代表团访问美国，通过对麻省理工学院、宾州大学、印第安纳大学、斯坦福大学和哈佛大学这五所大学的考察，马洪总结了“美国经济和管理教育”的共同特点：教育和实际需要相结合；工程技术教育和管理教育相结合；学校和企业密切结合；教育和研究工作相结合。他还组织编写了《美国怎样培养企业管理人才》一书。1980 年 6 月，马洪率国家经委代表团访问了瑞士、西德、奥地利的公司、银行、经济研究单位、政府部门和大学，所关注的问题包括：经营多样化，生产专业化，协作社会化；青年徒工培训；老设备、老厂房的充分利用；大企业科研设计机构；企业内部管理体系，子公司和工厂自主权。

政府干预经济的模式。美国：政府主要通过财政税收、银行信贷、物价政策等方式对经济加以干预。政府每年一次咨文和财政预算是干预全国经济活动的“总计划”，通过税收对国民收入和经济发展进行调节。价格的干预是调节生产和供求的一个重要杠杆，有三种价格政策：保护价格、控制价格和自由价格。银行信贷对美国经济产生重大影响和作用。政府投资公用事业及其他非营利性的生产事业，以刺激经济的发展。法国：制定切实可行的能源政策；新工业区开发由政府统一规划，组织各方力量，同步建设，尽快发挥投资效果；有选择的保护主义和自由竞争相结合的政策；用政府和企业共同承担风险的办法，推动企业的科研和新产品试制。国家和企业共同办职业学校，推行尽可能保持社会安定的福利政策。

马洪在出国考察中，也研究了西方发达国家的各种弊端和中国为什么要引以为戒。例如，他看到资产阶级的所谓“汽车社会”（普遍使用小汽车）造成汽油供应问题、找停车场难、城市交通安全和污染，民众苦不堪言，演变成无法解决的社会问题。因此提出中国应该避免成为“汽车社会”。可惜，中国后来也成了普遍使用小汽车的“汽车社会”。

马洪创建了全新和多元的咨询体系

中国社会科学院工业经济研究所。工经所创建于 1978 年 4 月。它并不是按字面意思的部门经济研究所，而是以现实国民经济运行和经济体制改革为研究对象，是把各种资源组合起来，张力极大的研究机构。工经所涉及工业经济、企业管理、产业政策、技术进步、体制改革等现实经济和体制问题，集研究、教学、实践于一身。1980 年代，工经所是改革重镇，体现了强大的由改革需求推动的生命力和能量。马洪将各种人才聚集在一起，最大限度发挥他们的才能。仅副所长的名单上，就有蒋一苇、张宣三、薛宝鼎、陆斐文、李鑫等。他们有的来自延安，有的来自重庆地下党，有的留洋归来。众所周知，从工经所还走出一位国务院总理——朱镕基。而 1978 年第一届研究生中，也不乏出类拔萃的人才。

国务院技术经济研究中心。1981 年，马洪创建国务院技术经济研究中心（简称“技术中心”）。马洪认为中国的落后集中在经济体制和科学技术两大方面。在计划经济制度下的科学院、科委，与经济无直接性关联，科学技术与经济发展脱节。而经济改革和经济发展，要求将技术和经济结合在一起，并且要把“技术”放在“经济”的前面。马洪集结了林宗棠、林汉雄等国家各部委懂经济和技术的一流人才。笔者在研究生毕业前夕，开始参与马洪筹建技术中心的工作，成为最早的三四个成员之一；之后，也见证和参与了马洪向决策者和党内高级干部介绍托夫勒《第三次浪潮》、约翰·奈斯比特《大趋势——改变我们生活的十个新方向》、丹尼尔·贝尔《后工业社会的来临》等著作，并主导全国范围内开展“迎接新技术革命”大讨论的过程。在当时的经济学家中，几乎唯有马洪如此关注技术问题。我清楚地记得 1984 年春，马洪在技术中心中南海会议室意气风发的讲话场景，外面桃花盛开。多年过去，马洪当年倡导的科技创新开始成为国策。这个结果其实与那个历史转折点有着相当的联系。

深圳综合开发研究院。马洪等人在 1989 年 2 月创建的中国(深圳)综合开发研究院(以下称“综研院”)，是国内第一家综合性、全国性的社会智库，有改革试验者的面貌，最先尝试市场化运作。马洪任第一届理事会的理事长；陈锦华、林凌、秦文俊、高尚全、蒋一苇任副理事长，我有幸成为常务理事之一。历近三十年，综研院曾对改革开放和发展做出独特的贡献。

“老骥伏枥”和“英雄无泪”

对马洪的回忆，不免让我想到曹操“老骥伏枥”的词句和古龙小说的“英雄无泪”四个字。在当代中国经济学人中，马洪是一个具有英雄色彩和悲剧痕迹的特例。

因为经济改革，使马洪得到历史机会，时年近 60 岁。在经历了命运起伏之后，他对自己的使命感悟至深，时不我待，以“老骥伏枥”的精神，竭尽全力，勤勉到了极致。仅以工作笔记而言，逢会必记，从未中断。在短短十年左右时间里，他所撰写的文章和著作数量巨大，所推动的事业是创新性的，展现出从理论到实践的爆发力。我今天的年龄已超过马洪当时的年龄。只有经历坎坷岁月的人才更懂得珍惜人生和时光。

马洪经历过“英雄无泪”的岁月，饱受打击、羞辱、无视。他严肃，很少笑，更少见他开怀大笑。马洪也很少谈自己，不讲自己过去的岁月，即使对子女也是如此。只是在他晚年，我与他的最后几次见面中，他淡淡地谈及此生的缺憾之事。马洪没有为后人留下自传和回忆录。然而，马洪是有情之人。他曾给过我的一些教诲，如今让我每每想起，更增加对他的理解。他对自己的同事、朋友是厚道的，是感恩的。只要有可能，他就会伸手助人。

我最近问了很多年轻人是否知道马洪，所知者甚少。自 1990 年代中期以后，经济学界生态和话语权失衡，使得历史上，在改革开放初期披荆斩棘、做出卓越贡献的经济学人被埋没了。思索一下，为什么经济学界主流很少提及马洪的贡献？可能有这样几种情况：一是他们不认为马洪属于“标准的”经济学家，其论著不符合“经济学规范”；二是因为马洪的学术思想过于宽泛，难以总结和归纳。此外，还有一种可能，马洪的历史地位所涉及层面过多。

今天，很多人提出要建立中国自己的经济学派，其实，中国经济学派早已有之，马洪便是奠定中国经济学派的人物之一。其最重要的理论贡献集中在：国民经济结构理论和经济体制转型理论。与同期经济学家相比，在改革的前二十年，马洪绝对是站在思想资源的制高点上，吸纳、组织、形成体系。他们将集体的研究成果和思想体系尽可能地变成政策语言，影响改革决策者，继而影响改革开放进程。经济学，与一些人文学科不同，“经纶济世”是其意义所在。在马洪身上，充分体现了理论与实际的结合，即知行合一。在那个时代，在那样的历史和政治环境下，马洪填补了一个历史的空白。

马洪的人格值得尊敬，特别是他的谦卑。他在《马洪专集》的《后记：脚踏实地求真知——我的治学之路》中写道：“经济学是个领域宽广的学科，我所涉足的范围是有限的。尤其当前正进入新经济时代，这个时代的许多的新知识对于我尚属空白。因此，我认为我自己算不上是经济学家，更谈不上什么‘著名’，一个经济学者的称呼我已觉荣幸。”

从 1978 年作为首届研究生进入工经所，到技术中心，我曾与马洪有过数年师生加同事的关系。曾经有过一段时光，我们每天早晨从北京西城区红塔礼堂走到玉渊潭，他向我布置当天的任务，与我讨论问题。那是 1980 年代改革初期阳光灿烂的日子。后来，在分别多年后，我与马洪再见，他的帕金森病已趋于深重，一边擦着嘴角，一边擦着眼泪。在众人注视之下，他始终拉着我的手。师生之情在那一刻定格，对于我，刻骨铭心。马洪身上的“知行合一”，也是我为人行事的准则：知不弃行，行不离思，慎思之，笃行之。

遥想“技术中心”当年[1]

马洪开创了一条决策咨询的道路，超越条条块块，超越学科专业，打破中央、地方界限，把经济、技术、工程相结合，同时考虑制度因素，使前者不空洞，使后者不孤立。

国务院发展研究中心的前身是国务院经济研究中心、技术经济研究中心和价格研究中心。其中的技术经济研究中心从1981年5月成立到1985年6月与其他两中心合并，在短短4年时间里，以崭新、年轻的面貌，以自由、奔放的风格，以四两拨千斤的灵巧，开辟了决策咨询的天地。

缘起

1979年组织起来的结构组，历时10个月完成了大规模的调研。时间到了1980年春天，结构组组长马洪不想让这个队伍散掉，琢磨着以什么形式，把队伍保留下来。他想建立一个民间的、非官方的研究咨询机构，综合自然科学和社会科学、技术和经济。是叫经济技术中心呢？还是技术经济中心？或者索性就叫技术中心？大家意见不一。朱嘉明记得他主张技术在先，理由大概是说经济发展需要技术推动，另外，此时已经有了薛暮桥领导的经济研究中心。1981年5月，马洪给

1984年，国务院技术中心人员合影。前排从左至右：皮声浩、朱鸿飞、鲁志强、谭依群、王立东、朱兵、曹思源、张泽厚、王慧炯、张磐、董其亮、邓寿鹏、李泊溪、周林；后排从左至右：惠小兵、陈越、郭励弘、唐若霓、丁宁宁、庞邦选、李善同、朱嘉明、李金昌、张健民、程秀生、许小年。（朱嘉明提供）

国务院总理打报告，申请建立技术经济研究中心。那是一份手写的申请。按中国人的习惯，手书是最郑重的。很快，申请就得到了总理的批准。既然批准了，就要刻图章。办公室主任张泽厚问马洪这章怎么刻，是刻“中国技术经济研究中心”呢？还是“国务院技术经济研究中心”？马洪说：“我们就是民间的，不搞理论，就搞技术经济。”张泽厚说：“咱们中国的国情是，如果没有官方的牌子，人家不理睬你。前一阵儿，您调各部的计划司司长来汇报工作，是因为国务院结构组的名义和您的威望。如果咱们只是一个民间机构，人家不会听，召集开会也不会来。前面还是应该有一个帽子，或加中国，或加国务院。”马洪采纳了张泽厚的意见。

马洪提出中心设总干事、副总干事、常务干事，不用局长、部长等官称。张泽厚说，技术经济中心成立初期，外出参加一些会议时，对中心不太熟悉的主办单位，往往把他们的座位排在远远的次要地位，而把各部委的司局长安排在主要位置。他们的发言也被忽视。后来，中心在定职位时，不得不从俗，加上一个“长”。[2]

此时，马洪还是中国社会科学院工业经济研究所所长。所以，几位专职研究人员都来自工经所：朱嘉明，是即将毕业的研究生；王慧炯和李泊溪，是马洪首创向全国公开招考研究人员时考入工经所的。马洪希望技术经济中心以青年为主力。据说他有几个选人的条件：一是好学校；二是学理工科；三是最好不是干部子弟。按照这个标准，工经所办公室主任许淑贤和张泽厚去北大、清华、人大物色。1981年11—12月，中心迎来了第一批毕业的研究生，他们是人大统计系的皮声浩、信息系的许小年，北大数学系的李善同，清华经管系的程秀生。李善同记得清楚，许小年11月14日报到，比自己早两天。当时规定，上半月来的，给一个月工资；下半月到的，给半个月工资。李善同“耿耿于怀”这两天之差，差出了半个月工资。1982年，丁宁宁、惠小兵、陈越、唐若霓、苗复春、曹思源等进入中心。1983年，中心又从清华招了几位研究生，有经管系的郭励弘、庞邦选，机械系的鲁志强，精密仪器系的周林。张泽厚笑着回忆：“鲁志强老翻旧账。当年他拿着介绍信到中南海来报到。我问他：‘你的组织关系呢？’‘什么组织关系？’‘党组织。’‘我不是党员。’其实我是看过他档案的，可见当时并没有政治挂帅，居然把他不是党员的事儿给忘了。”

进入80年代的中国，没有哪一项决策是单纯的改革问题、发展问题或产业政策问题，没有任何一个机构有能力将这些问题统一起来考虑。推动决策的科学化、民主化，避免重蹈过去几十年的决策失误，是当时国务院的一个突出特征。这需要创建新型的决策咨询机构。可以说，国务院技术经济研究中心是应运而生。

布网

在中心成立的第一年里，他们主要做了这样几件事：一是按照国务院总理批示，组织山西煤炭基地开发的技术经济论证；二是承担山西能源基地综合开发建设规划的研究工作；三是讨论管道输煤问题，上报论证意见；四是整理国内外关于技术改造的资料，代国务院起草了《关于有计划有步骤有重点地进行技术改造的决定》，国务院经过讨论修改，作正式文件下发。

一年之后，1982 年 5 月 29 日，技术经济研究中心成立一批专题研究组，马洪做了个讲话，专门提出并回答了“技术经济研究中心是干什么事情的”。他说：“技术经济研究中心是国务院领导下的研究咨询机构，不是行政机构，没有什么行政权力。但是，我们的研究成果不是一般的研究报告，而是为国务院决定政策、确定方略提供资料和参考意见。如果接受了，就会变成党和国家的决定、指示或条例。”因而中心的工作有其特点：第一，其研究对象是跨部门、跨学科的，解决的问题不是哪一个专业的问题，或虽是专业问题，也是必须从国民经济全局来考虑解决的重大问题。第二，其研究对象有强烈的实用性质，而不是纯理论研究。要研究解决关系国民经济全局的重大技术经济问题，要把自然科学、社会科学有机地结合在一起进行研究。第三，以重大的技术经济问题作为研究的重点，在国民经济各部门、科研、设计、规划机构，包括大学、企业中的研究机构之间起联系和纽带作用。[3]

其实，在技术经济研究中心成立之前，有人向国务院总理建议国务院应该成立技术顾问委员会。领导考虑再三，成立这样的机构，讨论什么问题为好？如果讨论造纸，冶金专家没有多少意见好说；讨论炼钢，其他专家也同样。是否搞个带有民间性质的组织，遇到什么问题，和谁有关，就把谁请来讨论？这样，既可以广泛地听取各方面专家的意见，避免重大的决策失误，又不至于浪费专家们的时间。后来还是认为采取目前这种形式是比较好的，可以避免片面性，比如，部门的狭隘观点。[4]

具体地说，技术经济中心有四项任务：

第一项，对中央财经领导小组交议的重大技术经济措施和建设项目，在各部委向国务院和财经领导小组提出的方案基础上，从国民经济的全局出发，进行论证，提出分析意见；第二项，对战略性、综合性、长远性的技术经济问题，对国民经济起重大作用的技术经济问题进行专门研究，向中央财经领导小组和国务院提出研究报告；第三项，对重大的技术经济政策的效果进行预测，对执行结果进行分析，提出完善有关技术经济政策的建议；第四项，定期召集学术界和对技术经济工作有实际经验的同志开会，交流对一些重大技术经济问题的看法和建议。[5]

笔者面前摊着一片泛黄的《技术经济研究中心简报》，从 1981 年第 1 期到 1984 年，还有《参阅》、《技术经济参考资料》、《参考资料》、《山西煤炭开发问题论证会议资料》、《新的世界产业革命与我国对策讨论会简报》、《石油经济专刊》，等等。[6]其研究领域之宽广，研究程度之深入，研究方法之创新，每一桩每一件之兴师动众，上达总理下至基层，令人难以想象。略数一下：山西能源重化工基地规划、2000 年的中国、宏观经济模型、新的世界产业革命与我国对策、坑口发电、海洋石油开发、三峡电站、核电站、核废料处理、汽车工业、可持续发展、消灭森林赤字、消费品生产、农业发展战略、公路运输发展战略、建设项目可行性研究……这是一个可以持续写下去的清单。仅 1983 年，技术经济中心的研究课题就有 90 项。90 项啊！这是如何可能呢？

马洪选了几位了不起的人，作为技术经济中心的临时召集人。他们是：孙尚清、林汉雄、林自新、林宗棠。孙尚清是经济学家，和马洪搭档结构组的调研。林汉雄是水电专家，共产党早期领导人张浩（林育英）的儿子，林彪的侄子。张浩在延安病逝时，毛泽东曾亲自为他抬棺，也是他平生唯一一次抬棺。张浩临死时，说了列宁说过的一句话：共产主义是苏维埃加电气化。于是，林汉雄学了水电，后来担任过建设部部长。林自新是中国科技情报所所长。林宗棠是电力、机械专家，

1984年国务院技术经济研究中心部分年轻人在中南海紫光阁合影。从左至右：惠小兵、李善同、陈越、鲁志强、李金昌、邓寿鹏、许小年、朱兵、郭励弘、苗复春、程秀生、庞邦选、谭依群。（鲁志强提供）

后来担任航空航天工业部部长。多么完美的知识结构！他们不过是50岁左右的年纪。在1981年5月26日的碰头会上，五位设计师讨论中心的组织和活动方式，提出建立精干的工作班子；采取多种形式、多层次组织，充分发挥有关单位和专家的力量；邀请24家单位作为中心的基本力量，建立一批协作单位，包括各部委规划院、设计院、研究院，科学院各学部，科委各学科组，科协的学会等；外加委托研究。也就是说，依靠、整合中国现有的科研力量，是技术经济研究中心成功的秘诀所在。这就是马洪说的，“中心不仅靠自身研究，更重要的是组织研究”。所谓“组织研究”，就是以小搏大，以少控多，体现高效和能量。

技术经济中心还聘请了一批顾问，像机械工业部的沈鸿，清华大学的张维，国家计委的徐礼章、董晨，科学院的邓裕民，水电部的苏哲文，等等。今天很多两院院士，都参与过当年技术经济中心的课题。在中心内部，则组成农业、能源、交通、机械、消费品、化工、冶金、建材可行性研究等专题组。年轻人有各自联系的部委和研究机构。按照马洪设计的组织路线和工作路线图，一张以技术中心为中心的大网撒开了，继而向纵深编织。很多省也相应成立技术经济研究中心，成为使国务院技术经济中心了解和掌握国情的支点。上下左右的联系直接而有效，频繁而亲密。马洪，实实在在地开创了一条决策咨询的道路，超越条条块块，超越学科专业，打破中央、地方界限，把经济、技术、工程相结合，同时考虑制度因素，使前者不空洞，使后者不孤立。

可行性

1981 年 6 月，国务院总理指示技术经济研究中心对开发山西煤炭的问题进行论证。在7月召开的第一次论证会上，余秋里副总理提出“六五”、“七五”要重点开发山西煤炭。不利因素是，运输紧张，缺水。他希望找出一个或几个投资少、工期短、见效快的方案来。他说：“如果你的方案比我的好，我给你磕三个响头，逢年过节去朝拜你。”课题开始时，人们把较多的目光放在“山西到底有多少煤炭储量”上，争论不休。马洪听了几次会，就意识到这种争论没有意义。他说，山西的煤炭究竟够用 30 年还是 50 年不用再争了；关键是有了煤，如何能够运出来。马洪把山西能源基地规划的重点转移到运输问题上。经过反复勘查、论证，最后筛选出若干条铁路出口和公路出口，为“晋煤外运”奠定了规划基础，也为后来的经济建设提供了能源保证。[7] 中心协助山西省政府编制了《山西能源重化工基地建设综合规划》（1981—2000 年）。这是我国进行长期区域综合开发规划的首次探索。经过近 1400 人 13 个月的工作，于 1983 年 5 月取得阶段成果，完成了近 700 万字的专题研究报告，积累的原始材料及报告数量有一米高。但是，在给中央领导写报告时，马洪要求文字不能超过2000字。他说：搞政策研究的，一定要学会抓主要内容，写短报告。不仅要短，而且思路要清楚，语言要平实。[8]

以前中国的投资项目不做可行性研究。李泊溪说，是马洪提出要把国外的可行性研究引入，形成中国的方法。为此，中心组织有关专家进行可行性研究与建设项目参数的研究。马洪布置起草《国家重大项目可行性研究条例》，作为有关部门执行的参考。他是总负责，王慧炯、李泊溪分管，具体的起草则落在刚毕业的人大硕士许小年和清华工学士丁宁宁身上。在这里，每个年轻人都要挑大梁，干中学，学中干。从此，可行性研究进入中国投资决策体系。马洪的思想非常明确：我们"不做工程的可行性研究，而是研究可行性的可行性"。[9]中心还成立了宏观经济模型研究组，组织和引导数学模型在各种经济分析预测中的应用。1981年9月模型组的工作会议上，推出了三个模型：国家计委综合局的国民收入宏观预测模型，社科院经济所的国民收入的生产、分配与最终使用模型，工经所的投入产出动态活动模型。这又是一项开创性的工作。

中共十二大确定从1981年到世纪末的20年，工农业年总产值翻两番，也就是由1980年的7100亿元，增加到2000年的28000亿元。为此，1982年10月，中心确定了"2000年的中国"作为研究课题。任务是描绘出比较清晰具体的图像：2000年的中国是什么样子，以及实现这个目标可供选择的途径和相应的决策。国务院总理有一个批示："2000年的中国是一大工程，如能搞出一个有质量的论著，有重要意义。应下力量抓好。"此时，世界银行正在进行"中国:长期发展的战略与选择"研究，二者几乎同步进行，两边的研究人员也经常交流。这是一个庞大的研究队伍，有科协108个学会和其他研究机构和实际部门。1985年初，马洪布置10个课题组分别选取一两个重要建议以摘要的形式上报中央，字数限定在2000字以内。最后，他们上报了25条政策建议，直接影响了中央决策。其中的数量分析部分主要由周小川承担。这项研究成果后来获得国家科技进步一等奖。丁宁宁说，15年后，将当年的研究结果和实际情况对比的时候，发现除了通讯、航空等一些技术进步较快的领域外，其他很多方面的预测和实际结果十分接近。李善同说，虽然预测的数字可能低了一些，但是带有方向性的问题那时都提出来了。负责落实“2000年的中国人口和就业”的鲁志强曾经回忆当时遇到的一个问题，十二大决议提出翻两番的同时，还提了一个约束性指标：“到本世纪末，必须力争把我国人口控制在12亿以内。”而课题组的结论是，即使严格控制人口出生，2000年人口总数最大可能是12.5亿，稍有不慎就会达到12.8亿。他们建议中央放弃人口控制在12亿以内的目标。鲁志强说：“这个观点遭到不少人反对，几乎成了政治问题。”马洪要求课题组仔细斟酌结论是否科学，数据是否可靠，表述是否准确，得到肯定的答复后，立即同意课题组意见，并签发了上报中央的材料。后来，“12亿以内”淡出中央文件。2000年中国实际人口数是12.6583亿。[10]

对策

1983年10月9日，国务院总理提出应当注意研究新的世界产业革命和我国的对策。他希望技术经济中心研究，面对“新的世界产业革命”在产业方面的新发展，在技术方面的新成就，有哪些我们可以不经过发达国家走过的道路，直接采用新的成果。1983年11月5日，中心组织召开了新的世界产业革命与我国的对策研究动员大会，有1600多人参加。这真是那个年代的特色。新的概念、理念，以隆重的方式大规模地宣传和普及。之后，中心组织了两次讨论会。马洪、张寿、朱镕基、吴明瑜作为领导小组，有十几位副部长以上的干部参加。

马洪说：我们这次会议是受国务院总理委托召开的一个内部讨论会。总理希望我们能解决这样一个问题，那就是所谓“新的世界产业革命”，在产业方面的新发展，在技术方面的新成就，有哪一些我们可以不经过发达国家走过的道路，直接采用新的成果。马洪出题：一，对于新的世界工业革命的看法；二，新产业和新技术在发达国家传统

国务院技术经济研究中心部分年轻人在中南海留影。从左至右：许小年、于伟加、陈越、朱嘉明、皮声浩、黄江南、丁宁宁。（朱嘉明提供）

工业中的应用及其发展的具体情况，对经济社会科技发展的影响和今后发展趋势分析；三，哪些技术可以不经过发达国家所走过的道路，直接采用，如果不利用这个机会，将会带来什么后果；四，从哪几个方面提出对策，并对下阶段的研究工作的组织安排提出意见。

国务院总理要求北京、上海两个组进行研究。从简报中，可以看到那个时代的印记。比如刘吉在对策会上发言说：提真知灼见，他说你是奇谈怪论；研究西方，他说你是资产阶级自由化；阿根廷总统夫人庇隆发表文章说——我到中国去以后，我不敢相信一个绝大多数人都不知道人类已经能登上月球的民族，能把人类引向光明的未来。于光远在大会上发言说：如果世界上只有我们一个国家，那么就可以说，我们现在已经现代化了。列宁曾提出，共产主义是苏维埃加电气化，可以理解为是现代化的一种概念。但是，一些发达国家现代化程度更高，所以，现代化是一个国际的、发展的概念。

可见，大规模的研究过程，其实也是一个思想启蒙、碰撞和教育的过程。

马洪从技术经济研究中心、国家计委、经委、科委、社会科学院抽集一些人负责组织联络，出版《新的世界产业革命研究资料》，编辑《对策研究》。1984 年 3 月 13 日，对策研究小组向国务院总理和中央财经领导小组做汇报。所谈问题有：对策的基本思想和目标的认识；新兴技术新兴产业同传统产业的关系；关于跳跃阶段和缩短差距的问题；关于改革问题；怎样起步以及后续行动。

1984 年 3 月 24 日，对策小组完成《新的技术革命与我国对策研究的汇报提纲》，提出如下意见：一，利用外资和引进国外先进技术，采取特殊优惠办法。二，试办开发新兴技术产业的特殊区域和经济实体。采取灵活的价格政策；建立有限责任公司，可以发行股票、债券等；允许非银行金融机构注册开业，允许民办金融机构注册开业，允许国外银行设立分行、代办处。三，采取有限的适当的保护政策。四，健全法制，等等。

鲁志强说，"技术经济中心当年做的项目都是'原子弹'效果的"。这是说它能量大，是一个既撒得开又收得拢的工作网络。

中心不断地为国务院、财经小组决策提出有分量的建议，报告研究动向和阶段性成果。那是大家最关心决策的时代，也是有可能参与决策的时代，是决策过程科学化、民主化的时期。人说想领导之所想，马洪说，"想领导之未想"。后人可能会称其为"御用经济学家"，甚至包含贬义，批评其缺乏独立精神。他们有所不知，在上世纪 80 年代初的中国，在马洪这一代老派共产党员身上，所体现的其实是理想主义、爱国主义情怀，是一种勇敢的开拓精神。他们的全球眼光、历史感、学识、国学基础、理论素养、人格修养，以及对实际经济运行的把握、团结合作精神、组织运筹能力，远非今天的一些人所能想象和估计。后来成为国务院发展研究中心副主任的鲁志强说，搞政策咨询的人和学者不同，他们的目标诉求不一样。政策咨询人员要用最合适的方式，争取达到最大效果，将国家的各项事业推向前进；要对国家负责，而不是自己扬名立万，不仅不出名，甚至要埋名。

年轻

技术经济中心的办公地点从月坛北小街3号楼2层的两间办公室开始，后来搬到中南海工字楼。张泽厚回忆起来，一桩一件有趣的事儿，那么亲切："我们技术经济研究中心年轻人多，有朝气。隔壁就是经济研究中心，没我们活跃，他们十分羡慕我们。""每周六下午卖一次鱼，是中南海里打上来的白鲢，两毛五一斤。""李善同是学数学的，孙尚清让她读经济学的书，她看不进去，躺着看就睡着了。她觉得，洋洋万言，也不知道说什么，数学推导只用一两页就全明白了。后来李善同也成专家了，还到中南海给政治局讲课呢。""马洪有水平，刻苦。他中午不睡午觉，找人去谈工作。年轻人中午想玩儿。"朱嘉明说："那时管理宽松，我们可以夏天在中南海游泳，冬天滑冰到瀛台。"

马洪宽容，年轻人管他叫好老头儿，可也时不时地跟他较劲儿，提意见，吵架。每隔一段时间，有一个例会，马洪听青年们的意见。朱嘉明印象最深的是"争论——没有任何一件事不争论。马洪听大家争论。常务干事会上也是争论"。丁宁宁提到"当时中心有一批各部委领导兼任的常务干事，常常把本部门的问题拿到中心来讨论。会议主旨报告后，不管是领导干部还是一般研究人员，都可以'横挑鼻子竖挑眼'。讨论是无拘无束的，有时候争论起来也很激烈，甚至忘记了各自的年龄和身份"。鲁志强讲过一次讨论会上发生的情景，"年轻气盛的丁宁宁起身手指包括马老在内的全体说：你们这些人不读书、不看报……而马老只淡淡说了句'说话要有根据'，依旧恬然主持会议"。他说，唯有马老主持的中心，才会容得下丁宁宁这样思想敏锐、忠诚勤奋，但说

马洪和鲁志强讨论文稿。（鲁志强提供）

话容易走火的年轻人，才会为他们的成熟、成才保留机会和舞台。马老睿智过人，但绝不盛气凌人。他似乎把中心年轻研究人员看作一群精灵稚气的孩子，总是以一种长者的慈祥、智者的包容对待研究人员的一切。[11] 程秀生说："马洪属于老一代中间开放开明的人。他对我们说：'你们不要觉得自己年轻，我像你们这个年纪时，早从最高位置上摔下来了。'" 当时程秀生还不明白"摔下来"是什么意思，问人家："他怎么摔下来了？" 后来才知道马洪被指为高岗的五虎上将之一，30 岁出头即从东北局秘书长的位置下来。

每一位当年技术经济中心的年轻人，对那些岁月都怀着美好的回忆和留恋。李善同说："当年的中心，有号召力，领导潮流。机构不在规模大小，不在办公条件，在于活力。" 庞邦选说："特别喜欢中心，特别舒服。一帮年轻人，有朝气，有见解，没有钩心斗角，那是个开放的气氛。”鲁志强还点出了一个事实：“今天回头看马老招收的这批年轻人，几乎是全部‘成才’。一个机构一批人中总有成才者是常态，但一个机构一批人几乎全部顺利成长就值得思考了。”

附 记

技术中心的创始人，马洪、孙尚清去世了；当年的年轻人，也差不多到了马洪那时候的年纪。2008 年 3 月 9 日，最早在中心工作的张泽厚、朱嘉明、皮声浩、许小年、李善同、程秀生聚会。之后，一起看望了当年在国务院经济研究中心的 95 岁的马宾。不曾想，一个月后，皮声浩病逝；2016 年，程秀生病逝；马宾则活到 2017 年 3 月，104 岁。

---

1. 原载《经济观察报》，2009 年 3 月 16 日。写作本文采访了张泽厚、程秀生、朱嘉明、李善同、庞邦选、鲁志强诸位。

   参考文献：

   (1)李泊溪：《马洪同志开创我国决策咨询研究之先河》，载《中国经济时报》，2007 年 11 月 7 日。

   (2)王慧炯：《怀念马洪同志》，载《中国经济时报》，2007 年 11 月 7 日。

   (3)丁宁宁：《回忆和马洪同志在一起的日子》，载《中国经济时报》，2007 年 11 月 7 日。

   (4)鲁志强：《怀念马洪，继承马洪》，载《中国经济时报》，2007 年 11 月 9 日。

   (5)技术经济研究中心文件档案。
2. 王慧炯：《怀念马洪同志》，载《中国经济时报》，2007 年 11 月 7 日。
3. 《加强技术经济研究，为“四化”建设服务——5 月 29 日马洪同志在国务院技术经济中心专题研究组成立大会上的讲话》，朱嘉明保存的铅印稿。
4. 同上。
5. 同上。
6. 所见历史资料皆为朱嘉明保存。

7. 丁宁宁：《回忆和马洪同志在一起的日子》，载《中国经济时报》，2007 年 11 月 7 日。

8. 同上。

9. 王慧炯：《怀念马洪同志》，载《中国经济时报》，2007 年 11 月 7 日。

10. 鲁志强：《怀念马洪，继承马洪》，载《中国经济时报》，2007 年 11 月 9 日。

11. 同上。

1983—1984年，中国有一场新的世界产业革命大讨论

《第三次浪潮》所描述的人类进程和方向，令国人眼界大开，震撼、兴奋。有人敏锐地发现我们的机会——不必亦步亦趋，走西方现代化老路。这项研究演化成一场对国民的启蒙教育，空前绝后。

2016 年 6 月 27 日，未来学家阿尔文 · 托夫勒（Alvin Toffler，1928—2016）逝世。他的生命传奇，一方面发生在那颗想象力无限的大脑中，另一方面则是在他对人类与世界由预言继而推动的改变中。然而，有一点是他没有料到的，那就是他对中国人的影响。在 1980 年代初，中国面向现代化刚刚起步时，他影响了一批知识精英和政治精英。

未来学会邀请托夫勒访华

1978 年十一届三中全会之后不到一个月，一家带有民间自组织意味的“中国未来研究会”就成立了，那天是 1979 年 1 月 16 日。它是由国家科委、中国科协、中国科学院、北京大学、清华大学、中国科技大学、中国人民大学、北京师范大学和光明日报社等单位联合发起，由钱学森、于光远、童大林、茅以升、汪道涵、聂璧初、于若木、李宝恒、蒋顺学、江泽宽、马宾、秦麟征、刘振元、糜振玉、徐孝纯等

先后担任顾问的研究会。阵容不可谓不宏大，官方背景加“民间”运作，在体制的缝隙之间搭起了一座平台，既有资源优势又有组合优势。他们要做什么呢？其宗旨有三：第一，促进科学技术的普及和推广；第二，促进科学技术人才的成长和提高；第三，促进科学技术与经济的结合，研究中国和世界未来发展前景。一时间，未来学会传播新思想、新观念、新科学，领风气之先。

人们最早知道托夫勒这个名字是缘于1981年《读书》杂志第11期、12期上连载的《第三次浪潮》（*The Third Wave*）摘译，译者是董乐山先生。该书所描述的人类进程和方向，令国人眼界大开，震撼、兴奋。有人敏锐地发现了我们的机会——不必亦步亦趋，走西方现代化老路。于是，未来学会决定出面邀请托夫勒来华，亲自交流探讨。经过董乐山先生从中牵线搭桥，1983年1月2日，托夫勒夫妇抵达北京，受到极高礼遇。[1] 中国未来研究会理事长杜大公设宴招待，广播电视部部长吴冷西、社会科学院顾问宦乡出席。京津地区八十余位未来研究学者和专家参加托夫勒的学术报告会。中国未来研究会顾问于光远还专门主持了一个座谈会，中国未来研究会顾问于若木、田夫，理事长杜大公、副理事长罗劲柏、查汝强，美国研究所所长李慎之、三联书店冯亦代等二十余位学者与托夫勒进行深入交流。托夫勒夫妇带来一台电视机，给大家播放《第三次浪潮》影片。全国政协副主席、中国科协主席周培源也与托夫勒夫妇作了交谈。他们去上海、苏州等地访问时，受到上海市市长汪道涵的接见。

1983年1月6日，几位年轻人金观涛（1947年生，中国科学院《自然辩证法通讯》编辑）、朱嘉明（1950年生，国务院技术经济研究中心工作人员）、唐若昕（1955年生，中国社会科学院青少年研究所工作人员）等一同前往北京饭店与托夫勒见面；1月18日，金观涛、贾新民（1946—2002，中国科学院政策研究室工作人员）和朱嘉明去向国务院技术经济研究中心总干事马洪作了汇报。此时马洪是一位关键人物，身兼数职——国务院技术经济研究中心总干事、国务院副秘书长和中国社会科学院副院长。

1983年3月，三联书店正式出版托夫勒的著作《第三次浪潮》，限国内发行。同年10月，《读书》杂志又介绍了奈斯比特（John Naisbitt，1929年生）的《大趋势：改变我们生活的十个新方向》（*Megatrends: Ten New Directions Transforming Our Lives*）一书。从1983年6月到当年年底，新华社《经济参考报》也不断报道有关世界新技术革命的信息，发了310篇稿件。其中5篇最为突出：《从工业化社会到信息化社会——〈大趋势〉一书介绍》、《美科学界人士谈第四次工业革命》、《托夫勒谈"信息化社会"》，以及《日本经济新闻社为"新产业革命"大造舆论》和系列报道《日本"新产业革命"介绍》之《新的技术革命正在兴起》。该报关于世界新技术革命的系列报道在1983年全国好新闻评选中被授予"特别奖"。[2] 中国学界也注意到这一世界浪潮。在1983年6月编辑定稿的《中国经济发展战略问题研究》一书的第八章"中国技术发展战略问题"中就提到："目前国际上议论将要兴起所谓'第四次工业革命'……这个动向我们应给予足够重视。利用好这一时机，抓紧应用新的科技成果，发展我们的经济，加快我国现代化的进程。"[3]

很快，马洪就把对策研究小组组织起来了，从11月1日起，开始编辑《"新的世界产业革命"研究资料》。

1983年11月5日，国务院技术经济研究中心组织召开了"新的世界产业革命与我国的对策研究"动员大会，地点在计委礼堂，也就是红塔礼堂，参加人数有1600多人。国家科委主任方毅（1916—1997）和国家科委委员、政策局局长吴明瑜发言，马洪作了题为《抓住机会，迎接挑战》的报告。之后，国务院技术经济研究中心组织了两次讨论会。

1983年11月"新的世界产业革命"与我国对策第一次讨论会[4]

第一次讨论会于1983年11月24日在北京开幕。会议领导小组成员有马洪、张寿、朱镕基、吴明瑜，上主席台的还有国家体制改革委员会副主任童大林、中国社会科学院顾问宦乡、国务院经济研究中心副总干事马宾、国务院技术经济中心副总干事张磐及常务干事王慧炯等。参加会议的代表来自国务院技术经济研究中心、经济研究中心、国家计委、国家经委、国家科委、国务院各部、中国科学院、中国社会科学院、中国科协、各高等院校、各科研部门、各研究会、驻外使馆、新闻单位、中央书记处研究室和北京市等部门和单位，共计120多人，还有青年研究人员和研究生。

会议集中讨论四个问题：

第一，对于新的世界工业革命的看法。

第二，标志着“新的世界工业革命”的一些新产业和新技术，在发达国家传统工业中的应用及其发展的具体情况，对这些国家当前经济社会科技发展的影响和今后发展趋势的分析。

第三，这种发展及其趋势，对世界、对我国将会发生什么影响，提出什么挑战。我们应当主动采取什么样的战略措施，着重研究哪些技术可以不经过发达国家所走过的道路，而直接采用新成果。如果不利用这个机会，将会带来什么后果。

第四，从哪几个重要方面提出对策，并对下阶段研究提出意见。

在大会上，中国科学技术情报所所长林自新报告“新的产业革命情况综述”，介绍丹尼尔·贝尔（Daniel Bell）的《后工业社会的来临》中的主要观点；国务院技术经济研究中心的王慧炯则介绍长波理论，等等。

11月24日下午，开始分组讨论，涉及的问题十分开阔，由下例可见：

1. 中国科协李宝恒：要意识到微电子技术的挑战。

2. 国家海洋局杨金森：关于海洋开发问题。

3. 中国科学院计划局顾问邓裕民：应选择知识密集的一两个城市作为开发信息产业的试点。

4. 城乡建设环境保护部科技局副局长林志群：建议把城镇化问题提

到战略高度来研究，抓紧一些城市集群如长江三角洲、京津唐地区、珠江三角洲的发展，抓好乡村型集镇的规划。

5. 教育部规划研究室助研王佩君：必须教育先行。

6. 国家经委综合运输所所长雷汀：如果运输方式不改变，将阻碍现代化的控制设备的使用。

7. 人民大学管理系统工程室教授李国纲：要抓信息管理，包括人工信息管理和计算机信息管理。

8. 中国科学院计算中心主任冯康：采用遗传工程和新技术，对农业发展会有很大促进作用。

9. 国家经委科技局局长高卢麟：要建立专利制度，要弄清家底。

10. 中国社会科学院研究所李国友：介绍美国高技术产业的发展情况，诸如硅谷、硅岸、三角研究区、波士顿 128 号公路等新产业中心，大学是这类工业区的核心，以及创业公司等。

11. 航天部五院总工程师杨嘉墀：空间技术到了实用阶段。运用这项技术，可以解决许多问题，如通信卫星可以用来取代地面微波站，进行大地测量及发展教育等。

12. 电子部计算局顾问郭平欣：建议计算机工业从目前占国民生产总值 0.05% 提高到 1%，制定政策，改组计算机工业，颁布信息振兴法案，实行技贸结合等。

13. 农牧渔业部科技司王之琦：开发生物技术，促进农业经济振兴。

14. 国务院技术经济研究中心常务干事王慧炯：介绍世界产业新发展和西方经济学派，比如熊彼特的技术创新理论。

15. 国家海洋局局长罗钰如：把海洋开发作为一个具有战略意义的新兴产业。

16. 邮电部科技局局长梁健：发展信息处理系统与发展电信传递系统同一发展，在京津唐、长江三角洲、珠江三角洲地区采用程控交换和光纤通信等技术，建立综合数字网和信息传递网。

17. 城乡建设部科技局林志群：城镇化进程与住宅问题。

18. 教育部科技司司长郑绍濂：知识更新速度大大加快；学科之间界限逐步消失；科学与技术高度结合。

19. 宦乡：建议中国以微电子、生物工程为主，发挥优势，例如稀土元素。

在 11 月 28 日朱镕基主持的闭幕会上，吴明瑜总结时讲道：1956 年周总理抓长期规划……后来组织力量搞了几项“紧急措施”。……1956 年那一次主要是在科技工作领域研究这些问题。今天不一样了，今天是作为国家总体战略来考虑这一问题，把科学、技术和经济、社会融合在一起来考虑。我们这次研究战略决策就是采取网络结构。纵横交叉，社会科学和自然科学，理论工作者和实际工作人员聚集在一起研究战略问题。

会上对不同对策研究小组进行了分工，还从国务院技术经济研究中心、计委、经委、科委、社科院等单位抽调人建立起临时办事机构。随后，马洪组织出版《新的世界产业革命研究资料》，编辑《对策研究》。

1984 年：世界新的技术革命与我国对策第二次研讨会[5]

1984 年 3 月 24 日，第二次讨论会在北京京丰宾馆召开。国务院各部委、中国科学院、社会科学院和有关省市领导、专家、学者共 270 多人参加。经过几个月分头工作，各个对策研究小组做报告说明，例如：国防科技大学慈云桂、武汉邮电科学研究院黄云德谈光纤通信技术，电子部副总工程师童志鹏谈加速建设计算机信息系统，中国科学院上海分院院长曹天钦谈生物技术，中国科学院沈阳金属所所长师昌绪谈材料与材料科学，中国科学院沈阳自动化所所长蒋新松谈机械电子技术，国家经委技术改造局总工程师孙宗灏谈传统工业迎接新技术革命，上海市科委副主任魏瑚谈上海对策，等等。

3 月 30 日上午，中央财经领导小组召开对策研究汇报会，出席汇报会的约 70 余人。马洪汇报了六点有关对策的说明：一是对策的基本思想和目标的认识；二是新兴技术产业同传统产业的关系；三是关于跳跃阶段和缩短差距；四是改革问题；五是怎样起步的问题；六是对策研究的后续行动。

历时一周的对策讨论会，印发了 50 期会议简报，可见其认真细致的工作。这种会风如今也是历史陈迹了。会后，研究小组又对各项报告草稿进行讨论修改，代国务院起草的《国务院关于印发〈新的技术革命与我国对策研究的汇报提纲〉的通知》，连同 8 个附件，4 月 28 日由国务院办公厅转发全国。

注意：两次讨论会的“主题词”有差别，第一次是“新的世界产业革命”，第二次是“新的技术革命”，为何如此？据吴明瑜先生说，在当时，他们认为科学技术的最新发展，就其意义和影响范围，远不止于技术革命，而是一场世界范围的产业革命。原本叫“新技术革命”好还是叫“新产业革命”准确，属于学术讨论范畴，但是，它受到了有些党内理论家的指责，理由是，称“新产业革命”是美化西方垂死的资本主义，是资产阶级观点。他们不能容忍“新产业革命”的说法。于是才有了第二次会议名称的改变。这个插曲提示了人们那个时代背景。

不可阻挡的是这项研究演化成一场对国民的启蒙教育，空前绝后，显现出一些突破和成果：

首先，它把科学技术进步提到了国家经济社会技术发展的战略高度，事关转变经济增长方式，走一条什么样的现代化道路。其次，改变领导意志、拍脑袋决策方式，实践民主化、科学化决策，以大规模、跨学科、跨部门、网状结构的研究为决策基础。第三，是关于科学技术进步、现代管理等多方面内容的启蒙运动。第四，以世界先进水平为尺度，比如，提出世界经济一体化的趋势还将加强，科学技术发展的背后是制度问题，资本主义的生命力在于其制度和技术创新。第五，科学技术和知识分子受到前所未有的尊重。第六，最大限度地介绍发达国家的最新科学技术成就，包括硅谷经验、中小创业企业、风险投资等等新兴技术和企业融资、运行形态。

1．参见《未来学会：托夫勒应邀来访》，载《未来与发展》1983年第01期。

2．张可喜：《我与日本科技报道》，人民网2005年3月23日。

3．田江海：《中国技术发展战略问题》，载刘国光主编：《中国经济发展战略问题研究》，上海人民出版社1984年1月。

4．参考朱嘉明收藏的此次对策讨论会会议简报。

5．同上。

“孙冶方奖”的精神[1]

孙冶方基金奖属于大胆突破敢于创新的人。第一不尚空谈；第二强调突破；第三勇于坚持真理。

1983 年 2 月 22 日，孙冶方去世。[2] 3 月 4 日，600 余人在人民大会堂参加孙冶方纪念会。薛暮桥说：“我同冶方有 50 多年的深厚友谊……（他的）刚强精神，在别人身上是很难看得到的。”钱俊瑞[3]回忆 1931 年与孙冶方相识：“呵！一位坚强的火热而又温存的青年革命家，只 23 岁，站在我的面前！”“我再也不用眼泪，而要用我的心血和脑汁来纪念我这位非常敬爱的、在人世间共同战斗 52 年的老战友了！”[4]3 月 7 日，报载《我国设立孙冶方经济科学奖励基金》的消息。

设立孙冶方经济科学奖本身就是 1980 年代的一个亮点，而这个亮点是由三个光源聚集而成：孙冶方、“无锡帮”和刚起步的经济研究。

孙冶方的独特在于，他有不能被挑战的老革命资格，正宗的马克思主义者，担任过政府和学界领导，最早有改革意识，坐牢 7 年，活到了改革大幕徐徐拉开、锣鼓敲响时。这样有思想、有反骨、有资历、有资格的经济学家，在共产党的历史上，空前绝后。有人有其一二，没有其三四。1923 年参加革命的孙冶方，19 岁就在莫斯科东方大学列昂节夫（又译作里昂惕夫）的政治经济学课上当翻译，后被王明打成“江浙同乡会”反党集团；60年代，被康生、陈伯达定为“中国最大的修正主义者”。[5]出狱后孙冶方的第一句话是：“我一不改志，二不改行，三不改变观点。”[6]孙冶方素来以革命者的斗志做经济研究，原以为“文化大革命”结束，扫清了“左”的思想障碍，终于可以大干一场，却不幸被肝癌击中。这是在1979年。不过，即使在病中，他还是为这个改革中兴的国家著书、建言，高强度工作，受到赞扬[7]也得到荣誉[8]。1983年1—3月，《光明日报》以《孙冶方颂》为总标题，发表了二十多篇文章。孙冶方感到不安，致信报社：“对我的经济理论观点进行适当的宣传和讨论，我是赞成的。但不要对我个人进行过多的宣传。”[9]

有一件事令他欣慰。国务院总理在《关于第六个五年计划的报告》中，讲道：“最近，著名经济学家孙冶方同志，在重病中仍然十分关心社会主义建设，并就翻两番必须主要依靠技术改造的问题，写了一篇很好的文章，发表于十一月十九日《人民日报》。他指出，‘基数大，速度就低’不是社会生产发展的规律，而主要是忽视对现有企业进行技术改造的结果；只要不再‘冻结技术’、‘复制古董’，有重点有步骤地把几十万个现有企业的技术改造做好了，生产发展的速度就一定会快起来。他建议，应该逐步提高固定资产折旧率，缩短折旧年限。国务院认为，这些论点是正确的。今后，应该根据国家财力的可能，采取积极的态度，逐步提高折旧率。国务院已责成国家计委、国家经委和财政部共同研究，提出具体实施方案，以便使企业逐步拥有更多的财力来进行设备更新和技术改造。”

孙冶方是无锡人。与他同时代的经济学家，很多出自无锡一带，像薛暮桥（1904—2005）、钱俊瑞（1908—2005）、骆耕漠（1908—2008）、千家驹（1909—2002）、狄超白（1910—1977）、姜君辰（1904—1986）、王寅生（1902—1956）、张锡昌（1902—1980）、秦柳方（1906—2007），等等，而领路人是陈翰笙（1897—2004）[10]。他们在1930年代开始中国农村调查，成为中国马克思主义经济学的创始集体。和他们一起工作的还有浙江人徐雪寒等。他们从无锡走到上海、走到苏区，走到解放区，走进1949，参与构造共产党中国经济体制架构，又是最早的觉悟者，力主改革。由此可见，无锡人在中国近现代史上的作用真是非同寻常！

徐雪寒、薛暮桥等人起意，以孙冶方的名义设立孙冶方经济科学奖，基金来源是孙冶方遗作稿费，以及朋友之间和向有关机构的募集。徐雪寒对基金成立出力最多。1982年底，他跟孙冶方谈了这个打算。孙冶方的养女李昭说："孙冶方从来没有为自己的事情上过心，唯有这一次。那天，我值夜班，去的时候，他挺高兴的，说跟我说个事儿。他一向不赞成宣扬自己，但是没有反对以他的名义。我想，一是感谢老朋友，二是觉得有意义。"薛暮桥一再说：我们经济学界，就成立这么一个奖励基金委员会吧，以后其他人不要再以个人名字搞了，我自己绝不用自己名字搞基金会。张卓元记得和刘国光一起去看薛老，曾经提过将来是否搞一个薛暮桥、孙冶方经济科学奖，薛老肯定地说：不要。

我注意到当年为基金筹款的清单上有这样几笔——马宾：2988.67元；徐雪寒：2008.32元。有整有零的钱数，是他们把自己补发的工资全部交了出来。薛暮桥捐了两次，一次和夫人罗琼，一次和苏星等人，共4000元。荣毅仁：5万元。据说，对于荣毅仁[11]的捐款，基金会里有人提出异议："马克思主义经济学家的基金，不能收资本家的钱。"于是，大家郑重讨论。压倒性的意见是收，除了薛家（孙冶方本姓薛）和荣家有历史渊源，荣毅仁也是一位爱国的社会主义建设者。其实，人们有所不知，荣毅仁是红色资本家，直到去世才公布他于1985年入党。还有两份捐款来自刘瑞龙、江彤夫妇。他们并非经济学界中人，是早年孙冶方在苏北根据地的战友。一共筹得近20万元，存入工商银行三里河储蓄所。徐雪寒争取到了年息9%的最高利率。

与其说，设立基金是朋友们纪念孙冶方，完成他在经济研究上的夙愿，不如说，是大家共同的事业和理想——推动中国经济科学进步。中国经济学家需要被肯定、被支持，尤其是青年学子。1983年6月13

1983年2月22日，人民大会堂孙冶方纪念会现场。（李昭提供）

日报纸上公布了《设立孙冶方经济科学奖励基金缘起》，说明基金永久性地存入国家银行，以存款利息作为奖励金发给获奖者。每两年评奖一次。还公布了55位发起人：薄一波、姚依林、谷牧、张劲夫，（以下按姓氏笔画）于光远、马洪、马宾、千家驹、王学文、石西民、冯和法、刘国光、刘瑞龙、汤季宏、许涤新、孙怀仁、孙尚清、孙晓邨、李人俊、李强、巫宝三、宋平、宋涛、吴大琨、吴觉农、汪道涵、陈先、陈岱孙、陈洪进、陈虞孙、陈翰笙、张卓元、张稼夫、何建章、罗琼、胡绳、荣毅仁、姜君辰、姜椿芳、骆耕漠、秦柳方、钱昌照、钱俊瑞、徐雪寒、梅益、黄逸峰、蒋一苇、褚葆一、蔡北华、薛暮桥等。

首次评选把时间放宽——自1978年底至1984年6月底的论著。评委会主任薛暮桥，副主任刘国光，秘书长张卓元。先请大学院校提出候选作品，经过初选小组提出入选作品供评委会评审。虽说工作量浩大，各个小组做得一丝不苟，评委们则在一个招待所住下，集中半个月审读。评出4本著作（每本奖金2000—3000元）和47篇论文（每篇奖金400元）。获选论文整体，构成了一种冲击传统社会主义经济学理论的声势。其中，最年长的获奖者周叔莲（1929—2018）的获奖作品是《科学、技术、生产力》（载《光明日报》1977年5月30日）。最年轻的作者是王小鲁（1951年生），他的《“先进的社会主义制度与落后的社会生产力之间的矛盾”的提法是科学的吗？》最初发表在社科院《未定稿》上。吴敬琏一看到就对王小鲁说：“你这篇文章写得很帅！”这一次，就是吴敬琏做的推荐。还有一个年轻人集体获奖：中国农村发展问题研究组的《“重新组合”的历史性要求及其在联产承包制中的实现》。有一篇在当时产生影响，回头看也是具有开创地位的论文，是刘国光和赵人伟在1978年末写的《论社会主义经济中计划与市场的关系》。胡耀邦总书记在《未定稿》上读到后有一个批示：“这是一篇研究新问题的文章，也是一篇标兵文章，在更多理论工作者还没有下大决心，作最大努力转到这条轨道上的时候，我们必须大力提倡这种理论研究风气。”按理，这篇文章够格入选，但由于刘国光是评委会副主任，按规定不能获评。于是，相关主题选择了赵人伟的《社会主义计划经济和市场机制》一文。

1985年5月，在首届孙冶方奖颁奖会上，张卓元说：“孙冶方基金奖属于大胆突破敢于创新的人。”“评选力图体现孙冶方的治学态度。第一不尚空谈；第二强调突破；第三勇于坚持真理。有的论文尽管较早提出新观点，但迫于政治形势改变观点者不予考虑。”这样的原则确有冶方风范。

1986年度第二届孙冶方奖授予5本著作（每本奖金2000—4000元）和12篇论文（每篇奖金600或1000元）。此时，青年经济学家风头正劲，蔡重直的《我国金融体制改革的探讨》、中国经济体制改革研究所的《改革：我们面临的挑战与选择——城市经济体制改革调查综合报告》、华生与何家成等人的《微观经济基础的重新构造》、中国农村发展问题研究组的《论国民经济结构变革——新成长阶段农村发展的宏观环境》

1989年1月10日，评奖委员会主任委员薛暮桥等与参加评奖的工作人员合影。从左至右，第一排：韩岫兰、刘国光、薛暮桥、徐雪寒、旷建伟；第二排：冒天启、陈德华、王怀宁、项启源、张卓元、张仁德、张鹤龄，第三排：宁玉山、余大章、贾履让、张思骞、郑友敬、吴敬琏。（李昭提供）

榜上有名。1988 年度第三届获奖著作共 4 部，奖金 5000 元，其中一本奖励 8000 元，是由 8 个课题组所作的《中国改革大思路》。另有 7 篇获奖论文，每篇奖金 1000 元。

在 80 年代，孙冶方奖是唯一的。它的权威性，也仰仗背对背、靠机构和个人推荐的评奖程序和评委的严谨认真。在泥沙俱下、评奖泛滥的当下，什么是孙冶方奖的精神？什么是孙冶方朋友们的初衷？中国的经济科学如何借助一套奖励机制得以真正、有效地推进？真是值得思索的问题。无疑，中国需要客观、公正、权威、可持续的经济学奖。人们期待这样的奖，像诺贝尔经济学奖那样，激发和召唤经济学家的想象力、创造力，以及热情、智慧和能量。

1．原载《经济观察报》，2009 年 9 月 28 日。写作本文时，于 2009 年 9 月 16 日采访了孙冶方经济科学基金会秘书长、孙冶方养女李昭女士；9 月 21 日采访基金会理事长张卓元先生，其间还电话采访了基金会理事、孙冶方外孙武克钢先生。

2．1982 年 12 月 9 日，孙冶方亲笔写下遗言："我死后，我的尸体交医院作医学解剖，不举行遗体告别仪式，不留骨灰，不开追悼会。但不反对经济所的老同事，对我的经济学观点，举行一次评论或批判会，对于大家认为正确的观点，希望广为宣传；但同时对于那些片面的，以至错误的观点，也希望不客气地加以批判，以免贻误社会。"见《孙冶方全集》（第五卷），山西经济出版社，1998 年。

3．钱俊瑞（1908—1985），江苏无锡人。1929 年参加陈翰笙领导的农村经济调查。1938—1949 年，曾任中共中央文委委员、中共中央华中局文委书记、新四军政治部宣教部部长等职，先后担任新华社北平分社社长兼总编辑，《解放日报》和新华社社论委员会主任。中华人民共和国成立后历任教育部、文化部党组书记、副部长，中国社会科学院世界经济与政治研究所所长，国家进出口管理委员会、对外经济贸易中心主任等。

4．中国社会科学院经济研究所学术资料室：《孙冶方纪念文集》，上海人民出版社，11 页，1983。

5．1964 年，康生、陈伯达根据孙冶方一些内部讲话和未发表的研究报告，把他打成"中国最大的修正主义者"。1964 年秋至 1965 年间，经济研究所被勒令停止业务工作搞"四清"，工作队进驻所内，对他的理论批判转为政治上的斗争，甚至以莫须有的罪名把他同张闻天的所谓"反党活动"联系起来，打成"张孙反党联盟"。1965 年，他被撤销了经济研究所所长职务，下放到京郊周口店大韩继大队"劳动改造"。"文化大革命"一开始，孙冶方被《红旗》杂志指为"中国经济学界最大的反革命修正主义分子"，列为重要的斗争对象。1968 年 4 月康生亲自下令把他投入监狱。刘国光：《向孙冶方同志学习——1982 年 12 月 21 日在中国社会科学院召开的向孙冶方学习的党员大会上的报告》，见《孙冶方纪念文集》，21 页。

6．在接孙冶方出狱的汽车上，他向当时驻经济研究所的工宣队队长说的这番话。来源同上。

7．1982 年 11 月 23 日，国务院总理到北京医院探望孙冶方，对他说："你的研究工作很有成绩，中央是充分肯定的……你对翻两番的意见是很好的，对'基数大，速度低'的观点的批判是有力的。中央开会讨论五年计划时，陈云同志特别提到你的观点，耀邦同志也很重视你的文章。你为党做了许多工作。"孙冶方对国务院总理说："希望中央重视统计工作，统计工作一定要独立，才能可靠。"

8．1982 年 12 月 16 日，中国共产党中国社会科学院机关委员会全体会议决定，授予孙冶方模范共产党员称号。

9．邓加荣：《孙冶方传》，373 页。

10．陈翰笙（1897—2004），1921 年获芝加哥大学硕士学位，1924 年获柏林大学博士学位。回国后，被聘为北京大学教授。1928 年后，曾在中央研究院社会科学研究所担任领导工作。1933 年发起成立中国农村经济研究会，任理事长。1934 年后，在日本、苏联、美国从事研究；1939 年回到香港，主编《远东通讯》，帮助宋庆龄等创办工业合作国际委员会；1942 年后，在印度作研究，在美国任大学教授和霍普斯金大学国际问题研究所研究员；1950 年回国后历任外交部顾问、外交学会副会长、中印友好协会副会长、国际关系研究所副所长、北京大学兼职教授、《中国建设》编委会副主任、中国科学院哲学社会科学部委员、世界历史研究所名誉所长等。著有《美国垄断资本》、《印度莫卧尔王朝》、《解放前西双版纳土地制度》、《中国农民》、《四个时代的我》等。

11. 荣毅仁（1916—2005），江苏无锡人。1937 年毕业于上海圣约翰大学历史系，任无锡茂新面粉公司助理经理。1939 年兼任上海合丰企业公司董事。1949 年兼任上海三新银行董事、经理。1950 年后，历任申新纺织公司总管理处总经理、恒大纺织股份有限公司董事长、上海市面粉工业同业公会主委、华东行政委员会财政经济委员会委员。1957 年任上海市副市长、市工商联副主委。1959 年后历任纺织工业部副部长、国家进出口管理委员会顾问、中国和平统一促进会会长等。1979 年创办中国国际信托投资公司，任董事长兼总经理。1993 年至 1998 年任中华人民共和国副主席。

附录：1983 年 6 月孙冶方经济科学奖励基金筹集情况[1]

1983 年 6 月 15 日共筹集人民币 198700 元

（按照捐助先后为序）

上海《世界经济导报》	10000.00 元
中国民主建国会	20000.00 元
中华全国工商业联合会	20000.00 元
中国大百科全书出版社上海分社	10000.00 元
中国社会科学院世界经济与政治所	1000.00 元
钱俊瑞	2000.00 元
钱昌照	2000.00 元
人民出版社 三联书店	20000.00 元
《经济管理》杂志社	10000.00 元
马　宾	2988.67 元
徐雪寒	2008.32 元
巫宝三	500.00 元
荣毅仁	50000.00 元
统计出版社、统计科学研究所	5000.00 元
全国经济学团体联合会	10000.00 元
姜君辰	1000.00 元
陈岱孙	200.00 元
薛暮桥、苏星、何建章、吴凯泰	2000.00 元
薛暮桥、罗琼	2000.00 元
李人俊	1000.00 元
中国价格学会	2000.00 元
刘瑞龙	200.00 元
江　彤	1000.00 元
于光远	2000.00 元
中国财政学会	1000.00 元
中国会计学会	1000.00 元
许涤新	1000.00 元
经济研究所	2000.00 元
骆耕漠	1000.00 元
孙冶方稿费	6008.01 元

1. 孙冶方经济科学基金会理事李昭女士提供。

徐雪寒：丹心雪寒[1]

他错过了建立计划经济和社会主义建设的历史，一跃为市场取向改革奔走呼号。在他的头脑里，大概从来没有插入计划经济，早年和晚年，两段市场经济对接起来轻而易举，顺理成章。

现在的人，走在长安街上看到中国人民银行大楼，便知那是央行。但是没多少人知道人行是怎么成为央行的，其中起了关键作用的机构是谁家？机构中又是谁功不可没？

1949—1978 年，中国是大财政、小银行，没有央行，只有大一统的中国人民银行，其功能像是出纳。甚至于“文化大革命”期间，银行与财政部门合并。这真是历史倒退。在中国，中央银行的起源，可以追溯到 1905 年（清光绪三十一年）的大清户部银行。民国建立后，北洋政府于 1913 年将大清银行改组为中国银行，中国银行“实系国家之中央银行”，除行使中央银行职能外，仍经营一般银行业务。1927 年 10 月，南京国民政府一成立，就着手筹建中央银行。中央银行于 1928 年 11 月 1 日成立。

随着改革开放，1980 年，国务院领导指示要设立中央银行，可是两年过去了，也没有进展。中国人民银行[2]倒是提出过两份建立中央银行的意见，专业银行强烈反对，说他们以中央银行之名恢复由一家

国务院经济研究中心几位老领导合影。从左至右：徐雪寒、吴俊扬、马洪、薛暮桥、周太和、马宾、季崇威。（马怡提供）

银行独揽业务，欲使专业银行名存实亡。[2]从1983年3月，国务院经济研究中心（以下简称“中心”）开始研究各国金融制度，还邀请了曾任德国政府“五贤人委员会”成员的古托夫斯基来华交换意见，向国务院提出单设中央银行来管理各专业银行的建议，保证信贷收支平衡，不经营一般信贷业务。国务院领导采纳了这项建议，并委托中心会同中国人民银行、建设银行、中国银行、农业银行提出具体方案。[3]

中心总干事薛暮桥第一次邀请四家银行坐在一起开会，就发生了争吵不休、散不了会的僵局。要想破这个局找到一条出路，还真不容易！这么多障碍——意识形态的、部门利益的、技术上的，谁能既看得清，又摆得平呢？这时，薛暮桥倚重他的老朋友，也是他请来中心担任常务干事的徐雪寒。薛深知徐的价值。在共产党高级干部中，经历过市场经济的不乏其人，有过运行经验的人则很少，经营过银行的就更少，而存活下来，又委以重任的似乎只有徐雪寒了。

既然坐不到一起，就背对背个别谈。徐雪寒登场了。他分别和四大银行以及保险公司的负责人谈，综合他们的意见，中心提出方案，再反馈协商。经过 12 次座谈会，才大体达到协调。紧接着，徐雪寒南下上海，和四家银行的分行长、金融家，以及原国民党中央银行高级职员分别座谈，听取意见、协调矛盾。他既有资格，又有人脉，圆满完成任务。经与各行讨论后，中心最后提交给国务院的报告建议为：由中国人民银行承担中央银行职责；人民银行原来经营的工商业信贷和储蓄等业务，划归新设的中国工商银行接管，人行不直接经营信贷业务，只与专业银行发生信贷关系，成为“银行的银行”。1983 年 9 月 17 日，国务院决定，由中国人民银行专门行使中央银行职能。从 1984 年 1 月 1 日起，中国重新有了中央银行的建制。其重要性和意义曾被淹没在 80 年代百废待兴和日新月异的改革大动作中，如今回头看，那是和国际接轨的重要环节，也是拆除计划经济的支柱。沿着户部银行、民国中央银行，到否定，到回归，这 80 年走过的路，不正是中国经济史的一个缩影吗？

而徐雪寒何许人也，如此神通，协调八方？原来，早在 1943 年，徐雪寒就曾任华中银行副行长；1946—1948 年，他在上海、香港等地建立银行、钱庄、对外贸易机构，从事商业活动，为共产党筹集资金；上海解放后，又随军接管财政经济部门。徐雪寒曾说：“上海当时是地地道道的市场经济。[4] 民生三宝——纱布、大米和煤都有公开市场，我们不能简单地冻结物价，也不能专靠行政管理，而是用国家手中掌握的微薄物资吞吐和华东区人民银行手中头寸的紧松来在公开市场通过经济手段与投机资本斗争。”后来成立华东财政经济委员会，徐雪寒任贸易部部长；1952 年进京，担任外贸部副部长。周恩来曾表扬过一位为革命干了许多不同行当的同志，说他干一行，钻研一行，并在那一行做出优异成绩。说的就是徐雪寒。[5]

大概在10年前开始一鳞半爪地听说徐雪寒，在我心中，他是个传奇，也是进入了风烛残年的老人，却又有内在的力。知道他的人不多，有一个原因是，从1955年4月他就消失了，被秘密关押，从功德林到秦城监狱，那是因“潘汉年、杨帆案”[6]而受牵连。直到1965年，在被以“反革命罪”判刑12年后，他才获假释出狱。“文革”一来，他又以戴罪之身蹲牛棚、下干校。1981年，最高法院才撤销原判，宣告他无罪。整整26年！从44岁到70岁。

他曾经有多么辉煌的少年和青年时代。1911年出生的徐雪寒，15岁入党，担任杭州地委组织部长。17岁被捕，在杭州陆军监狱，和薛暮桥等人一起，把监牢当大学。1934年出狱参与组织农村经济研究会，和陈翰笙、钱俊瑞、姜君辰、薛暮桥等办《中国经济情报》专刊和《中国农村》月刊。1935年，他们自筹资金成立新知书店，徐雪寒出任经理。几年工夫，新知书店就拥有二三十家分店。看看他在20多岁年纪上，所写文章之广泛，工业、农业、铁路、海关、市场、货币、金融、财政，便知他是多有智慧和创造力的人。1943年徐雪寒被分配到华中局情报部工作，成为潘汉年助手。从1943年春夏到抗战胜利前，潘系统来自上海、南京的所有重要情报，都经过徐雪寒的手。直到1982年潘案平反，天下人才略知，潘系统为共产党获取了多少重要战略情报，这个“罪臣”实为“功臣”。

随着电视剧《潜伏》[7]的热播，我有一种奇怪的联想，于是，便顺着联想去发现。竟然看到这样一种考证，说剧中主人公余则成的原型是吴石。而吴石是1949年6月赴台的国民党国防部次长。话说中共女情报员朱枫赴台与吴联络，获取军事情报，被出卖；吴、朱于1950年6月10日在台北马场町被执行枪决，是轰动一时的“台湾特大间谍案”。朱枫女士的气节甚至感动了国民党，在他们的保密局文件中称朱枫是：“党性坚强，学能优良女匪干，被捕瞬间吞金自杀，不惜个人生命”，其精神“诚有可取之处”。而朱枫女士，正是徐雪寒曾经的属下。三联书店老人口中的“慧眼识朱”，说的就是徐雪寒对这位朱枫从观察、信任到使用的故事。徐雪寒介绍朱枫入党，并调遣她做贸易，为隐蔽战线管理经济事务。1949 年朱枫去台湾前，还写信问徐的意见。1983 年，又是徐雪寒倾其所知向有关部门讲述朱枫历史，为她争得应有的结论。[8]

1981 年夏，徐雪寒终于脱掉重罪枷锁，国务院总理找他谈话，征询他对工作的意见。重回社会，已是古稀之年。歪打正着地，他错过了建立计划经济和社会主义建设的历史，一跃为市场取向改革奔走呼号。在他的头脑里，大概从来没有插入计划经济，早年和晚年，两段市场经济对接起来轻而易举，顺理成章。除了前述建立中央银行一题，1983 年，国务院还要求经济研究中心制定外贸体制改革方案。老外贸徐雪寒大施身手，召集会议、调查研究，提出“统一管理、联合经营”的方针。

虽是浙江人，他认上海是第二故乡，最早主张上海全面开放，提议开辟国家第二经济特区，充分发挥上海在国际经济活动中的区位优势和工业基地优势。他说：“上海人灵得很，要解脱发展商品经济的束缚，使上海人的长袖能够舞起来。”在纪念改革 30 年时，有一篇《交通银行迁沪记》[9]中，终于有人提到他的名字：“一位叫徐雪寒的老先生在当年的上海经济发展战略研讨会上提出，应当有一个专门属于上海、支持上海发展的银行。他的提议得到了多数人的赞同。”这是 1984 年秋天的事。正是因为他的力主，使重建交行的步伐加快。1984 年 12 月初，国务院领导宣布，在中国人民银行之下设立一个新的全国性的银行，与四家专业银行平行，总行设在上海。

徐雪寒的女儿说父亲虽饱受牢狱之灾，但极有毅力，几十年坚持冷水擦身。70 岁时，还走路一阵风。而 1981 年后，“他一心想弥补 20 多年未能为国为民工作所浪费的时间，连周末都每天十几小时趴在书桌前看文件、资料、写东西，身体逐渐不行了。”[10]这才有了国务院发展研究中心原副主任鲁志强说的：“从我认识他的第一天，他就是一副弱不禁风、大病快快的样子。每次见面问他：‘徐老好吗？’‘徐老不好。’”

我问鲁志强，“徐老是幽默的人吗？”“他一点儿都不幽默。”“那这话怎么这么逗啊？”“是啊，就是因为他认真！”

晚年徐雪寒因“心有所忧，不能不言”。他说：“争名于朝，争利于市，化公为私，国有资产散失如流水，但居然无人过问，我行我素，肆无忌惮，莫此为甚！”[11] 吴敬琏讲起徐老，学他用拐杖跺地的样子：“当年我们反对国民党的腐败，人民才拥护我们，让我们掌了权，当了政。没想到现在腐败这么严重，这是对人民的犯罪啊！”鲁志强说，想起徐老，“首先会浮现一张忧国忧民的脸。”丁宁宁说他，“一听到干部腐败事件就开口大骂。后来骂不动了，就连声叹气。”[12] 知徐雪寒者薛暮桥也！1988 年，他在给《徐雪寒文集》写的序言中说：“历史使他患了一定程度的忧郁症，在同朋友叙谈时常常流露出忧国忧民而又无能为力的苦闷心情。但他从来不谈自己所受将近 20 年的冤屈。”鲁志强写过一篇《想起徐雪寒》，其中翻来覆去地“想”：“我想不出一个革命者被革命专政的所思所想，也想不出一个理想主义者被理想抛弃的所感所受，但我知道那一定无数倍于肉体的痛苦。”劝徐雪寒写回忆录的人不少，他不肯，甚至连往事都不愿提。顾准的胞弟说，徐雪寒的“晚年是在孤独、病痛与忧虑中度过的，凡是和雪寒同志有过交往的同志和朋友几乎没有一个不感觉到雪寒同志是在爱国爱民这种忧患中度过了他的残年”。[13]

1950 年，徐雪寒的儿子写过一篇作文叫《我的父亲》，详细写家从一处迁一处，又迁一处，却总见不到父亲。老师的批语是“像捉迷藏”。这真是一个大大的迷藏，直到晚年，才结束“游戏”，回到家来。徐雪寒一生坐过 3 次牢，共计 26 年，其中 20 年的狱中生活是在 1949 年后。他惋惜自己是“在漫长的革命运动中跑龙套的人”，好不容易赶上了改革年代，却跑不动了。他说：“我的心情是沉重的！”“于人民，于祖国没有尽到匹夫之责。”[14]

徐雪寒活到 2005 年，享年 94 岁。

1．原载《经济观察报》，2009 年 6 月 8 日。

参考文献：

⑴薛暮桥：《薛暮桥回忆录》。

⑵徐雪寒：《徐雪寒文集》，北京，三联书店，2006。

⑶三联书店老同志联谊会：《怀念徐雪寒同志》。

⑷薛小和：《经济体制改革初期若干措施形成的回顾》，载《百年潮》，2001（12）。

⑸鲁志强：《想起了徐雪寒》，http://blog.voc.com.cn/luzhiqiang。

2．中国人民银行兼负货币发行和工商业信贷以及居民储蓄业务。

3．薛暮桥：《薛暮桥回忆录》，385—386 页。

4．上海是中国最大的工商业城市。1949 年上海主要出口品种占全国出口总额的 80%—90%，上海私营工商业的资本总额占全国的一半。

5．大妹：《零星的回忆——纪念父亲徐雪寒》，见三联书店老同志联谊会：《怀念徐雪寒同志》，81 页，2005。

6．潘汉年（1906—1977），江苏人。长期从事对敌地下斗争和统战的领导工作，曾是国共两党第二次合作的联络人。1949 年，潘汉年担任中共中央华东局和中共上海市委统战部部长、上海市常务副市长、上海市委第三书记等职。1955 年，因“内奸”罪被判 15 年徒刑，“文革”中又改判无期徒刑，成为中华人民共和国建立后第一个受冤屈的高级干部。杨帆（1912—1999），江苏人，曾任上海市公安局局长。1955 年元旦被捕，成为“潘汉年、杨帆反革命集团”冤案，1956 年被判刑 16 年，前后关押达 26 年。1958 年 7 月 18 日，上海《解放日报》一篇社论说：“在揭露胡风反革命集团以后，党曾提出，钻到我们党内的绝不限于胡风反革命集团的一些人，还有其他反革命分子、阴谋家、阶级异己分子等。已逮捕审判的反革命分子潘汉年，就是其中的一个。我们要求严惩罪大恶极的反革命分子潘汉年、胡风……”

7．2009 年中国大陆热播的电视连续剧，讲的是 1945 年日本投降后，中共地下工作者余则成潜伏在国民党军统局的惊险故事。

8．徐雪寒：《一位老战友，一位女烈士——悼念朱枫同志就义四十周年》，见《徐雪寒文集》，570 页。

9．詹文君：《交通银行迁沪记》，载《上海金融报》，2008 年 12 月 19 日。

10．大妹：《零星的回忆——纪念父亲徐雪寒》，见三联书店老同志联谊会：《怀念徐雪寒同志》，81—91 页。

11．徐雪寒：《韬奋精神是永存的》，见《徐雪寒文集》，613 页。

12．丁宁宁：《留取丹心照汗青——追忆徐雪寒同志》，三联书店老同志联谊会：《怀念徐雪寒同志》，78 页。

13．陈敏之：《跨世纪的友谊》，三联书店老同志联谊会：《怀念徐雪寒同志》，131 页。

14．《徐雪寒文集》后记，645—648 页。

新老交替：经济中心的投票[1]

当时的中心是精干的，没有官僚层次的，大学毕业生可以直接面对部长，甚至国务院领导。老年人有开放的胸襟。如果了解了中心的这个特征，就不难理解它为什么会有了不起的工作量和影响力。

坐落在北京朝内大街225号的国务院发展研究中心，是1985年由国务院经济研究中心（简称“经济中心”）、国务院技术经济研究中心（简称“技术中心”）和国务院价格研究中心（简称“价格中心”）合并而成。这三个中心的成立，标志着中国开始了有决策咨询的时代，也反映了当时面临的最重要问题。经济中心侧重研究经济体制改革；技术中心侧重研究产业政策、技术政策和经济发展；而价格中心被单列出来，显示了物价关系着改革命运和国计民生的特殊地位。

让我们回顾一下，是谁在领导和主持最初的经济决策咨询机构，向国务院领导负责呢？他们是1980年8月成立的经济中心，总干事薛暮桥，副总干事马洪（1920—2007）、廖季立（1915—1993）、周太和（1914—2010）、马宾（1913—2017）、吴俊扬（1918—1999）；1981年5月成立的技术中心，总干事马洪，副总干事张磐（1929年生）；1981年7月成立的价格中心，总干事薛暮桥，副总干事马洪、刘卓甫（1911—1993）、杨鲁（1924—2010）。此外还有一批任职或担任顾问的人物，比如经济中心有孙冶方（1908—1983）、许涤新（1906—1988）、钱俊瑞（1908—1985）、梅行（1919—2000）、徐雪寒（1911—2005）、季崇威（1922—2001）、蒋一苇（1920—1993）、骆耕漠（1908—2008）、于光远（1915—2013）等。

在三个中心中德高望重、最有影响力的人有几个共同特点：他们是出生入死的老革命，忠诚于自己的理想；是计划制度的缔造者，同时又是最早觉悟的人，对旧体制有深刻的批判。他们中有几位老计委：像1953年即担任国家计划委员会委员兼秘书长的马洪，1960年代任国家计委副主任的薛暮桥，以及曾任计委国民经济计划综合局局长、计委委员的吴俊扬，曾任计委年度综合计划局局长的廖季立；还有担任过陈云秘书的周太和，而陈云被称作“中国计划经济之父”。正是这样一些与斯大林模式的社会主义制度有着深刻联系的人，如今要脱胎而出，在改革来临时，站到一个改革旧的经济制度，为尚不明了方向但是注定不同的经济制度的建立探路搭桥的位置。他们的咨询意见一定是立足于中国国情的。可以说，在数十年中历经考验活下来的都是超人，他们的人生个个是传奇。比如早年学生物的刘卓甫，曾任商业部副部长、云南省省委书记、国家物价总局局长，并且还擅长打篮球，球技非同小可。1936年，他曾作为篮球运动员参加柏林奥林匹克运动会。据说姚依林副总理曾开玩笑说，“刘卓甫是见过希特勒的唯一中共党员。”[2]而上列名单中在2000年之后被视为“左”派精神领袖的马宾，曾在1950年代出任鞍钢总经理，后去苏联西伯利亚钢铁学院读了五年冶金专业，相当于副博士。1960年，他主持创造的鞍钢经验，“两参一改三结合”[3]、群众性技术革新和革命，被毛泽东称为“鞍钢宪法”、“马宾宪法”，号召全国学习。[4]

本文将聚焦于三个中心的“大哥”，最先成立的经济中心。1980年中央财经小组和国务院决定，建立一个由经济专家和学者参加的非行政性的经济决策咨询机构。于是，薛暮桥与马洪商量，于7月8日将建立经济中心的设想呈报给国务院副总理，次日便得到了批示：“同意”。

1984年5月，国务院经济研究中心全体人员在中南海合影。前排左三徐雪寒、左四吴俊扬、左五马洪、左六薛暮桥、左七周太和、左八马宾、左九季崇威。（季红提供）

它不是一个单纯的研究机构，而是要组织在京的研究单位加强经济问题研究。当时国务院部委所属和中央级经济研究院所一共有17家。所以，1980年8月新成立的经济中心聘请这17家的负责人为常设成员。国务院领导在国务会议上出题目，经济中心就凭借其影响力和关系组织各部门研究，拿出意见，上报。所谓影响力，其实是薛暮桥、马洪等等人物的影响力，而非一个新生的机构。经济中心最初两年的研究报告，涉及体制改革的方方面面，比如《关于经济体制改革的初步意见》（1980年9月）、《关于调整时期经济体制改革的意见》（1981年6月）、《关于银行体制改革的意见》（1981年10月）、《关于税制改革的意见》（1981年）、《关于经济体制改革的总体规划提要》（1982年2月）、《关于工业改组和联合》，等等，1980—1982年他们共上报国务院80份报告。特别值得提出的是在几个重要领域的改革意见，比如，关于利改税的财政改革，为企业改革铺了路；建立中央银行的金融改革，奠定了新银行制度的框架；打破独家经营，提出联合经营的外贸改革，成为 90 年代后中国外贸崛起的起点之一；研究纺织品价格调整，打破了把稳定物价当作冻结物价的陈旧观念，是走向竞争性市场体制的一步。在经济中心短短的五年历史中，他们对经济体制改革所做的探索和贡献，是后人难以估量，文献也难以充分记载的。因为，他们帮助不同的部门制订改革方案，常常不以经济中心的名义出现。薛暮桥一再强调，中心是研究咨询机构，不是职能机构，要尽量超脱。

虽说经济中心的一些老人已经是 70 岁上下的年纪，但是此时此刻，他们到达了人生的一个巅峰状态，深思熟虑，有强烈的事业心、丰富的做事经验，以及圆通的人际关系。然而，他们意识到，改革是一个漫长的历史过程，非一代人所能完成，他们的作用只能是承上启下。

1984 年，在经济中心的整治中，青年人提了一些意见，认为领导集体不够强有力，对决策部门的影响似乎在减弱。矛头并非简单地针对中心领导层，但是以薛暮桥为代表的中心负责人，把它当作一个历史契机，做出了令人意想不到的举动和创造。

此时，薛暮桥已年近 80 岁。他给马洪和国家体改委副主任安志文（1919—2017）、周太和写信，提出三个考虑，一是请马洪统管三个中心，二是请体改委党组接管领导，三是调入年轻一些的干部，比如中国社会科学院副院长刘国光（1923 年生）。他写道："如果这三条都做不到，那就只能抱残守缺，连我在内大家团结一致努力工作，有多少热发多少光。"薛暮桥找每一位青年谈话，听取意见，并决定搞一次民意测验。这些兢兢业业的老人，打算集体接受一次信任投票。出于事业的责任心，他们根本不担心测验结果，因为无私而无畏。

1984 年 11 月 24 日，经济研究中心全体干部举行民意测验。这是历史上绝无仅有的事情。主持人只强调了要注意老中青结合，不给定任何框框，全体人员都有被投票权。想一想，无非是几位刚从大学毕业出来两年的青年提意见，领导集体就如此严肃对待。然而，投票结果显示，得票最多的还是原来领导班子的几位老人，季崇威、马宾、吴俊扬，连宣布退出的徐雪寒依然被投了票。这表明青年人对老头儿们还是信任的。此外中年人中的佐牧，青年人中的孟宪刚得票也比较靠前。薛暮桥一直保留着那张写在国务院经济研究中心信笺上的票选结果记录。[5]那是一个多么认真的民主实验啊！民意测验后，薛暮桥和大家作了一番推心置腹的谈话："我们三代人之间，对一些问题的认识不同，可以理解，但都是为了共同目标而奋斗，通过互相批评，互相体谅，互相监督是可以解决的。"他决心改组领导班子，实现老中青结合，70岁以上的都退下来当顾问。不过，在新班子建立之前，薛暮桥提出了"看守内阁"。他说："看守内阁是西方社会在选举中执政党的议会落选了，反对党新内阁还未产生出来时，由老内阁作为看守内阁。"这是薛暮桥自诩为看守内阁的代表的讲话，这是何等的开放而有现代意识。事实上，在那个时代，在那么复杂的改革环境中，在那样关键的历史时刻，没有人能够替代他们，他们中的每一位都是国宝。所以，当薛暮桥主动找国务院领导讲自己年龄大了，不适应了，他得到的答复是，经济研究中心的年龄可以放宽。退下来的老同志，可以吸收进来，利用他们的余热发挥作用。后来，在组建的新班子中，加入了中年的佐牧和青年的孟宪刚。

国务院总理有意将三个中心合并，从1985年2月，中心负责人就着手筹办合并事宜，拟定新机构名称为国务院经济技术社会发展研究中心，简称"国务院发展研究中心"。马洪担任合并之后的总干事，薛暮桥改任名誉主任。国务院发展研究中心的主要任务是：研究经济、技术、社会发展中带有全面性、战略性、长期性和综合性的问题。中心必须是开放型、具有吸引力和辐射力的。[6]1985年10月31日，薛暮桥在发展中心全体干部会上讲话，他说："今天，我们完成了三个中心新老交替的工作。老同志基本上都退下来了。我们中心是要长期工作下去的，将来新老交替，一代代中年变老年、青年变中年。新老交替是我们工作兴旺发达的一个重要关键。"他嘱咐青年人要下这样的决心，有可能五年、十年默默无闻，但是将来对整个国民经济会起很大的作用。并告诫他们，“最后真正衡量一个人的是他的知识和贡献，而不是他的职务。”[7]

中心的办公地点从中南海搬到府右街的原国务院宗教事务管理局院内，再到现在的朝内大街。当时的中心是精干的，没有官僚层次的，大学毕业生可以直接面对部长，甚至国务院领导。老年人有开放的胸襟。如果了解了中心的这个特征，就不难理解它为什么会有源源不断的思想、创意、研究成果涌现，会有了不起的工作量和影响力。

---

1. 原载《经济观察报》，2009 年 7 月 20 日。

2. 《向来枉费推移力　此日中流自在行——刘卓甫同志的彩电定价策略》，载《价格理论与实践》，1999（10）。

3. 实行民主管理，实行干部参加劳动，工人参加管理，改革不合理的规章制度，工人群众、领导干部和技术员三结合，即“两参一改三结合”的制度。

4. 毛泽东就马宾主持编写的《鞍山市委鞍钢技术革新、技术革命和企业管理经验的报告》(1960 年 3 月 11 日）作了 600 字的批示，提到“宪法”的高度，“不是马钢宪法那一套，而是创造了一个鞍钢宪法，鞍钢宪法在远东，在中国出现了。”（陶冶：《马宾其人》，乌有之乡网站：http://www.wyzxwk.com/Article/lishi/2009/09/74958.html）鞍钢宪法，被视作与苏联的马钢宪法，即以马格尼托哥尔斯克冶金联合工厂经验为代表的苏联一长制管理方法相对立。“毛泽东曾当面对马宾笑语：“苏联有个‘马钢宪法’,咱们中国有个‘马宾宪法’！”载《游遍天下》杂志，2009（9）。

5. 薛小和发现了这件有意思的事儿，把那期间，薛老为此事的往来信件，连带领导批示和票单复印下来给我。

6. 《国务院发展研究中心大事记》编委会《国务院发展研究中心大事记：1980—2013》，中国发展出版社，2015 年，66 页。

7. 《薛暮桥同志在国务院发展研究中心全体干部会议上的讲话》油印稿，1985 年 10 月 31 日。

常识战胜愚昧

面向新技术革命的对策研究[1]

一场全国性大科普运动，几乎成了认识世界、了解中国、发展科技的思想大解放。历史关头，朝野做出了选择：追随世界潮流。那是摧枯拉朽的力量！

到了1983年，中国的改革和发展面临向何处去的问题：是追随世界潮流，还是守旧，困在愚昧山中。两种理念、两条道路：改革领导集体，借他山之石，抢了一个制高点；保守势力借清除精神污染，拖住改革之舟。

即使那时，中国有2亿文盲，还是有人夜郎自大，以陈旧的意识形态对世界作荒诞解读，仿佛"文革"期间，我们吃穿尚不饱暖，却口口声声要解救世界上生活在"水深火热"中的三分之二人口。时任上海市科协副主席的刘吉（1935年生）曾引用阿根廷前总统庇隆的夫人（Isabel Peròn，1931年生）访华后说的话：不敢相信，一个绝大多数有选举权的人都不知道人类已经登上月球的民族，能把人类引向光明的未来。[2]

冷战尚未结束，信息革命已经展开。1981年，旅美作家韩素音和翻译家董乐山分别向《读书》编辑部的朋友介绍1980年出版的美国未来学家托夫勒的著作《第三次浪潮》。不久，书摘在《读书》连载；

1982 年出版的约翰 · 奈斯比特的《大趋势——改变我们生活的十个新方向》也被介绍进来；新华社记者陆亨俊去美国采访，写回一组关于信息革命的报告。所有这些也进入了中国领导人的视野。

1983 年 10 月 9 日，国务院总理在中南海召开座谈会，发表长篇讲话《应当注意研究世界新的技术革命和我们的对策》，谈及奈斯比特的《大趋势》：从工业社会转向信息社会，从集中转向分散，从国家经济转向世界经济；谈及托夫勒所言：人类在经历了农业革命、工业革命两次浪潮后，依靠全新技术、开发全新材料的第三次浪潮即将到来；谈及美国经济学家罗斯托不久前访问上海时说：发展中国家可以跳过某些传统工业的发展阶段，直接采用新技术革命的成果。对此总理说，这既是一个机会，也是一个挑战。我们不能亦步亦趋，一切照人家走过的路从头走起。在一些领域，有可能跳过某些传统工业发展阶段，采用先进的科技成果。接着，总理部署成立两个小组，国务院一个，上海市一个，研究世界新的技术革命与中国的现代化建设，提出对策。国务院小组，由国务院副秘书长、技术经济研究中心总干事马洪，国家计委副主任张寿，国家经委副主任朱镕基，国家科委副主任吴明瑜负责。

总书记胡耀邦对国务院总理讲话给予很高评价，指出要提到高级干部中来重视这个问题。[3]

在总理讲话两天后的 10 月 11 日，便是中共十二届二中全会，思想战线不能搞精神污染的问题被提了出来。[4]《红旗》杂志评论说："当前思想战线首先要着重解决的问题，是纠正右的、软弱涣散的倾向，坚决地把清除精神污染的庄严任务担当起来。"又是一场大批判运动。在实际生活中，反精神污染被庸俗化和扩大化。因为燕妮的服装，《马克思传》被视作黄色书籍没收；烫发和披肩发女士不准进单位；厂党委书记拿着剪刀站在门口，不许穿喇叭裤者进入，或者剪他的裤腿；……从 10 月下旬开始，由于"精神污染"一词使用骤增，以至于人民日报社排字房的这四个铅字不够用。[5] 多么强烈的反差啊！世界和中国的反差，常识和愚昧的反差，进步和守旧的反差。

11 月 5 日，北京月坛北街红塔礼堂，马洪主持召开动员大会。2000 个座位，坐了 1600 多人。朱镕基传达总理讲话，大家的心被鼓动着。

11 月 10 日晚，胡耀邦在中南海勤政殿和团中央几位干部谈话。他对在场的中国青年报社社长佘世光说：你们《中国青年报》写一篇评论员文章，题目就是《污染要清除，生活要美化》，然后请《人民日报》转载。11 月 17 日文章发表了："把青年美化生活的正当愿望不加分析地当作'资产阶级生活方式'、'精神污染'来反对，这样做法是有害的。第一，它会引起青年的反感，从而影响他们生产、工作和学习的积极性。第二，它会混淆人们的是非界限，甚至可能过去某些'左'的做法重又出现。第三，它也会妨碍人们特别是青年对真正的精神污染的斗争。"《人民日报》和全国各地报纸很快加以转载。[6]

按照部署，"新的世界产业革命与我国对策"讨论会于 11 月 24 日开幕。除了领导小组，核心人物还有国家体改委副主任童大林，中国社会科学院顾问宦乡，国务院经济研究中心副总干事马宾，国务院技术经济研究中心副总干事张磐、常务干事王慧炯，国防科工委科技委员会副主任聂力。参加会议的代表来自：国务院技术经济研究中心、经济研究中心、国家计委、国家经委、国家科委、国务院各部、中国科学院、中国社会科学院、中国科协、各高等院校、各科研部门、各研究会、驻外使馆、新闻单位、中央书记处研究室和北京市等部门与单位，共 120 多位，其中有 10 多位副部长，有各学科的专家、教授、学者，也有年轻的研究人员和研究生。马洪致开幕词，他说，这是一次受国务院总理委托召开的内部讨论会。我们希望经过这次讨论会，对于如何落实总理的指示，理出一个头绪来，并且对下一步如何提出对策，做好安排，做好准备。[7] 会议着重讨论 4 个问题：

(1) 对于"新的世界工业革命"的看法。

(2) 标志"新的世界工业革命"的新产业和新技术，在发达国家传统工业中的应用及其发展，以及对这些国家当前经济、社会、科技发展的影响和发展趋势分析。

(3) 这种发展及其趋势，对世界、对我国将会发生什么影响，对我们提出什么挑战。研究哪些技术可以不经过发达国家所走过的路，而直接采用新的世界工业革命的成果，以便抓紧时机，迎接挑战。如果我们不利用这个机会，将会带来什么后果。

(4) 根据我国国情，应该从哪几个重要方面提出对策。

马洪还特别提到，“这次讨论，将涉及西方资产阶级学者的理论观点，因为要把问题弄清楚，这不能算精神污染。”此言毫无幽默感。

会议开了四天。闭幕时，吴明瑜做总结发言。他说：这一次研究战略决策是采取网络结构，在程序和方法上，是一个很大的改变。“全中国政策研究室是最多的机构之一。中央、各部、各省都有政策研究室。但是，多年来，政策研究室很少研究政策。大家都在写文章，就是个写作班子，实际上没有起到决策参谋的作用。这一次情况有很大不同，纵横交叉，社会科学和自然科学，理论工作者和实际工作人员聚集在一起研究战略问题，为党中央和国务院提供决策方案。有了决策的民主化，才能保证决策的科学化。”他还充满激情地说：“人生难得有几次能参加这样的活动。如果我们大家为今后 20 年现代化建设做出一点贡献，我们的决策建议被采纳，我们是死而无憾！”[8] 关于对策研究的方向，吴明瑜提出了四个方面：一是基础性、理论性研究；二是历史的和国内外的比较研究；三是综合性的对策研究；四是专业性的对策研究。

这样大规模地关注新技术革命，使《第三次浪潮》赶印不及，一度成为凭部级介绍信才能买两册的内部供应书。三联书店累计印数达 86 万册，其他译本数百万册。书中最后一句“我们的使命注定是创造未来”激动人心。中国网通总裁田溯宁曾说自己在 1983 年第一次读《第三次浪潮》，激动得彻夜未眠。[9] 当年《读书》编辑王焱说：“其巨大影响不亚于一个世纪前的《天演论》。”紧跟着，奈斯比特的《大趋势》也印了千万。20 余年过后，奈斯比特再访中国，来到南开大学，见 50

多位教授人手一册不同版本的《大趋势》，有人站起来背诵精彩段落，感动得热泪盈眶。[10]

1984 年 1 月 12—25 日，朱镕基邀请 18 个部门的总工程师和经济、技术专家集中研究《传统工业的技术革命》和《大力发展机械—电子技术》专题。进入 3 月，中组部、劳动人事部、国家科委、中国科协、中直机关和国家机关党工委联合举办中央党政机关新技术革命知识讲座，培训数万人次。各种读物和研究资料纷纷出版。3 月 24—30 日，第二次对策会在京丰宾馆召开，270 人参加讨论修改国务院和上海两个研究小组提出的世界新技术革命对策汇报提纲。共有七个方面：加速发展微电子和计算机产业、光纤通信技术、计算机信息系统、生物技术、材料与材料科学、机械电子技术、传统工业迎接新技术革命和上海市战略对策纲要。

3 月 30 日上午，国务院总理主持中央财经领导小组扩大会，各部委负责人在座，70 余人听取对策小组汇报。汇报的七个问题中有：新兴技术、新兴产业同传统产业的关系，跳跃阶段和缩短差距，改革问题，等等。对策小组提出“有限目标，突出重点”而不是过去“全面赶超”的方针。[11]4 月，中央和国务院批准了实施对策方案。

6 月 25 日《人民日报》有一条新闻：总书记、总理“要求广大干部重视未来动向，注意研究世界新的技术革命和对策，把握时机迎头赶上，振兴经济、繁荣社会”。胡耀邦在一个座谈会上说，有的人以内行自居，对世界上的新鲜事物根本不放在眼里，某些人甚至把当代人类创造出来的新成果当作异端邪说，看成资本主义的糖衣炮弹。情况是不是这样呢？如果是，那么经济战线广大干部教育的一个主要任务，是应当向愚昧作斗争，还是主要向什么所谓“自由化”作斗争呢？[12]

此时中国的党政领导合作得天衣无缝，一个吹响新技术革命的号角；一个将其提到理论、观念层面，提到反愚昧的高度。

多种结合汇聚成一个波澜壮阔的图画：工程技术人员、科学家、经济工作者相结合；中央决策集团、地方各级政府和专业部委相结合；

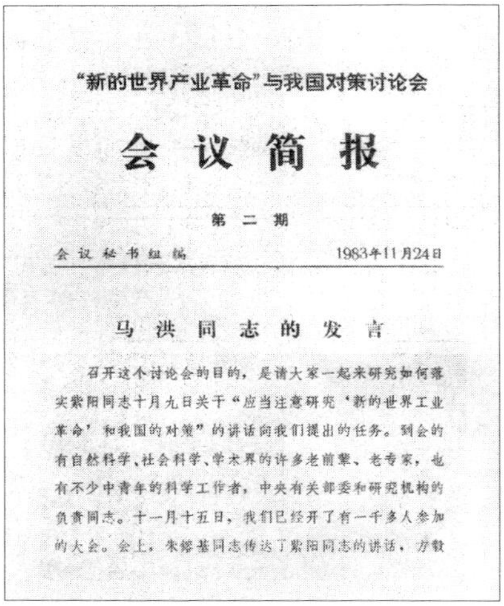

"新的世界产业革命"与我国对策讨论会

会议简报

第二期

会议秘书组编 1983年11月24日

马洪同志的发言

召开这个讨论会的目的，是请大家一起来研究如何落实紫阳同志十月九日关于"应当注意研究'新的世界工业革命'和我国的对策"的讲话向我们提出的任务。到会的有自然科学、社会科学、学术界的许多老前辈、老专家，也有不少中青年的科学工作者，中央有关部委和研究机构的负责同志。十一月十五日，我们已经开了有一千多人参加的大会。会上，朱镕基同志传达了紫阳同志的讲话，方毅

第一次对策会简报。

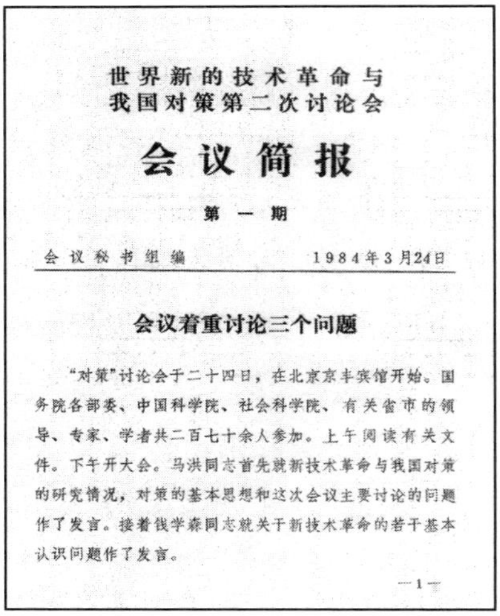

世界新的技术革命与
我国对策第二次讨论会

会议简报

第一期

会议秘书组编 1984年3月24日

会议着重讨论三个问题

"对策"讨论会于二十四日，在北京京丰宾馆开始。国务院各部委、中国科学院、社会科学院、有关省市的领导、专家、学者共二百七十余人参加。上午阅读有关文件。下午开大会。马洪同志首先就新技术革命与我国对策的研究情况，对策的基本思想和这次会议主要讨论的问题作了发言。接着钱学森同志就关于新技术革命的若干基本认识问题作了发言。

—1—

第二次对策会简报。

老、中、青三代人相结合。相形之下，反精神污染势单力薄。一边是大型交响曲，一边是小组唱。比人多势众更厉害的是人心，人心所向。京丰宾馆会务组的张晓彬和一帮年轻人被日新月异的科学燃烧着，大家敞开了幻想：2049 年 10 月 1 日，用 DNA、克隆人再现 1949 年天安门场景……

也有节外生枝的插曲。朱嘉明和黄江南在 3 月 26 日小组会上的发言被《世界经济导报》和《世界经济》杂志发表[13]，并广泛转载。一位有心人，中央党校政治经济学教研室吴健（1922 年生）将他们的论文收藏，寄给钱学森（1911—2009）。钱学森读罢于 7 月 5 日回信说：

> 朱嘉明同志和黄江南同志文章好就好在敢于从老的一套陈规旧律中走出来，而毛病在于不加分析地把外国流行的一套破烂货全部或大部接过来，作为他们的概念！这些概念并不是实际事物的科学概括，所以是脱离实际的，全文也就成为从概念到概念的

文字游戏！一种时髦的概念游戏！这是我对一些社会科学工作者的意见！

概念当然重要，但脱离实际的概念是唯心的东西，一点用处也没有！抱住老的、过时的概念不行，因为它不符合实际或不尽符合实际；乱创新的、输入新的破烂也不行，因为它不符合或不尽符合实际。朱、黄文的许多提法不行，您提的意见很好。您何不写文章批评？事理总是愈辩愈明。

现在世界上的确出了许多新事物、新情况，马克思、恩格斯、列宁时代没有，轮到我们来总结、概括。但这是件很难的工作。靠输入、靠翻版都不行。我看托夫勒的《第三次浪潮》，奈斯比特的《大趋势》，顶多只是素材，不是结论，不是什么研究工作出发点的概念。我们要用马克思主义哲学，用历史唯物主义加以提炼才行。谁来做？中国的社会科学家们，包括您在内，应该担负此重任呀！

请您写文章，参加辩论。

社科院世界经济与政治研究所的秦柳方（1906—2007），也在8月24日给邓力群写信[14]：

……有两位青年同志：国务院技术经济研究中心朱嘉明和中国社会科学院工业经济研究所黄江南提出了《论当代世界性的科学技术革命与我国的全球战略》一文……在估计世界趋势时说：'世界经济一体化的趋势还将加强'，'全球性核战争的可能性很小，世界资本主义限于总危机的判断不准确，世界主义和民族主义的协调性在加强'等。……这篇文章在两个报刊发表以后，已在青年学生中引起了一些影响，例如上海高等院校有的学生提出，新的技术革命是否会导致世界主义与民族主义不断协调、融合，出现一个新世界……

在信的末尾，他提醒邓力群“下月三日”，青年们将在浙江开莫干山会，而且他们是会议筹备者，“我建议：有关方面要重视对这次学术讨论会的领导”。亏得莫干山会没有什么闪失，原来还有这样一双盯着的眼睛。

“对策小组”的使命完成了，它被改为高技术发展咨询机构，对世界新技术革命动向和趋势进行经常性研究。

凡是经历过 1983—1984 年对策研究的人，异口同声：振奋！原国务院技术经济中心的鲁志强回忆说：“它宛若一场全国性大科普运动，几乎成了认识世界、了解中国、发展科技的思想大解放。”没有科普怎么反对愚昧？对于国务院总理提出的“机遇与挑战并存”，鲁志强说，“几十年了，还没有找到比这句更贴切传神的断语，以至今天用得太滥，不得不注意避开。”“作为一个政策研究课题，无论对决策和民众观念的影响，还是可操作性及实施结果，都是杰出而影响深远的，即使 20 多年后的今天评价也是‘少有出其右者’。”

在历史关头，朝野做出了选择：追随世界潮流。那是摧枯拉朽的力量！常识战胜愚昧。

---

1. 原载《经济观察报》，2009 年 8 月 31 日。
2. 1983 年 11 月 24 日召开“新的世界产业革命”与我国对策讨论会。会期四天。刘吉在发言中引用。见《会议简报》第 19 期，1983 年 11 月 27 日会议秘书组编。
3.《“新的世界产业革命”与我国对策讨论会会议简报》第 1 期，1983 年 11 月 24 日。
4. 10 月 12 日，邓小平在中共十二届二中全会上作《党在组织战线和思想战线上的迫切任务》讲话，强调思想战线不能搞精神污染，见《邓小平文选》第 3 卷，北京，人民出版社，46 页，1993。
5. 徐百柯：《一篇文章叫停一场运动》，载《中国青年报》，2008 年 11 月 5 日。
6. 魏久明：《胡耀邦谈“反对精神污染”》，载《炎黄春秋》，2008（6）。
7.《马洪同志的发言》，载《“新的世界产业革命”与我国对策讨论会会议简报》第 2 期，1983 年 11 月 24 日。

8.《吴明瑜在“新的世界产业革命”与我国的对策讨论会结束时的发言》，铅印稿，1983 年 11 月 27 日。

9.《洞察现代社会的未来学者托夫勒》，载《环球企业家》杂志，2004 年 7 月。

10.《奈斯比特预言中国大趋势》，载《瞭望东方周刊》，总第 305 期，2009 年 9 月 17 日。

11.《“世界新的技术革命”与我国对策第二次讨论会会议简报》第 50 期，1984 年 3 月 30 日。

12. 1984 年 6 月 24 日中央组织部负责人在湖南科学技术出版社举行的“新技术革命知识讲座”讲稿出版座谈会上，传达总书记和总理的意见。载《人民日报》，1984 年 6 月 25 日。

13.《世界经济导报》作了摘要报道,《世界经济》1984 年第 4 期以《论世界性的科学技术革命》为题发表。

14. 朱嘉明保存信稿手抄件。

杜润生，好大一棵树[1]

杜老对农民的感情，除了个人的，还有替共产党的，他总说“我们欠农民太多”。农民穷，中国穷，农民古代化，中国不可能现代化，谁要是在现代化进程中忘记农民，谁就是数典忘祖！

杜润生（1913—2015.10.9）活了102岁。他虽然有过权力，但不是位高权重的人；虽是农村问题专家，但非学院式学者，更无著作等身；虽无教授头衔，但是不少人甚至名牌教授以自称他的门生、跻身徒子徒孙之列为荣。每年杜老过生日，弟子们必唱的歌就是《好大一棵树》：

头顶一个天 / 脚踏一方土 / 风雨中你昂起头 / 冰雪压不服
好大一棵树 / 任你狂风呼 / 绿叶中留下多少故事 / 有乐也有苦
欢乐你不笑 / 痛苦你不哭 / 撒给大地多少绿荫 / 那是爱的音符
风是你的歌 / 云是你脚步 / 无论白天和黑夜 / 都为人类造福
好大一棵树 / 绿色的祝福 / 你的胸怀在蓝天 / 深情藏沃土

这是1989年4月15日胡耀邦去世后，邹友开借日本歌曲《在苍天和大地之间》，重新填词献给他的。把它借过来献给杜老，也十分贴切。

原中国农村发展问题研究组孙方明谈到这首歌与杜老时用了“美感和沧桑”几个字，说：“只有身历其境的人才能体会。”[2]杜老成为一棵苍劲挺拔的百年老树，姿态不改。为什么是他？不折不弯不朽？

根深叶茂

杜润生，1913年出生于山西太谷书香之家。幼年因父母亡故，由舅舅、舅妈抚养。[3]1934年他考入北平师范大学文史系，1935年参加“一二·九运动”，1936年加入共产党。终其一生，杜老信奉的都是他参加共产党时的理想和追求，谋求人民的利益。他的一生与农村、农业、农民结下了不解之缘，风雨交织。在杜润生这棵老树身上，刻着中国农村制度变迁的年轮。

第一次是“土地改革”。中国共产党取得政权前后，格外重视“土改”。1947年，杜润生随刘邓大军南下，1949年担任中央中南局秘书长、中南局军政委员会土改委员会副主任；1950年，为起草土地改革报告，曾两次被召进京。杜老早就意识到消灭富农政策存在没有依法保护财产权利的错误。但是对于土改本身，直到晚年，他还是把它看成“由半封建、半殖民地社会向现代社会转化的一个必经革命步骤”[4]，“对中国乡村社会的正面影响不但是历史的，也是现实的”。可以看到，在他身上始终有两个逻辑：一个是组织、体制确立的逻辑；一个是农民该享有权利、自由天经地义的逻辑。他希望两个逻辑是统一的，但在现实中发现，往往两个逻辑不能完全统一。因而，他内心很纠结：一方面，只有得到农民支持，共产党才能夺取中国政权。而要让农民支持，就要满足农民的土地情结。[5]另一方面，农村各个阶层为此付出巨大代价，“一个淮海战役，就有5000万农民推着独轮车，赶着毛驴，从山东、山西、河南等省，一直到前线”。[6]再加上成千上万的地主、富农被剥夺，直至丧失生命。杜润生说，在土改中，“放手”和“防偏”，“发动群众”和“遵守法制”，始终是两难。[7]杜润生觉得对不起农民，反复说，我们欠农民的太多了。说这话，是出于原罪感，虽然他没用这个词。而他一生为农村、农民所做的，不能不说有赎罪的意味。

第二次是合作化运动。如果说，土改时期，杜老身处中南一隅，接受“大局”理论，到了农业合作化运动就不同了。1953 年 1 月，主持中南局工作的邓子恢（1896—1972）和杜润生被调进京，专门协助中央组织和领导农业合作化运动。在新成立的中共中央农村工作部，邓子恢任部长，杜润生任秘书长，并在国务院农业办公室分别担任正、副主任。毛泽东曾对邓子恢说：“你要做农村工作的总司令”。然而，他们与毛泽东在三个问题上出现了分歧：一是关于合作化速度是快还是慢的问题；二是关于干涉农民自由还是给予农民“四大自由”（雇佣、借贷、租佃和贸易自由）的问题；三是保存部分私有制还是彻底公有制问题。1955 年 7 月 31 日，毛泽东在全国省市委书记会上做了《关于农业合作化问题》的报告，批评邓子恢和中央农工部“像一个小脚女人，东摇西摆地在那里走路”，前怕狼、后怕虎，“数不尽的清规戒律”。[8] 杜润生当年写过一个检查，其中说：“1953 年的错误是热心于帮助个体经济，而不热心于支持合作经济。……富裕中农要在‘土改后歇一歇’，反对国家干涉他们的‘自由’。在这时候，我主张合作化缓慢发展，正好迁就了他们倾向资本主义的要求。”[9] 毛泽东把围绕合作化的争论抬升为“这是一个伟大的社会主义高潮即将到来之前的一场大辩论”。[10] 邓子恢和杜润生的立场一致，毛泽东批邓子恢，就是批杜润生。邓小平说：“杜不是什么不积极维护中央……的问题，而是自己同子恢同志的意见是完全一致的，而且对子恢同志的错误，起着助长作用的。”[11] 陈伯达则说：“邓子恢犯错误，杜润生起了很不好的作用。”时任中组部部长安子文曾批评杜润生：“农民观念数你强，了解情况材料数你多，就是政治上弱，看不清大风向。”[12] 数他农民观念强，这话对！“看不清大风向”，这话有意思。

第三次是 1958 年的“大跃进”和“人民公社”。1958 年 12 月，中共中央通过了《关于人民公社若干问题的决议》。其中毛泽东特别加写了一段话：我们现在就是要建立“农业产业军”。这时的毛泽东考虑的并不是“经济”，而是“革命”。[13] 此时，杜润生已被调离农口，担任中国科学院党委副书记兼秘书长。“虽然离开了农村工作，但情不自禁，依旧关怀着农民、农村和农业问题。”[14] 杜润生回忆说，“开始，我对大跃进的提法也是持赞同态度的。”他的理由是后进国家怎么才能跨越历史阶段，后来居上。但是，在放卫星、虚报亩产之后，他专门请山西老乡来京，了解一亩地究竟能产多少，知道上报的统计都是假的。他也亲自赶去天津郊区考察，地里每一行都拉着电线用电灯照明，庄稼密植度大得进不去人，一看就是假的。杜润生忧心忡忡，他悲哀地看到在北戴河休息的领导们一派乐观气氛。[15] 帮助杜老整理回忆录的历史学家高王凌披露过一个细节：时任毛泽东秘书的陈伯达为其寻找理论依据，说马克思主张“组织农业生产大军”。杜润生听了，当即说：这不是“劳动营”吗？[16] 1950 年代中期，杜老的思想已经如此深刻。晚年杜润生说：在他们看来，“合作化运动更多是一场阶级斗争，是一场政治运动”。[17] 悲剧不可避免。说到底，人民公社制度将计划经济、公有制、无产阶级专政推向极致。没有人民公社制度，没有以剥夺农民为前提的工业化，也就没有那个时代的稳定。虽然被调离农口，杜润生还在观察和思考，从 1957 年农民拉牛退社，到包产到户的几起几落。他终于想明白毛泽东为什么不允许包产到户了，“坚持社会主义一定消灭私有制，防止资本主义复辟，要‘组织农业生产大军’，尽早进入社会主义，是他坚定不移的想法”。[18]

第四次是 1970 年代末开始的中国经济改革。首当其冲要挑战和动摇人民公社制度，其突破口就是家庭联产承包责任制，即“包产到户”。经济学家朱嘉明在讨论杜老的历史贡献时提示，杜老是能够理解 1978 年农村和农民真实的和全息图像的少数人之一：数亿农民绝不仅仅是一个数字、数量，那时候的农民，很多是有家谱的，祖先有过发达、荣耀的时刻，中老年经历过北洋政府、民国政府，又经历过后来的土改、合作社、人民公社。1960 年前后的饥荒于他们就是昨天的记忆，饿死的是他们的孩子、老婆、父母、兄弟姐妹，或隔壁邻居。他们是传统农家的最后一代，本不乏见识和勇气。只是因为他们的“终身身份”，没有迁徙自由，离开土地，没钱、没粮票就没活路。虽然他们也有“反行为”，但终归是处于贫穷、无奈、绝望的状态，在绝望中盼望，在盼望中绝望。在这种情况下，农民对改革的要求，是一座喷发的火山，是汹涌澎湃的大潮，是不可抑制的民心。事实上，一旦决定从“以阶级斗争为中心”转移到“以经济建设为中心”，就意味着给了农民自主经营的合法性，哪怕中间还要有几个消除障碍的阶段。小岗村农民为什么会为包产到户按手印，为什么敢拼命，是因为大环境有所变化。可以肯定地说，那时有如此行动的绝不仅是一个小岗村。即使它被平息了，还会有其他村子冒出来。与其说小岗村农民的行动是“改革”，不如说是“抗争”。农民的改革要求和自觉以及原本的主权意识，已经是野火春风。

1979 年，杜润生被任命为新成立的国家农业委员会副主任。1982 年国家农业委员会撤销后，杜老负责组建中央书记处农村政策研究室，后改为中央农村政策研究室，还有中国农村发展研究中心，后改为国务院农村发展研究中心。两个机构，一套人马，两块牌子，合署办公。杜老担任两个单位主任，承办党中央、国务院交办的农村调研和政策咨询任务。

回归农口的杜老并不是以人民公社的高调反对者的姿态出现，而是脚踏实地，大量调查研究，连续五年主导了中共中央以农村改革为主题的五个“中央一号文件”：1982 年，正式承认包产到户的合法性，农业生产超常规发展；1983 年，放活农村工商业；1984 年，疏通流通渠道，以竞争促发展；1985 年，调整产业结构，取消统购统销；1986 年，增加农业投入，调整工农城乡关系。也许这算不得什么了不起的功绩，只不过是创造了一种可能性，使农民的本能得以发挥。与其说是符合什么经济学原理，还不如说是符合天理人性。从在安徽推倒人民公社制度的第一块多米诺骨牌开始，由点到线，由线到面，由平面到立体、多维的历史转折发生了，它影响了中国农民和改革的命运，将人民公社送进历史。

杜老和农民之间有一种会心的联系，像是接头暗号。比如，在突破包产到户的岁月里，他以退求进，走不了一步走半步。最后在文件上的用语是："可以包产到队，可以包产到组，也可以包产到户。"文件发下去，农民只记住了"可以"、"可以"、"也可以"。他说了一个实在的理由，又是无法反驳的理由：把人民的事情交给人民自己去选择，这是他们的权利。于是，农民兴高采烈地在"可以"、"可以"、"也可以"三个选项中选择了包产到户。连中央文件都被幽默的杜润生添了喜感，他的农民式狡黠、理性、机智在此地发挥了最大功效。早在 1984 年，杜润生就指示农研中心组织考察团先考察西德，再考察东德，研究为什么东德农业不如西德。[19] 他没框框，"姓社姓资"的争论根本捆不住他。

人民公社制度的瓦解是这场改革最有历史意义的标志，它是对七八亿农民的解放运动。没有这样的解放运动，没有人民公社制度的完结，后来改革的一切进程都无从谈起，也不可能有未来的经济增长。

到了 1986 年冬，杜老感到"一号文件"的历史使命已经终结，光是政策语言不够，需要专业性、可操作性，甚至法律法令。这好比盖楼，得有坚实的框架！这期间，杜老还组建了全国农村固定观察点系统和全国农村改革实验区。其中观察点于 1986 年运行。在之后的 25 年里由初建的 28 个省市自治区 272 个村增加到后来的 31 个省市自治区 355 个村和 23000 农户，直接从农村基层了解农村改革和建设动态。改革实验区于 1987 年组建。经国务院批准备案建立的 30 个实验区分布在 21 个省市自治区包括 60 多个县级单位。其基本任务，一是通过局部地区的超前试验，探索经济体制及其运行机制在全国农村的具体实践方式；二是总结成果、规范经验，为制定政策法规提供依据。[20]

风摧不折

就这么个人，新中国成立后，几度被视为某种形式的“叛逆者”，一而再地不仅他本人被撤职，连他所在的机构也被撤销。最大的两次分别是在1950年代中期和1980年代末期。杜润生说:“从50年代开始，很多人习惯打听毛说了什么话,有什么指示,一字不漏地记下来传达。”[21]中国不乏专会看风向的官员和“知识分子”，与这些人同处一个时代，杜润生有一副承担的脊梁。他说：“我挨毛主席批评不少，但我为真理为人民献身,迄今无悔。”[22]如果杜润生乖巧地按“最高领袖”说的行事，政治前途或许“远大”，至少不会过早终结。而他选择了一条他认为是共产党人应该追求的道路。

1955年11月，中央决定解除杜润生中央农村工作部秘书长和国务院农业办公室副主任职务，调离农村工作部门。又过了几年，农工部被以“十年中没做一件好事”为由撤销。那时的他，还是折服于毛泽东的逻辑的,受到批评时真心检讨;而1956年被调任中科院副秘书长后，在“反右”中,他就有了“万事只求差不多”的名言,成了后来“文革”中揪他反毛的“罪证”。因为毛主张完全、彻底，而他却说“万事只求差不多”。[23]到1980年代末，他领衔的中共中央农村政策研究室和国务院农村研究中心被撤销时，他已进入大彻大悟的人生阶段。

他的每一次“出轨”、每一次“挣扎”，其实都是人性的本质和良知良心使然。杜老的秘书刘伯庸在《一片冰心在玉壶——记杜老在1989年7月14日下午的那一刻》中描绘了这样的场景：

> 时间：1989年7月14日下午5点多
>
> 地点：西黄城根南街九号院，原清代礼王府，此时是杜老办公室
>
> 杜老，放下手中材料，摘下眼镜，身体慢慢向后靠在椅背上，头微微仰起，眼睛先是微闭，接着一眨一眨地，眼眶湿润了，泪

水开始聚集，顷刻，从布满皱纹清瘦的面颊上滚落下来。“我只是想哭！”他哽咽着对走进来的小刘说，两只大手不停地在脸上擦。“我这不是哭我自己。”他用笔在纸上写：“洛阳亲友如相问，一片冰心在玉壶。”[24]

四天之后，是杜润生 76 岁生日。在接下来的清查、党员登记中，杜润生一度未被登记。

1990 年新年，农研室全体人马最后一次聚集在那个天天吃饭、平时嫌伙食不太好的机关食堂，是来听领导宣布撤销农研室的决定。每个人眼里都噙着泪花。[25]值得一提的是杜老在 1990—1993 年的岁月。首先，他选择了留在农口。单位撤销，人员待分配。农研室的三位领导张平化、张秀山、杜润生可以转去中央办公厅，其余领导去农业部。中组部来征求杜老意见时，他平静地说：“我一辈子关注农业，还是留在农口吧。”[26]农研室大部分人被转到农业部农村经济研究中心。中心为杜老保留一间办公室，地点在北京西城区西四砖塔胡同。杜老每天上班，一上近二十年，直到近百岁高龄。他还不顾撤销令，依然使用这两个单位的名义，[27]这样做，想必是因为他知道，农研室和农研中心是农民和农村干部的念想和可依靠的地方。他不想让他们失望。而且，只要他留在农口，只要这棵老树矗立着，他们就心里踏实。在杜老这儿，没别的，就是要为农民做事儿，要成事儿，什么名头、地位全不在话下。

有传言说，杜老被要求“不准发表文章，不准离开北京，不准出席会议”[28]。大约有三年时间，杜老消失于公众视野。而这三年，他实际上一点儿也没闲着：除了牵头课题组进行从土改、新民主主义的放弃，到 1953 年统购统销、1955 年危机和集体化大风暴等历史研究，[29]他还前往各地农村考察。例如：1993 年初，去上海考察。在一个经济发达村听罢关于资产、经济结构、收入的介绍，杜老说：“大树下面无杂草，生态不平衡。”[30]9 月，去河南省商丘市参加农村改革试验区关于流通问题会议，接着又考察安徽。[31]他还主持“人民公社时期集体分配制度研究”[32]，等等。当然，他还去过广州看望在那儿创业的翁永曦。爷俩白天逛景，晚上聊天。杜老进迪厅唱《潇洒走一回》，对接下来的一幕，翁永曦有传神的形容："曲响、舞起，杜老也随曲跳了起来，只是姿势特异，先提一只脚，蹦，然后放下这只脚，抬起另外一只脚，再蹦。我说：'您这是在锻炼哪？'杜老嘿嘿一笑：'别人跳狐步，我这是猴步。'"[33]这个老头儿，举重若轻，举轻若重，实在是太惹人爱，太逗人，太有味道了！

1993年，杜老受邀出席纪念农村改革十五年的国际会议，[34]是他约四年来首次公开亮相，并成为最受欢迎的人。然而合影时，他却不能被排到主要位置。主办者忿忿然，杜老不在乎。

没有职位和职务之累的杜老，一如既往，万变不离其宗地关心他的农民，调查研究，比如，怎么改变城乡二元结构？怎么实现农业可持续发展？什么样的土地制度对农民最有利？等等。1993年，民工潮刚一兴起，杜老就敏锐地意识到这是继农村联产承包责任制之后，中国农民又一次自发地顺应历史潮流的举动。其实早在1980年代，他们就做过农村劳动力转移的研究。那时，城里人把进城农民叫"盲流"，有的地方甚至提出"紧闭城门"，"用铁扫帚把他们赶出去"。而杜润生认为："民工潮是农民对劳动力市场信息的反应，是改革后农民对自主权的自觉运用。这样的劳动力转移，有利于创造农业步入现代化的条件，有利于农村耕地整合和劳动生产率提高，有利于自给为主的经济结构向商品化专业化转变。"它是农民以自身力量开通城乡关系，促进城乡二元结构向一体化转变的一个强大的动力源。杜老最先提出："富裕农民，必须减少农民"，"土地不能再生，人口可以转移。若城市人口的比重提高到50%，形成人口转移，就能够减少农民、富裕农民"。[35]

发明"可持续发展"概念的美国世界观察所所长莱斯特·R. 布朗（Lester R. Brown）博士在《谁来养活中国》（*Who Will Feed China?*）一书中提出中国面临环境威胁——土地沙漠化、地下蓄水层损耗、土地的非农业使用等，一旦粮食有缺口，世界上谁能供养中国的问题。

这在世界范围引起巨大反响和争论。

中国需要回应。主流的声音是予以回击。1996 年，当国务院发展研究中心邀请布朗来华，唯一一个愿意见他的就是杜润生。此时的杜老，代表的是理性和中国文化。他们俩在一座四合院里边喝茶边交流。杜老并不完全赞成布朗的观点，但是感谢他的警告，和他交了朋友。[36] 2002 年，杜老为布朗的《生态经济：有利于地球的经济构想》（*Eco-Economy: Building an Economy for the Earth*）写了篇读后感《善待天地山河》。他说："最引起我共鸣的是，要从改革市场价格入手，使价格能包括生态成本；要发挥经济政策的重要作用，一是转移税负，降低所得税，增加一切有损环境活动的税收，二是调整财政补贴，把对有害环境的补贴，转移到有利于环境的补贴"。[37] 他指出要采取经济增长和生态保护相结合的发展模式，要把对付水资源匮乏和江河污染摆到更加重要的地位，引导全民惜水、节水、循环用水和保护水资源。2005 年，杜老再度跟布朗谈环境问题：耕地在减少，沙漠化严重，地下水超量提取，西部地区生态环境恶化，经济发展的环境容量越来越小，先污染后治理的路再也不能走下去了。还有食品安全，建立人与自然的和谐关系，选择可持续发展的新模式，等等。

后来当布朗的又一本书《B 模式：拯救地球延续文明》（*Plan B: Rescuing a Planet Under Stress and a Civilization in Trouble*）出版时，93 岁的杜老还是参加了首发式，并嘱咐记者把他的讲话发出去。杜润生认为：中国最大的问题是农民问题，农民最大的问题是土地问题。他强调要稳定、界定、保护产权，包括土地所有权、发包权、处置权、管理权；给农民的承包权要长期化，30 年、50 年、70 年，有的荒地还可以实行永佃权，只有这样，才能让农民放心地把剩余资金投向土地；还要允许有偿转让使用权，形成使用权市场。为了稳定土地价格，要减少地价变动对种植业的影响，规定基本农田不得改变用途。新城市备用地，尽可能选择山地、滩地、低质土壤地等等。

杜老最看不过农民享受不到国民待遇，方方面面处于弱势：没有自由迁徙权，受教育有限，农村失业人口不叫失业人口，也没有失业救济，农民负担重，医疗保障不健全，就业难，土地制度不牢靠，返贫现象到处可见，贷款难，村民不能自治，等等。[38]

树的恩泽

杜老爱青年。在过去三十多年中，一批又一批青年，像一棵棵小树，聚集在老树周围，得着它的恩泽。大树的树冠为小树遮蔽烈日风暴，如今，小树成林成材。有人说：杜老的门生遍天下。没有谁有他这样的势头。他没有山头，不拉队伍，就是珍惜人才，重用人才。而他却成了最大的“山头”。这个“山头”不是组织系统的，而是心目中的。

杜老识人，求贤若渴。当1979年人大经济系资料室的白若冰把在学校读书会上的讨论讲给杜润生，杜老一听就感兴趣，邀请同学们到家里谈话。他鼓励他们做农村研究。1980年，有一群年轻人组织在一起开始搞农村调研，成立起一个小组，叫中国农村发展问题研究组，简称发展组。这个组的成立，最初得益于邓力群的支持。后来，杜润生使用这些年轻人最多，且用心栽培、呵护。发展组的组长是陈一谘，成员有王小强、何维凌、江北辰、邓英淘、张木生、罗小朋、陈锡文、白若冰、周其仁、杜鹰、高山、白南生、白南风、孙方明、杨冠三、宋国青等等。在1981年2月11日发展组的会上，杜润生说：“请同志们记住我这句话：开头不易，坚持难，坚持到底更难。……时代需要人才，在实践中培育人才，可能比办几十所大学更有作用。按照这个需要去努力，就一定会有好的结果。即使你们坚持不下去，开个头也是好的。”他说：“农民不富，中国不会富；农民受苦，中国就受苦。”[39]此后，1982—1986年的中央五个“一号文件”，不仅以发展组的调查、研讨为依据，也请他们参与写文件。而他们深入安徽滁县、江西吉安、广西梧州等地的深入调查，凝结成了调查报告的经典。发展组的青年们平均年龄大约30岁，和杜老相差几十岁，他们关系亲密，亦师亦友。年轻人见部长，推门就进；到中南海去汇报工作也无顾忌。[40]杜老给青年以告诫："早点度过我们年轻时的那个幼稚期"，"不要去追求个人的知名度"。[41]杜老不拘一格降人才的提拔重用速度，也让人叹为观止。他寄希望于青年人去冲破僵化的体制束缚，创建新的思想、体制。1980年代初，他把一个三十出头，没当过科长、处长、局长的翁永曦一下子提到了副部级——农研室副主任。后来，翁永曦被整，遭到不公正对待。杜老再提拔年轻人的时候宁可慢一点，怕他们树大招风，成了被枪打的出头鸟。对于这件事，杜老当时不仅痛心，还以自己的经历安慰翁永曦。翁永曦今天回忆起来，依然动情。相信对于翁永曦的人生遭遇，及其后果和影响，杜老也是始终难以释怀。

杜老有资历，没架子；有经验，不固执；有厚实的农村、农民和其他多方面知识，却以小学生自居；重视书本，更注重调查研究；严肃又幽默，不施小恩小惠。大家愿意追随他，崇拜他，甚至爱他。1970年代末，他已经历练成独一无二的决策咨询和政策落实运作高手，条条道路通罗马，顺势而为。他为青年搭台，敲边鼓，"怂恿"他们，教导他们，锻炼他们。张木生讲过一个故事：80年代，有一次他随杜老到中南海汇报粮食问题。同去的高小蒙拿出数字模型证明，中央手中只要保持1280亿斤粮食，用保护价收购，剩下的所有粮食可以完全放开，取消粮票，市场化经营。一位中央领导说：你们年轻人还这么保守，中央留1000亿斤足够了，剩下的全放开。话音刚落，一位青年很冲动地说："你们中央想什么呢？我们提的数据是经过大量的调查研究与反复测算出来的，不是拍脑袋！"这位中央领导马上走过来，拍着他的肩膀，和颜悦色地说："你们慢慢说，我仔仔细细听，好吧。"走出中南海，张木生以为杜老会批评他们张狂。没想到，他嘿嘿嘿地乐："我就是要让你们这些小家伙为我们这些老家伙投石问路。"[42]在1980年代，不止是农口，对于各个领域的青年学者、改革者，杜老都呵护有加。1984年9月青年人举办莫干山会议时，他给浙江省委书记薛驹打电话，嘱他支持。杜老从来不是喊口号的人，是脚踏实地，无虚言、无虚行的人。杜老带领从农委到中科院、社科院，从发展组到农发所的研究人员，从老革命到小年轻，从中央到地方，从政府到民间，从干部到农民的精兵强将，创造了一个与中央配合，相得益彰的推进改革局面，上下联手，官民联手，老少联手。

杜老认为“就得有唱反调的”。他求的是最大公约数，不是整齐划一。1980 年代他那儿开的座谈会，常常很激烈，拍桌子的、愤然离场的，不知情的还以为在吵架。初来乍到者尤其反感：“那帮小青年是哪儿来的，怎么对老同志那么不尊重？”农口的人都习以为常，一笑了之。[43] 为了把事情往前推，杜老愿意妥协、改良、协商，甚至等待。他长袖善舞，是博弈高手，活生生地化腐朽为神奇，变不可能为现实。

80 岁那年，杜老曾让陈锡文给他找个像样的秘书。陈锡文问什么是像样的秘书，他说：得能拿着英国、美国的经济学书直接用中文读出来。这要求未免也太高了。[44] 1989 年，他损兵折将，青年们有的离开，有的去国，有的下海。私底下，他挂念这个，操心那个。直到 90 多岁，杜老还不断地向团队中人提出新课题。求新求变的杜老，也有不变的，比如乡音不改，到了数字时代，语音识别软件难以辨识他的发音；还有，跟人家握手紧握不放。

90 岁生日时杜老说：“农口有一个好的传统，有一支好的团队，有老年、青年，一大批战斗力较强的人才。”他说自己不过是这个团队的一个符号，个人能做多少事？

荫泽后人

最后几年，杜老住进医院了。他的耳朵早已听不清楚，进入无声世界，也就是进入自己的内心世界。回顾一生，他说：“我苦劳多，功劳少；‘右’倾的时候多，‘左’倾的时候少。争取在可能的情况下，做一些有益于人民的事情，无愧地走向生命终点。”[45]

在过去半个多世纪，中国并不缺乏为农民请命的人，邓子恢、彭德怀等等，但是一一陷落。杜老是幸运的。上帝给了他足够长的生命和异于常人的禀赋；历史给了他巨大的舞台和精彩的时刻，使他得以在恰当的时机发挥恰当的作用。

如何解读杜老，众说纷纭。那么，他究竟是大儒，还是自由主义者？是体制的叛逆者还是维护者？其实，最重要的是要看杜老始终如一的诉求和关怀是什么？归根结底，他在意的是农民的自由与权利的实现，是社会正义的实现。这折射的是杜老的人性、良知和精神，也恰恰是杜老的力量、魅力和楷模的基础所在。

---

1. 原载《经济观察报》2015 年 10 月 19 日。
2. 孙方明：《潮聚潮散》，大风出版社，2011 年，123 页。
3. 高王凌：《杜润生是怎样指导我做调研的》，凤凰网，2015 年 10 月 12 日，http://news.ifeng.com/a/20151012/44818801_0.shtml。
4. 《杜润生自述：中国农村体制变革重大决策纪实》，人民出版社，2005 年，17 页。
5. 1950 年刘少奇在土改报告中说："人民革命战争要求农民付出极大的代价（出兵、出公粮、出义务劳动）来支援战争。而争取战争的胜利，则是全国人民最高的利益，一切都应该服从于它。"转引自《杜润生自述：中国农村体制变革重大决策纪实》，19 页。
6. 《杜润生自述：中国农村体制变革重大决策纪实》，18 页。
7. 同上，10—15 页。
8. 同上，56 页。
9. 同上，60 页。
10. 同上，61 页。
11. 同上，62 页。
12. 同上，102 页。
13. 高王凌：《五十年代初毛刘之争的一个解读》，《炎黄春秋》2012 年 2 期。
14. 《杜润生自述：中国农村体制变革重大决策纪实》，75 页。
15. 同上，79 页。
16. 高王凌：《五十年代初毛刘之争的一个解读》，《炎黄春秋》2012 年 2 期。
17. 《杜润生自述：中国农村体制变革重大决策纪实》，66 页。
18. 同上，95 页。
19. 姚监复：《回忆改革家和思想家的杜润生》，载余展、高文斌主编《我认识的杜润生》，山西出版传媒集团、山西经济出版社，2012 年，171 页。

20．高文斌：《和杜老在一起的日子》，载《我认识的杜润生》249 页。
21．《杜润生自述：中国农村体制变革重大决策纪实》，63 页。
22．周清印：《永做农民代言人》，载《我认识的杜润生》，409 页。
23．据中科院力学所刘大有回忆，资料来源：电子邮件。
24．刘伯庸：《一片冰心在玉壶》，载《我认识的杜润生》334 页。
25．翁永曦：《杜老往事点滴》，载《我认识的杜润生》176。
26．袁崇法：《抹不去的记忆》，载《我认识的杜润生》，292 页。
27．高文斌：《和杜老在一起的日子》，载《我认识的杜润生》，238 页。
28．姚监复：《回忆改革家和思想家杜润生》，载《我认识的杜润生》，172 页。
29．刘志仁：《恩师杜润生》，载《我认识的杜润生》，278 页。
30．高王凌：《杜润生是怎样指导我做调研的》，凤凰网，2015 年 10 月 12 日。
31．陈锡文：《杜老给予我的宝贵精神财富》，载《我认识的杜润生》，193 页。
32．崔传义：《促进城乡二元结构向一体化转变的伟大事业》，载《我认识的杜润生》，298 页。
33．顾宁一：《回忆杜老三事》，载《我认识的杜润生》，339 页。
34．翁永曦：《杜老往事点滴》，载《我认识的杜润生》，173 页。
35．刘志仁：《恩师杜润生》，载《我认识的杜润生》，278 页。
36．陆子修：《杜老是我由衷的睿智长者》，载《我认识的杜润生》，75 页。
37．杜润生：《回忆与美国学者布朗的会面》，《杜润生自述：中国农村体制变革重大决策纪实》，233—235 页。
38．杜润生：《善待天地山河》，载《中国农村制度变迁》，320 页。
39．杜润生：《给农民国民待遇》，《中国农村制度变迁》，300 页。
40．杜润生：《给有志于研究中国农业问题的青年》(1981 年 2 月 11 日)，载《杜润生文集》(1980—1998)，27 页。
41．郭平壮：《仰望杜主任》，载《我认识的杜润生》，328 页。
42．杜鹰：《从农村问题研究组到农村发展所》，载《我认识的杜润生》，197 页。
43．张木生：《智慧老人杜润生引领民主二三事》，载《我认识的杜润生》，210 页。
44．段应碧：《智慧老人杜润生》，载《我认识的杜润生》，68 页。
45．陈锡文：《杜老给予我的宝贵精神财富》，载《我认识的杜润生》，193 页。

第二代 | 1920—1940

他们或者在民国时期接受过高等或初等教育，追随共产主义，参加共产党，或者在1949年后系统地接受苏联政治经济学教育，或者是50年代、60年代中国自己培养的经济学家。他们目睹了一个制度溃败，另一个制度兴起。他们参与了体制改革，也觉悟到经过改革的制度有各种弊端。他们将学术理念、国际视野融合，承上启下，又不可避免地带有深刻的历史局限。

体改委：改革的“中枢”[1]

它一成立就迅速生出根来，发展网络，上情下达，有了一张横向纵向的网，中南海的政令一出，即可到达每个节点。改革，不是口号，不是抽象的概念，是实施。

1982年5月4日，国家经济体制改革委员会（简称“体改委”）的成立，使这一天意义非凡。从那往后，直到1998年，中国改革的大政方针，都不能逾越体改委。它集调查研究、参谋指挥于一身，“统领”全局，有几分像古代一度出现的枢密院，也有“小国务院”的称号。其实，这也不为过，毕竟，是国务院总理兼任主任的机构。

另起炉灶，组建体改委

体改委成立时，国务院总理说体制改革归根结底主要是两个问题，一是计划与市场的关系，二是条条与块块的关系。[2]历史证明，这个定位准确。那么由谁来执行这些使命？为什么体改委主任要由总理出任呢？

当改革由农村进入城市，自然出现了这样的问题：改革的现实动力来自哪里？原来那套国务院职能部门怎么能自发改革？国务院体制改革办公室也无法负担路阻且长的改革，需要一个稳定的国务院机构来推动实施。唯一的出路，就是在旧体制外，创建一个新机构，使其拥有至高地位，既了解各部委和地方情况，又与它们没有利益关系，既超越又涉及。能够满足这些条件的绝佳设计，就是创建国家体改委，由国务院总理亲自兼任主任。

体改委的五位副主任分别是：原国务院副总理，机械工业委员会主任薄一波（1908—2007，山西人）；国务院秘书长，原国务院经济体制改革办公室主任杜星垣（1914—2011，福建人）；原六机部部长，曾任高岗秘书的安志文（1919—2017，陕西人）；原机械工业委员会副主任，曾任陈云秘书的周太和（1914—2010，江苏人）；原国家科委副主任童大林（1918—2010，福建人）。1982 年 7 月，增加了体改委委员的设置，有廖季立（1915—1993）、陶力（1920—1989）、董峰、詹武（1921—2014）等。他们不仅是老革命，参与了计划体制的建立和实施，只要留意，还会发现，他们的背景涉及国民经济各个方面。在当时，找到比他们更合适的人几乎是不可能的。这是知人善用，也是历史选择。30 年后，安志文的一句话，代表了他们的历程："我一生做两件事，第一个是老老实实地学习计划经济，第二个是老老实实地学习改变计划经济。"[3] 解铃还需系铃人啊，这是天命。

刚成立的体改委有一室四组：总体规划组，负责人是杨启先（1927 年生）、农合；协调组，负责人是宋一峰等；调研组，负责人是傅丰祥（1929 年生）；理论研究组，负责人空缺。到了 1982 年 12 月，机构调整成一室七组：总体规划组组长杨启先、农合，生产体制组组长翟乃文，流通体制组组长王桂五，分配体制组组长傅丰祥，综合试点组组长吴佩纶（1924 年生），调查研究组组长高尚全（1929 年生），理论研究和科教组负责人空缺。[4] 由此可见体改委成立之初，设计者的思路就已经很清晰了。当新生的体改委运转起来，更新换代就随之开始了。老一代为年轻一代铺路、让贤。1983 年贺光辉（1929 年生，陕西人）、鲍彤（1932 年生，浙江人）被任命为副主任；1985 年高尚全（1929 年生，上海人）被任命为副主任，洪虎（1940 年生，安徽人）为党组成员。

体改委的工作人员来自四面八方，有体改办的杨启先、徐景安等，机械委的傅丰祥、高尚全等，还有国家计委、建设部、商业部的一些处长、副处长。随着“文革”后大学生和研究生毕业，陆陆续续又增加了一些年轻人，像石小敏（1950 年生）、金立佐（1957 年生）、宫著铭（1946 年生）、郑洪庆（1947 年生）、楼继伟（1950 年生）、周小川（1948 年生）、郭树清（1956 年生）等。

1987 年 4 月至 1988 年 4 月，体改委主任一度由中央政治局委员、原电子工业部部长李铁映（1936 年生，湖南人）担任，之后，又回到总理兼主任的惯例。1988 年由李鹏（1928 年生）兼主任，副主任是贺光辉、刘鸿儒（1930 年生）（兼）、张彦宁和高尚全。在 1989 年的体改委委员中，已经有了周小川（1948 年生）、宫著铭这样年轻的一代。[5]

三个里程碑

80 年代改革实现了三个飞跃[6]：1978 年底到 1984 年 10 月中共十二届三中全会，处理计划与市场的关系，发挥商品货币作用；1984 年到 1987 年十三大，发展有计划的商品经济，建立市场体系；十三大提出“国家调节市场，市场引导企业”，把改革推向新的阶段。

里程碑一：十二届三中全会确立商品经济

中共高层有意在 1984 年 10 月召开的中共十二届三中全会上，推出一个关于改革的文件，使之成为继 1978 年十一届三中全会决议之后新的高度。根据邓小平的意见，中央成立了以总书记、总理以及胡启立、胡乔木、姚依林、田纪云组成的文件起草领导小组。参加起草小组的体改委成员有高尚全、杨启先、顾家麒等。起草组内有不同意见。高尚全回忆说：“有人认为提商品经济就是搞资本主义。一度写入草稿的商品经济，被撤掉了。”胡耀邦却多次参加文件起草工作座谈会，提出：要写得“高”一些，原则一些，要搞出个“历史性的文件”。[7] 7 月

28 日，起草小组听了国务院总理谈计划体制改革问题的传达。总理的基本观点是，社会主义经济是计划经济，又是商品经济，要把二者结合起来，充分发挥市场调节的作用。胡耀邦也对所写草稿不满意，要求在重要问题上有所突破，提出要写进发展多种经济成分。于是，阵前换将，中共中央书记处研究室副主任林涧青（1922—2008，福建人）及研究室的林子力（1925—2005，福建人）、郑必坚（1932 年生，四川人）加入起草小组，林涧青当负责人。显然，总书记、总理都已心中有数，需要“秀才”们做出与原有意识形态既接轨，又有突破的文章来，让各方接受，使改革迈出决定性一步。这是一次党中央和国务院的完美合作。

起草小组在第五稿时，把草稿发到中央各部、各省市自治区征求意见。在体改委的意见中提道：“在讲到过去的经济模式时，必须明确它是限制商品经济发展、排斥价值规律的。在讲到改革要建立新的模式时，应当明确提出我们的经济是社会主义商品经济，是建立在公有制基础上的有计划商品经济。”[8] 能不能把“商品经济”写进决议，始终是争论的焦点；它的取舍，事关重大。总理、总书记分别于 8 月 29 日和 30 日去玉泉山与起草小组座谈，争取在“商品经济”问题上取得突破。然而要想撼动“正统”还是很难。

在起草小组内受到挫折的高尚全想争取外援。他和中国体制改革研究会副会长童大林商量，召集一次经济学者研讨会。由安志文主持，9 月初在当年的西苑旅社（后来的西苑饭店）二十多位经济学家聚会，讨论对商品经济的看法，蒋一苇、董辅礽等出席。大家达成了共识：商品经济不是资本主义特有的范畴，与计划经济也不是对立的，它是社会经济发展的一个必经阶段。他们把会上的意见以理论探讨成果的形式上报。国务院总理将报告批转起草小组，同时写道：“马洪同志也有这个意见。”所指马洪的意见，是此前总理授意国务院技术经济中心总干事马洪组织写的一份意见书。总理对马洪说：中国还是要搞商品经济，你不是也有这种观点吗，不妨写篇文章送给“老同志”们看看。

于是，马洪请社科院工经所所长周叔莲、财贸所所长张卓元等起草《关于社会主义有计划商品经济的再思考》，后请吴敬琏参加修改。文章写好后，分送几位党内老人，没有反对意见，只有一位提出，最好不要从全民所有制内部找商品经济存在的原因，还是从两种所有制的关系、两种公有制的存在来说社会主义存在商品经济原因为好。王震也夸奖文章写得好，说我们不能只说老祖宗说过的话，应该有创造性。[9]

9 月 9 日，国务院总理给中央政治局常委写了一封信，是《关于经济体制改革中三个问题的意见》[10]，其中写道：计划经济不等于以指令性计划为主。指令性计划和指导性计划都是计划经济的具体形式。社会主义经济是以公有制为基础的有计划的商品经济。邓小平、陈云分别在 9 月 11 日和 12 日批示同意。9 月中旬，马洪再次上书，建议把“社会主义经济是有计划的商品经济”写进决议。“这个问题太重要了，如果不承认这一点，我们经济体制改革的基本方针和现行的一系列重要的经济政策都难以从理论上说清楚。”[11]

从中央到地方，多方面的努力汇聚在一起，最终，凝结成后来被邓小平评价为写出了一本“政治经济学初稿”的《中共中央关于经济体制改革的决定》。它最大的突破就是提出：社会主义计划经济必须自觉依据和运用价值规律，是在公有制基础上的有计划的商品经济。

仔细看，会发现这个中文句子提炼出的主谓宾语是“计划经济是商品经济”，似乎逻辑上出了问题，实则是中文的绝妙，文字高手的巧用。

里程碑二：“七五”建议改变了计划传统

归根结底，怎么把文件变为实践？ 1985 年，中央组织讨论“七五”计划建议。所谓“七五”，是指第七个五年计划时期[12]，时间从 1986 年至 1990 年。制定五年计划，历来是国家计委的职能和计划经济体制的标志。然而，这次破例，由党中央先组织研究“七五计划建议”，再交国务院制定“七五”计划。从第一个“五年”计划开始，都是计划粮多少、钢多少、钱从哪里来等硬指标，也就是说，是以建设为目标的计划。

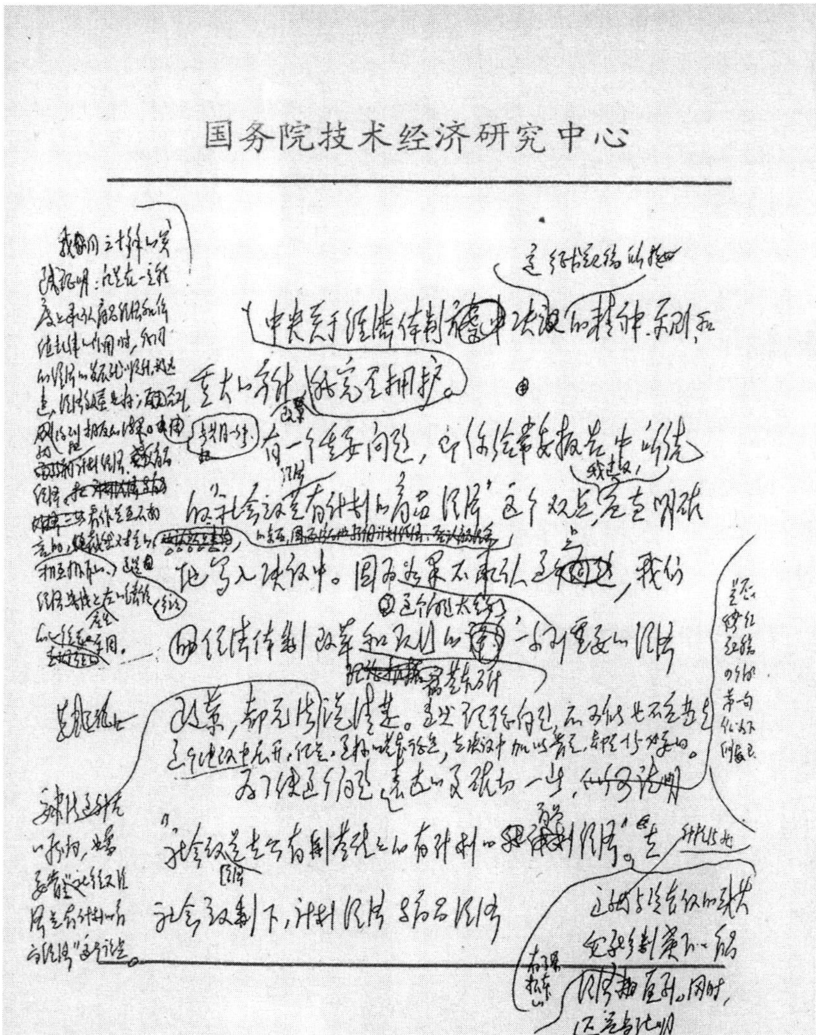
国务院技术经济研究中心

1984年9月马洪给国务院领导人的信（草稿）。（马怡提供）

而从此以后的五年计划，不仅讲硬的方面，也讲软的方面；不仅讲增长，也讲发展，讲改革；不仅讲建设，也讲制度。

国务院总理在1985年9月18日作了一个关于制定“七五”计划建议的说明。他说：“它是十二届三中全会关于经济体制改革决定的具体化。《建议》中没有列很多数字，只讲了关系经济和社会发展全局与方向的一些重要指标。着重研究发展战略和方针政策，是计划工作的一个重大转变，是这个文件的特征。”

9月30日，《人民日报》发表高尚全解读“七五”计划建议的文章。[13]坚持把改革放在首位，是“七五”计划建议的基本指导原则。“七五”计划是改革的计划。对于“七五”的三项任务，他做了专论：第一，为改革创造良好的经济环境和社会环境，基本上奠定新的经济体制基础；第二，为90年代的经济发展准备必要的后续能力；第三，使人民生活继续有所改善。

重要的是，从此，中国的五年计划的内涵，发生了革命性的本质变化。

里程碑三：十三大理清政府、市场、企业的关系

1986年10月23日中央书记处召开十三大决议起草组会议。中央领导希望十三大在理论上能有进一步突破。说到底，怎么转轨，还是计划和市场的关系。

10天前，10月中旬，中国计划学会、国家计委计划经济研究中心组织召开了“全国宏观经济管理讨论会”，对于未来宏观管理的基本框架，大多数人认为应该是“国家调控市场，市场引导企业”，但是具体到国家、市场、企业三者的关系，则有不同考虑：一是，资源配置职能完全交给市场，国家只辅助市场进行第二次调节；二是，计划机制市场化；三是，国家保留部分直接决策权，但在实施中尽量利用市场化方式。其实，这里说的国家，是政府。

大家公认，廖季立是国家体改委内有思想、有新意、有冲劲的人。从目前的文献看，他发表在1986年12月8日《世界经济导报》上的《试论计划管理体制改革》是最早论述“国家调控市场，市场导向企业”

这一体制模式的。与后来十三大上提出的“国家调节市场，市场引导企业”，虽有“调控”与“调节”、“导向”与“引导”之差，但是，十分接近。他是这样写的：“形象地说就是形成‘笼子和鸟’或者‘牧场和羊群’的关系。计划管理是‘笼子’‘牧场’，而不是‘绳子’‘锁链’，它为企业提供良好的经济活动场所，调节和控制经济活动的运行；企业是生动活泼的动物而不是被绳索捆绑的猎物。”

1987 年 3 月 20 日高尚全在中央党校作《探索和创立有中国特色的社会主义经济体制》的报告，也讲到计划与市场结合的目标模式应该是“国家调控市场，市场引导企业”。在接下来的十三大报告草稿征求意见时，高尚全于 8 月 20 日写了一份意见书《希望在改革的理论上有新的重要突破——对十三大报告中计划与市场关系的一点意见》，提出：一，计划调节和市场调节都是一种手段和方法，并不是社会制度的属性；二，用国家经济合同逐步替代指令性计划；三，从实物性计划向政策性计划转变是经济发展和改革的需要。意见书在体改委《快报》第 20 号发表后，国务院总理于 8 月 30 日批示：“内中提到的要把指令性计划改为合同制，在报告中可提出来。”高尚全说：“提出按等价交换的原则，签订经济合同，替代指令性计划，是一个重大突破。”[14]

经过反复讨论，理论上的创新已经呼之欲出了。1987 年 9 月 5 日邓小平会见日本二阶堂进一行时说：“十三大实际上应该叫作改革、开放的大会，要加快改革步伐，深化改革。政治体制改革的问题几年前就提出来了，但过去把重点放在经济体制改革上。这次才把政治体制改革提到议事日程上来。”[15]

1987 年 10 月召开的中共“十三大”，系统阐述了社会主义初级阶段理论，提出政治体制改革任务，指出“通过国家和企业之间、企业与企业之间按照等价交换原则签订订货合同等多种办法，逐步缩小指令性计划的范围。国家对企业的管理应逐步转向以间接管理为主”。新的经济运行机制，总体上来说应当是“国家调节市场，市场引导企业”。由此，十三大奠定了中国长程的制度问题。

1987年10月26日，在十三大中外记者招待会上，高尚全（前排右一）、杜润生（前排右二）回答提问。（高尚全提供）

在中共党史上，若论承前启后、对后来产生长期影响的党代会，七大算一次，其影响延续到毛泽东时代结束；十三大也算一次，影响到往后20年改革。接下来的党代会，是在十三大基础上的成熟和发展。邓小平看得最明白，在经过了1989年后，他依然斩钉截铁地说："十三大报告，一个字都不能动。"

对外交流：四国五方会

体改委是思想碰撞、交锋最激烈的地方，甚至是众矢之的，也是国内国际人士寄托了最大理想、期望最高、最感兴趣的地方。似乎中国的奇迹，将从这里发生。因此，体改委从成立的第一天起，就打开大门，以开放的思维，在学习、借鉴中探索中国改革道路。它与社会

ันจันทร์ ที่ ๒๒ มิถุนายน พ.ศ. ๒๕๓๐ **Business Post** BA

World Bank meeting studies development process

inance Minister Suthee Singsaneh presided over he opening of the World Bank's two-day symosium on "The Role of Planning and Markets in he Development Process", attended by 30 particiants from Korea, China, India and Thailand at Dusit Thani Hotel.

Photo shows Dr Mahn-Je Kim from Korea; Dr Snoh Unakul, NESDB's secretary-general; Mr Attila Karaosmanoglu, World Bank's vice president for Asia; Dr Manmohan Singh from India; D Suthee; Mr Gao Shangguan from China; and M Chavalit Thanachanan, Bank of Thailand's deput governor.

四国五方会合影，右二高尚全、右四印度计划部长辛格、右五世界银行副行长，左一韩国原副总理金满堤。（高尚全提供）

主义国家、资本主义国家，与政府和民间，与实业家和学者都有频繁的交往。其中有很多精彩事件，比如巴山轮会议。在此，要记载的是1987年的四国五方会。

进入80年代中期，中国双重体制并存：计划机制与市场机制并存，计划价格与市场价格并存，直接管理方式和间接调控手段并存，纵向的组织机构和横向的经济组织并存。[16] 计划和市场究竟怎么有机结合，实现顺利转轨，始终是个问题。

1986年，世界银行驻北京首任代表林重庚向国务院总理提出可以借鉴韩国经验的建议。于是，总理指派国家体改委与韩国接触。这项任务落在高尚全身上。高尚全1952年毕业于上海圣约翰大学经济系，曾在机械部、机械委政策研究室工作，是学者型官员。此时，中国和韩国尚未建交，过不去，进不来，怎么办？高尚全提议去第三国会谈。第三国，就选在泰国。首先是想出这个办法，其次是这个办法获批准，足见当时的思想何等开放。

1987 年 6 月 4 日，高尚全率中国经济体制改革考察团赴曼谷参加计划与市场国际研讨会，副团长是詹武。同行的有体改委彭森、陆涌华、耿亮，体改所高梁，国务院发展中心吴敬琏，社科院张卓元，上海的陈琦伟。泰国接待方是朱拉隆功大学。泰国财政部长，韩国刚卸任的副总理金满堤，韩国发展研究院（KDI）领导，印度计划委员会副主席辛格（2004—2014 年任印度总理），以及世界银行副行长都参加了研讨。这是真正的四国五方会。各国介绍自己的经验教训。印度曾经效法苏联模式，强调国家对国民经济的计划管理，压抑市场作用，1987 年正在放开，实行市场自由化；泰国，早期强调自由市场配置资源的有效性，忽视政府计划指导，后来也建立了计划机构，但不搞分钱分物的指令性计划，而是政策性的指导性计划，包括制定宏观经济政策，调整产业结构，地区发展以及收入分配合理化；韩国，一开始学日本，把计划建立在市场经济基础上，效果不错。金满堤说，从实物性计划到政策性计划的转变，是经济发展的需要。韩国的中期计划也无实物性指标。

他们还了解到韩国有一套高效率的执行政策机构，最重要的是经济企划院。为了保证决策正确，充分依靠有学识和经验的专家，他们不仅听取经济专家的意见，也听取企业家、政府官员和各种商会、联合会代表的意见。[17] 此行，顺便考察了泰国，开展民间外交，一举多得。四国五方会谈的成果受到中央的重视。

体改委的网络

上世纪 80 年代，中国是一个条条、块块的国家。体改委的触角和影响也体现在条条块块上。它一成立就迅速生出根来，发展网络，上情下达，有“胳膊”有“腿”：从中央到地方每一级政府都设立了体改委，由省长、市长等行政第一把手兼任主任；国务院各职能部门也设立体改司、体改办。有了一张横向纵向的网，中南海的政令一出，即可到达每个节点。通过宣传舆论和组织制度一齐推动，使体改委的改革思想、方案和政策具有强大的传播力。改革，不是口号，不是抽象的概念，是实施。在中国改革的关键时刻，体改委应运而生，履行了它的历史使命。虽然无从考证是谁先提出设立体改委，但是，当时国家领导人的卓识远见显而易见。

体改委自身也衍生出了一些机构。其中影响最大的是 1984 年 12 月成立的中国经济体制改革研究所，首任所长是高尚全。体改所一度叱咤风云，它由一批优秀青年组成，其释放的能量，对历史的贡献，对那个时代青年的影响，都成为一个不可逾越的篇章。1990 年，体改所被合并到经济管理研究所，改造为经济体制改革与管理研究所。原体改所的大部分成员后来各奔东西。

1983 年 2 月成立的中国经济体制改革研究会，一直延续至今。除了做研究，有些场合，体改委作为政府机构不方便出面时，就由体改研究会牵头，比如，巴山轮会议虽是体改委主办，但是由体改研究会出名义。谁也没有想到，它有这么长的生命力，成为体改委元老们散发余热的场所和发出声音的阵地。因为他们的存在和影响，体改研究会受到人们的尊敬。像前后担任过三届研究会会长的安志文，直到 97 岁还坚持每天去办公室上班，还有同样进入耄耋之年的名誉会长高尚全和副会长杨启先都坚持到办公室去，看资料，写文章，参加会议，发言。安志文越来越多地谈政治体制改革，忧心忡忡：“如果我们的社会变成权贵市场经济，那我们的改革就白改了，我们的国家将前途堪忧。”[18]“两件事都没做好，计划经济年代，我们饿死了人；市场经济的现在，我们让贫富差距拉大。”“在与当初的改革目标如此接近的时候，没想到却与我们曾经‘共同富裕’的理想越来越远。”[19]高尚全是体改委老人中至今保持旺盛工作力、最为活跃的人，持续为改革鼓与呼。

1986 年 1 月，体改委成立了中国经济体制改革杂志社和编辑部，陈贤经任总编辑，出版《中国经济体制改革》和《经济体制改革内部参考》。回想 80 年代在体改委的岁月，原宏观司司长许美征（1930 年生）说："虽然在中南海里上班，但是，大家的生活很清苦，住房条件差，一门心思干活，是拿出干革命的劲头来工作的，有志向，有意思。"高尚全说：80 年代是改革的黄金年代，也是我最繁忙的年代。

从 1982 年到 1988 年，与体改委同时存在的还有国家计划委员会和国家经济委员会。国家计划委员会，编制计划，宏观调控；国家经济委员会，主管工交，维持运行；体改委，推动体制转轨。那时，中国经济的运行得力于这三个支点。三个委员会在工作上有重合、有矛盾、有争论，又相互依存。很多年过去了，三个委员会都不存在了，给后人留下丰富的历史遗产和思考。因为，中国是从这样的体制走过来的。而体改委的历史遗产，还需要时间和空间让我们再认识。

附 记

在体改研究会的楼里，见到安志文先生，我没有和他说过话，是出于"不便打扰"的自我意识。我和高尚全、许美征二位认识较早，沟通容易，敬佩他们老当益壮，活跃在第一线的干劲；杨启先先生有长者风范，在他面前，既感到亲切，也有些局促。他的《一篇迟到的考察纪要——瑞典式社会主义考察》，是在 1985 年和 1988 年两次考察之后十余年才发表，折射了其间的探索与曲折。这些老"体改"，是在实际部门的操作者，同时又有学者素质。对于中国的改革之路，几十年过后，谁知道他们心里，有多少五味杂陈的感情和感受啊？！

1．原载《经济观察报》，2010 年 6 月 21 日、28 日。写作本文采访了高尚全先生、许美征女士和高梁先生。

2．谢明干：《经济体制改革是如何启动的》，载《百年潮》，2009 年 11—12 期。

3．卓成华：《安志文：中国改革的思考者》，载《中国老年》，2010 年 3 月上半月版。

4．中国体制改革研究会鲁利玲女士提供资料。

5．高尚全等：《改革历程——献给改革开放 30 年》之《纪事篇》，北京，经济科学出版社，2008 年 11 月。

6．杨启先：《论“国家调节市场、市场引导企业”》，经济科学出版社，773 页，1988 年 6 月。

7．参见高尚全：《胡耀邦主持起草〈中共中央关于经济体制改革的决定〉》，载《炎黄春秋》，2015（12），18—20 页。

8．高尚全：《中国 30 年改革开放的过程也是思想解放的过程》，见高尚全等：《改革历程——献给改革开放 30 年》，9 页。

9．柳红：《当代中国经济学家学术评传——吴敬琏》，189 页。

10．赵紫阳：《关于经济体制改革中三个问题的意见》，1984 年 9 月 9 日，见中共中央文献研究室：《十二大以来重要文献选编》，533 页，北京，人民出版社，1986 年 10 月第 1 版。

11．《马洪小传》，见《首届中国经济学杰出贡献奖获得者丛书——马洪专集》，山西经济出版社，2005。

12．“五年计划”是中国国民经济计划的一部分，主要是对全国重大建设项目、生产力分布和国民经济重要比例关系等作出规划，为国民经济发展远景规定目标和方向。1949 年到 1952 年是中国的国民经济恢复时期，从 1953 年开始执行第一个五年计划。之后，除 1963 年至 1965 年为国民经济调整时期外，每一个五年都会产生一个计划。

13．高尚全：《坚持把改革放在首位》，载《人民日报》，1985 年 9 月 30 日。

14．高尚全：《中国 30 年改革开放的过程》，见高尚全等：《改革历程——献给改革开放 30 年》，12 页。

15．中共中央文献研究室：《邓小平年谱(1975—1997)》，中央文献出版社，1206 页，2004 年 7 月。

16．高尚全：《充分认识新旧体制转换的艰巨性和复杂性》，载《红旗》，1986（1）。

17．1990 年 3 月 31 日高尚全在中央党校的讲演，载《强国之路》，229 页。

18．安志文：《应该启动政治体制改革》，载《中国改革》，2008 年 6 月 12 日。

19．卓成华：《安志文：中国改革的思考者》，载《中国老年》，2010 年 3 月上半月版。

吸引外资：谁利用谁[1]

“文革”时期，不要说向国外借钱，即使向国外买设备、买几条船，都是“卖国主义”、“爬行主义”。因此，我们要借外债，引进外资，阻力会非常大，每走一步都是较量和博弈。

过去30年，开放推动改革，改革促进开放。对外开放，似乎是自上而下、由内而外的政府主导过程，是不同制度、不同观念碰撞最激烈的前沿阵地；需要胆识、学识和对市场经济的理解，需要懂得国际投资、贸易等高素质人才。有一位既是官员又是学者，既重理论又重实践的人，在中国的对外开放领域做出了很多贡献，他的名字叫季崇威（1922—2001）。

一

1978年2月，五届人大一次会议的政府工作报告提出，中国的“对外贸易要有一个大的发展”。也是在这一年[2]，中国签订了宝钢等22个引进先进技术和成套设备的项目。这是1949年以来的第三次大规模成套引进设备。此时，高层决策集团已经明确：要现代化就必须开放。这需要一个特殊的团队，不在体制内产生，却又需要依赖体制，扶植和培育全新的力量，主导开放，主导利用外资，最终撬动体制变革。另外要有窗口机构和企业，与国外资本和企业进行对接。于是，历史选择了谷牧（1914—2009）和荣毅仁（1916—2005），筹备建立外国投资委员会和中国国际信托投资公司（简称“中信公司”）。

1979年6月，国务院成立“进出口管理委员会”和“外国投资管理委员会”（以下简称“两委”），一套机构，两块牌子，下有外资局、外贸部、中国银行、海关总署、外汇总局、商检总局等多个单位。它打破了传统行政格局，为对外开放的“特事特办”建立了通道。

担任两委主任的谷牧，1949年以前在白区长期从事地下工作，当过作家；1949年以后在国家经委、建委等担任领导，懂工业、懂管理，思想开放。“文革”中他曾因引进国外设备而遭批判。1978年5月2日到6月6日，他率领政府代表团，对欧洲五国展开了破冰之旅，访问了15个城市，奠定了中国开放的基调。这位中国政坛的常青树，数十年掌管经济，进入老年，成为开放政策的探索者和实施者。谷牧又选择了一批助手来帮助他完成开放大任。其中有汪道涵（1915—2005）、周建南（1917—1995）、江泽民（1926年生）、季崇威（1922—2011）、李灏（1926年生）等。

自力更生，关起门来搞建设，既无内债又无外债，曾是中国人的骄傲，也是捆绑中国人的绳索。开放的核心就是利用外资。而在很多人的观念中，利用外资就是向资本主义制度投降。这些主管开放事业的高官，一上来就把制定合资企业法提到首位。然而，讨论的过程复杂而艰辛。他们先学习列宁在1920年代推行新经济政策时期关于租让制的理论，再研究世界各国引进外资的法律。终于，在1979年7月1日，人大通过了《中华人民共和国中外合资经营企业法》。虽然它有“强人所难”之处，不合惯例，比如，不管谁的投资多少，都由中方出任董事长，但是，毕竟迈出了历史的一步。

1980年夏，谷牧邀请季崇威调入两委，任专职委员，分管利用外资，并负责联系中信公司和光大两个对外窗口公司[3]。季崇威1949年

季崇威（中）与汪道涵（右）等人在一起。（季红提供）

后进入轻工部，27 岁当计划司司长；1956 年到国家经委企业管理局当副局长；1960 年代，在刘少奇倡导和薄一波、吴亮平领导下，参与组织研究托拉斯，执笔《关于试办工业、交通托拉斯的意见的报告》[4]，并参加 12 个行业性托拉斯的试办。“文革”去干校，1976 年回京。1977 年 6 月国务院扭亏增盈领导小组成立后，谷牧推荐季崇威当办公室副主任。季崇威有过市场经济的历练。他 13 岁考入《大公报》做练习生，后成长为名记者，而他的另一个身份是中共地下党员。1948 年秋，当国民党币制改革，发行金圆券时，季崇威在《大公报》揭露行政院长王云五的机要秘书到上海抛售股票投机牟利，要求彻查，沉重打击了国民党政府的信誉。季崇威还通过时任资源委员会财务处负责人的叔父季树农（1909—2004），劝说资源委员会主任，阻止国有资源的转移，为大陆保留了重要的厂矿，也留下大量专业技术人才。很多人后来成为各部委的总工程师和专业骨干，然而，在“文革”中被打成潜伏特务。改革初期，季崇威介绍这些高级专业人员参与到引进外资和技术的工作中，发挥他们的特长，补充专业人才的不足。

季崇威的大哥季明（1911—1964）是1920年代的中共党员，谷牧的老朋友。所以，谷牧对季崇威知根知底，他了解季崇威熟悉市场经济，熟悉工商业者，思想敏锐，对新事物接受能力强，敢讲真话。谷牧找季崇威谈话时，提醒他要有心理准备："做这个工作要有胆有识，'文革'时期，不要说向国外借钱，即使向国外买设备、买几条船，都是卖国主义、爬行主义。外贸部被批成了卖国部。因此，我们要借外债，引进外资，阻力会非常大，每走一步都是较量和博弈。"[5]果然不出所料，他们一直在思想交锋中前进。

二

1980年4月上旬，外资委一天之内发出了三个文号，分别给北京航空食品公司、北京建国饭店和北京长城饭店。其中，北京航空食品有限公司是外审字（1980）中外合资企业001号。有人说："不就是做饭吗？干吗交给资本家呢？"可那时的中国飞机，只有饼干、煮鸡蛋和午餐肉，外航不得不到日本去补充航空餐。

一上任，季崇威就参加了中国建筑机械总公司与瑞士怡和讯达升降机公司合资合同的审议，不久这个合约在香港《大公报》发表，引起各国企业界关注，这是中国第一家工业性合资企业。迅达也从此成为季崇威解剖、扶持的典型。很多人对引进外资有顾虑，甚至敌视。一位地方经贸委主任曾无奈而愤愤地说："中央说让办合资企业，我只得照办。但是，过一段儿，我就把它掐死。好不容易把外国人打跑了，又把他们请进来。"

格格不入是自然的。中国企业是计划经济下的全民所有制企业，外商是市场经济下的私有制企业。中国的法律体系不健全，投资环境差；外商观望的多，谈协议的少。德国奔驰汽车公司亚洲总经理对季崇威

1982年5月，在庐山合影，左一廖季立，左二薛暮桥、左三季崇威，右一日本学者小林实。（季红提供）

说："中国是计划经济的汪洋大海，外商投资办的企业只是个孤岛，怎能生存下去呢？"季崇威答："现在是孤岛，不久就会连成群岛或大陆。"对方不敢试。直到80年代后期，奔驰才在内蒙古办了一个合资生产装配重型汽车的工厂。

1981年11月6日，季崇威在《人民日报》上发表《利用外资的几个认识问题》，回答"是否违背自力更生方针"、"有没有危险"、"是否有损于国内机械工业"等问题。翻看1982年外资局副局长初保泰编写的《中外合资经营企业法实施经验问答》，可以触碰到那个时代："共产党员和资本家联合办企业，符合马克思主义原则吗？""会不会让外国老板赚大钱？""现在举办的中外合营企业和解放前的外国洋行有什么不同？""外国资本家经常要弄的花招有哪些？""怎样避免吃亏上当？""党组织在合营企业里还起不起作用了？"当时怎么考核合资企业中方经理的标准让人匪夷所思——看他是不是跟外方经理坐一条板凳，穿一条裤子。优秀干部就是跟外国人对着干的，否则就有立场问题。比如某企业经理把外方的产品配方、技术诀窍弄到手，夜里带着工人偷偷生产。这，就是好样的。再有，派进合资企业的经理工资比原来所在单位高，上级主管部门眼红，想方设法找岔子；有的经理只好工资不领，还拿自己原来的低工资。到处都是“引进错了、利用错了”的声音。有人问，是利用外资，还是被外资利用？[6]初保泰感慨：“现在司空见惯的事儿，那时就是大逆不道。”

1979年1月17日，邓小平在人民大会堂福建厅宴请五位老工商界人士——胡厥文（1895—1989）、胡子昂（1897—1991）、荣毅仁、古耕虞（1905—2000）和周叔弢（1891—1984），吃的是涮羊肉，谈的是“搞建设要利用外资和发挥原工商业者的作用”。[7]就在这一年的10月4日，中国国际信托投资公司成立，荣毅仁任董事长，作为对外开放的窗口，在坚固的城墙上开了个窗。

季崇威负责联系中信公司。他支持他们一上来的“三把火”：成立咨询公司，融资租赁公司，海外发债。其中，1981年中国国际咨询公司的成立尤其值得记载。不仅因为“班子”，荣毅仁任董事长，季崇威任副董事长，经叔平任总经理，而且因为“权力”，用当时国家计委副主任甘子玉的话就是“凡引进外资的项目必经中信咨询公司提出可行性报告”。

季崇威推荐季树农、虞家殊等财会专家，手把手地教新毕业的大学生用借贷法做复式簿记，还请法学家沈达明、李文杰来培训法律人员。他提议并组织编写《中国投资指南》，亲任编委会主任。该书和英国朗文公司合作出版，在1980年代连出5版。同期，初保泰编写的《中国投资问答》也出版了英、日、意、中文繁体字等多个版本。整个世界对于开放的中国充满了好奇和向往。融资发债的阻力最大。季崇威帮助公司分析欧美和日本情况，选择在成本较低的日本发债。1982年1月29日中信首次在日本东京发行100亿日元武士债券（Samurai bonds）

那天，新华社的报道却没能发出，因为审稿通不过，说："跟外国人借钱有什么光彩的？不发！"结果各家报纸用的都是中新社周继胜写的消息。

合资企业从最初的生活品，到工业品，再到煤矿资源，步步深入。1985 年 6 月，中国银行信托咨询公司同美国西方石油公司、平朔第一煤炭有限公司合作开发山西省平朔安太堡露天煤矿的合同签字仪式在北京举行。1979 年，邓小平访美，有人向他介绍哈默（Armand Hammer，1898—1990），邓小平说：不用介绍了，我知道，你曾经帮过列宁的忙，你也可以到中国来帮我们的忙。1982 年，哈默来北京，签订了平朔煤矿合作协议。有亲历者说，参加项目论证时，吵得厉害，像火山爆发。在场的季崇威，当然是合资经营的支持者。在他看来，利用外资开发自己的资源，是个本事，和外国人掠夺是根本不同的两回事。

日本经济学家小林实 1985 年曾预言："中国经济发展的关键是成功地取得资金和有效地利用资金。"这话开始被证实了。

三

季崇威具有官、学、商均能接受的身份。1980 年 10 月，在香港召开的中国经济发展新趋势研讨会上，季崇威作《中国利用外资和有关的经济法律问题》的演讲；1981 年 3 月，在杭州世界经济国际研讨会上，又作《中国吸收外资情况和政策》的演讲；1982 年 5 月，在香港经济导报社和中国国际信托投资公司香港分公司联合主办的中国投资促进会议介绍会上，作为中国投资促进会筹备处负责人，介绍合资项目，答记者问。

1982 年，国务院机构改革，两委撤销，应薛暮桥之邀，季崇威来到国务院经济研究中心，担任常务干事，分管对外经济组。接下来的十余年，季崇威发表了 100 多篇报告、论文。他的很多建议变成了国

1983年4月，季崇威（前排左三）参加北京南南会议留影。（季红提供）

家的政策主张。他坚持开放中的问题在开放中解决。他在 1982 年提出中国应发展开放型经济；1984 年，全面阐述对外开放政策的理论依据；1986 年首先提出全方位对外开放的政策建议。在实际中，他时时感到改革落后于开放，有些方面甚至拖了开放的后腿。1986—1987 年，“利用外资将摧残扼杀民族工业，应加以限制”的声浪很高。季崇威十几次接受记者采访和参加研讨会，表达利用外资发展民族经济的观点，阐述正确认识跨国公司和对待跨国公司应采取的政策，既发出理论先声，也被吸收为中央政策。

1986 年，中国第一次向关贸总协定递交申请，要求恢复缔约方地位。季崇威敏锐地意识到“复关”的意义。为此，他和“复关”代表团团长沈觉人等专程到上海，鼓动汪尧田（1918—2006）成立关贸协定研究中心。汪尧田是安徽人，1947 年在哥伦比亚大学攻读世界经济学博士时，就开始研究关贸与最惠国待遇问题，回国后在贸易部国外贸易司工作；1958 年，编著《国际贸易条约和协定》。在季崇威等人的推动下，中国第一家“关税与贸易总协定上海研究中心”（后更名为“WTO 上海研究中心”）不久就成立了。

受季崇威栽培和提携的青年很多，有些是面对面的，有些是背对背的。比如，《经济日报》编辑赵兹就曾收到季崇威的信，推荐当时只是一名普通研究人员的江小涓[8]的稿子；中国社会科学院工业经济研究所的杨沐则在第一次拜访季崇威时，谈及当时正火热的“国际大循环”，两人都认为需要论述清楚外向发展和国内经济的内在关系。季崇威授意杨沐写一篇文章，于是，有了发表在 1988 年 7 月 18 日《人民日报》的《全面正确地认识和执行外向发展战略》，此文获得孙冶方经济学论文奖。

中国围绕开放的大辩论从来没有停止过。1996 年，就在季崇威肝癌晚期时，又出现一轮否定开放和改革的声音。中国外商投资企业协会组织专题研讨论证会，约请季崇威参加。家人担心他刚做完手术，身体不许可，而季崇威本人执意要去。几百人的会场充满了火药味，很多工业部门和国有企业领导，都指责外资影响民族工业发展，对外开放是卖国。季崇威和于光远两位身患癌症的老人，整整辩论一天。季崇威以数据和事实驳斥错误观点，之后很多报纸刊登并转载。[9]

季崇威是个特例，“特”在他的新锐、他的开放。1940 年代，上海的经历为他打了生命的底色。他是那一代共产党人中少有的熟悉并且研究资本主义经济的人。和延安出来的人不一样，他注重仪表，头发梳得整整齐齐，衣服熨得平平整整。同时，他又出生入死。电影《永不消失的电波》中李侠的原型李白，就是季崇威的下线，而潘汉年则是他的上司。1948 年 8 月 21 日，上海《大公报》披露有神秘人士在两天前，国民党公布推行币改方案、发行金圆券前夕，抛售 1000 万股永纱股票，这位记者正是季崇威。

附 记

季崇威的年纪虽然较第一代经济学家略小，但是，他的资历、精神气质属于第一代，一生清廉，两袖清风，对腐败痛恨之极。身为主管对外经济的领导，从来不让孩子做生意搞项目，也没有利用职权把孩子送出国。晚年患肝癌时，虽然可以享受体制内的特殊医疗待遇，为了少花国家钱，他不愿用进口药。亲友为他编的纪念文集选的书名是：《把一生献给亲爱的祖国》。

---

1. 原载《经济观察报》，2009 年 12 月 7 日。写作本文采访了季红女士及桑百川、初保泰、周继胜先生。
2. 新华社记者：《大胆引进加快速度》，载《人民日报》，1978 年 9 月 17 日。
3. 中信公司，于 1979 年 10 月 4 日创办，原名为“中国国际信托投资公司”，荣毅仁任董事长。光大公司，于 1983 年 5 月创办，王光英（1919 年生）任董事长兼总经理。
4. 国家经委党组《关于试办工业、交通托拉斯的意见的报告》于 1964 年 7 月 17 日提交给国务院总理和中央书记处。中共中央、国务院于 1964 年 8 月 17 日批转国家经委的报告。http://cpc.people.com.cn/GB/64184/64186/66675/4493753.html
5. 据季红回忆。
6. 据初保泰回忆。
7. 《邓小平文选》第 2 卷，156—157 页。
8. 江小涓，1957 年生，1981 年毕业于陕西财经学院，1989 年在中国社会科学院研究生院工业经济系获经济学博士。曾任中国社会科学院财贸经济研究所所长、国务院研究室副主任，现任国务院副秘书长等职。
9. 据季红回忆。

探索与选择

对南斯拉夫、匈牙利的历史性考察[1]

在一开始不能效法英、美的情况下，在同宗同种、信奉马克思主义和社会主义的国家中，向南斯拉夫“取经”是最佳选择。

如果说马克思创立的共产主义是一个历史事业和运动的话，那么，二战后形成的社会主义阵营，则把这个事业和运动推到了辉煌。然而，这种辉煌十分短暂。1950 年代初，南斯拉夫和匈牙利率先系统反思和挑战苏联模式，开创了对社会主义制度漫长的改革历史。中国经济改革和开放的序幕在 1977 年就悄然拉开了，其标志就是重新认识南斯拉夫。

啊，朋友再见！

1977 年 5 月 24 日，中共中央主席暨国务院总理华国锋电贺南斯拉夫总统、南共联盟总书记铁托 85 岁寿辰，随后向铁托发出访华邀请。1977 年 8 月 30 日至 9 月 8 日铁托访华。[2] 如果说 1972 年的尼克松访华是中国和以美国为代表的西方重建关系的标志，那么，1977 年铁托访华则是中国共产党和政府开始承认社会主义制度多样性，并愿意诉诸改革的起点。

南斯拉夫是第一个“多样性”的社会主义国家，这和铁托分不开。

1948年，当斯大林在世界范围内如日中天时，敢于挑战斯大林的，唯有铁托。1956年，苏共二十大上，赫鲁晓夫的秘密报告承认南斯拉夫独立的社会主义道路探索，取消苏联模式的唯一规范。而当时的中国共产党从教条主义、意识形态出发，继续视南斯拉夫为“现代修正主义”，之后与苏共的分歧之一，就是关于苏联对南斯拉夫的新立场。在那场国际共运史上著名的中苏论战中，中共洋洋洒洒地发表了“九评”苏共中央的公开信，其中，1963年9月26日的第三评就是“南斯拉夫是社会主义国家吗？”文章以南斯拉夫宪法支持发展私人资本主义政策，取消计划经济，实行追求利润的资本主义自由竞争，取消外贸国家垄断，等等，来论证南斯拉夫的背叛。把苏联和南斯拉夫统统看作修正主义。毛泽东发动“文化大革命”，说是为了反修防修；那么拨乱反正，与典型的“修正主义”南共联盟重建关系，自然具有特别意义。

但是，即使在“文革”期间，中国的有识之士，包括相当多青年，并没有放弃对南斯拉夫的独立思考。人们从有限的资讯中，调整对南斯拉夫的看法。比如内部发行的图书里，有1962年世界知识出版社出版的《今日欧洲内幕》(*Inside Europe Today*)，作者是美国人约翰·根室(John Gunther)；还有1963年出版的，曾任南斯拉夫副总统的德热拉斯所著的《新阶级——对共产主义制度的分析》(*The New Class: An Analysis of the Communist System*)，告诉了一个和官方说法不同的南斯拉夫。人们还狂热地喜欢南斯拉夫电影《瓦尔特保卫萨拉热窝》，都会唱那首深情有力的主题曲《啊，朋友再见！》，对于南斯拉夫的亲切感由来已久。所以，在历史转折时，突破，从南斯拉夫开始，合乎人心。在冷战还没有结束，中国仍称苏共为修正主义、苏联为社会帝国主义的时候，中国同南斯拉夫关系的解冻，不是出于国际政治的需要，而是出于国内改革的需要，基于“文革”的教训、教条主义的后果，寻求可以调整和改革的可能。在一开始不能效法英、美的情况下，在同宗同种、信奉马克思主义和社会主义的国家中，向南斯拉夫“取经”是最佳选择。

《新阶级》书影

起了关键作用的，是1978年3月中国共产党的工作者访问团对南斯拉夫进行的三周访问。团长是中共中央联络部副部长李一氓（1903—1990），副团长是副部长乔石（1924—2015）和中国社会科学院副院长于光远。他们受命实地考察、接触，说明南斯拉夫的基本状况，提出中共是否要与南共联盟恢复关系的意见。对于南斯拉夫的企业工人自治和生产资料“社会所有制”，中国人都是听来的，因为批判而熟悉。此次亲见，印象深刻。于光远说：这次考察形成了一个概念：社会主义国家的经济模式可以是多种多样的。[3]他们向中央提交的报告，肯定了南斯拉夫的实践。而在1978年7至9月召开的国务院务虚会上介绍考察情况，使南斯拉夫成为与会者接受社会主义模式多样性的一个例证。8月14日，也就是距铁托来华整整一年的时候，华国锋率团出访南斯拉夫，对于工人自治、企业自主权、对外贸易、利用外资等等都有了切实的观感。[4]在贝尔格莱德，他们对农工商联合企业印象很深。中共中央主席还让随行的四川省委书记赵紫阳在四川也搞一个。1980

年 5 月 4 日，铁托逝世，中共中央主席率中国党政代表团参加葬礼。

南斯拉夫每年举办一次大会，汇聚东西方马克思主义、社会主义流派的研究者。比如，1980 年的“社会主义在世界上”大会，在于光远的支持下，时任中国社会科学院马列所副所长苏绍智（1923 年生）参加了。这是中国人第一次出席，往后他又去过三次，成为国内对世界上各种马克思主义接触最早的学者。他转而把这些思潮流派介绍给国人，对于冲破教条主义、反思以往的道路、解放思想起了很好的作用。

匈牙利热

南斯拉夫是一个反抗苏联，并敢于受孤立的社会主义国家，所幸它离社会主义阵营的中心稍远，走独立道路的过程相对比较平稳。而匈牙利，则为自己的选择付出了巨大代价，那就是 1956 年匈牙利事件。它造就了一个被历史记住的纳吉（Imre Nagy，1896—1958）。中国选择的第二个改革国家是匈牙利。

还是于光远，1979 年率团考察匈牙利，和苏绍智一起著有《匈牙利经济体制考察报告》。1980 年，三联书店还出版了匈牙利人的著作《匈牙利的经济改革》[5]；同年，社科院苏联东欧研究所也编辑出版了《匈牙利的经济改革》[6]。在外国经济学说研究会组织的《国外经济学讲座》中，苏绍智专讲匈牙利经济学界论经济体制改革。

从报纸上，人们看到匈牙利主管经济的副总理费伦茨·豪沃希对西德《明镜》记者说：“第二次世界大战结束时，我们做梦也没有想到，大多数匈牙利家庭会像现在这样拥有从电动剃须器到自备小轿车共 30 到 35 种家用电器和设备，还有私人住宅和用来度周末的乡间别墅。人们提出疑问：如果改革失败，经济停滞不前了，会走中央集权制的回头路吗？我的回答是：不可能，这无疑是一条倒退到石器时代的道路。”[7] 这些话，鼓舞着对改革充满了憧憬的国人。

1983 年 10 月 24 日至 11 月 18 日，有“匈牙利经济改革之父”美誉的涅尔什，时任科学院经济研究所顾问、国民议会贸易委员会主任率领代表团来访，他带来了全国领导干部培训中心主任、农业经济研究所所长、国家银行副行长，以及财政、税收、计划、价格、劳动工资等专家，以先行者身份，给中国当“参谋”。他们提出了五个方面的意见：关于经济发展战略和经济改革的总体规划；经济改革的综合协调问题；干部培训和经济立法；扩大企业自主权；多种经济成分问题；还谈及税制、价格、流通体制改革。报纸上，连续刊出涅尔什《介绍1968年以来的匈牙利经济改革》[8]的文章。

高尚全回忆：中央各部、地方政府、研究机构纷纷出动考察匈牙利，以至于人家说：“连我们的牛都认识你们中国人了。”在这热潮中，最值得记载的是1986年，时任国家体改委副主任高尚全带领中国经济体制改革研究所考察团进行的考察。

1986：匈南考察

1986年，是“七五”计划的第一年，而“七五”是中国改革的关键时期。为了给1987年、1988年制订改革方案提供借鉴，国家体改委认为有必要对匈、南再做一次综合考察，时间从1986年5月初到6月上旬。考察团成员主要是青年。团长高尚全，副团长陈一谘、王小强，成员有李峻、张少杰、赵榆江、崔鹤鸣、高梁、白南风、刘泽鹏、郑洪庆、马凯、孙方明、杜鹰、卢迈、李剑阁、赵明、周新城。

从行前的预备会，浏览资料，讨论考察要点，到部署集中和分组考察，以及要求访谈资料当天整理完成，都显出这个极端认真的考察团是负有使命的，那就是，重点考察两国在新、旧体制交替过程中的摩擦、矛盾、问题、发展趋势和解决问题的方向。

高梁对日程和工作的紧张记忆很深。因为经费有限，吃住条件都比较差。在匈牙利，住在低级旅馆，吃财政部职工大食堂。他们同改革领导人、学者、企业家等进行了111次座谈，形成30万字纪要。[9]

南斯拉夫改革从1952年开始，匈牙利从1968年开始。他们进行了计划、价格、税收、物资分配等改革，引进市场机制，取消指令性计划。然而，数十年过去，依然困难重重，在匈牙利被叫作“两不像”，即市场和行政都不能有效地发挥作用。对此，匈牙利副总理法路维纪在和高尚全、王小强的谈话中讲道：不能单以经济数据来评价改革的得失，匈牙利进行改革实践20年，政治意义超出预料，其重要之处是调动了集体和个人的创造力，推进了社会民主化。[10]

5月12日至13日，在匈牙利国家财政部会议厅，中匈两国经济学家举行了双边学术讨论。中方宣读学术论文的是：王小强、郑洪庆、马凯、张少杰。双方就经济体制改革的目标模式和实现途径、从直接控制到间接控制、企业的约束和活力、建立市场体系、政治体制改革等问题作了充分交流。

匈牙利方面安排了“豪华”阵容，和中方进行单独会谈的有副总理马尔雅依，副总理法路维纪，曾任中央书记、中央改革委员会主席的涅尔什，计划局第一副局长普洛依，中央历史研究所所长胡萨尔，劳动工资局局长拉茨，爱国阵线总书记伊姆莱，世界经济研究所伯格纳尔，等等，像涅尔什、普洛依都交谈过两次以上。他们非常坦诚，不掩藏困难和问题，所谈务实而具体。阅读所有的谈话纪要，可以看到，中方关心的问题都是国内正面临的实际问题。他们兼有研究者和政策执行者的角度。比如，高尚全问马尔雅依副总理的问题是：如何可以使改革配套安全地得到实质性落实？马尔雅依说：“这个问题问到了要害。”他讲了自己的看法：“做理论研究工作的同志总是说，最好耐心等待改革设想兑现，经济之所以困难主要是你们这些主持经济工作的人老着急，刚出一些问题就马上用原始的办法，从而使改革来不及发挥作用。他们把过去的改革方案没有发挥作用的责任推到我们头上，从来不考虑你设计的改革方案是脱离现实的。在这种情况下，自杀性的尝试越多，改革本身就越难发挥作用，甚至连改革的生命也受到威胁。”马尔雅依有感而发：“一个人高举改革旗帜，高喊改革口号奋勇前进，结果掉下

1986年6月，高尚全（左二）与匈牙利副总理法路维纪会谈。（高尚全提供）

去了，于是有人说，是因为有人把半路上的木板撤掉了，而我说原因是在那位改革勇士脚下压根儿就没有木板（道路）。”[11] 这话，耐人寻味。

一次中国驻匈使馆宴请，涅尔什自己开车来赴宴，令高尚全感慨，这等人物在中国是要前呼后拥的。在15年后的2001年，高尚全再访匈牙利，与涅尔什老友重逢，又进行了一场谈话[12]：

高尚全：人们称您为改革之父。

涅尔什：真正的改革之父是纳吉。

高尚全：假如您重新执政，您是否继续搞社会主义？

涅尔什：社会、民主、政策，像瑞典一样走第三条道路，既不是社会主义，也不是资本主义，是社会主义与资本主义中间的一种平衡。这就是我的政治主张。

体改所匈南考察团在南斯拉夫独立纪念碑前合影，前排左起：李峻、崔鹤鸣、赵榆江、张少杰、翻译、孙方明、翻译、李剑阁、翻译，后排左起：白南风、马凯、周新城、高梁、南斯拉夫官员、高尚全、南斯拉夫官员、中国驻南使馆参赞、陈一谘、刘泽彭、郑洪庆、参赞夫人、赵明。（张少杰提供）

话说回来。1980 年代中期的南斯拉夫人均国民收入 2800 美元，人均住房 17.9 平方米；匈牙利是人均 3200 美元，20 多平方米。每年人均消费肉 125 斤，奶 292 斤，蛋 400 斤，水果 346 斤，平均每两户拥有一辆小汽车。[13] 高梁的感觉是这里地广人稀，满眼翠绿，人活得舒畅，俨然是工业化国家。即使南斯拉夫正经历通货膨胀，对于老百姓而言，其差别不过是从去远处旅游变成去近处旅游。张少杰说：人家是高收入水平下的改革问题，中国是低收入水平下的改革问题。

考察团写了十份报告，分别是：《匈牙利和南斯拉夫价格改革的经验教训》（高梁、马凯）、《垄断与软约束——匈牙利工业企业考察》（张少杰)、《不完善市场条件下的国家间接控制》(赵榆江)、《改革中的消费膨胀问题》(李峻)、《匈牙利住房制度的改革及其给我们的启示》(卢迈、杜鹰)、《农业在全局改革中的地位和作用》(卢迈、杜鹰)、《南斯拉夫金融体系与1965年以后的经济运行》(张少杰、赵榆江)、《南斯拉夫对落后地区的援助方式》(卢迈、杜鹰)、《产业结构刚性:改革的共同难题》(崔鹤鸣、赵明),以及主报告《匈牙利、南斯拉夫改革考察报告》(高尚全、陈一谘、王小强)。

主报告包括三个方面:第一,是对改革的几点基本认识:坚持改革是唯一的出路;改革是一个复杂的渐进过程,不可能一蹴而就;要坚决顶住各方面的压力,抓住有利时机迈出实质性步伐,形成不可逆转之势;注重经济、社会、政治方面的配套改革,不失时机地推进政治改革,是经济改革能否坚持下去并取得成功的重要条件。第二,改革中值得注意的几个问题是:注重微观基础改革;工资过高和消费超前是改革中不容忽视的问题;警惕物价、工资轮番上涨的通货膨胀。第三,值得借鉴的经验是:实行多元化工资管理制度,给企业以选择权;金融体制改革、住房制度改革;加强法制;加强市场组织、协调和市场监督;在改革中承认社会不同阶层的利益差别;党政企分工;重视对改革的宣传。[14] 国务院总理很重视这次考察,听取了代表团汇报。

匈南考察,对于接下来的中国改革方案制订和高层决策起了何种直接作用尚难评价,有不同看法。其中,张少杰认为:“最重要的贡献是阻击了国家领导人‘价税财联动’的决策。”[15] 无论怎样,各种改革方案都是在同一个方向上的探索过程。事后,给人印象深刻的反而是这个以年轻人为主体的考察团,所持的理性甚至“保守”态度。

没过多久,匈副总理路法维纪来华,国务院总理对他说,不久前,我国体改所的同志到布达佩斯访问,匈牙利的同志作了非常深入的介绍,谈到了成就,也谈到了困难和遇到的问题。你们的经验对中国有很大的帮助。社会主义国家的改革是一种史无前例的尝试,不付一点学费是不可能的。[16]

寻求出路

匈牙利曾在报刊上发起“社会主义的自我认识”的讨论，坦率地摆出现存的社会问题，试图通过研讨，找出问题产生的根源和出路。有一本小说，把匈牙利叫作“亲戚的国家”，隐喻其复杂的政治关系。政治体制改革是匈、南考察的重要话题。

稍早，1985年10月底至11月初，应匈牙利社会主义工人党中央社会科学院的邀请，中国社会科学院马列所所长苏绍智访匈，着重考察了匈牙利的政治体制改革及其理论基础。

经过漫长的改革岁月，他们认定政治改革的方向就是民主化。[17]加强公民的发言权，用制度来保证人们能够实现自己的想法。以改革，来防止集权主义继续存在的危险。没有政治体制和其他领域改革的配合，经济体制就是“网中之鱼”，活不起来。

说到底，经济体制改革本身就是一项政治决定。[18]南斯拉夫改革是从政治开始，匈牙利事件是一次政治突破。在那里，推进政治制度走向民主有深厚的历史基础，自然而然。铁托和纳吉是社会主义国家改革的先驱；而对世界影响最大的则是赫鲁晓夫。中国曾经一直警惕和防止产生赫鲁晓夫，其实中国缺乏产生的土壤。

1987年体改所将考察报告、会谈纪要编辑出版，取名《艰难的探索——匈牙利、南斯拉夫改革考察》。

1. 原载《经济观察报》，2010 年 6 月 7 日。写作本文采访了高尚全、高梁先生。

2. 朱良：《铁托与华国锋互访——对改革开放带来启迪的外事活动》，载《炎黄春秋》，2008（8）。

3. 于光远：《若干经济理论问题讨论的背景回顾》，载《领导者》，2010（1）。

4. 1978 年 8 月 14 日起，中共中央主席暨国务院总理华国锋正式访问了罗马尼亚、南斯拉夫和伊朗。主要陪同人员有政治局委员、副总理纪登奎，四川省委第一书记赵紫阳和黄华、张耀祠、乔石、余湛、陈洁、张友渔等。朱良：《对改革开放带来启迪的外事活动》，载《炎黄春秋》，2008（8）。

5. T. 马蒂雅斯：《匈牙利的经济改革》，北京，三联书店，1980。

6. 中国社会科学院编辑部：《匈牙利的经济改革》，北京，展望出版社，1983。

7. 载《世界经济导报》，1983 年 6 月 6 日。

8. 《世界经济导报》从 161 期连续刊登涅尔什：《介绍 1968 年以来的匈牙利经济改革》。

9. 高尚全、陈一谘、王小强：《匈牙利、南斯拉夫改革考察报告》，见中国经济体制改革研究所：《艰难的探索——匈牙利、南斯拉夫改革考察》，北京，经济管理出版社，1987。

10. 《匈牙利法路维纪副总理谈话纪要》，见《艰难的探索》，296 页。

11. 《匈牙利副总理马尔雅依谈话纪要》，见《艰难的探索》，290 页。

12. 《一个前共产党领导人的思考——与匈牙利前领导人的谈话》，见《改革访谈——献给改革开放 30 年》，北京，经济科学出版社，211 页，2008。

13. 高尚全：《匈牙利、南斯拉夫经济体制改革给我们的启示》，见《艰难的探索》，1 页。

14. 高尚全、陈一谘、王小强：《匈牙利、南斯拉夫改革考察报告》，见《艰难的探索》，15 页。

15. 张少杰校后跋，见凯瑟琳·奎塞：《体改所与政策制定》，香港，大风出版社，2008 年 5 月。

16. 高尚全：《匈牙利、南斯拉夫经济体制改革给我们的启示》，见《艰难的探索》，1 页。

17. 载《世界经济导报》，1986 年 5 月 12 日。

18. 同上，1986 年 5 月 19 日。

刘国光：从标兵文章到双重模式[1]

两种经济学在我身上交错并存，马克思主义经济学的立场、劳动人民的立场、大多数人民利益的立场、关注社会弱势群体的立场，是正直的经济学人应有的良心。

据研究中国社会科学院经济所所史的经济学家评价，在计划与市场问题上，谈得最早、最有新意的论文是1979年刘国光和赵人伟所写《论社会主义经济中计划与市场的关系》[2]；而刘国光更为重要的思想是双重模式的转换，其中经济发展模式的转换曾是后来中国的国策。

标兵文章

有一份内部刊物，叫《未定稿》，是1978年12月创刊的，由中国社会科学院写作组编辑。“既然是未定的，就可以拿出来讨论，可以稍微胆子大一点，开放一点”，这是编辑部负责人、原《人民日报》理论部主任林韦（1917—1990）说的。可以说，三十年后的中国，思想解放程度今非昔比，却无堪与《未定稿》比美或地位相当的刊物。起初《未定稿》不定期刊行，每次印三四百份送社科院各研究所，也送中央、各地省政府、省委政策研究室及部分高校。后来改征订，最高发行到三万份左右。[3] 1979 年，胡耀邦就是在《未定稿》上读到刘国光和赵人伟的文章《论社会主义经济中计划与市场的关系》[4]，并写下批语："这是一篇研究新问题的文章，也是一篇标兵文章，在更多理论工作者还没有下大决心，作最大努力转到这条轨道上的时候，我们必须大力提倡这种理论研究风气。"[5]

刘国光和赵人伟，同在中国社会科学院经济研究所工作。两人年纪相差 10 岁，1979 年时，一个 56 岁，一个 46 岁。"文革"结束后的 1976、1977 年，经济学界以批判"四人帮"为主，至于中国向何处去，大家的思想并不太清楚。改革兴起，人们热情高涨，却无人知道改革到底该怎么搞。那时，刘国光家住三里河二区，赵人伟住三里河一区，俩人走动勤密，连家里栽的花儿开了，都会报个信，过去赏花；更多的则是谈国事，谈经济和改革问题。就是在这些交谈中，刘国光提议写一篇计划与市场关系的文章。他们在文章中，首先辨析基本概念："同市场经济相对立的是自然经济而不是计划经济。自然经济中不存在商品货币关系，只存在实物分配关系……社会主义的计划经济是存在商品货币关系条件下的计划经济。"在如何利用市场的问题上，则从商品的产供销、人财物的安排和分配上论述；还专门讨论了价格和竞争问题。现在人们司空见惯的事物，那时都是观念上的禁区。比如，竞争，就是被当作资本主义经济范畴的。而他们在文中很果断地指出："只要存在商品经济，就意味着有竞争。"这是很多人还在把"竞争"说成"竞赛"的时候。

论文提交给了 1979 年 4 月经济学界在无锡召开的"商品经济与价值规律问题"讨论会。会上，讲市场机制（mechanism）的人很多，像刘国光和赵人伟这样，利用市场进行生产要素的配置，把它们放进社会主义里面进行经济分析的少见。有的教授连连摇头："过分了，过分了！"

国内重要报刊都转载了这篇文章。大西洋经济学会邀请他们将论文送 1979 年 5 月在奥地利召开的年会。后来，该会执行主席 H. 舒斯

1979年4月，在无锡出席“商品经济与价值规律问题讨论会”期间合影，左一刘国光、左二薛暮桥、左四孙冶方。（刘国光提供）

特（Helmont Shuster）致电社科院院长胡乔木，称此文“受到年会的热烈欢迎”，认为学术上有重要意义，并决定将它同诺贝尔奖得主詹姆斯·E. 米德的论文一道全文发表于《大西洋经济评论》1979 年 12 月号。这是很特殊的举动，因为其他文章，都只能摘要发表。[6]

进入 1980 年，刘国光提出要建立买方市场，就是供略大于求的市场，并且一论再论，[7] 又引来了争议。因为，“买方市场”一向被看作资本主义的专属。然而，在实际生活中，人们越来越多地使用这个词汇。1982 年 9 月，刘国光在为《人民日报》所写《坚持经济体制改革的基本方向》中写道：“随着买方市场的逐步形成，随着价格的合理化，逐步缩小指令性计划的范围，扩大指导性计划的范围；指导性计划的实质就是运用市场调节来进行的计划调节。”文章写在先，发表则是在

9月6日，正值中共十二大。这与十二大决议中的指令性计划在重大范围内是必要的必不可少的，是完成与国民生计有关的计划项目的保证的相关表述不一致。此时，刘国光已当选为中央候补委员，十二大闭幕这天，当他走出人民大会堂，在北门遇到了胡乔木。胡乔木对他说："你有不同观点可以向中央提出，但在报上发表与中央不一致的观点影响不好，要作检查。"于是，刘国光在社科院党组会上从组织原则上作了认真的检查，但是，他说："在思想上，我还是坚持我的观点。"在有政治风险的岁月，这是需要理论勇气的。有人认为刘国光动摇了计划经济的原则，在《人民日报》、《红旗》杂志发文猛批。此时，他的思想，显然被看作"右倾"。讲这段历史时，刘国光提醒我，不要写那些批评者的名字，"大家的认识有个先后，有时我前进一步，有时他前进一步，当初批判我的同志后来也都有了共识。"在其他场合刘国光也讲过："认识的前进需要一个过程，每一个人都是这么走过来的，一贯正确的人是没有的。过去我也是主张计划经济为主的。"

双重模式

1985年8月26日的《世界经济导报》发表了刘国光的文章——《略论两种模式转换》，即发展模式的转换和体制模式的转换。所谓发展模式包括发展目标、方式、重点、途径等。目标是从片面追求高速增长转向以提高人民生活为目的的适度增长；方式是相对平衡；重点是国民经济的薄弱和基础环节；途径是以内涵为主的发展。经济体制模式的转换，则包含所有制结构、决策权力结构、动力和利益结构、经济调节体系和经济组织结构等。其中所有制结构，是指从追求"一大二公"转向公有制为主体的多种经济形式、经营方式并存；决策权力结构，是指从单一的国家决策转向国家、企业和个人多层次的决策结构；还有重视物质利益关系的动力和利益结构；政企分开、横向经济联系的组织结构。几个月后，11月4日的《人民日报》上，他更进一步，发表《试论我国经济的双重模式转换》，此后，又相继发表了《中国经济大变动中的双重模式转换》(1986)、《关于我国经济体制改革的目标模式及模式转换的若干问题》(1988)。10年后，“双重模式转换”的思想，演变成“两个根本性转变”，在1995年十四届五中全会上通过的《中共中央关于制定国民经济和社会发展“九五”计划和2010年远景目标建议》中，提出：关键是实行两个具有全局意义的根本性转变，一是经济体制从传统的计划经济体制向社会主义市场经济体制转变，二是经济增长方式从粗放型向集约型转变。再过十年，2005年，为刘国光颁发首届中国经济学杰出贡献奖的理由之一，就是他的“双重转换理论符合当代中国经济演变的实际情况，为两个根本性转变决策做出了先行的论证”。而他自己说，“这种思路符合当代经济发展的实际进程和演变方向。双重模式转换始终是环绕我的问题。”

采访刘国光时，我问了他一个问题：“双重模式转换的思想是怎么产生的？”他停了停说，“这个问题以前还真没有想过。其实，过去苏联也讲转变增长方式，他们主要从生产力的角度来考虑，理论上并没有新东西。大概还是来自我的经验。可能跟我以前搞社会主义再生产和国民经济综合平衡问题的研究有关。实际上，早就接触这个问题了。”1950年代，刘国光就研究简单再生产和扩大再生产的关系，外延扩大再生产和内涵扩大再生产的关系，这就涉及两种扩大再生产模式的问题了。“再就是改革开放初期，较多接触东欧的改革经济学家，如波兰的布鲁斯等，他们的论著中有不少关于社会主义经济体制可以有各种不同模式的论述，对我也有一定影响。”

学术道路

刘国光，1923年生于南京。抗战时期，就读于国立西南联合大学经济系，受教于陈岱孙、赵乃抟、徐毓枬等教授。系主任陈岱孙（1900—1997），1926年获哈佛大学哲学博士学位；赵乃抟（1897—1986），

1946年5月，在昆明，国立西南联合大学经济系1946级话别会留影，前排左二刘国光。（刘国光提供）

1929 年获哥伦比亚大学哲学博士学位；徐毓枬（1913—1958），1940 年获剑桥大学经济学博士学位。经济系还有哥伦比亚大学硕士秦瓒、周炳琳、周作仁，英国伦敦大学政治经济学院经济学博士伍启元，英国剑桥大学彼得豪斯学院国际金融学硕士藤茂桐，美国密歇根大学数理统计硕士戴世光，等等。[8] 在这里，刘国光接受了完整的西方经济学教育；毕业后考取清华大学，跟随徐毓枬读研究生。徐毓枬是凯恩斯《通论》的译者，也是聆听过凯恩斯讲课的人。不久，刘国光转入南开大学经济系当助教，时常听平、津两地名教授的系列讲座；后经陈岱孙推荐，进入南京中央研究院社会研究所做助理研究员，跟随巫宝三（1905—1999）先生。这段经历也折射出，即使在 1940 年代中国陷于抗战、内战之中，大学和学术也没有中断，当时的经济学几乎和西方

经济所部分人员合影。前排左一吴家骏、左二廖集仁、左三刘国光、左四何建章；后排左一董辅礽、左二桂世镛、左三项启源、左四孙尚清、左五吴敬琏、左六林青松。（刘国光提供）

同步，是开放而兼收并蓄的。相反，1949 年以后的大学和学术，则一次又一次被政治运动所中断，经济学教育苏联化，终至学术研究形存实亡。1951 年，刘国光成为中华人民共和国第一批留学苏联的研究生，进莫斯科国立经济学院，现名为普列汉诺夫经济大学，师从苏联著名经济学家贝切克教授，1955 年获得副博士学位回国，进中国科学院经济研究所，成为当时有最优越学术训练的、跨越东西方的青年经济学家，时年 32 岁。其次，在刘国光的学术生涯中，孙冶方是重要的。1957 年，孙冶方调入经济所担任代所长，刘国光成为他最钟爱、器重的青年之一。孙冶方早期对于计划经济体制的反思，自然给刘国光深刻的影响。在刘国光 80 岁生日时，他当众感谢自己的四位授业及人生导师，陈岱孙、徐毓枬、巫宝三、孙冶方，缅怀先师们“雨露恩情”。

1979 年刘国光担任经济所副所长，1982 年升任所长并担任中国社会科学院副院长。对于学者，官位不足为凭。但是，那毕竟是 1980 年代早期，还有一批德高望重的学界前辈在世，像孙冶方等等，他们是看重德才兼备的。刘国光的被挑选，至少说明他资历和能力的全面。从 1979 年、1982 年，到 1992 年中共十四大把社会主义市场经济的改革目标写进中央决议，他都立了功。除了研究工作，在推动学术交流和建设方面，他也发挥了独特的作用。像 1980 年前后的颐和园计量经济学讲习班，东欧经济学家布鲁斯、奥塔·锡克来访，建立数量经济、比较经济学科，以及 1985 年参与发起巴山轮会议等等。他把学术和学术领导集于一身。

赶上改革时代的中国老一代经济学家大致有这样几类：第一类人是留学英美，民国年间回到中国，在大学执教的教授，像陈岱孙、张培刚（1913—2011，1945 年获美国哈佛大学经济学博士学位）等，或进了金融机构，像中国人民银行金融研究所里的一些老先生，或在研究机构的研究员，像中央研究院的巫宝三等；第二类人是生活在民国商品经济最发达区域，从农村调查研究起步的马克思主义经济学家，像陈翰笙（1897—2004，1921 年获芝加哥大学硕士学位，1924 年获柏林大学博士学位）带出来的薛暮桥（1904—2005）、钱俊瑞（1908—1985）、徐雪寒（1911—2005）等；第三类人是从共产党内被选送到苏联接受政治经济学训练的经济学家，像孙冶方等；第四类人是从延安走出来的、土生土长自学的人，像马洪等；第五类人是 1949 年以后上大学、学习《资本论》、接受苏联政治经济学教育、1930 年左右及以后出生的经济学家。刘国光，绝对是一个特例，他的背景不同于这五类，同时又和这五类有深刻的渊源。

而上述五类人，在中国社会科学院经济研究所都有代表人物。经济所是中国经济学界和经济学家的重镇，人才济济。从 1950 年代到 1980 年代，从这里走出来很多优秀人物，这会是一个很长的名单，诸如顾准、孙冶方、许涤新、徐雪寒、刘国光、董辅礽、吴敬琏、周叔莲、张卓元、黄范章、赵人伟、唐宗焜，等等，还有很多人，不在媒体视野内，那是因为他们专注“纯学问”，或者没有赶上改革开放时代。

在求学的过程中，刘国光是幸运的，战火连天时，还得以接受最好的大学教育。但是，在“政治”上，他并非那个时代的宠儿，1961年入党，时年已38岁。1982年当经济所所长时，他已经59岁，将近耳顺之年。是改革开放，使他的学问和人生机会相得益彰。

在2003年，刘国光80岁生日暨中国经济学前景恳谈会上，他发表了《八十心迹》的感言：“两种经济学在我身上交错并存，我是怎么处理它们的关系的呢？借用中学为体、西学为用这句话，我是以马克思主义经济学为体，西方经济学为用，我总以为，马克思主义经济学的立场、劳动人民的立场、大多数人民利益的立场、关注社会弱势群体的立场，是正直的经济学人应有的良心。”[9] 2005年，是刘国光的一个转折点。所谓转折，是就某些媒体和部分公众而言。在首届经济学杰出贡献奖颁奖会上，他致答谢辞时说：“我们这一代经济学人，经历了计划与市场烈火的实践反复的锤炼。有人说，尘埃已经落定，市场占了上风，计划不再时兴了，我不完全这样看。”“完全让‘看不见的手’来调节，不能保证社会公正协调的发展。在坚持市场取向改革的同时，必须有政府有效的调控干预加以纠正，有必要的计划协调予以指导，就是说要有‘看得见的手’的补充。”以82岁高龄，在这样的场合，发明显不合“潮流”的言论，恰恰是他人性中真情流露的一面。此后，他的一系列发言，掀起巨大声浪，甚至构成关于改革的“第三次大争论”，有支持者，有反对者。而刘国光被一些人认为或指责成“反改革”，则是显而易见的误解。每一个人，他的昨天、今天和明天，其实都有着人生的逻辑。还是那句老话，历史自有公论。

1. 原载《经济观察报》，2010 年 7 月 3 日。写作本文采访了刘国光、赵人伟先生。

参考文献：

⑴刘国光：《首届中国经济学杰出贡献奖获得者丛书——刘国光专集》，山西经济出版社，2005；

⑵刘国光：《刘国光经济文选》，北京，中国时代经济出版社，2010；

⑶邓加荣：《中国经济学家列传——刘国光》，北京，中国金融出版社，2008。

2. 载《经济研究》1979 年第 5 期，第 46—55 页。

3. 朱若蕾：《〈未定稿〉与拨乱反正始末》，载中共党史与当代中国史网。

4. 载《经济研究》，1979（5）。

5. 刘国光：《计划与市场关系变革的 30 年及我在此过程中的一些经历》，见《刘国光经济文选》，259 页。

6. 刘国光：《计划与市场关系变革的 30 年及我在此过程中的一些经历》，载《社会科学报》，2008 年 10 月 16 日，转引刘国光：《刘国光经济文选》。

7. 刘国光：《略论计划调节与市场调节的几个问题》，载《经济研究》，1980（11）；刘国光：《再论买方市场》，载《财贸经济》，1983（9）。

8. 《略论西南联大对我国经济学的两大贡献》，http://blog.sina.com.cn/s/blog_5b9a74300100azhh.html。

9. 刘国光：《八十心迹》，见《刘国光经济文选》。

完美的互动：胡耀邦与周叔莲的书信[1]

在那个时代的洪流中，他们竟这样汇合了。这是共和国历史上的一种绝响。很难再见到这样完美的、亲切的、有效率的、对历史有深刻影响的互动了。

从“文革”后，经济改革序幕拉开之前，中国就出现了一个独特的现象，那就是经济学家和中共高层领导之间的互动。这种互动贯穿了整个1980年代。在这里，我要记录三篇文章背后的故事，其中两个主人公：一位是周叔莲，一位是胡耀邦。

一

1977年6月，国家基本建设委员会政策研究室的周叔莲收到胡耀邦的来信，信是用粗铅笔写的：

经过你认真钻研过的这篇论文，在《光明日报》同志的支持下，终于同广大读者见面了。我敢断定：这至少是几百万人——包括我们党的许多许多领导干部、经济工作者、理论工作者、广大的科学技术工作者，要看，要传播。这么多人从这篇文章中打开了眼界，明辨了是非，汲取了力量，从而能更好地为我们的伟大事业而奋斗。这该是感到足以对得起党和人民的一件好事情。

要彻底清除四人帮这帮骗子、流氓、恶棍这些年来散布的大量毒素，提高人们（包括我们自己）的马列主义毛泽东思想水平，还要我们作极大的努力。在这个极重要的问题上，你还有更多的打算吗？有更大的勇气吗？……

胡耀邦

一九七七年六月一日

信中所说的论文是指前一天，5 月 30 日，《光明日报》上发表的周叔莲的文章《科学、技术、生产力》。这是“文革”后经济学家第一次公开宣称和论证“科学技术是生产力”。“其实，胡耀邦对这篇文章作了大量工作，没有他的支持和帮助，很难发表。”周叔莲说。

那是 1975 年，中国科学院在胡耀邦领导下写了一份关于科学技术工作的《汇报提纲》，被“四人帮”认为是大毒草，组织批判，理由是“科学技术是生产力”否定了劳动群众的作用，否定了阶级斗争的存在和无产阶级专政的必要性，马克思没有说过科学技术是生产力。为此，周叔莲开始研究世界科技发展史，科技进步在生产力发展中的作用，并且在《资本论》、《剩余价值学说史》、《政治经济学批判大纲（草稿）》中，发现马克思多次讲到科学技术是生产力。当“文革”一结束，开始拨乱反正，肃清“四人帮”流毒时，他便写了《科学技术是生产力》的文章。

1977 年 4 月中旬，周叔莲把文章寄给《光明日报》。理论部负责人马沛文（1921—2014）敏锐地感到这篇文章的重要性，只怕把握不住，便送给了上个月刚刚恢复工作、到中央党校任副校长的胡耀邦。5 月上旬，周叔莲收到编辑部寄来的校样，竟是胡耀邦的审阅修改稿，只见两页校样的四边，密密麻麻地写了近千字，补充论述了一些观点，落款是“胡耀邦 五月一日”。周叔莲采纳了修改意见，将修订的新稿送给报社，这便有了 5 月 30 日的发表。然而，刊出的文章有不少删减，令

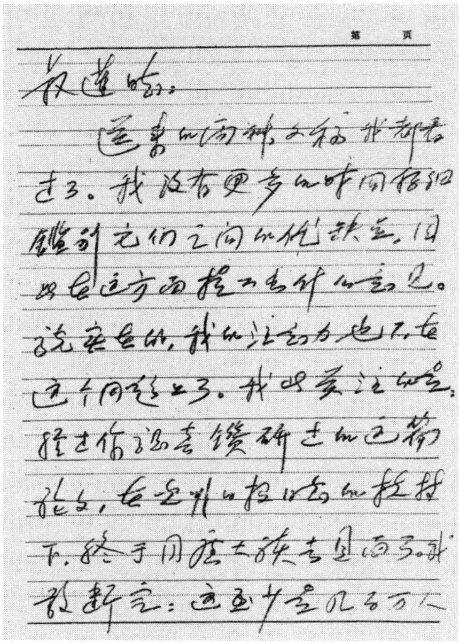

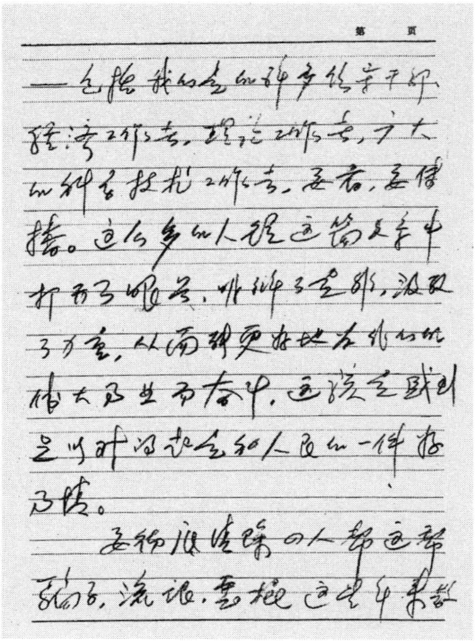

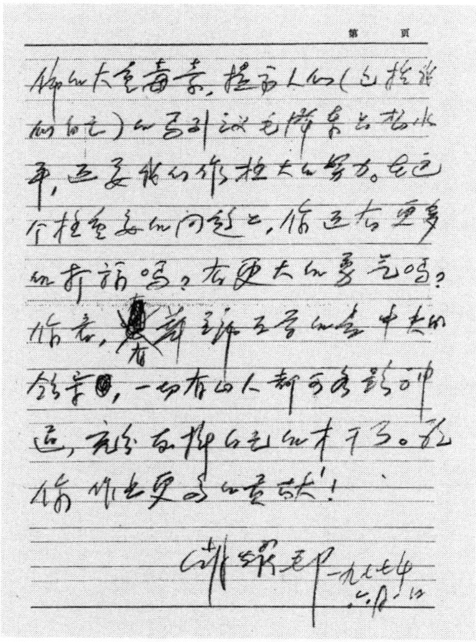

胡耀邦给周叔莲的信。（周叔莲提供）

周叔莲不满，于是，他提笔给胡耀邦写了一封信，很快就收到了本文开头的复信。

如果科学技术不是生产力，科学家不是生产力的贡献者，知识分子就没有地位。而结束知识分子是“臭老九”的历史，也是要通过证明科学技术是生产力才能实现。

就在2月7日，《人民日报》、《红旗》杂志、《解放军报》还发表了社论《学好文件抓住纲》，提出“两个凡是”：“凡是毛主席提出的决策，我们都坚决拥护；凡是毛主席做出的决策，我们都始终不渝地遵循。”精神枷锁比想象的要牢固和难破得多。胡耀邦不同意中央文件中所称“四人帮”是“正在走资本主义道路的当权派”，提出“到底应该反对资本主义，反对修正主义，还是反对封建专制主义，反对流氓无产阶级”的问题。他问周叔莲：“你还有更多的打算吗？有更大的勇气吗？”哪里是问给一个人的，而是向理论工作者的提问。正在推动打破精神枷锁和组织枷锁的胡耀邦，此时希望和需要肯定的答复。

二

那些年，周叔莲、吴敬琏、汪海波三个人的名字常常连在一起，是高产作家。他们同为复旦大学经济系同学，1953年毕业，周叔莲和吴敬琏分配到中国科学院经济研究所，汪海波去了人民出版社做编辑。“文革”后期，经济所的周叔莲、吴家骏、林森木等研究人员被借调去国家基本建设委员会研究组研究工业化、经济效果、基本建设等问题，研究组由建委主任谷牧（1914—2009）领导。[2]到了建委的周叔莲有一个优势，可以接触实际，了解经济情况。而此时的经济所还处于瘫痪状态。于是，他常常和吴敬琏、汪海波互通情况、讨论问题。所以“文革”一结束，他们就将酝酿了很久的思想，合作写出来。

经济学界拨乱反正的一个重要标志是于光远组织的全国按劳分配会。仅1977年，就开了三次。之所以由此破题，是因为它是当时最尖锐的经济理论和政策问题，也是妨碍职工劳动积极性的最明显因素。就在1975年冬天发表的“毛主席最新指示”里，还有等价交换、按劳分配都是“资产阶级权利”。在第一次按劳分配会上，周、吴、汪三人准备了两篇论文：一篇批“四人帮”在按劳分配问题上的“左”，另一篇从正面讲应该恢复奖金制度。

周叔莲在建委参加过工人工资奖金的调查。连装水泥的袋子，可以回收5分钱，都被人专门用刀砍坏，不让它作为回收品。他起草了一篇《论社会主义工资及其具体形式》，经过吴敬琏修改，三人讨论，联合署名。这是一篇两万字的长文，被印成了16开本的册子。因为有上一次和胡耀邦的交往，1977年10月7日，周叔莲又把这篇文章通过建委的交换递给胡耀邦。10月18日，他收到胡耀邦的回信。第一页是红铅笔字：

> 粗略地翻了一遍，你们敢于接触实际问题，敢于发表自己的意见，我感到很好，内容从总的方面说我也是赞同的，个别地方有点小意见，请酌。退周叔莲同志。

再往下看，他在十多个地方用红铅笔画了道道，在一旁写上批语。比如在第二部分讲计件工资处，他写：“全文四大标题很好，是供读者去讨论的口气，但文中有些论断和所引用的材料没有完全注意这种口气，建议有些地方压缩一点，留有余地。”在第三部分，肯定奖励制处：“听说今年七月大庆劳动局长在全国劳动工资会议上有篇发言，不赞成奖励制，理由也很多，并且很坚决。请你们注意研究。使你们的文章说服力更强。”文中，他们引用了一篇调查报告，是1960年代初的《鞍钢工资形式历史资料》。在这里，胡耀邦写道：“调查报告说好处有些条，帽子很大，分析不够，使人感到说服力不强。”周叔莲说：“虽然‘四人帮’组织的文章和观点混乱而牵强，没有逻辑，但是，对我们的批评文章，胡耀邦一再强调要有说服力，要实事求是，要以理服人。”

文章又做了修改，在10月底的第三次按劳分配会上，由吴敬琏作为代表发言。而全文则发表在1977年12月5日和12日的《光明日报》上。这成为为工资和奖金恢复名誉的第一篇重头文章。

接下来，有了奖金，有了计件工资，按劳分配，中国迎来了一个劳动者生产积极性高涨的时期。

三

从1979年开始，中国曾经有过持续一年半的关于社会主义生产目的的讨论。[3]在今天看来不可思议。但是，在30年前，它不仅是问题，连澄清这个问题都十分困难。不要以为这样的讨论微不足道，如果历史没有迈过这个坎儿，没有形成基本共识，改革的启动是不可想象的。

1977年7月到1978年8月。于光远领导的计委经济所组织了一批人去大庆作调查，写出一本《对大庆经验的政治经济学考察》，主编是于光远，副主编是马洪、孙尚清、周叔莲。周叔莲在那里结识了马洪，从此改变了他的命运。此时的马洪还没有解放，而调查尚未结束，他就被任命为社科院工业经济研究所所长，周叔莲也被他要去做了副所长。其间有这样一个插曲。起初，于光远和调查组的人受到大庆人的尊敬和客气地接待。但是，后来情况发生了一点变化。他们对属于大庆精神一部分的“干打垒”，先生产、后生活，提出质疑，认为不应当只顾生产不顾生活，要摆好生产和生活的关系。有些人对此不满，甚至开始批判于光远。然而，这只是全国大讨论的一个缩影和序曲。

1979年初，《人民日报》草拟了一篇社论《人民生活只能在生产发展的基础上逐步改善》，胡耀邦对此提了几点意见，强调要关心和提高群众生活水平。党校理论研究室根据胡耀邦的意见，以特约评论员名义于10月20日在《人民日报》头版头条发表《要真正弄清社会主义的生产目的》，提出：“必须生产生活一齐抓。”两天后，《人民日报》又发表了于光远《谈谈“社会主义经济目标理论”问题》，随后，《光明日报》全

2005年，周叔莲在江西共青城拜谒胡耀邦墓。（周叔莲提供）

文转载。10 月 25 日，社科院经济所和《经济研究》编辑部联合召开座谈会，讨论社会主义生产目的。开这个会是于光远的主意，他和董辅礽商量，并由董辅礽主持的。会上，于光远明确提出要展开社会主义生产目的问题的讨论。[4]座谈会的消息在《人民日报》报道后，全国二十多个省市做出积极回应。不过，也有不少人反对否定“先生产、后生活”。党内一些高级领导也不同意继续展开讨论。胡耀邦被迫叫停。面对《人民日报》受到指责，胡耀邦和报社领导谈话时，曾激动地站起来说：这次讨论从发起到展开都是我负责和指导的，一切由我负责。

时间到了 1981 年。有一天，马洪布置周叔莲写一篇关于生产目的的文章。周叔莲还是与吴敬琏、汪海波合作。文章写好后，并没有署名马洪，而是以特约评论员的名义发表在 1981 年第 14 期《红旗》杂志上，题目叫《满足人民的需要是社会主义建设的崇高使命》。得到稿费后，周叔莲去马洪在三里河的家，将稿费一分为二，给马洪一半，自己留下一半准备三个人再分。没想到，随后马洪给胡耀邦写了一封信，并把稿费寄去。周叔莲这才明白，原来这篇文章又是胡耀邦的意思。

回过头看，历史的面貌终于呈现出来了。1977 年至 1981 年，胡耀邦从中央党校副校长到中组部部长，到中共中央秘书长兼中宣部部长，直至总书记；而周叔莲只是一位平凡的经济学工作者。在那个时代的洪流中，他们竟这样汇合了。为什么会有这样的互动呢？一是领导人有强烈的需求，他们愿学习、肯学习、能学习、会学习，有对知识的渴望。胡耀邦并没有受过现代意义的大学教育，而他有理论偏好，勤于读书和思考，集理想主义、理性主义和浪漫主义于一身。他的感情、激情，流露和跳跃于字里行间。二是有整整一代像周叔莲、马洪这样有激情，有责任感的学者。三是在残破、僵化的体制中有缝隙，在政府系统，在党的系统，在科研机构，彼此之间，官僚主义没有凝固成铁板，还有上下穿透力，能左右互动。很难再见到这样完美的、亲切的、有效率的、对历史有深刻影响的互动了。

胡耀邦曾跟秘书说："将来我们要写一本书，名字就叫《拨乱反正的日日夜夜》。"周叔莲 80 岁时讲起往事来，一再说，"胡耀邦这个人，真不简单！"语气中所包含的远远大于"真不简单"四个字。原本根本不是问题的问题，在那时简直就是一座座大山，一座座长城。回归每一个常识都要费多大的劲儿啊！

附 记

1985 年我进入社科院工经所时，周叔莲是所长。先前他已经当了六年副所长，辅佐马洪和蒋一苇两位所长。记得身着蓝制服、脚穿黑布鞋的周老师和高大的穿皮鞋的科研处处长丁世昌一起到研究生院来看望我们，同学们禁不住开玩笑说：不知谁是给谁提包儿的。周老师有浓重的江苏溧阳口音，音调直，性子急，说话爱皱眉，似乎不好接近。然而，时间越久，越感觉他亲切。他始终读书、思考问题，保持一个学者的本色。

---

1. 原载《经济观察报》，2009年11月16日。写作本文时采访了周叔莲先生。
2. 就在我写这篇文章时，2009年11月6日谷牧去世，这是一位开辟经济改革事业的国务院副总理、经济特区的重要决策人、推动对外开放的领导者。
3. 冯兰瑞：《关于社会主义生产目的的讨论》，载《二十一世纪》网络版第22期，2004年1月31日；沈宝祥：《1979年开展的社会主义生产目的讨论》，载《学习时报》，胡耀邦史料信息网。
4. 于光远：《他是一位年轻的老经济学家》，见《追求彻底的理论创新——董辅礽经济思想述评》序言，北京，经济科学出版社，1997。

颐和园讲习班[1]

这个有“黄埔一期”称号的“颐和园讲习班”，永远和激情、开创、突破联系在一起，化作一块数量经济学在中国经济学发展道路上的奠基石。

1980年夏，是个酷暑，颐和园的蓬莱岛也不清凉。100号人在这里参加为期七周的经济计量学讲习班。讲课的是七位美国经济学教授：克莱因（Lawrence Klein，1920—2013）、邹至庄（Gregory Chow，1930年生）、刘遵义（Lawrence Lau，1944年生）、萧政（Cheng Hsiao，1943年生）、粟庆雄（Vincent Su）、安德森（Theodore Wilbur Anderson，1918—2016）、安藤（Albert Ando，1929—2002）。学员中资格最老的是南京大学的吴可杰（1923—1987）、华中工学院的林少宫（1922—2009）等。而对于绝大多数学员，这是一个扫盲班、速成班。1990年和2000年，中国社会科学院数量经济与技术经济研究所为“颐和园讲习班”举行了10周年、20周年纪念。将如此的热情和荣耀给予一个讲习班，在经济学界史上绝无仅有。全是因为，这个有“黄埔一期”称号的“颐和园讲习班”，和激情、开创、突破联系在一起，化作一块数量经济学[2]在中国经济学发展道路上的奠基石。

1980年夏，许涤新（前排右六）、刘国光（前排左三）、董辅礽（前排左二）与以克莱因教授（前排左六）为首的美国经济学家代表团及经济计量学讲习班成员合影。（刘国光提供）

克莱因

而这一切，主要归功于克莱因教授。在这位经济计量模型创建人、诺贝尔奖得主的视野里，早就有了中国，这大概不只是想把中国纳入 LINK 模型，也和他在 1940 年代参加美国共产党的经历有关。在麦卡锡主义高涨时期，克莱因曾一度被迫离开美国去英国牛津。1979 年中美一建交，他便率领美国经济学家代表团来中国投石问路。作为见面礼，他们给中方提交了论文，但没有得到反响。中国经济学早已脱离了现代经济学的发展轨道，这座桥怎么搭呢？中国社会科学院副院长兼经济所所长许涤新和克莱因协商，来年，由克莱因牵头，在中国举办经济计量学讲习班。任务交给了经济所。副所长徐绳武主抓，张守一（1931—2015）具体操办。1957 年在莫斯科国立经济学院时，张守一就开始接触经济数学方法，回国后被孙冶方分配在经济所的经济数学方法研究组。

为了办班，第一件事是选址。中国人讲面子，要向外国人展示我们的友好。中国最美是杭州，所以首选杭州，可惜交通不便，还得打北京的主意。北京最美是颐和园，但是在皇家园林办讲习班，简直是异想天开。[3] 不过，当张守一向颐和园负责人讲明意图时，对方说：“虽然没干过这种事，但现在改革开放了，你们来，我们很欢迎。昆明湖南边有个蓬莱岛，岛上有座龙王庙，有几栋房子，我们有开辟成宾馆的打算。”“既然如此，先让我们办班吧！”一言为定。

经济所在月坛北小街 2 号院 2 号楼，对面的 3 号楼里有一家单位叫计量局。听说要办经济计量学讲习班，他们抗议了：“这是我们的事儿，怎么你们跑来弄？”张守一解释，此计量非彼计量。对方怎么都不信，不得已说：“这样吧，我们退一步，让你们办。但是，有一个要求，我们的人要占一大半。”张守一明确告诉他：“你们的人，我一个也不要。”讲到这段时，张守一大笑，我也大笑。“中国人从来没听说过经济计量学，还以为是称重量的称呢。”

1980年6月24日，经济计量学讲习班在政协礼堂举行开学典礼。完后，大家被送进颐和园。邹至庄回忆录中写道："平均年龄颇高，多在40至50岁左右，甚至有高达60多岁者，30多岁就算年轻的了。"顺着张守一的指引，我拿到了一份30年前的花名册，100名学员中，50岁以上的占30%，40—50岁的近40%。有两种人，学经济的，数学为零；学数学的，经济学为零。即使学经济的，也少有现代经济学基础。美国教授哪里知道我们的底。他们一人讲一周：克莱因讲经济计量学导论，包括美国经济模型；安德森讲概率论和数理统计分析；刘遵义讲需求分析、生产理论和中国经济计量模型研究；邹志庄讲经济计量学、控制理论、汽车需求函数；萧政讲经济计量方法；安藤讲应用经济计量学；粟庆雄讲宏观经济计量模型与预测。大家其实都听不大懂。张守一想了个法子，请华中工学院的李楚霖等讲数学，请北大的厉以宁（1930年生）等讲经济学。于是，白天外国人讲，晚上中国人讲。"厉以宁的课讲得最好，非常生动，很受欢迎。"而最让张守一感动的是58岁的林少宫教授。这位美国伊利诺伊大学经济学博士，曾在俄亥俄州立大学讲授统计学、经济学原理和美国经济史，为了报效国家，1954年回国。他辛勤地为大家当翻译。张守一组织了50个学员整理录音，每天早上送到经济所打字室，下午将讲义取回。这样一来，学习效果好多了。这些中老年学生的学习热情和努力，给七位美国教授留下了终生难忘的印象。

一天上午8点上课前，萧政说："我备课需要一篇美国《经济计量学家》杂志上刊载的文章，不知能不能找到？"他写下了某年第几期和论文题目。张守一立即打电话告诉经济所图书馆负责人，要他们查找。上午10点，论文就送到了颐和园，交给了萧政，他很感动，"如果所有人的工作效率有你们这样高，中国现代化就一定能够提前实现。"

苦中作乐

中方不付讲课费，作为补偿，请教授在国内旅游。[4]"一般人选上海、广州，只有刘遵义提出去敦煌，这可把我们难死了。”如今说起来，张守一还连声啧啧。刘遵义最年轻，才35岁。他说再难，走路也要去。社科院外事局只好跟甘肃社科院打招呼，请他们帮忙照顾。这一趟，刘遵义吃了不少苦，坐了火车、汽车、马车，加上步行，倒也兴致盎然。

邹至庄回忆说：“当时大陆物质环境差。他们通常安排我上完课，乘汽车回友谊宾馆用午餐。我要求下课之后与学员共进午餐，主办单位不同意。可能考虑我吃不惯他们的伙食，需要准备。只有一次，我终于得以和学员一同用午餐，食物与同桌的学员都经过特别安排。”在张守一口中，是另一个版本。他说的是：“邹至庄对我们不了解，闹了很多笑话。颐和园照顾我们，伙食不错。邹至庄以为我们‘吃糠咽菜’呢，有一天，一下子就跑到食堂来了。‘邹教授来了，吃了吗？’‘没有。’‘跟我们一块儿吃吧。’吃过后，我问怎么样？他说，‘顶好！’”

对于当时中国的物质条件和景观，粟庆雄教授做了详细的描述[5]：

“着陆后，机场上几乎没有飞机，但提取行李还是花了50分钟，因为只有一辆行李运送车。工作人员的制服，绿衣蓝裤，大概是当时的空军制服。既不合身，也不熨烫，显得没有什么精神。但是到了通关口，就显出了他们的效率。边防军官员，见了我的证件，马上堆满了笑容，带我们由外交礼遇门通关。来接机的是一大群人，由经济所的副所长徐绳武带队。我们住在友谊宾馆，一路上很少汽车，都是脚踏车，马车也不少，马匹沿路排泄，又脏又臭。”

“路上熙熙攘攘，骑车的人最多，但不守交通规则。交通警察手提扩音器，大呼小叫。……故宫的建筑庄严宏伟，举世无双，令人惊叹不已。但各处都显得陈旧破烂……宫殿地上，痰迹斑斑，肮脏无比。与两星期前，我参观的台北故宫博物院有天壤之别。我在当时的笔记本上是这样的记着：‘虽然希望台湾能更进步，但是也希望，中国（大陆）能茁壮起来。老天也该帮一帮这个残破的国家，和可怜的中国人。’”

“《参考消息》是内部资料，不能让外国人看。一到午休，我就让大家把《参考消息》收起来。”张守一说。邹至庄上课时，常常讲到台湾经验。他自己很紧张，刚提起话头，就“哎，不讲了，不讲了”。张守一向所里请示，是不是给他一次机会，让他敞开了讲。得到批准后，张守一“挑选了一些铁杆党员，专门听他谈台湾经验”。彼此想走近、想了解，又提防、又警惕的心理，真是活灵活现。学生利用晚上的自习时间请粟庆雄去座谈，粟庆雄的印象是：他们也不敢问及宏观经济问题，生怕被扣上帽子。大部分的人是听而不问，记而不讲，不发表意见。其实与外界隔离了 30 年，他们连学术上的问题都提不出来，所提的少许问题也多是有关外界的一般现象。对于外界的一切，他们觉得样样都是新奇的。[6]

没有空调，临时买了几个电扇架在教室里。安德森是美国科学院院士，年纪最大，讲课极认真，用粉笔写板书，再去擦脸上的汗，抹成了白脸。学员善意地笑他。当时规定，接待外宾只能喝茶，不能喝饮料。安德森问张守一有没有冰镇饮料，张便通报给徐副所长。徐让他跟颐和园商量，以便宜价格每天买一箱汽水。安德森对此非常感谢。可是，外事局怪罪下来了。张守一只好写检讨，“自作主张，给外宾安排饮料”。在 1990 年讲习班 10 周年纪念时，萧政教授致信说：“10 年前，大家在炎热的夏天，挥汗共同研究的苦乐是我一生永难忘怀的经历……10 年间，中国数量经济研究从无到有，而有今天的蓬勃发展，对于国内同志艰苦奋斗的成就非常佩服。”

中国数量经济学的萌芽

克莱因从 IBM 借了一台中型机，大约有 1 吨重，运到北京机场。好多学员协助将它运到颐和园。讲习班所在的这幢房子有两层，上面是原来慈禧太后乘凉的地方，下面上课。他们从墙外面用绳子费了好大劲把计算机拉到二楼，却发现电压不匹配。于是，克莱因又请朋友帮忙，从日本运来一个将近 1 吨重的变压器，又是费了九牛二虎之力运到颐和园。有个小伙子第一次见计算机，兴奋得很，深夜擅自开机，把内存烧坏了。两台机器无功而返，又被运回了美国、日本。

铁道研究院的茅于轼看到讲习班消息时，已经开学了。他找上门去，还是被接纳了。这年他 51 岁。“大家的学习热情很高，白天听课，晚上交流，有时还安排报告。我就做过‘择优分配’的报告。”他讲了个笑话，那时的人没喝过矿泉水，有一位学员把教授上课剩下来的矿泉水拿起来喝了一口，对大家说：“一样，一样！”茅于轼觉得克莱因超越了政治上的障碍，把西方的东西引进来，最大的意义在于突破。

当时王光美任社科院外事局局长，到讲习班看望学员。张守一说，“这是经济计量学讲习班，是应用数学与计算机研究经济问题。”她有点吃惊，“我们有了这么先进的东西，非常好！”她进教室听课，课间与萧政合影。萧政非常激动，“能与刘主席夫人合影，三生有幸！”

紧张之余，也有趣味。昆明湖上划船的游客为了逃避超时罚款，有时就把船丢在龙王庙。调皮的年轻学员，找大石头把船弄沉，到了晚上，再把石头搬起来，湖上荡舟。张守一津津有味地回忆：“我就玩过。那真是诗情画意啊！天上月亮，清风，小船，宁静，跟白天大不一样，美不可言。”

7 月 4 日晚，在颐和园一块空地上，学员搞了一次聚会，庆祝美国国庆节，克莱因发表演说，“现在西方各国经济不景气，东方苏联和东欧日子不好过，唯独中国改革开始后，经济发展迅速，形势喜人，沿着这条路子走下去，中国大有希望！”

8 月 9 日，讲习班结束。结业式，是粟庆雄代表克莱因致词。中国社会科学院马洪和宦乡等人在仿膳设宴。令粟庆雄终生难忘的一幕是：“当我离去时，学员们列队鼓掌欢送，队伍一直排到南湖岛的桥头。我倒并没有为掌声之热烈所动，但是那人人眼中所含有的感谢的目光，却使我觉得值回了这两个星期的极端辛劳。”[7]

社科院给的 10 万块钱还没花完。他们想造造声势，邀请人民日报社、光明日报社、新华社等机构的 20 多位记者，8 月 15—16 日来颐和园举办数量经济学座谈会。之后，《人民日报》右上角“文革”期间放

2010年7月10日，纪念颐和园讲习班30周年大会现场。（中国社会科学院数量技术经济研究所科研处提供）

毛主席语录的那个方块，变成了关于数量经济学的内容。“这个位置太重要了！”张守一自豪地说。《光明日报》也发表了《开展数量经济学的研究和应用工作》，指出：“过去一些重大决策失误，同领导部门忽视数量研究和分析，划圈点头时胸中无数分不开。”还刊登了马洪的讲话：《数量经济学是对社会主义建设很有用的一门科学》。呼呼拉拉地，一个事业就这样兴起了。林少宫、李楚霖在华中工学院开始经济计量学和数理经济学教学、科研，全国许多高校开展数量经济学教学与活动，研究机构陆续成立，出书出刊。王宏昌等人将七位教授在讲习班上的讲稿整理为《经济计量学讲义》[8]。

1980 年至 1981 年，在中国社会科学院经济研究所和中国人民大学计划统计学院专家的帮助下，山西省编制了 1979 年 88 种产品的实物表和 27 个部门的价值表，成为我国第一个地区投入产出表。[9]

1982 年 2 月中国数量经济学第一届年会在西安召开[10]；同年，中国社会科学院数量经济与技术经济研究所成立。[11]之所以没叫计量经济研究所，据说有人担心“计量经济”和“计划经济”只一字之差，怕老百姓说怎么不搞计划经济，搞计量经济了？[12]2000年9月，“中国数量经济学及其应用：20年回顾”国际研讨会在北京举行。当年颐和园讲习班的七位美国教授来了，部分学员也来了。今非昔比的事业，在他们年华老去的人生中越来越发达了。会议论文集成《数量经济学前沿》[13]出版。

附 记

“明年，2010年，再来个30年庆吧！”这是我采访张守一时说的。他已经退休，后来担任中国数量经济学会理事长，是社科院荣誉学部委员。“要看克莱因能不能来。”他说。是啊！克莱因就要90岁了。

然而，到底还是延续了颐和园讲习班的佳话。2010年7月10—11日，中国社会科学院数量经济研究所举办了纪念讲习班30周年的活动。当年七位美国教授中的三位：刘遵义、萧政、粟庆雄赶来参加。克莱因录了一段访谈视频在现场播放。当谈话者赞扬克莱因把计量模型的应用首先引入中国时，他说，“确实是我们首先引进的。但是，即使那时不由我们引进，以后迟早也会引进的。”当被问及中国何时能产生诺贝尔奖经济学家时，他答：“当中国的经济学家能提出理论性及科学性的说法，解释中国经济的运转，并说服世界上研究中国经济的学者时。大概5—10年吧！”

我们拭目以待。

1. 原载《经济观察报》，2009年5月29日。写作本文，采访了张守一先生。成文后，张守一先生又做了订正补充。2010 年 4 月修订根据粟庆雄先生回忆，茅于轼先生做了补充。2018 年再版时，张守一先生已辞世。

参考文献：

⑴粟庆雄：《颐和园讲学回忆》，载《经济学家茶座》，山东人民出版社，2009（3）。

⑵《诺贝尔奖获得者劳伦斯 · 克来因谈计量经济学》，载《科技导报》，1985（6）。

⑶张守一：《谁说数量经济学没有研究对象？！》，中国社会科学院院报，第 23 期，2008 年 12 月 25 日。

⑷ [美] 伯烈特 · 史宾斯：《诺贝尔之路——十三位经济学奖得主的故事》，成都，西南财经大学出版社，1999。

⑸邹至庄、刘素芬：《中国经济学教育与经济改革—邹至庄先生访问记录》（World Scientific Publishing Co.2007），电子版。

2. 1979 年 3 月 22—30 日，来自全国的 18 位学者、专家在北京就数量经济学有关问题进行讨论，重点包括以下问题：一，经济学要重视数量和方法的研究；二，对资产阶级经济计量学如何评价；三，学科命名问题；四，数量经济学如何为四个现代化服务；五，在经济工作中应用的数学方法；六，建立数量经济研究会与今后工作的设想。30 日，中国数量经济研究会在北京成立。（见彭战等：《中国数量经济学会 30 年大事记》，北京，社会科学文献出版社，307 页，2010 年 1 月）

3. “讲学的地点也由克莱因决定。中方建议了庐山、北戴河和颐和园等数地。因为颐和园的英文名字是夏宫（Summer Palace），克莱因以为一定凉爽舒适，所以就选了颐和园。”见粟庆雄：《颐和园讲学回忆》。

4. “当时他们缺少外汇，无法负担外汇经费，聘请国外的教授。但他们愿意负担所有教授与夫人，在中国的全部费用。并邀请教授们于教学后，去国内的任何旅游点，免费旅游两周，作为酬劳。”见粟庆雄：《颐和园讲学回忆》。

5. 粟庆雄：《颐和园讲学回忆》。

6. 同上。

7. 同上。

8. [美]L. R. 克莱因，T. W. 安德逊等：《经济计量学讲义》，航空工业出版社，1990。

9. 彭战等：《中国数量经济学会 30 年大事记（1979—2009）》，北京，社会科学文献出版社，309 页，2010。

10. 1982 年 2 月 28 日—3 月 3 日，中国数量经济研究会与其他有关单位在西安市联合召开了全国数量经济学讨论会，即第一届年会。许涤新致开幕词，马洪、于光远作了书面发言，会上播放了孙冶方为这次大会作的讲话录音。会上就数量经济理论、投入产出分析、经济计量模型和经济预测等四个问题进行讨论。

11. 它的前身是成立于 1980 年 1 月 18 日的中国社会科学院技术经济研究所，1982 年中国社会科学院经济研究所数量经济研究室和工业经济研究所现代化管理研究室并入后，改名为数量经济与技术经济研究所。其负责人分别是李德仁（1980—1983）、徐寿波（1980—1985）、乌加培（1982—1985）、李京文（1985—1998）、汪同三（1998— ）。

12. 粟庆雄：《颐和园讲学回忆》。

13. 汪同三：《数量经济学前沿》，北京，社会科学文献出版社，2001。

开讲西方经济学[1]

现代经济学，为中国经济改革提供了重要的思想资源。如果不是在改革最初时刻，那样大张旗鼓，中国会在僵化的思想体系中耽搁更久；改革开放，也全然没有思维的基础和与外部世界交流的符号。

缘起

《国外经济学讲座》四册，印得简朴，注明“限国内发行”。但是，出书的目的和内容在中国经济改革的历史上留下了重重的一笔。全部讲座 60 次，覆盖面极广。以第一册为例，有宏观经济分析、经济政策目标分析、人力资本理论、消费经济学、微观经济分析、西蒙等人的现代决策理论、经济增长论、发展经济学、哈罗德—多马模型、30 年代以来西方经济学界关于计划经济问题的论战，等等。此时此刻开展国外经济学讲座，既不是突发奇想，也不是仓促上阵，它是在中国改革决策集团推动下实施的。他们显然意识到，中国需要焕然一新的东西，需要新的理论方法，改变思维模式，开拓想象空间，而传统政治经济学不论是理论体系，还是话语系统都不足以支撑中国的改革，没法和世界对话。

1979 年 6 月下旬，国务院财经委员会召集各部负责人和经济理论

《国外经济学讲座》书影。

工作者开会，要求大家结合起来，对我国经济情况和政策，进行调查研究，并决定成立四个调研组，即经济管理体制组、经济结构组、技术引进和企业现代化组、经济理论和方法组。这四个组的工作方向，已经被历史证明是中国改革的四个基本领域。其中，负责经济理论与方法组的是于光远。

时任社科院副院长的于光远是马克思主义经济学家，同时因为他的教育背景和涉及的领域，成为这个阵营中，最有条件与西方经济学界人物沟通的人。就是他，推动开辟了西方经济学的课堂，也是思想解放的课堂。他的道理有意思，“没有理由拒绝对西方经济学的研究，没有理由拒绝吸收西方经济学发展马克思主义。”他还说，“偏爱可以，偏见不可。”

这构成了改革开放伊始的交响曲：一面拨乱反正，反思传统社会主义经济理论；一面开堂宣讲，引进西方经济理论。稍早，1979 年 5 月，全国各地 17 位在西方经济学领域有造诣的人士联名发起“成立外国经济学说研究会创议书”。他们公推中国社会科学院副院长兼经济所所长许涤新为研究会名誉会长，北大经济系教授陈岱孙为会长并主持筹备，中国人民大学经济系教授李宗正（1923—2000）、北大经济系教授厉以宁和社科院经济所黄范章协助筹备工作。发起人一共17位，他们是：陈岱孙（北京大学）、吴斐丹（复旦大学）、陈彪如（上海师范大学）、刘涤源（武汉大学）、张培刚（湖北社科院）、朱绍文（中国社科院经济所）、宋则行（辽宁大学）、钱荣堃（南开大学）、宋承先（复旦大学）、王治柱（武汉大学）、李宗正（中国人民大学）、蒋自强（杭州大学）、黄志贤（厦门大学）、李竞能（南开大学）、厉以宁（北京大学）、黄范章（中国社科院经济所）、吴易风（中国人民大学）。于光远领导的理论方法组委托研究会举办国外经济学讲座。[2]从而，使这件事有了官方背景的支持。

这是一个大舞台、大契机。讲座从1979年11月至1981年春，每周一次，共60讲，由北京、上海、天津、沈阳、武汉等地43位专家主讲，听众有200—600人，其中有科研人员、高校教师、学生，还有参与经济改革的国家工作人员、从事政策研究的人，不乏能够影响重大决策的马克思主义经济学家。这是1949年以后，在中国第一次系统地介绍、传播非马克思主义经济学，既是为改革提供思想资源的学习班、培训班，又是西方经济学的扫盲班、普及班，也是思想解放运动的重要实践。从此以后，中国经济学家的话语系统发生了天翻地覆的变化，宏观、微观、供给、需求、市场、创新、均衡、投入产出、经济预测、货币主义，等等，成为人们交流的新概念和语言元素。不能设想，没有这些元素，中国改革的观念、模式怎么能够建立起来。与此同时，社会再生产、两大部类、综合平衡等一系列与计划体制和传统经济学相关的语汇逐渐退出历史舞台。可以毫不夸张地讲，这是一场革命。

成立“外国经济学说研究会”创议书

在本世纪末把我国建设成为一个现代化的社会主义强国，这是我国人民在新的历史时期的总任务。为了实现这一任务，我们不仅要加强对社会主义政治经济学的研究，努力掌握社会主义经济过程的客观规律性；而且还必须积极开展对外国经济学说的研究，研究它的历史和现状，批判一切反动、错误的思潮和理论，吸取一切可供我们在社会主义经济建设中借鉴、利用的东西。所以，开展对外国经济学说的研究，是我国经济学界在新的历史时期的重要任务之一。

我们十几人，最近在中国社会科学院经济研究所和许涤新同志的赞助下，得有机会聚会一堂，交谈我国对外国经济学说的研究现状，深感迫切需要将这条战线上单薄而又分散的力量组织起来，积极开展研究工作，以适应国家建设的需要。为此，我们发起建立一个“外国经济学说研究会”，并衷心希望这一创议能够得到全国各地的同行的积极响应，热烈欢迎同行和我们联系，共同努力，争取在近期内正式成立“研究会”。经过初步讨论，我们建议：

这个“研究会”是一个群众性的学术团体，定名为“外国经济学说研究会”。

“研究会”的基本宗旨是：一、在马克思列宁主义和毛泽东思想的指导下，研究外国经济学说史和当代外国经济学说；二、批判资产阶级的庸俗经济理论和修正主义经济理论；三、学习外国经济学说中一切对于我国社会主义经济建设有用的东西，吸取一切可供我国借鉴的东西。

“研究会”的会员：以高等院校外国经济学说教研室(组)、经济研究机构的外国经济学说研究室(组)、新闻出版单位有关编辑室(组)为团体会员，同时吸收从事讲授、研究外国经济学说的专业工作者以及新闻出版单位从事这方面工作的专职编辑人员参加。

“研究会”的基本任务是：贯彻“百家争鸣”的方针，开展学术交流，推动研究工作，提高理论水平。其活动方式初步确定有：一、一般每年举行一次年会，交流各会员的研究成果；二、每年编辑出版“外国经济学说评论”集刊(暂定名)一至二期，选刊本会会员的部分研究成果；三、适时组织国外学术交流。

我们公推许涤新同志为“研究会”名誉会长，陈岱孙同志为会长并主持筹备工作，由李宗正、厉以宁和黄范章同志协助筹备工作。筹备工作联络处设在北京大学经济系。

发起人：

陈岱孙(北京大学)	宋则行(辽宁大学)	黄志贤(厦门大学)
吴斐丹(复旦大学)	钱荣堃(南开大学)	李竞能(南开大学)
陈彪如(上海师范大学)	宋承先(复旦大学)	厉以宁(北京大学)
刘涤源(武汉大学)	王治柱(武汉大学)	黄范章(中国社科院经济所)
张培刚(湖北社科院)	李宗正(中国人民大学)	吴易风(中国人民大学)
朱绍文(中国社科院经济所)	蒋自强(杭州大学)	

1979 年 5 月

经济学动态

1979 年第 9 期

1979 年 9 月 5 日出版

编辑者 经济学动态编辑部 北京阜外月坛北小街 2 号

出版者 中国社会科学出版社

刊载在《经济学动态》1979年第9期的《成立“外国经济学说研究会”创议书》。

人才

除了政府背景，开讲西方经济学还因为，中国本来就有一批训练有素的教授。他们大体是在20世纪初叶到20年代出生的人，或前往西方、日本留学，或在中国受过严格的西方经济学教育。其中一些人在1949年以前回到烽火连天的祖国。非常遗憾的是，他们遇到了意料之外的历史，中国开始实行计划经济，西方经济学不仅没有用武之地，甚至成为批判对象，被打入冷宫。在漫长的岁月中，有些人去世了。而活到改革时代的一些人，也已经垂垂老矣。长者80岁，少者也60岁了。在这儿，我按捺不住地想把做讲座的老师名字写下来，不仅因为他们可敬可爱，也因为这样的机会不多：

北京大学的陈岱孙（哈佛博士）、罗志如（1901—1991，哈佛博士）、陈振汉（1912—2008，哈佛博士）、范家骧（1924—2018，北大毕业）、杜度（1915—2000，中央大学研究院硕士，留学伊利诺伊大学）、胡代光（1919—2012，曾就读于中央大学研究院）、厉以宁（1930年生，北大毕业）、中央财经大学崔书香（1914—2005，哈佛硕士）、社科院经济所朱绍文（1915年生，东京帝国大学研究院毕业）、农业大学安希伋（1916—2009，留学华盛顿大学）、北京师范大学陶大镛（1918—2010，中央大学经济系毕业）、中民人民大学高鸿业（1921—2007，科罗拉多大学博士）、华中工学院张培刚（哈佛博士）、武汉大学朱景尧（1916—2013，留学威斯康星大学）和谭崇台（1920—2017，哈佛硕士）、上海师范大学陈彪如（1910—2003，哈佛硕士）、复旦大学吴斐丹（1907—1981，留学日本早稻田大学和东京帝国大学）和宋承先（1921—1999）、南开大学滕维藻（1917—2008，毕业于西南联大）、易梦虹（1916—1991，威斯康星大学硕士）、钱荣堃（1917—2003，伦敦经济学院攻读货币银行学博士）、辽宁大学宋则行（1917—2003，剑桥大学攻读现代西方经济理论博士）……

阵容多庞大！几乎网罗尽所有对国外经济学学有所成的教授。讲座之后，有些人从此走上历史舞台，有着多方面的影响力，比如厉以宁；更多人，守着讲台默默耕耘至死；也有不久就去世的，像讲“新古典综合——后凯恩斯主流经济学”的吴斐丹。

中国原本有很好的西方经济学基础。早在1935年前后，一批经典经济学著作被翻译出版。1963—1965年，又有一次西方经济学名著翻译出版高峰。很多热爱经济学的青年至今能数出在“文化大革命”时期私底下读过的汉译名著。北京、武汉、上海、天津都是西方经济学的重镇。有80年代的研究生议论北京的两个高手：北大杜度和人大高鸿业。高鸿业1980年所译萨缪尔森《经济学》第10版影响了几代人的经济学思维和道路。无数人享受过高鸿业先生优雅的译笔，只可惜这样的翻译已成绝响。直到80多岁，高鸿业每个月还要从西三旗的家去一趟国家图书馆，“要不总觉得少点什么。就去外文新书阅览室看看有什么新书没有，看看新到的杂志上有什么新的动向，多了解一些情况，到时候学生有问题，我好歹可以跟他们说。”他还说过：“我能干活的时候没有机会，有机会能做点事情的时候又老了。”而照高鸿业说起来：“杜度可比我懂得多多了。杜度不写文章，可是问什么他都懂，可能是懂得多了，觉得都没必要写了。”[3] 高鸿业的学生听他用标准的美语背诵《国富论》、《通论》，或萨缪尔森《经济学》里的句子，说：“真是好听极了。”[4] 听杜先生的博士生讲导师对西方经济学整体把握拿捏得多么好，又见树木又见森林。幸遇改革开放，给了这些步入老年的教授最后一次机会，我们为中国历史庆幸，为他们庆幸。据说武汉大学在1980年代所拥有的海归比后来清华经济管理学院的还多。前者接受经济学训练时的年轻、纯正，其国学功底、道德风度以及家国情怀，恐怕是后人很难超越的。

“西方经济学”这个名称早已被“现代经济学”取代了。而在80年代，所谓西方，不以地理论，以阶级论。马克思是西方人，《资本论》和政治经济学不属于“西方经济学”；“西方”，特指资产阶级。“西方经济学”的前身是“资产阶级经济学”。听过这样一个传说：当初人大、北大和清华几位

1983年外国经济学说研究会部分成员在北京师范大学留影。右一陶大镛、右二姚子范、右三黄范章、右四朱绍文。（黄范章提供）

教授在一块“取名字”时，怕取不好影响学科发展，想来想去琢磨出来这么一个折中的名字，避免了“资产阶级”的标签。

命运多舛

西方经济学的喜剧登场掩不住它曾经的悲剧命运。1957 年，不能不记。这年 5 月、6 月，响应“大鸣大放”的号召，北大经济系教授陈振汉两次邀请同系教授徐毓枬、罗志如和中科院经济所副所长巫宝三、邮电部副部长谷春帆、中国人民银行干校副校长宁嘉风聚会，谈经济学现状及发展，起草了《我们对于当前经济科学工作的一些意见》。这成为经济学界反右派斗争的一件大事。《经济研究》1957 年第 5 期《经济学界反右派斗争专辑》，集中批判陈振汉，罪状之一就是“企图恢复资产阶级经济学”。因为《意见书》说 ：“我们主张 ：对待资产阶级经济学，应该本着知己知彼、百战百胜的精神，先彻底研究后，考虑是否可以批判地加以吸收利用的问题，而不是预先存着一无可取的想法，对之采取一棍子打死的态度。”它被说成是“经济学六教授”向党进攻，陈振汉被打成大右派，在经济系资料室从事翻译和资料整理工作。1955 年毕业于北大经济系的厉以宁也在经济系资料室工作，得缘和陈振汉交流，系统阅读了西方经济学著作和国外经济学期刊，翻译经济史著作。在胡代光教授支持下，厉以宁办过一份内部油印刊物《国外经济学动态》，出了 30 多期。这些储备，为他最终实现老师们《意见书》的主张而埋下了伏笔。

60 年代，毛泽东提出要开一些批判资产阶级唯心主义的课程，北大经济系决定开设当代资产阶级经济学说批判。罗志如为高年级学生主讲这门课，并指导这个方向的研究。中宣部还组织编写《当代资产阶级经济学说》五册，分别是凯恩斯主义、垄断经济学、福利经济学、经济计量学和人民资本主义，由樊弘、高鸿业、严仁赓、罗志如、巫宝三、孙世铮、胡代光编著，商务印书馆只出了四册，“文革”一来便中断了。

1978 年，北京大学经济系招收“当代资产阶级经济学说批判”专业研究生。顾名思义，似乎是要培养批判西方经济学的后备力量。35 岁的梁小民就是从东北林区考来的研究生。杜度、胡代光、范家骧、厉以宁几位老师讲课时并不以批判为主线，而是让学生了解西方经济学。陈岱孙为 77 级本科生和 78 级研究生讲授经济学说史，是他最后一次上大课。厉以宁在给本科生讲过一个学年大课后，便由 1981 年毕业留校的梁小民接任了。在那个连称萨缪尔森为著名经济学家都是资产阶级自由化罪状的年代，梁小民因为坚持只介绍不批判，而受到指责。

打破僵局的还是陈岱孙。他在 1983 年《北京大学学报》（哲学社会科学版）第 3 期上发表《现代西方经济学的研究和我国社会主义现代化》，指出：“现代西方经济学作为一个整个体系，不能成为我们国民经济发展的指导理论。……在若干具体经济问题的分析方面，它确有可供我们参

1984年6月北大经济系毕业的研究生和老师在图书馆前合影。前排从左至右依次为董文俊、陈为民、石世奇、陈岱孙、胡代光、洪君彦、陈德华。（车耳提供）

1984年6月北大经济系经济史专业毕业的研究生和导师们在图书馆前合影。前排从左至右依次为朱克烺、李德彬、熊正文、陈振汉、厉以宁。（车耳提供）

考，借镜之处。”《人民日报》1983 年 11 月 16 日加编者按转载，肯定了陈岱孙的基本观点，使西方经济学有了一个合法的生存空间。

交流

以那场轰轰烈烈的大讲座开头儿，紧接着一个一个行动引发了重大的变化和影响。

西方经济学成为中国经济学教育的重要组成部分从此开始。最初脱颖而出的人物就是厉以宁。1980 年，厉以宁在北大第一次开讲西方经济学大课，78 级、79 级一块儿上。如今社科院世经所所长张宇燕和北大经济学院教授王跃生都是世经 79 级学生。张宇燕说："刚学完政治经济学，一听，它的逻辑、概念非常清晰，耳目一新。"那样的盛况，至今回想起来也是美景。阶梯教室的讲台、窗台、过道上都坐满了人，外系同学也来听，提前占座。没有教科书，只能记笔记。王跃生说其实他口才不属于特别好的，略微口吃，可就是吸引人，有思想，有技巧。而厉以宁做起讲座来，就更轰动了。他的讲课内容，后来整理成《现代西方经济学概论》，于 1983 年出版。前后几年，他还出版了《宏观经济学和微观经济学》（张培刚、厉以宁著，1980）、《资产阶级经济学主要流派》（胡代光、厉以宁主编，1982）、《简明西方经济学》（厉以宁著，1985）《宏观经济学的产生和发展》（厉以宁著，1986）。1987 年，世界银行向教委建议修改大学的经济学课程，后来被采纳，宏观经济学、微观经济学成为财经类专业的必修课。

中国进入了一个与西方经济学全面交流的新时代。1980 年诺贝尔经济学奖得主米尔顿 · 弗里德曼（Milton Friedman，1921—2006）受邀来华，在北京做了三场讲演，"货币和通货膨胀"、"80 年代的西方世界"和"市场机制在计划经济中的运用"，社科院副院长宦乡、许涤新和陈岱孙都参加了。同年夏天在颐和园举办的数量经济学讲习班，由克莱因率领七位美国教授授课。其中的普林斯顿大学邹至庄教授，此后又多次回国，从 1984 年开始和教委合办暑期教学班；1985 年发起“福特培训班”，出版《中国经济》，安排赴美留学生。世界银行也在 1986 年与中央财经学院合开国民经济管理讲学班，培训政府官员。1985 年，诺贝尔经济学奖得主托宾等人应邀参加巴山轮会，讨论中国宏观经济问题和改革的目标模式。中国人热情而又审慎地听取、学习、采纳，建立新的理论框架和逻辑。

从一开始，西方经济学的本土化就是一个课题。陈岱孙说：“既要反对盲目批判、一概排斥的态度，又要反对盲目迷信、机械照搬的作法。”[5] 那些忠于学问、忠于教书的教授，将西方经济学从书斋、课堂推广出去，再被有马克思主义经济学素养的学者接过来，换一种语言表述，使之本土化、国产化，对政策产生影响。像薛暮桥、马洪这一批马克思主义经济学家，以开放的态度，面对扑面而来的潮流，加入支持的行列。受苏联模式经济学训练的中青年，则是补课，刻苦学习现代经济学，实现从传统到现代的转型，实现把现代经济学和改革实践融会贯通的转换，进入改革前沿。

弗里德曼在回忆录中记录了他 1980 年来华时的一个观察：主要官员“几乎没有读过中文与俄文之外的著作，也没有去过任何西方国家。……对市场或资本主义体制的运作令人难以置信的无知。”[6] 他还记述了这样一件事：一位要前往美国考察经济的物资部副部长问他的第一个问题，就把他和夫人吓了一跳：“在美国谁负责物资分配？”弗里德曼先建议他参观芝加哥商品交易所，继而努力解释：“在美国没有一个人，甚至没有一个委员会的人，负责物资分配。美国有商务部和内务部，但是以完全不同的方式关注物资的生产与分配。中国或苏联那种意义上的‘负责物资分配’的人或政治团体在美国是没有的。”[7]

唯其如此，开讲西方经济学这个举动，才突显了中国高层的卓识远见。中国因为有香港、澳门、台湾，因为受西方教育的人还有少量留存，成为一个优越条件。现代经济学，为中国经济改革提供了重要的思想资源。如果不是在改革最初时刻那样大张旗鼓，中国会在僵化的思想体系中耽搁更久，改革开放，也将全然没有思维的基础和与外部世界交流的符号。

附 记

家里的书架上摆着四册《国外经济学讲座》，绿皮，扉页上写着张纯音老师赠，时间是1980年11月2日。张纯音是社科院经济所研究人员，顾准的好朋友，去世三十多年了。这一切，都标志着已经久远的80年代，以及西方经济学在那个时刻的登堂入室。

---

1. 原载《经济观察报》，2009年11月2日。写作本文采访了梁小民、张宇燕、王跃生、李绍荣先生。
2. 根据外国经济学说研究会所编《外国经济学讲座》的编者说明。该书第一册由中国社会科学出版社1980年7月出版。
3. 《由高鸿业先生的几则小掌故谈起》，载中国经济学教育科研网 http://culture.efnchina.com/show-2208-52564-1.html。
4. 李辉文：《先生之风，山高水长——纪念高鸿业先生》，载《经济学家茶座》，山东人民出版社，第29辑，2007（3）。
5. 陈岱孙：《对当前西方经济学研究工作的几点意见》，见丁冰：《现代西方经济学说》序，载《高校理论战线》，1995（12）。
6. 米尔顿·弗里德曼、罗斯·弗里德曼：《弗里德曼回忆录》，北京，中信出版社，663页，2004。
7. 同上。

东欧来风：布鲁斯[1]

经济改革往往因为触动某些当权者的既得利益而遭到他们的反对。归根结底，改革是政治和社会问题，人民大众的态度和反应非常重要。

即便到了 1966 年，“文化大革命”开始时，其实市场经济对于中国人还并不是一个十分久远的事情。至少 30 岁以上的人，多多少少都有市场经济的直接生活经验和经历，至于经济学家、知识分子，甚至共产党高官，不乏受过西方经济学的影响和训练的人，也不乏对现存经济制度的质疑和批评。但是，经过连番的政治运动，被批判被压制，任何经济改革的思想萌芽，都得不到发育和成长。在中国，除了马列教条，还有毛泽东思想，控制主宰着思想空间。因此，当中国经济改革时代轰然来临时，才发现改革的思想资源如此匮乏，必须借他山之石。那些经历、反思、改革过斯大林模式的前东欧社会主义国家的经验教训是中国可以无障碍地借鉴的对象。

1979 年 12 月底到访的波兰裔经济学家布鲁斯给中国带来了东欧早期经济改革的思想理论和实践经验，成为第一位对中国影响很大的东欧经济学家。

布鲁斯，1921 年生，曾任华沙大学经济学教授、波兰计划委员会经济调查司司长。1955 年担任政府经济改革顾问委员会副主席，参与起草了 1956 年波兰经济改革方案，是市场社会主义理论的代表人物。[2]

第一次在中国官方和学界，推出布鲁斯关于集权和分权模式理论的，是中国社会科学院经济所副所长刘国光。那是 1979 年 7 月下旬在体制改革研究小组的座谈会上。[3] 而向布鲁斯发出来华讲学邀请的，是经济所另一位副所长董辅礽。他在牛津大学访问时，结识了布鲁斯。经济所的赵人伟全程陪同。

1979 年最后一天和元旦刚过的 3—5 日，坐落在北京西城区月坛北小街 2 号的社科院经济所四楼会议室挤满了人，布鲁斯在这里讲东欧经济改革的经验及其对中国改革的意义。事先，赵人伟准备了一份问题清单，提交给布鲁斯。布氏极为赞赏。它是铅字油印出来的[4]：

> 就经济改革问题向布鲁斯教授提出的几个问题：
>
> （一）社会主义经济模式大体上有多少种？这些模式各有什么利弊？你认为从中国的实际情况来看，哪一种模式更值得我们作为经济改革的借鉴？
>
> （二）社会主义计划经济中如何利用市场机制？计划调节和市场调节究竟是一种什么样的关系？社会主义经济中的市场机制和资本主义经济中的市场机制有什么区别？对西方经济学界有关“市场社会主义”、“混合经济”和两种社会经济制度“聚合趋同”等说法应如何评价？
>
> （三）企业的自主权扩大到什么程度比较合适？如在计划、资金、物资、劳动、价格等方面，应给企业多大权限，才能使企业独立自主地处理问题，又不至于造成全社会的盲目性？从东欧的经验看，有没有一个大体的理论界限和数量界限？
>
> （四）经济改革的步骤有没有一定的规律性？采取什么步骤比较顺当？特别是改革应当怎样起步？我们这里有以下几种看法：（1）从扩大企业自主权开始；（2）从组织公司即扩大公司的权限

开始；（3）从调整税制和物价开始；（4）从改革计划体制开始，即从减少指令性指标入手。根据东欧的经验，从哪里着手比较合适？

（五）成立公司以后，公司与企业之间、公司与公司之间、公司与国家之间的经济关系应如何调节比较好？特别是政府应如何领导或指导公司的经济活动？成立公司后工业城市的经济应如何组织和管理？

（六）对经济管理中的“经济方法”和“行政方法”应如何看？实质是什么？彼此的关系如何？

（七）社会主义公有制是否应该采取国家所有制的形式？苏联和南斯拉夫有完全不同的评价，你认为哪种看法比较符合马克思主义的基本社会主义建设的实际情况？

（八）对苏联 1965 年以来的经济改革和 1979 年的改革新决议应如何评价？

（九）南、匈各国经济都比较重视市场机制，但都存在消费过度、通货膨胀、外贸逆差、外债增多、赤字预算等通病，应如何解释这些问题？如何克服这些毛病？

（十）为什么苏联、东欧各国都存在基建战线过长的问题，虽然经过改革也没有解决这些问题？

（1979 年 12 月 30 日）

赵人伟的问题是当时中国经济学家的思考，从中可以窥见改革理论是从哪里起步的。

布鲁斯讲，经济决策有三个层次：（1）宏观经济决策，（2）企业决策，（3）家庭决策。苏联和东欧有三种模式。苏联模式是第一、二层由国家规定，第三层非集中化；匈牙利模式是第一层集中化，第二、三层非集中化；南斯拉夫模式是三层都充分地非集中化。布鲁斯倾向于匈牙利模式。[5] 但是他希望人们了解，客观上并不存在一种完美无缺的理想模式。

在东欧经济学家中已经有了这样的共识：经济体制改革要以政治体制改革为条件。政治改革靠撤换领导人解决不了问题，必须从制度上采取措施，才能保证不再回到旧轨道上去。而经济改革往往因为触动某些当权者的既得利益而遭到他们的反对。归根结底，改革是政治和社会问题，人民大众的态度和反应非常重要。

而当时的中国经济学家和改革者，激情燃烧，还顾不到这个层面。

此前，人们把改革理解为一种政策调整。布鲁斯说，经济改革不是个别政策上的改变，而是从一个系统变到另一个系统。他提出的“分权模式”，和孙冶方的“大权独揽，小权分散”模式非常相像，这不免令中国经济学家感到亲近。赵人伟陪布鲁斯去看望患癌住院的原经济所所长孙冶方，两人谈得很投机。孙冶方当场对布鲁斯说，我们派赵人伟到英国去向你学习。[6] 两年后，赵人伟果真成行。

布鲁斯强调要一揽子改革，不能零敲碎打地单项改革。他还说，在国民经济比例严重失调的情况下，必须先做必要的调整才能进行改革。

布鲁斯所主张的经济改革，是引入市场机制的计划经济。市场机制是完成计划的工具。这种思想师承“市场社会主义”之父的另一位波兰人兰格（O. Lange，1904—1965）。兰格是 20 世纪 20—30 年代西方经济学界“社会主义论战”中的一方代表，对方的一位主将是哈耶克（Friedrich Hayek，1899—1992）。兰格在 1936 年发表的《社会主义经济理论》[7]，将马克思主义和新古典经济学放到了一起。他主张由计划机关模拟市场，在国有制下，引用竞争力量改善经济运行效率。哈耶克曾以《社会主义的计算》三篇雄文，论证兰格模式在现实中行不通。直至晚年，兰格还致力于研究控制论和计算机在经济计划上的使用，不改市场社会主义初衷。而后来的布鲁斯，则摒弃了用市场手段增强计划经济的想法，转向完全的市场取向改革。[8]

赵人伟等将布鲁斯的讲话整理出来，报送党中央、国务院、全国人大、军委、最高人民法院、检察院、中国科学院、政协、各大军区，

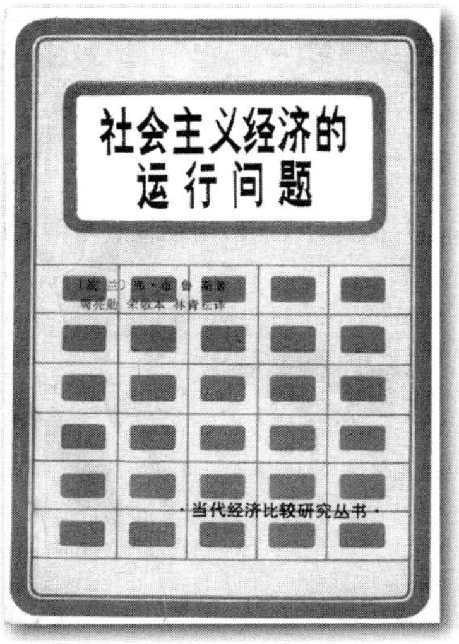

《社会主义经济的运行问题》书影。

发重点高等院校、社会科学院。社科院副院长于光远、宦乡热情接待布鲁斯，国务院副总理薄一波也出面和他交流经济改革意见。他们分明知道布鲁斯还有一个身份：持不同政见者和流亡者，却如此礼待、聆听，可见这些政治精英渴求改革方略之心。

身为经济学家，布鲁斯有历史责任感和社会担当。是他，在1965年站出来支持一封号召党和国家实行真正民主的公开信；是他，在1968年3月，不满波兰总统哥穆尔卡（Wladyslaw Gomulka，1905—1982）拒绝捷克总统杜布切克（Alexander Dubček，1921—1992）提议，为建立“具有人道面孔的社会主义”合作奋斗，支持学生游行，被免去华沙大学教授；是他，在当局随后清洗犹太人和修正主义者中，被禁止发表文章，然后于1972年，流亡英国。后来，他担任牛津大学沃尔夫森学院和圣安东尼学院的客座教授和研究员。布鲁斯于2007年故去，时年86岁，至死没能回到祖国。

不能略过的一位人物是曾在世界银行工作的林重庚（Edwin Lim）

1985年巴山轮会议期间合影。前排从左至右：林重庚、刘国光、戴园晨；二排从左至右：郭树清、张卓元、周叔莲、何家成；三排从左至右：布鲁斯、赵人伟。（刘国光提供）

先生，他与布鲁斯早就相识。1979 年，林重庚的弟弟林至人在牛津师从布鲁斯，他热情接待了来访的董辅礽，从中协助促成了布鲁斯来华。林重庚说："尽管布鲁斯被公认为波兰重要的理论经济学家，但他对波兰本国经济改革的实际影响却有限。1980 年世界银行开始中国业务后不久，出于对中国经济考察的需要，聘请布鲁斯作为顾问。""布鲁斯从社会主义经济理论到苏东经验，提供了很多宝贵意见，从而对中国经济改革理论作出了重要贡献。"[9]

"改革开放初期，中国的决策者和多数经济学家都还没有跳出计划经济的大框框，而是想在计划经济中增加市场机制的作用，所以，请东欧的改革经济学家来讲学是很自然的事情。另外，东欧的改革经济学家都有马克思主义经济学的学术背景，中国人听起来也比较容易懂。"赵人伟这样说。

需要提及的是，在布鲁斯来访前，中国经济学界对于东欧的破冰之旅是去南斯拉夫。南斯拉夫曾在1963年中国“九评苏共中央的公开信”中占有一席，即第三评《南斯拉夫是社会主义国家吗？》。1978年11月23日到1979年1月20日，以宦乡为团长的中国社会科学院经济学家考察团访问南斯拉夫和罗马尼亚。在同马克西莫维奇院士等座谈时，主人说，“我们的经济改革有很多地方是从你们经济研究所所长孙冶方那里学来的，是他的一些思路给了我们启发。”这时，出现了一个戏剧性场面，宦乡指着孙冶方说：“这就是孙冶方。”一阵惊喜，南斯拉夫最负盛名的经济学家纷纷起身，同孙冶方握手，表达崇敬之情。[9] 谁为师呢？更像是遥相呼应的英雄所见。第二年，1979年10月，马克西莫维奇作了回访，成为首位来访的东欧经济学家。两个月之后，布鲁斯来访。

斯大林式的社会主义制度在兰格、布鲁斯的故乡和整个东欧遭到了摒弃。改革不仅超越了兰格也超越了布鲁斯，兰格没有机会看到，布鲁斯看到了。

顺便提一句布鲁斯的幽默。于光远曾提出一个公式：社会主义＝公有制+(商品生产＋按劳分配)。他问布鲁斯能不能这样加？布鲁斯说，只有伟大的人才能把复杂的事情用一个公式来概括。他自己不是伟大的人，因此对这种加法不敢发表意见。[11]

对于改革的必然性，布鲁斯说：“许多国家的经济改革都由于政治上的原因而失败，那些支持经济改革的人一再被指责为修正主义分子，改革的要求仍然不断地冒出头来，就像一个讨厌的人从前门被撵了出去，又从窗口爬了进来一样。这说明经济改革是不依人们的意志为转移的事情。”[12]

布鲁斯一共来过四次中国，第一次是1979年底、1980年初来华讲学；第二次是1982年春来参加莫干山会议；第三次是1985年来参加巴山轮会议即宏观经济管理国际讨论会；第四次是1992年参加由体改委和联合国经济部联合举办的经济机制转换国际研讨会。

1．原载《经济观察报》，2009 年 2 月 16 日。写作本文时，对赵人伟先生进行了采访。

参考文献：

(1)赵人伟：《布鲁斯教授谈经济管理体制的改革》，根据布鲁斯在华讲学的内容进行整理，发表于《中国社会科学院简报》第 2 期，1980 年 1 月 27 日，并载《经济研究参考资料》总第 259 期，1980 年 4 月 16 日；赵人伟：《布鲁斯教授关于社会主义经济模式的理论》，见《国外经济学讲座》第 3 册，北京，中国社会科学出版社，316—335 页，1981；

(2)柳红：《当代中国经济学家学术评传——吴敬琏》；

(3)《刘国光在体制改革研究小组会上的发言》，见房维中《在风浪中前进——中国发展与改革编年纪事 1977—1989》第 2 分册，1979 年卷，87—132 页，2004 年 11 月初稿（电子版）；

(4)林重庚：《中国改革开放过程中的对外思想开放》，见《中国经济 50 人看三十年：回顾与分析》序，北京，中国经济出版社，2008。

2．布鲁斯的主要著作有：《价值规律和经济刺激问题》（1956）、《社会主义经济运行的一般问题》（1961）、《社会主义的政治与经济》（1972 年意文版、德文版，1973 年英文版，1974 年西班牙文版，1978 年日文版，1981 年中文版）、《社会主义的所有制与政治体制》（1975）、《民主的社会主义计划有何优点？》（1979）、《东欧改革，它们的结果如何？》（1979）、《经济制度变革的方向》（1979），等等。

3．房维中：《在风浪中前进——中国发展与改革编年纪事 1977—1989》第二分册，1979 年卷，87—132 页，2004 年 11 月初稿（电子版）。

4．此资料为吴敬琏先生所保存。

5．1980 年秋冬世界银行考察小组来我国进行经济考察前，布鲁斯为他们写了一个有关中国经济体制的背景材料，他又把社会主义经济体制分为四种模式：军事共产主义模式、集权型模式、带有被限制的市场机制的集中计划经济模式、市场社会主义模式。

6．据对赵人伟的采访。

7．兰格：《社会主义经济理论》（1936），北京，中国社会科学出版社，10 页，1981。

8．布鲁斯：《一个改革经济学家的自画像——从修正主义到实用主义》（1988），中译文载《经济社会体制比较》杂志，1989（2）；布鲁斯：《从马克思到市场》（1991），上海三联书店，1998。

9．林重庚：《中国改革开放过程中的对外思想开放》，见《中国经济 50 人看三十年：回顾与分析》序。

10．邓加荣：《孙冶方传》，299 页。

11．wiki.mbalib.com/wiki/ 弗 · 布鲁斯。

12．赵人伟：《布鲁斯教授谈经济管理体制的改革》，根据布鲁斯在华讲学的内容进行整理，发表于《中国社会科学院简报》，第 2 期，1980 年 1 月 27 日；并载《经济研究参考资料》，总第 259 期，1980 年 4 月 16 日。

东欧来风：奥塔·锡克[1]

这是中国阳光灿烂的思想解放时期。那时的波兰拒绝布鲁斯，捷克拒绝奥塔·锡克，中国却向他们敞开了大门，表现出求贤若渴，力图改革的历史勇气。

发生在1968年的“布拉格之春”是冷战时代最震撼人心的一个篇章。说起捷克斯洛伐克，很多人熟悉米兰·昆德拉。曾经一度时髦的“媚俗”，便译自他的《生命中不能承受之轻》[2]；人们也知道，斯大林体制之后的第一位民选总统、剧作家和异议人士哈维尔。然而，不是很多人知道还有一位对布拉格之春、对经济改革有着杰出贡献，被称作“捷克经济改革之父”的奥塔·锡克。

就是这个锡克，在刘国光的邀请下，于1981年来到中国，牵动和影响了中国经济学家和政府首脑。无独有偶，如同布鲁斯，奥塔·锡克也是一位流亡者，任教于瑞士圣·加伦经济社会大学。3月19日至4月8日，奥塔·锡克在北京、上海、苏州作了七场学术报告，人们对他的到来表现出极大的热情。他也为12年来第一次来到一个社会主义国家感到非常高兴。他坚称自己是社会主义者。[3]中国社会科学院经济研究所负责接待，吴敬琏全程陪同。中国政府领导人格外看重他曾经指导捷克经济改革的实际经验。

奥塔·锡克，1919 年出生，早年学艺术，后来是革命家、经济学家和政治家。二战期间，被关押在纳粹集中营[4]；二战后参与《资本论》翻译，笃信苏联模式。自 1955 年，捷克斯洛伐克经济陷入困难之后，他开始怀疑、思考和批判传统的社会主义经济体制。1962—1968 年，锡克任捷克科学院经济研究所所长；1963—1968 年任经济改革委员会主席。[5]1964 年 1 月，媒体上公布了他主持制定的改革方案《关于国民经济计划管理新体制的原则草案》；1966 年又公布了《关于加速实施新管理体制的原则》。计划不再是物资分配的计划，要适应市场的需要；改革企业组织结构，把 384 个生产经济单位合并为 90 个完全独立的生产经济组织；将单一的固定价格改为固定价格、限制价格和自由价格三种，先改批发价格，再改零售价格；改革工资制度。1968 年 4 月，锡克被任命为国务院副总理，他的经济改革方案，成为捷共中央《行动纲领》的一部分。纲领宣布，要创立"具有人道面貌的社会主义模式"，"再也不允许用党的机构代替国家机构、经济领导机构和社会组织"；要保证集会、结社、迁徙、言论和新闻自由，取消书报检查制度；实行社会主义的多元化政治体制，充分发挥市场作用。[6]捷克人民为此欢欣鼓舞，举行各种集会讨论国家事务，呈现出一派"布拉格之春"的景象。锡克宣称，如果推行他的政策，四年内，捷克斯洛伐克将达到邻国奥地利的水平。

这个充满了经济和政治自由的春天，被四个月后，1968 年 8 月的苏联入侵摧毁，代之以漫长的严寒。其时，锡克正在南斯拉夫度假，新闻媒体说他是美帝国主义的代理人，是最反动的修正主义右派。他被解除副总理职务，开除党籍，剥夺国籍。1970 年，锡克流亡瑞士。而在莫斯科，一本名为《从修正主义到背叛：对锡克经济观点的批判》的书出版了。

离开了祖国的锡克，继续思考和著述：《捷克斯洛伐克的经济改革》（1969）、《民主和社会主义的计划经济和市场经济》（1971）、《第三条道路》（1972）、《共产主义政权体系》（1976），揭露苏联模式社会主义的实质，寻求在西方自由市场和苏联模式的命令经济之外的第三条道路。

在锡克到北京之前，中国社会科学院苏联与东欧问题研究所的杂志《苏东问题研究》1981 年第 1 期上，介绍了《共产主义政权体系》一书。锡克认为苏联和东欧“都不是社会主义”，而是“党的官僚”和“国家垄断”体制。这比中国当时的思想者走得要远得多。匈牙利科学院的玛丽亚（Maria Csanadi，1946 年生）后来把这种体制概括为“党国体制”[7]。

计划价格体制是计划经济的支柱。改革计划经济，用市场价格体系替代计划价格，是一个充满风险的课题，是改革要真正面对的攻坚战。奥塔 · 锡克向中国朋友介绍了他的主张，提出可以效法捷克斯洛伐克的做法，即 1967 年的全面调整价格，1968 年全面放开价格，先调后放，建立自由价格制度。每一次锡克讲学后，吴敬琏和中央编译局的荣敬本都做出一份约 1000 字的简报，送给社科院院长马洪、于光远和其他领导。

马洪再将这些简报上送国务院总理。总理非常重视，曾做过三点指示：第一，中国社会科学院聘奥塔 · 锡克为顾问；第二，请奥塔 · 锡克以后每年到中国来一次，给中国的改革工作提出意见和建议；第三，组织一次他与中国经济改革领导干部的座谈，经济领导部门要参加。对于第一条，社会科学院有的领导提出来，请外国人当中国社会科学院的顾问，没有过先例，似乎不妥，没有照办；第二条则是由中国社会科学院外事局局长王光美和奥塔 · 锡克商定，以后每年来一次，但是由于后来形势发生了变化，这个口头协议也没有执行；第三条，则是在奥塔·锡克访问的最后一天，组织了领导部门的一些领导和他座谈，薛暮桥、廖季立、马洪、白美清等都参加了。[8]

座谈会上，奥塔 · 锡克特别强调价格改革的必要性，具体介绍了捷克斯洛伐克“先调后放”的做法，薛暮桥提出价格改革是很难计算的，因为它们之间彼此影响，互为因果。奥塔 · 锡克说，可以用投入产出表，经过多次叠代算出各种产品的生产价格或资金、劳动“双渠价格”。这套价格当然不会很准确地反映市场价格的程度，但是比较接近。再根据计算出来

经济研究资料

增 刊

中国社会科学院经济研究所学术资料室 1981年5月17日

奥塔·锡克

论社会主义经济模式

·1981年在我国访问期间的学术报告·

1981年5月17日，刊载奥塔·锡克在华学术报告的《经济研究资料》增刊。

的价格做一次全面调整就可以保证第二年放开时震动比较小。白美清向国务院总理汇报后不久，国务院决定建立价格问题研究中心，由薛暮桥、马洪负责，聘请锡克推荐的捷克专家介绍当年他们如何计算影子价格的经验，研究制定调整价格和进一步放开价格改革的方案。与此同时，国务院秘书局通知社科院，要求他们将奥塔·锡克在座谈会上提到的参加1967年价格调整计算工作的专家请到中国来讲学。当工作人员接到这个通知时，奥塔·锡克已经离开了中国。于是，他们马上拍电报到中国驻瑞士大使馆，请使馆人员和奥塔·锡克商量。后来奥塔·锡克推荐的两位专家到中国来开讲习班，培训物价改革人员。

锡克的到访着实在中国掀起了一阵研究改革理论和实际措施的热潮。这使刘国光深受鼓舞，他觉得像锡克这样有经验有理论的人还很多，可以再请其他人来。

锡克离开中国后，给国务院发展研究中心总干事马洪写了一封信，附寄了他的新作《社会主义的计划及其发展》，其中总结了苏联、东欧国家改革的经验教训，并表示希望这篇文章能对中国的经济改革有所帮助。1982 年，几本锡克的著作翻译出版 :《社会主义的计划与市场》、《第三条道路 马克思列宁主义理论与现代工业社会》、《共产主义政权体系》。然而，这时的中国，计划经济思想回潮，主张商品经济的学者受到排斥和批评。锡克也被整了“黑材料”。

1982 年 4 月，中央书记处研究室印发了“奥塔 · 锡克反马克思主义的经济改革理论”。中央编译局的荣敬本做过考证，这种言论其实来自苏联，为了反对东欧改革，苏联出版了不少书籍，批判市场化改革背离了社会主义原则，其目的是反苏、反对共产党。它依据的是锡克同西德《经济周报》编辑的谈话。锡克说，“我深信，经济制度的改变，首先取决于政治条件。”“那些只靠无产阶级专政过日子的人们担心，每一点自由化和以企业自主为方向以及以市场标准为目标的经济制度的改变，都会削弱他们的权力地位。如果真要让一项改革起作用，就必须停止党对经济的强制命令。”[9]1982 年 6 月，法律出版社出版的《论社会主义经济体制改革》一书，因为收集的是布鲁斯和奥塔 · 锡克来华所作的学术报告，而被在扉页上盖上红色的印章“作废”，使得这本书虽然印出来了，却不能发行。[10]

直到 1989 年“天鹅绒革命”,锡克才再一次投身于捷克的公共生活。然而，他的第三条道路和那时捷克领导人追求彻底的自由市场经济已经不合拍了。锡克告诫当局警惕新自由主义的危险，也没有得到重视。作为哈维尔总统的经济顾问，他们的观点有分歧，锡克又返回了瑞士。新的问题摆在他的面前。当传统的社会主义体制终结以后，改革的问题不复存在，什么是最好的国家道路？ 1991 年，锡克出版了《今天的社会主义 : 正在改变内涵的社会主义》一书。从市场社会主义到民主社会主义，锡克将社会主义与自由、民主、人道主义联系起来。晚年

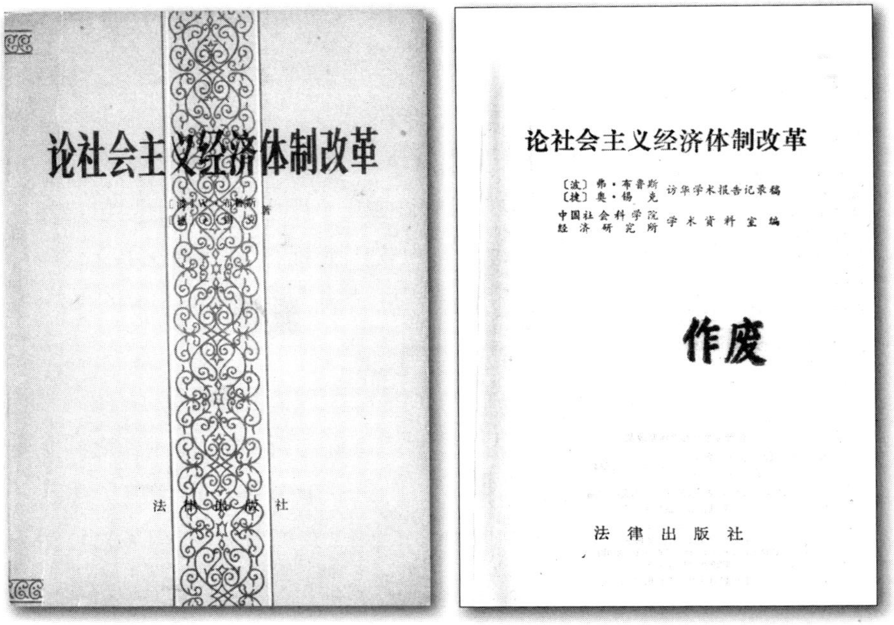

盖有“作废”印章的《论社会主义经济体制改革》书影。（荣敬本提供）

的锡克又重新拿起了画笔。2004年，锡克故去，时年84岁。

1980年代初，是中国阳光灿烂的思想解放时期。那时的波兰拒绝布鲁斯，捷克拒绝奥塔·锡克，中国却向他们敞开了大门，表现出求贤若渴，力图改革的历史勇气。在锡克走后的10余年，他的书继续被翻译成中文出版：《经济—利益—政治》（1984）、《一种未来的经济体制》（1989）、《争取人道的经济民主》（1989）、《经济体制比较、理论、批评》（1993）。对于这位经济改革的拓荒者和实践者的倾听和接纳，尊重他的历史作用和观点，也是对中国改革历史过程的一种尊敬。可惜，今天中国少有经济学家和政治人物像锡克这样持之以恒、孜孜以求，系统地研究和探索经历了传统社会主义模式之后，国家的最终历史走向，而中国的现实和未来是多么需要啊！

附 记

2008年12月，我赶在圣诞节前驱车到了布拉格。看着轻松自在的布拉格人，深深地感到这里的转型是彻底的。对于人的价值的认识是这个社会的支点。我脑海中不禁萦绕着这样的问题：可曾记得40年前，你们的父兄为着人道的社会主义而流血牺牲？这时，看到繁华街道上一面普通墙壁上的雕像，那是纪念天鹅绒革命的，很多双手，V字手势，鲜花贡献在那里。我知道，历史没有被忘记。书店里有大量控诉斯大林专制时代的图书。在共产主义博物馆，看当年的遗迹，熟悉，但不是亲切，是一种深深地追问。放映室里循环放映纪念从布拉格之春到天鹅绒革命的纪录片。片尾一首《感谢你》，是吉他伴奏的男声歌唱，让我们陷入了深深的感动和缅怀之中。在离开布拉格的高速路上，在雨中，车里回荡着《感谢你》（词曲作者卡莱尔·克利尔，Karel Kryl）：

感谢伤痛，因为你引导我追问
感谢失败，因为你促使我努力
感谢软弱，因为你帮助我谦恭
感谢眼泪，因为你教会我怜悯
感谢爱心，因为你点燃光明
感谢饥渴，因为你，我追求完美
让爱驱逐心灵的恐惧
感谢你，感谢你……

Thank you

God create a twig for me to make wreaths.
Thank you for the pain which teaches me to ask questions.
Thank you for the failure which makes me work hard.

To be able to bring a gift even if no strength is left.
Thank you.
Thank you.

Thank you for the weakness which teaches me to be humble.
The joyful humbleness which does not bear a yoke.
Thank you for tears.
They teach me to be compassionate.
They cry, they call for sympathy.
Thank you.
Thank you.

As I long for beauty, I thank you for ugliness.
Thank you that love shall light with feuds.
Sleeping is sweet, so thank you for tiredness.
Thank you for fire burning.
Thank you for the whisper of water.
Thank you.
Thank you.

Thank you for the thirst which showed my weakness.
Thank you for the thirst which makes work more perfect.
Thank you that I love when my heart is fear-stricken.
Thank you.
Thank you.

Lamb, you did not die in vain.

1．原载《经济观察报》，2009 年 2 月 23 日。

2．Unbearable Lightness of Being, by Milan Kundera（1929 年生）。1985 年，《生命中不能承受之轻》中文版出版，在中国影响巨大。

3．《奥塔 · 锡克论社会主义经济模式，1981 年在我国访问期间的学术报告》，中国社会科学院经济研究所学术资料室，《经济研究资料》增刊，1981 年 5 月 17 日。

4．Ota Sik Is Dead at 84; Czech Reform Economist,
http://www.nytimes.com/2004/08/25/world/ota-sik-is-dead-at-84-czech-reform-economist.html?pagewanted=1

5．wiki.mbalib.com/wiki/ 奥塔 · 锡克。

6．《"布拉格之春"的夭折》，见段炳麟 :《世界当代史》，北京师范大学出版社，1994。

7．[匈] 玛丽亚 · 乔纳蒂 :《转型 : 透视匈牙利政党—国家体制》Party-States And Their Legacies in Post-communist Transformation, by Maria Csanadi，吉林人民出版社，2002。

8．柳红 :《当代中国经济学家学术评传——吴敬琏》，171 页。

9．《西德〈经济周刊〉报道奥塔· 锡克与该刊编辑关于经济改革理论的谈话》，载国家计委 :《经济消息》，1982（16）。

10．荣敬本 :《忆改革开放 30 年中的一段往事——从一本作废的书谈起》，载《经济学家茶座》，第 37 辑，2008（5）。

东欧来风：科尔奈[1]

在一个社会里，出产什么样的杰出人物，或者这些人物得以杰出，需要特殊的土壤，他们遥相呼应，在意识、理念、勇气和智慧的发掘程度上互相影响。

挣脱思想枷锁，喜新厌旧，标新立异是20世纪80年代的时代风气。人们渴求新的思想资源、理论资源，厌倦了陈旧的话语系统。所以当匈牙利经济学家科尔奈的《短缺经济学》一出现，中国经济学家就对他的分析和术语着迷：短缺经济、投资饥渴症、扩张冲动、父爱主义、软预算约束……几个词，串起来，就把一个传统社会主义经济体制的运行特征揭示出来了；企业的行为逻辑、资源配置的失误、政府与企业的关系；既有分析框架，又有漫画形象。美妙的理论解释！一时间，特别是青年学子言必称科尔奈，称短缺经济学。

科尔奈，1928年生，80年代中期任职于哈佛大学经济系和布达佩斯高级研究院，著有《经济管理中的过度集中》(1957)、《反均衡论》(1971)等。《短缺经济学》是他的巅峰之作。早在他写学位论文时，就有一章讨论短缺问题，往后20年，短缺问题始终萦绕在心，直到1976至1977年，科尔奈应斯德哥尔摩大学国际经济研究所邀请，在瑞典以"短缺经济学"为题做了一系列演讲，之后集结成书，英文版于

1980 年出版。他把这些思想的碎片，拼成一幅完整的图画[2]，登上了新的高度。他希望实现两个目标：描绘出社会主义体系运作的全景图；系统地展示长期短缺经济的现象、原因和效果。

“短缺”，是一个平凡而伟大的选题。平凡，是因为它来自日常生活经验；伟大，则是由此上升到理论，得出普遍性结论。所有有过这种生活经历的人都会感到，把传统社会主义经济归结为短缺是多么准确，甚至会产生出熟悉和亲近感，而不是教条的冰冷的理论。而之所以它被科尔奈抓住了，有一个原因是肯定的，那就是参照系，资本主义国度和布达佩斯近在咫尺。虽然科尔奈回避了政治和制度问题，但是谁都从《短缺经济学》中读出了它的政治意义。[3]对于很多社会主义体制下的知识分子，这本书足以使他们改变世界观。

《短缺经济学》在中国出版是 1986 年的事儿。[4]但是，从 1984 年，媒体就开始介绍科尔奈和他的著作。[5]《短缺经济学》的译稿被打印出来流传。虽然科尔奈的实证研究被某些西方学者批评为“实证非实证”，但是对于想摆脱说教式空泛议论的中国学者，科尔奈从实际情况入手，弄清问题“是怎样”的经济分析，提供了可资学习借鉴的途径。国家体改委体改所一成立，就从 1985 年 2 月至 11 月，和北京青年经济学会组织了有 21 个部委、研究机构、大专院校参与的大型城市经济体制改革调查，近 400 名专业人员、研究生、大学生，对 23 个试点城市做调查，形成了 130 余万字的 156 篇调查报告。这也是一次实证研究的努力。他们采用了一个“科尔奈指数”（企业投入品存货与产出品存货的比值），来衡量市场机制在从资源约束型的卖方市场到需求约束型的买方市场中的作用程度，结果显示，企业作为买方的主权地位正在上升，作为卖方的垄断地位正在弱化。这个调查研究成果集成《改革：我们面临的挑战与选择》于 1986 年 4 月由中国经济出版社出版。

1985 年 8 月，科尔奈和夫人第一次受邀来到北京，去机场接他的是社科院经济所的赵人伟。1982 年，赵人伟在英国做访问学者时就已经读到 1980 年出版的《短缺经济学》。8 月 27—30 日，科尔奈参加了

《短缺经济学》书影。

社科院经济所和世界银行举办的国有企业改革会议，他的演讲论文是《国有企业的双重依赖》，讲企业决策，是一只半眼睛盯着政府，半只眼睛盯着市场。他的分析总能给中国经济学家带来新意。在经济所做报告时，会议室爆满，之后，年轻人簇拥着他问个不休。其间插空儿，8 月 29 日，科尔奈为他的另一本书《增长、短缺和效率》(1982)的中文版写了序言。它由崔之元和钱铭今翻译，成为《走向未来》丛书中的一本。崔之元在改革 30 年回顾时说过："当时，我和大多数中青年知识分子一样，对科尔奈的理论十分赞同，认为'软预算约束'是传统社会主义经济体制的病根。后来赴美国学习和教书的经历，使我日益认识到'软预算约束'在西方经济中的广泛存在。"[6] 这是后话。

接下来是参加巴山轮会议。科尔奈将行政控制和市场协调作了不同组合，得到经济改革的四种目标模式。[7] 他主张采取有宏观控制的市场协调，赢得了与会者的共识。然而，在现场，科尔奈却没有得到正面反馈。后来，他说自己感到了"阴魂不散的政治压抑，以及缺少自由和权利的社会状况"，"从主席和听众的脸上看不到表情，不知道自己的讲演是不

《改革：我们面临的挑战与选择》书影。

是成功”。只有从经常包围他、用结结巴巴的英语向他提问的年轻经济学家目光中，他得到了安慰。科尔奈说：“这里出现的许多现象，以及它的烦恼和灾难，对我来说都非常熟悉。他们从美国宏观经济学家，或者西德中央银行的银行家那里，学到了很多有趣的东西，但是我们东欧人，却最能理解他们对于改革的心理和看法。”[8] 这一次，科尔奈在“一见如故”的中国待了一个月，掀起了一股热潮。科尔奈的改革目标模式受到广泛关注，连赵人伟也被计委经济研究所请去做专题报告。

1986 年，《短缺经济学》中文版面世，一时洛阳纸贵，出现《短缺经济学》短缺。科尔奈为中译本写序说：“理解现实总是准备变革的第一步。”“中国可能比匈牙利大一百倍。但是，这本书的主题不是写匈牙利的，而是‘传统的’或‘经典的’社会主义的一般模式。”当科尔奈再次访问中国时，有市长、大学老师和经理不断告诉他，“我是您的小学生”，令科尔奈受宠若惊。这次出版也成为经济科学出版社永久的骄傲，称它“具有革命性意义”。国家计委领导曾经主持会议，专门研讨与科尔奈《短缺经济学》有关的问题。一位经济学家和他的书，对

2005年，科尔奈与赵人伟合影。

于中国官学两界的影响是空前的，其中有启蒙性质，也树立了经济学实证研究的风气。

在三联书店主办的《读书》杂志中，从 1985—1989 年，“科尔奈”的出现频率超过所有经济学家；在中国社会科学院经济研究所的《经济研究》中也是如此。匈牙利经济学界有人认为，科尔奈从社会主义国家最常见的商品短缺现象谈起，具有和马克思《资本论》从商品出发分析资本主义经济运动规律相似的研究特点。在中国也有类似的说法：马克思对传统的资本主义经济作了深入的解剖，科尔奈对传统的社会主义经济作了深入的解剖。赵人伟讲过一个故事，1986 年 10 月，他和吴敬琏受邀去纽约参加由美国比较经济学杂志等单位主办的中国经济改革目标和步骤研讨会。在会后的一个华人经济学家聚会上，耶鲁大学教授费景汉连开玩笑带认真地说："大陆经济学界有人把科尔奈抬得太高了，和马克思相提并论，科尔奈怎么能和马克思比呢？和我费景汉比比还差不多。"[9]

此后，科尔奈又出版了呼应哈耶克的《通向自由经济之路》（1990），和集一生研究之大成的《社会主义体制：共产主义政治经济学》（1992），以及自传《思想的力量》（2006）。他曾几次被提名诺贝尔经济学奖。随着1989年柏林墙倒塌，苏东瓦解，或许在一些人眼中，科尔奈的传统社会主义研究意义不那么大了。

按说作为研究对象，中国的传统社会主义提供的内容比匈牙利更为丰富，可是中国却没有经济学家基于中国样本，做出类似科尔奈这样深入系统的研究。人们会问中国为什么没有科尔奈？这就好像中国没有发生过1956年匈牙利事件，没有产生过纳吉一样。在一个社会里，出产什么样的杰出人物，或者这些人物得以杰出，需要特殊的土壤，他们遥相呼应，在意识、理念、勇气和智慧的发掘程度上互相影响。科尔奈既熟悉马克思主义，也熟悉现代经济学；既遭遇过身为犹太人被屠杀的命运，也经历过政治恐怖经济衰败的斯大林体制；他是在1956年匈牙利事件的血与火中进行思考的人。在思想、文化、政治、社会的方向上，他选择了这样一条道路：用现代经济学的方法揭示传统社会主义经济体制的本质，而且坚定不移。1990年3月，科尔奈和杰弗里·萨克斯在赫尔辛基组织学术会议，邀请正在转型国家的经济学家参加。会还没开完，一位捷克经济学家宣布，要马上赶回捷克，一刻也不能耽搁，说："所有现在不在瓦茨拉夫广场的人以后都没有机会当部长了。"他及时地赶了回去，果真当上了部长。科尔奈平静地说，"我并没有赶回匈牙利的'瓦茨拉夫广场'。"游走在科学与政治的边缘——这是他对自己的总结。[10]

让今天的人理解《短缺经济学》可能有些困难。因为传统的社会主义在世上所剩无几，与之相联系的短缺也很少存在了。然而，在人类20世纪的漫长历史中，特别是二战以后，世界上有几亿人，几十年生活在短缺经济中。难以计数的人饿死在斯大林强制集体化中和中国“大跃进”之后。40 岁以上的中国人，都有在严寒里排队凭票购物的经历。短缺意味着贫穷，而支撑短缺的是自诩为最优越的传统社会主义制度。科尔奈的伟大在于他描述和揭示了这一切；他的遗憾，或幸运，则是所描述的制度在地球上不复存在了。无论如何，科尔奈对于 20 世纪经济思想的贡献是独特的。

当年为《短缺经济学》设计的封面中，有一个是皇帝的新装：一个人裸体站在镜子前。这个设计图一直挂在科尔奈的办公室墙上。

---

1. 原载《经济观察报》，2009 年 10 月 19 日。写作本文时，采访了赵人伟先生。
2. 参见科尔奈：《思想的力量：学术探索之旅的另类自传》，香港中文大学出版社，2009 年，第 13 章，307—331 页。
3. 科尔奈第一次反抗“上级”是因为面对 1953—1954 年冬季的电力短缺。“上级”要求科尔奈在报道中以客观理由掩盖真相。电力供应短缺的真实原因是：相关部门错误地估算了发电量与日益增长的电力需求之间的比例，电力官员在未预警的情况下大面积断电，以及没有合理的电力管理系统等。虽然，这时的科尔奈面临的是在真相和谎言之间的抉择，它无疑为他很久以后深入思考短缺问题提供了基础。见雅诺什·科尔奈：《思想的力量——学术探索之旅的另类自传》，香港中文大学出版社，78—79 页，2009。
4. 由经济科学出版社出版。译者是中国人民大学政治经济系 82 级的六位研究生：张晓光、李振宁、黄卫平、潘佐红、靳平、戴国庆，校订者高鸿业。
5. 刘吉瑞、邱树芳：《〈短缺经济学〉简介》，载《世界经济》，1984 年第 12 期；潘英丽：《科尔奈〈短缺经济学〉述评》，载《经济学动态》，1985 年第 1 期。
6. 《崔之元访谈：看不见的手范式的悖论与当前金融危机》，载《21 世纪经济报道》，2008 年 9 月 27 日。
7. 科尔奈认为，当今世界各国的宏观经济管理模式，基本上分为两大类。一类是通过行政手段协调，一类是通过市场机制协调。在前一类中，又可分为直接行政协调和间接行政协调，在后一类中又可分为完全非控制的市场机制协调和宏观控制下的市场机制协调。第一类行政手段协调的特点是，企业与国家之间存在着从属关系，经济活动主要依靠纵向的信息流和集中化的决策进行协调。第二类市场机制协调的特点是，企业与国家之间不存在从属关系，经济活动主要依靠横向的信息流和非集中化的决策进行协调。见中国经济体制改革研究会、中国社会科学院：《关于“宏观经济管理国际讨论会”主要情况报告》，中国经济体制改革研究会：《宏观经济的管理和改革——宏观经济管理国际讨论会言论选编》，北京，经济日报出版社，1986 年 6 月。

8．雅诺什 · 科尔奈 :《思想的力量——学术探索之旅的另类自传》421—425 页。

9．赵人伟:《一个经济学家的学术探索之旅——读科尔奈的自传〈思想的力量〉有感》，载《经济社会体制比较》，2009（6）。

10．雅诺什 · 科尔奈 :《思想的力量——学术探索之旅的另类自传》，477 页。

中国人民银行研究生部：道口有道[1]

要培养适合中国金融体制改革的应用型人才，必须与两个轨道相接：一个是国际经济和金融的轨，一个是中国改造既有体制的轨；要以非常思路，非常速度，办非常学校。

从北京北站出发的京包铁路上有好几个道口，作为地名的有四道口、五道口、六道口，其中“五道口”最出名。自从28年前，1981年，中国人民银行研究生部设在那里，五道口就成了它的俗称，从这里走出来一批又一批在中国金融界有影响且举足轻重的人物。给人清新感的前任和现任中国人民银行女性副行长吴晓灵和胡晓炼，就是第一届即1981级同班同学。

缘起

启动中国经济改革，就势必重建现代银行体系和货币经济。在这个领域，中国人才奇缺。因为自1949年到1970年代末，中国彻底断绝了现代货币银行业，既没有中央银行也没有商业银行，甚至将中国人民银行并入了财政部。改革决策集团意识到了问题的严峻性。1979年3月18日《人民日报》社论《全党要十分重视提高银行的作用》第一次发出强信号；10 月 4 日，邓小平在中央省、市、自治区党委第一书记座谈会上说：“银行要成为发展经济、革新技术的杠杆，银行要办成真正的银行。”11 月，《红旗》杂志发表中国人民银行行长李葆华（1909—2005）的文章《充分发挥银行的经济杠杆作用》。1980 年 1 月，李葆华主持全国分行行长会议，研讨金融体制改革方案。身为李大钊之子，李葆华有其父铁肩担道义之风。1962 年任安徽省委书记时，曾大刀阔斧甄别平反“右派”。此时，临老受命，成为中国金融改革接力棒中的第一棒。

怎么建立真正的银行？如何改？谁来改？都引出人才问题。是改造“旧人”，还是培养新人？改造现有银行人的知识结构和思想较之培养新人恐怕更为艰巨，甚至根本不可能；而要等着高校教改、培养出金融人才来，则远水解不了近渴。有一个人把这个道理想得清清楚楚，并决计要走一条新路——自己办学，他就是刘鸿儒。

刘鸿儒，1930 年生，吉林人。1959 年从莫斯科大学经济系获副博士学位，回国后进入中国人民银行。此前，他奉命组建农业银行并担任副行长。1979 年 11 月刘鸿儒在中国金融学会的发言中提出我国是社会主义商品经济，并探讨了银行的作用。1980 年 8 月他被任命为中国人民银行副行长，分管银行改革。12 月，在上海金融学会上，他又作了题为《发展商品经济与银行体制改革》的报告，第一次提出银行竞争问题。

历史已经证明了刘鸿儒无可替代的作用。之所以如此，是因为他同时具备三个条件：第一，年轻有活力，思想解放，充满激情；第二，身居要职且有理论造诣；第三，是金融改革的重要参与者，能够调动资源。一手抓改革，一手抓人才，是刘鸿儒的方针。他的办学想法得到了李葆华的支持。事实上，关于培养人才，当时的金融改革家们很快就形成了默契和共识。要培养适合中国金融体制改革的应用型人才，必须与两个轨道相接：一个是国际经济和金融的轨，一个是中国改造既有体制的轨；要以非常思路，非常速度，办非常学校。于是，

1985年，刘鸿儒在全国人民代表大会上做关于金融情况的报告。（管延友提供）

中国人民银行研究生部应运而生，挂在由刘鸿儒分管的金融研究所下面。

建校

经过教委批准，1981 年 9 月，中国人民银行总行金融研究所研究生部挂牌成立。金融所最早成立于 1956 年，经历了合并、分设、瘫痪、撤销与恢复。1978—1981 年的所长是孙及民，副所长有崔启仪、甘培根（1925—2006）等；1982 年，赵海宽担任所长。研究生部主任由甘培根出任。

学校的品质首先取决于学生质量。通过考试选拔，试卷就成了风向标，它显示着考官亦即校方的追求取向。即使以今天的眼光看，第一届学生的入学试题仍旧是有水平的。而能够出色回答问题者，也都是下过功夫的人。比如，“资产阶级货币银行学”的考卷[2]，有四道题。第一题名词解释（20 分），包括特别提款权、信用证、欧洲美元、国际收支顺差、信用卡、信托业务、CIF、货币供应量 M1、可转让定期存单和浮动汇率。第二题简要回答（20 分）：（1）国际收支平衡表经常收支项目内容是什么？（2）投资等于储蓄是谁首先提出的，它说明什么？（3）世界黄金市场上最大的供应者和需求者是哪些国家？（4）美国里根政府执行什么经济政策？以什么经济理论为根据？（5）美国、西德的中央银行独立性表现在哪些方面？第三题（30 分）：阐述资本主义国家中央银行调节信用的措施及效果。第四题（30 分）：论述以美元为中心的货币体系解体的原因，以及货币体系的发展前景如何？

1982 年 2 月第一届 18 名同学入学。人行行长李葆华、副行长李飞、刘鸿儒、尚明参加了开学典礼；另外还邀请了受聘为顾问和教师的北京大学陈岱孙、胡代光、厉以宁和中国人民大学黄达、周升业等。“要培养一批骨干搞金融改革，不懂西方经济学没法改。”这是刘鸿儒说的。因此，以改革思想为主线作课程设计，除了马列主义课程，还有货币银行学、西方经济学等，特别强化外语和数学。

在现代金融知识几乎处于荒漠时期，缺乏师资、教材和人才形成了一个恶性循环时，只有多管齐下才是出路。五道口采取的办法是：在师资上，放眼世界邀请教师；在教材上，把老师的讲课录下来，组织同学整理录音，将讲课变成讲义。图书馆，无疑是最重要的基础设施。虽说不到 20 平方米，只有 5 个简易书架，却装载着最新最好的图书。总行领导曾特许他们从封存的地下书库里任意挑选，使他们拥有了第一批藏书。曾是内蒙古知青、毕业于图书馆专业的陈坚定负责图书馆。她的丈夫魏本华恰是 1981 级研究生，每个月帮她在图书进出口公司寄来的英文书目上选书。陈坚定说：“图书馆买书，学校从来不卡，多贵的书都不卡。”她还记得去机场接那套台湾“中央银行”出的精装版国际金融书的情景，充满了喜悦。两三年光景，图书馆就颇具规模，连北大、清华的同学也会来这里查书。

五道口先有学校，后有自己的校舍，和同期建校的中国社会科学院研究生院情况类似。为了创办干部进修学院，人民银行买下了海淀区五道口东升公社新盖的卫生院，那是一个工字形二层红砖楼。有关部门说卫生院是违章建筑，勒令进修学院搬走。结果，不仅他们没走，研究生部来了，租下了十几个房间作教室和宿舍。海淀区政府每年下达限期搬迁令，不许在院内动土。1984 年，在工字楼中间悄悄盖的几间教室，被房管部门在附近的楼上发现了，罚款 1 万元。直到 1990 年，研究生部才第一次获得修建权，修了图书馆小白楼。在建校的头几年，中国银行国际金融研究所、中国农业银行研究所、保险公司等也都给予了经费和师资等方面的支持，并且定向招收学生。[3]

每个学校都有自己的文化和校风。当时的五道口有典型的 80 年代特色：既不拘一格，又纪律严格；既开展，又紧缩。比如，教务长黄永鉴是个认真到苛刻的人，外号“黄大炮”，正直，不讲情面。哪个同学不上课，他会登着凳子去敲门。有同学上完厕所不冲水，他就站在厕所门口等。有一天黄永鉴把午睡的同学们叫到礼堂集合，就是因为有人不冲厕所。有一位同学说，外教的课他记不得，但是难忘黄老师那一次“脸涨得通红地训话，礼堂里鸦雀无声”。黄永鉴说，如果小事做不好，将来一定做不成什么大事。学校花这么多钱培养你们，你们连这么点事情都做不好。[4]同学们当时对学校的纪律约束不以为然，提意见。然而，回过头来，都说黄老师好。这位“拍桌子瞪眼睛”的黄永鉴，毕业于北大，是学越南语的，早年翻译过多部越南文学作品：《西北的故事》（1957）、《阳光与土壤》（1963）、《英雄的天空和海洋》（1965），等等。研究生部就像创建者们的孩子，爱之深，责之切。

这是一个物质匮乏的年代，也是一个心里揣火的年代。起初，甘培根只带着黄永鉴和陈坚定两人筹备建校，吕拓、崔锐林等陆续加入。在经费十分困难时，曾有人搬出各种理由不救，是刘鸿儒明令要重视人才投资，才解了燃眉之急。黄永鉴说，“不然，恐怕早就关门了。”外聘的老师讲一堂课所付酬金只有十几二十块钱。胡晓炼回忆，“寒冷的冬天，北风呼啸，教室和宿舍暖气冰凉，我们身穿大衣，怀揣热水袋伏案学习……”唯一一间大教室是用纤维板拼成的简易房；唯一一台彩电，是李葆华访日带回来送的；唯一一辆汽车是接授课老师的。研究生部主任，相当于校长的甘培根，腿有残疾，拄杖而行，每天到校都从劲松的家挤公共汽车往返50公里。他是四川人，1946年毕业于燕京大学经济系，1948年，去美国加州太平洋学院读研究生，1950年被分配到中国人民银行国外局从事外汇管理和国际金融业务；1957年被打成“甘归集团”（甘培根和归淇章右派小集团），发配到北大荒853农场，在那儿患急性化脓性髋关节炎，被妻子用担架抬回北京，死里逃生。这一生，他没有留下什么个人著作，但参与编著了《中国近代货币史资料》（1964）、《各国货币手册》（1980）、《外国银行制度与业务》（1985）和《中央银行比较研究》，主译《美国花旗银行在华史料》（1990）和《汇丰银行百年简史》等。他的心血主要放在了五道口，以学生为荣，喜欢同学们叫他“甘老师”。

四周菜地，百米外是火车道，大喇叭重复播放着：“行人车辆请注意，火车就要开过来了，请在栏木外等候，不要抢行，不要穿栏杆。”五道口和她的学生们，和着隆隆车轮，呼啸向前。

教授

五道口“养不起”自己的教师队伍。其实，刘鸿儒所代表的创建者压根儿就没想那么干。他们意识到不仅要避免近亲繁殖，还要网罗天下人才，形成杂交优势。对此，国家教委曾有不同意见，理由很简单：没有专职教师队伍，怎么能保证培养水平。而事实是，小小的学校，把全国的优秀老师都集中进来了，以小搏大，获得了最大收益。刘鸿儒去跟他们辩论，说鲁迅夹着包到各所大学讲课，没有囿于一地，才发挥了那么大作用。1987 年 5 月国务院学位委员会对全国财政学、货币银行学、国际金融专业硕士学位授予质量进行检查评估，结果是；货币银行学五道口第一，人大第二；国际金融南开第一，五道口第二。

什么样的教师组合创造了这么好的成绩呢？首先是金融所的研究人员，其次是大学教授，第三是人民银行的司局长和各专业银行行长。

在研究生部成立时，中国人民银行总行才授予刘鸿儒、尚明、丁鹄、周林、杨培新、甘培根、林志琦、虞关涛等 8 位高级职称。除了两位副行长，其余都是金融所的。此外，所里还有赵海宽、秦池江、钱曾慰、孙树茜等。他们中有 1949 年以前的海归人士，有国民党时期的银行业者，还有共产党内的金融研究人才。比如杨培新（1922—2016）16 岁入党，是第一任人民银行行长南汉宸的秘书，25 岁始就著有《新货币学》（1947）、《中国通货膨胀论》（1948）；赵海宽（1930 年生），1947 年进入陕甘宁边区银行总行工作，1952 年毕业于中国人民大学专修科，从事银行和货币信用理论研究，等等。

金融所是保留海归和接纳旧银行职员最多的地方。1949 年后，他们少有用武之地，五道口为他们提供了舞台和机遇。遗憾的是，在今天的互联网上和可以查找的文献中，关于他们的记载少之又少，甚至没有踪迹，连五道口的学生也少有提及。因此，虽然挂一漏万，我还是觉得有责任记下他们：（1）丁鹄（1916—2000），据说研究生试题都是以他为主出的，数学特好，英语特好；1939 年他大学毕业后以第一名考入中央银行，1948 年升为一等职员；上海解放时，担任中国银行总管理处军代表兼总经理秘书；1955 年陷入总行“三大案件”，隔离审查三百天；1958 年被定为“右派”，下放山东菏泽；1970 年以反革命罪被捕，1978 年回到金融所任外国编译室主任。[5]（2）林志琦，1917 年生，福州人，1942 年毕业于西南联合大学，后留学美国，民国时期曾任银行职员；1949 年以后，进入中国银行和中国人民银行，参加编纂了《英汉财政金融词汇》（1984）；据说他上课以讲英语为主。（3）周林，早年留学威斯康星大学，是国际金融专业导师。（4）钱曾慰，专门讲票据，

1992年9月29日，中国人民银行研究生部学位委员会合影。前排左一甘培根，左二虞关涛，左三尚明，左四丁鹄，左六盛慕杰，左七李嘉华，左八林志琦。后排左一唐旭，左三秦池江，左五刘鸿儒，左六吴念鲁，左七黄永鉴，左八张德宝。（管延友提供）

英语特好；译有《欧洲经济共同体国家的银行制度：机构与体制》（[意]萨瓦托·马斯特罗派斯奎著，与虞关涛合译，1982）、《金融巨子》（[英]安·桑普森著，1989）。（5）虞关涛和林志琦教专业外语，虞关涛还译有《凯恩斯以后》（[英]琼·罗宾逊编，1985）》、《论通货膨胀》（[美]米尔顿·弗里德曼著，与周林、藤茂桐合译，1980）。

1949年以后上大学的一辈中也有佼佼者，比如吴念鲁，1936年生，上海人，1960年毕业于南京大学，同年进入中国人民银行国外局（中国银行）从事国际金融研究工作，1981年赴西德商业银行实习半年。五道口的学科分为货币银行学和国际金融领域两个方向，吴念鲁在国际金融方向，从入学试题到课程设计都倾注了大量心血。他于1985年创办《国际金融研究》并任主编后，将以往的五道口入学试题和毕业生学位论文简述，以及作者和指导老师的姓名刊登出来，给予五道口宣传和支持。[6]

答辩会留影。（管延友提供）

近水楼台，五道口请总行司局长和各行行长讲实务操作，有工商银行行长张肖，中国银行李嘉华、戴乾定、刘德芳，农业银行行长王兰，等等。

而刘鸿儒自己，则主要讲金融体制改革专题。要建立中央银行时，讲中央银行；通货膨胀来了，讲通货膨胀。他还把工作中遇到的理论问题，拿来和学生们讨论，组织理论研讨小组。在探讨金融改革的1985年、1986年，刘鸿儒常常是白天在国务院开会，晚上到五道口和学生们继续白天的话题，以至于五道口的学生因如此贴近改革实务而产生出一种优越感。

北京大学陈岱孙、胡代光、厉以宁和中国人民大学黄达从一开始就被聘为研究生部学术顾问。最初，是厉以宁帮助制订了一整套教学大纲，并亲自开课，还组织北大老师包了全部基础课。厉以宁教《西方经济学概论》，黄达教《中国社会主义财政金融问题》。从大学请来讲课的老师还有：北京大学秦宛顺、赵靖，北京师范大学陶大镛，等等。课程设计也是一直在改进，使之更贴近现实，跟上国际金融市场潮流。

1984年，五道口开始聘请外籍教师，1985年请了90多人。很多美籍华人经济学家都来过五道口，像匹兹堡大学周舜莘、耶鲁大学费景汉等。1986年春，美籍华人黄惠英主讲《微观经济学——理论与应用》，用英语直接教学。随后，85级钱国荣等同学翻译出来，丁鹄组织审校，三个月后就由中国金融出版社出版了。美国驻华使馆商务参赞保罗·希尔（Paul Thiel）曾经每周来一次；国际货币基金组织（IMF）多次派专家讲授《财政金融规划》、《金融市场》及《国际经济学》等课程；欧洲投资银行、美国纽约证券交易所、美国加州大学、英国伦敦经济学院等机构都有人来做讲座或授课。有人指责研究生部不问背景随便接近外国人，也有人讥笑研究生部是"皮包公司"，而陈岱孙对于这种教学、科研与实务三结合的办学模式给予了较高的评价。

亮相

1984年5月，在安徽合肥召开的中国金融学会年会上，以蔡重直为首的五道口25名研究生发表了《中国金融改革战略探索提纲》，提出以建立金融市场为金融改革的突破口，成为他们的首次亮相。25名同学包括：蔡重直、波涛、齐永贵、李弘、刘渝、万建华、张小卫、刘自强、魏本华、金琦、张志平、胡玉、王大伟、宁志翔、厉放、吴晓灵、胡晓炼、刘利、万红、梁建华、张钢、范棣和魏迎宁等。

金融体制改革的突破口是什么，是当时争论的主要问题。有一种意见认为银行企业化是突破口。蔡重直等人提出了另一种意见：

"农业改革的突破口是'联产承包责任制'，工业改革的突破口是扩大企业自主权。……工农业改革突破口的选择至少给了我们三点启迪：一是使生产关系适应生产力发展水平；二是承认物质利益原则；三是遵守价值规律，重视市场调节。……我们就可以找到金融改革的突破口，这就是改组金融（不仅指银行）制度，开放金融市场。"[7]

第二天，美国之音对此作了广播；《中国日报》也有详细报道；外电转发。1984年8月，这份提纲以《金融改革战略研讨》发表在《金融研究》上，署名是五道口研究生。

作为老师，刘鸿儒除了肯定他的学生，也作了客观分析：“从改革的趋势和发展方向来说，建立金融市场的思路是正确的，但从当时的条件而言，还不具备。第一，从上到下，从中央到地方，并没有提出以建立市场经济体制为经济改革的总体目标，许多人把金融市场，特别是资本市场，仍然看作是资本主义特有的东西……第二，我国市场化程度很低……在当时的情况下，先建立金融市场，然后带动银行改革，是缺乏经济条件的，难以行得通。”[8]因此，改革实践选择了先推进银行改革，然后逐步建立金融市场的道路。

1984年中共十二届三中全会决议《关于经济体制改革的决定》只提了一句金融改革：“在改革价格体系的同时还要进一步完善税收体制，改革财政体制和金融体制。”具体内容并不清楚。为此，刘鸿儒请示国务院总理，总理解释说，看不准，财政收支是透明的，银行资金运用是不透明的，搞不好要出大事。随后，国务院决定成立金融体制改革研究小组，刘鸿儒任组长，参加者有财政部副部长谢明、周小川、楼继伟、宫著铭等。总理还让刘鸿儒选几个年轻人一起参加。于是，刘鸿儒找了吴晓灵、李弘等人，调查研究，听取各方意见，包括外国专家的意见，形成初步改革方案。[9]

话说回来。同学们通过这样的学习理论、参与实践、了解改革进程和国际变化，得以快速成长。1984年9月全国中青年经济学家开过莫干山会后，青年人参与改革成为时代潮流。河南省委书记刘杰和省长何竹康锐意改革，邀请北京青年经济学家组成咨询团去河南考察参观。1985年初，兼任河南省体改委副主任的中国社会科学院工业经济研究所朱嘉明，提议以中国国际信托投资公司为模式，成立一家省一级的非银行金融机构——中原信托投资总公司。得到省委、省政府批准后，他约学金融出身的两位北京十三中同学张恩华和魏本华一起设计方案。1985年8月经过河南省人民政府和中国人民银行批准，中原信托投资总公司成立，首任总经理为五道口刚毕业的研究生齐永贵。

后来，魏本华和刘自强还参与起草了中农信公司的成立章程草案，等等。一点一滴，这才是序曲中几个跳动的音符。

经过理论训练，对中国金融体制有实感的中国人民银行子弟兵，一毕业，就赶上了中国金融改革和发展的大爆炸时期，这为他们的发展提供了广阔的空间和无限的可能性。

如今，五道口已经变成北京的繁华地带。东升公社没有了，道口还在，它连接着历史，也连接着未来。

---

1. 原载《经济观察报》，2009 年 11 月 30 日。本文得到刘鸿儒、魏本华、陈坚定诸位的帮助。除接受采访，刘鸿儒先生为我准备了大量文字资料，联络研究生院。魏本华先生也提供了详细的指点。五道口研究生院阅览室的工作人员为我使用资料提供了方便。

参考文献：

(1)历年《五道口论坛》；

(2)刘鸿儒：《突破——中国资本市场发展之路》，北京，中国金融出版社，2009。

2. 魏本华先生提供。
3. 据五道口 2007 级博士生杨海平给笔者的信。
4. 《从无字处读书——访八五级校友王庆超》，载《交流》，2001（4）。
5. 徐诺金：《纪念我的导师丁鹄先生》，见《制度变迁中的金融理论及政策主张》，北京，中国金融出版社，2004。
6. 据五道口 2007 级博士生杨海平给笔者的信。
7. 刘鸿儒：《突破——中国资本市场发展之路》，37 页。
8. 同上，39 页。
9. 1984 年 12 月，刘鸿儒向国务院汇报了金融改革方案，领导认为改革思路可以，但实施暂时有困难。因为 1984 年底信贷失控，通货膨胀加剧，中央已决定 1985 年紧缩银根，调整经济。后来，这个方案交给分行长会议讨论，经多方面意见汇总，系统整理，列入《中共中央关于制定国民经济和社会发展第七个五年计划的建议》之中。主要内容是：1. 改革金融体制，充分发挥金融系统筹集融通资金、引导资金流向、提高资金运用效率、调节社会总需求的作用；2. 人民银行作为中央银行最重要的调节机构之一，要加强其地位和独立性；3. 人民银行要通过综合信贷计划、金融政策、外汇政策和信贷利率、汇率、准备金等各种调节手段来控制货币供应量和贷款规模；4. 各专业银行要坚持企业化改革方向。见刘鸿儒：《突破——中国资本市场发展之路》，30—32 页。

辉煌，但是不可持续——解读“五道口”现象 [1]

三十年五道口，有骄傲，也有遗憾；有满足，也有自省；有荣耀，也有教训。“五道口”是中国现代金融史上的里程碑，上面记载着一个独特的、绝无仅有的五道口现象。

在中国金融改革的历史上，“五道口”已经成了专有名词，专指中国人民银行研究生部。三十年前——1981 年 9 月，中国人民银行总行挂帅，由属下金融研究所出面创办“中国人民银行总行金融研究所研究生部”。四大银行——工、农、中、建，及中国人民保险公司，参与创立和教学。之后，它更名为中国人民银行研究生部。这是中国当代教育史上最小的研究生院：1981 年第一届招生 18 人，第二届 22 人，第三届 23 人。几十名学生，加几位教学管理、后勤人员，没有专职教授，却是“成才率”最高的学院。不仅如此，还出现了一个五道口现象：五道口的毕业生，形成了一个对中国金融资源、财富、机构整体性影响的群体。仅就一所学校形成网络，对历史产生影响的现象而言，五道口并不独特。比如，美国有哈佛大学，中国有清华大学，民国时期有政治大学，等等。然而，像五道口这样体积小、能量大、历史短、膨胀快、转动资源大者独一无二。

2011 年 9 月 23 日，在北京金融街威斯汀酒店，五道口纪念它 30

岁生日。在很多道口人心里，这场纪念，与其说是庆生，不如说是告别。历史在这里定格——五道口被并入清华大学。

应运而生

1981 年，中国的金融改革不仅提到了议事日程，而且全面启动。与农村改革、企业改革比较，金融改革的困难尤其明显。

首先，没有参照系。1949 年以前，中国虽然是二元经济，金融货币经济却相当发达，与世界同步。中国是布雷顿森林会议的创建国之一，拥有现代银行、资本市场、货币市场和一流的银行家、金融家。即使在烽火连天的抗战时期，金融业也没有中断。但是，经过计划经济时代，1949 年以前的金融体系回不去了。苏联比中国迟缓，没有多少参考价值；西方无法复制。中国必须另辟蹊径。其次，没有足够的思想理论资源。第三，人才匮乏。尤其缺乏立即可以派上用场的新型金融人才：思想解放、知识结构新、热衷改革、年轻。问题严重啊！在上述三大困难中，人才无疑最重要。然而，人才哪里来？无非是三种选择：

第一，依赖现有高校。且不说远水解不了近渴，数量也不够。1978 年，中国人民大学财政金融系的研究生名额只有 10 个。时任人民银行副行长刘鸿儒向系主任黄达要名额。黄达（1925 年生）给了他两条建议：首先，不要依靠人民大学，学校名额有限；其次，中国人民银行可以考虑成立自己培养研究生的单位。话说回来，即使黄达满足了刘鸿儒又怎么样？还不是杯水车薪。人民银行需要“定向”培养，充实“干部”。

第二，发扬“革命”传统，建立速成班、培训班。这种办法对于培养现代金融人才完全不适用。此时，自 1977 年恢复高考过去四年，1978 年开始招收研究生过去三年。中国建立了研究生培养制度，国家学位委员会呼之欲出。“文革”期间粗糙的、工农兵学员的时代统统俱往矣。

第三，创办新型学校。培养“子弟兵”。刘鸿儒代表了那一代先知先觉者。他们决心自己培养，没有条件，创造条件也要上！真有“创业”精神。面对历史造成的人才断裂，没有非常之办法、速度和精神，无法逾越。五道口，是逼出来的！

为解燃眉之急，却成为改变金融环境的一个支点，这是五道口创办人和 1980 年代最早投奔五道口的学生始料未及的。中国从非货币经济到货币经济，从非金融时代进入金融时代，他们参与其中，担任重要角色，是天赐良机，时势造英雄。

自由、开放、务实

审视五道口的足迹，可以看到自由、开放、务实其实是它不成文、没有铭刻在墙上的校训。得以凝结出这样的精神，其基础条件是：

首先，思想资源丰富。没有陈旧的教学模式，不囿于一家，才得以开放，兼收并蓄。五道口在全国范围内挑选老师上课、办讲座。在北京，除了聘请北大、人大、中央财大的老师，也请清华老师教授数学、化学、日语。山西财经学院的金融史比较强，就请来那里的孔祥毅；西南财经大学金融系哪位老师好，也请过来授课。此外，连临时出差来中国的外国专家也不放过。第一位做讲座的外国人是纽约证券交易所主席凡尔霖（John J. Phelan），时间是 1986 年。在破旧的教室里，学生竟然用英文跟他谈刚刚发生的“金融大爆炸”话题，令凡尔霖吃惊。在之后的邓小平接见中，他对邓小平说：“你们的年轻人很厉害。”五道口是中国最早开设资本市场课程的。参与建校的黄永鉴老师一语道破：“没有老师，可以聘请到最好的老师，因为我们不受师资编制限制。靠着总行这棵大树，我们找谁谁都答应。”

其次，与实践结合。各银行行长、司长皆为兼职老师，甚至导师。他们把现实问题带到课堂上，理论和实践直接碰撞。学生一步跨入改革前沿。师生共同研讨国家金融发展战略。唐旭（1983 级）对刘鸿儒的课印象最深。1978 年刘鸿儒出任农行副行长，之后回人民银行任副行长。他所参与的改革，经常作为案例在五道口研讨，包括农村金融改革、人民银行与工商银行分家、人行独立行使央行职能等，并围绕这些改革组织各种研讨会，银行界、理论界的都来。这些，给学生带来难以想象的刺激和激情。

第三，试验探索精神。据王巍（1982 级）回忆，很多老师来上课，一进教室，先跟同学说，“这是一门全新的课，是一种尝试，所以心情是战战兢兢的，希望与大家一起讨论”。比如厉以宁说：“过去没讲过这个课，是为了你们花了几个月心血准备的。”有一次，他在课上讲一个问题，学生波涛不同意，说：“厉老师，这个你说错了。”厉以宁一听，真怀疑自己错了，就按学生说的改正。可是，第二天再来上课时，他说昨天讲得没错。于是，重新讨论。王巍说：“这种拿老师当朋友，彼此很平等，共同探讨的学术精神使我铭记一辈子。”厉以宁的好几本书，比如《体制 · 目标 · 人：经济学面临的挑战》，都是在五道口的讲义基础上编辑成书的。程博明（1984 级）还记得，五道口老师讲课经常不从教材第 1 页开始，可能一上来先讲第 76 页，再讲第 20 页，最后又跳到 130 页。不照本宣科，看上去全打乱了。考试时，学生都把教材扔到一边，主要阅读笔记。这提高了五道口学生的思维能力。

第四，和国际接轨。人行金融研究所有不少民国时期留学英美的学生，空怀报国之志，一生受压，赶上改革开放，已进入老年。他们有良好的教养和修养，积数十年研究思考，倾注巨大热情，全心全意向年轻一代传授知识。他们中英文俱佳，讲正宗的货币银行学、国际金融等等。在西方经济学专业被冠以“当代资产阶级经济学说”批判的时代，五道口得天独厚。

今天看起来当年那些劣势——仓促上马、没经验、没师资，恰恰转化成为五道口不拘一格的特色和优势。因为没有师资而引来丰厚的师资，因为没有教材而传授新鲜、带有探索性的成果，因为没有繁琐的教务系统而施行扁平管理，师生亲密。一个学校的风气和时代的风气连在一起。人们多赞赏和珍惜 1980 年代的五道口精神。万建华

（1982 级）称之为：开放性、实践性和多元化。

文武之道

学校的名望，常常取决于学生。

五道口 1981 级和 1982 级研究生，多是老三届，经历过上山下乡，有强烈的社会责任感。1980 年代初是崇尚理工、追求文学、流行朦胧诗的时代；多数人参与农村和工业改革，普遍对银行知之甚少，更不懂股票、债券，想象不出不久的将来，保险会成为大产业。而这批人，则选择了银行、货币、保险这些冷门专业，表现出超前意识。报考经济类、金融类，特别是五道口的研究生，没有教材可供准备，没有导师的著作可以参考。程博明说：五道口和其他院校不同，每年的考题都没有固定模式和内容，甚至没有固定课程，复习都不知道该重点看什么。他自己以阅览杂志作为考研的复习方式。比如，为英语看《北京周报》，为专业课看《经济研究》一类杂志。

唐旭说：那时在五道口，有人会一夜一夜不睡觉讨论改革问题，也有人会熬夜读英文。从五道口创立就在这里讲了三十年数学基础课的北大教授秦宛顺、靳云汇夫妇对武捷思（1982 级硕士）印象深刻。武捷思读博士时已经在中国工商银行任计划资金司主任，“他一旦出差缺了课，缺多少，下了班就到我们家里补课。每次来都端一个很大的茶叶杯，三分之二都是茶叶。因为工作一天很辛苦，为了不犯困，用浓茶提神。确实很不容易”。

除了刻苦，还有理想和执着。让五道口名声大噪的是 1981 级和 1982 级十几位同学于 1984 年第二届中国金融年会上发布的金融蓝皮书，关于中国金融改革战略。它第一次突破计划经济体制和银行控制的框架。他们坐火车赶去合肥，不是受邀代表，不能上会，住在会场外农民办的家庭小旅馆，一门心思志在上大会发言。蔡重直（1981 级）跟黄达说：您让我们发言，我们发言；您不让我们发言，我们也要发言。

您哪天开完会我们就哪天上去说。黄达听了笑了。最终，大会给了蔡重直十五分钟。那天，十几个同学进入会场，三个人上台宣读金融改革“蓝皮书”。蔡重直形容当时的场景：“会场很安静，仿佛有一股清新的风吹进来。”发完言他们集体离场，想不到被媒体疯狂追问。不久，中国银行主持的中国国际金融年会开始对他们的主张进行批判：“这是搞资本主义，还要在中国重开证券交易所，不是回到旧中国了吗？”平时严厉的黄永鉴老师，私下建议蔡重直先躲一躲，不要来学校。过了一两个月看看没什么大事，蔡重直等人“又开始折腾”。

理性和野性，成熟和顽皮，既在大事上较真，又不拘小节，他们身上都有。有一天，在黄达老师课上，张志平（1981 级）呼呼大睡。因为教室供暖不足，他带了床棉被把自己捂得严严实实。黄永鉴老师看见了，一状告到张志平父亲那儿。那是位严父，回头就踢了张志平一脚。对此，张志平不仅不记恨黄老师，反而对他尊敬有加。五道口北边院墙和东升乡政府共用一道墙。校门关了，他们就翻墙。既登堂入室纵论国家大事，又夜里翻墙、课堂睡觉捂被子。这，就是那批学生的本色！

怎么评说？

五道口创造了辉煌，特别是 1980 年代毕业生，发起并参与创办了诸多中国第一，包括第一个证券公司、股份制银行、上市银行、基金、民间最大信用社、柜员制银行、企业并购公会、金融博物馆等等。沉浮兴衰，大风大浪。

五道口的“老三届”（1981、1982、1983 级），入学平均年龄在三十岁左右，如今普遍进入花甲之年，有的已经“退休”。他们恰巧经历了中国金融界三十年的天翻地覆，成为弄潮儿。三十年，是一代人。历史眷顾道口人，将他们的事业成功和制度变迁与时代发展重叠在一起，他们是幸运的，值得骄傲，也被同代人羡慕。然而，还不仅如此。

首先，它是历史机遇。在中国诸多改革中，金融改革包含着一系列制度性的重大变革，从而提供了巨大的舞台。很多道口人都十分清醒。比如万建华说："我们的机遇很好，每班车都赶上了。"夏斌说：最初几届的不少同学被推向领导岗位，重要的原因是机遇好，当时人才青黄不接，需要一批西方经济学、金融学背景的人才，我们正好赶上了。而黄永鉴始终强调五道口的最大特色——人民银行背景。作为中央银行的嫡系、子弟兵，可以捷足先登。

其次，是金融经济的整体膨胀。过去三十年，金融资源经历了甚至是从零到无限大的过程。以商业银行为例，金融资产膨胀的规模远远高于GDP。最早接受现代金融教育、进入金融领域的人，自然随着这个球体的膨胀而发达。

再次，金融关乎国计民生。它是达官显贵和市井小民关心的重心；物价指数、通货膨胀、货币政策则是媒体焦点；1997年、2008年金融危机，以及汇率、股市都在人们的日常生活中举足轻重。中国与世界经济关系的核心成了金融。"货币战争"、金融安全，警钟长鸣。

自1980年代以来，中国各个领域人才辈出，不乏所谓的精英和佼佼者，但是，五道口这个群体最引人注目。因为它集资源、权力、财富、影响力于一身。王巍说，从五道口毕业的人，自然而然地形成了一个闻名于中国经济金融领域的"精英圈子"。黄永鉴说，五道口的师生关系和同学关系比较特殊。随着毕业生越来越多，圈子逐渐扩大。他指出有一种"强大的向心力"。这确实是一个独特的历史现象。原本中国有很多金融人才，特别是民国时期。然而，历史一次次断裂。可以说，是历史的遗憾反衬出了今天的辉煌，辉煌背后是时代的悲剧。在正常的社会进程中，不会有这样的历史机会。

问题是，五道口现象不可持续。如今，金融改革日常化，金融资源膨胀时代大体完结，金融人才从短缺变为"过剩"。五道口现象所代表的非常时期的非常现象一去不复返了。

随着时间推移，五道口的先天缺陷开始全面显现。最为理性的声

2018年的五道口金融学院。

音来自厉以宁。他认为五道口在学术上没有做出应有的成就，是因为三个原因：一是没有专门的教师队伍，好的教授都是外聘的；二是受专业局限，只懂金融；三是缺乏综合性大学的学习资源和学术氛围。他说，外聘教师的模式在1980年代的时候可以用，但创办五年以后就应该为长远着想，逐步培养自己的教师队伍。再有，“大学要去行政化，而五道口的管理是行政化的”。前几届，各高校的优秀学生都往五道口考，北大、人大的一大批教授前往授课，造就了五道口的辉煌。然而，后来五道口的教学质量和生源质量，有下降趋势。

对于五道口并入清华，道口人反应不同，有遗憾，有无奈。有一种意见认为，那样的话，研究生部就“根本没有存在的必要了”，“没有优势、没有特色”。而所谓优势是指央行的背景。也就是说，这种主张是：宁可接受五道口停办，也不同意它脱离央行与高校合并。

黄埔军校并没有持续下去，抗日军政大学也没有持续下去。为中国金融改革培养急需人才、“火线培训”而创办的五道口，已经完成了它的历史使命。虽然有遗憾，但是不能不看到，大环境、小环境其实都过去了。应运而生，历史在此定格，未必需要伤感。理性地说，五道口以这种方式结束是一个自然现象。

三十年五道口，有骄傲，也有遗憾；有满足，也有自省；有荣耀，也有教训。“五道口”是中国现代金融史上的里程碑，上面记载着一个独特的、绝无仅有的五道口现象。

---

1. 原载《经济观察报》，2011 年 9 月 24 日。文中道口人谈话内容，来自《与中国金融改革同行——五道口 30 校友访谈录》，《当代金融家》2011 年 9 月。

西天取经

中国社会科学院经济研究所最早的访问学者

黄范章、乌加培、赵人伟、吴敬琏是中国社会科学院经济研究所在1980年代初作为访问学者负笈英美的四位。成为最早的访问学者，是幸运的。历史选择了他们，他们也抓住了历史的机会。

在薛暮桥、孙冶方、马洪、蒋一苇、于光远等开创者之后的第二代改革经济学家有这样一些特征，他们在民国时期受过高等或初等教育，是新中国第一批接受马克思主义经济学教育的大学生、研究生。改革开放后，他们率先学习现代经济学，成为掌握两种语言的人，用两种思想和学术资源，推动中国经济改革。黄范章、乌加培、赵人伟、吴敬琏是中国社会科学院经济研究所在 1980 年代初作为访问学者负笈英美的四位。他们承载着转折的重任，十分珍惜，竭尽全力。

黄范章：首航顺利[1]

1982 年 3 月 30 日，北京外国经济学说研究会举行学术报告，刚从美国归来的黄范章报告美国经济学研究动态。如期回国，首航顺利。

两年前，外交部美大司韩叙司长曾向社科院第一批赴美的五位经济学家访问学者张磐、乌加培、黄范章、刘景彤、周天豹交待：必须回国，不许带爱人，不许拿学位。以至于他们后来到了美国被人问道：你们都是离了婚来美国找对象的吧。“他们不能想象，两年不回家。”黄范章讲起来是笑呵呵地，却带着无奈，“留下爱人做个人质。”行前去向北大恩师陈岱孙辞行时，陈岱孙得知他将去哈佛后非常高兴，再三叮嘱，哈佛是学术殿堂，什么学派理论都有，要多学多吸收，回国后再根据中国实际进行分析、鉴别和取舍。要按时回国，首航顺利，以后便成为通途。

回国，成了一项任务。其实，对于黄范章们有些多余。他们憋了几十年的劲儿，终于迎来改革开放，一心一意要学有所成服务国家。

虽说黄范章幸运，也 49 岁了，不过这个机会好像就该是他的。英语和现代经济学始终是黄范章的爱好。1949 年，他先考入江西南昌大学外文系，又于次年考入北京大学经济系。1954 年毕业分配到中国科学院经济研究所工作后，他就提出来想做世界经济研究。而当时的所长狄超白认为年轻人应该听从党安排，把他派去搞手工业改造。孙冶方调来任所长后说，没人懂西方经济学不行，他考虑黄范章的志愿，从 1960 年代初，让他从事当代西方经济学及西方经济学说史研究。

1978 年，在陈岱孙领导下，黄范章参与发起和建立了“中华外国经济学说研究会”。他写的第一篇探讨改革的文章是《消费者权力初议》，发表在《经济管理》1979 年第 2 期上，讲的就是现代经济学中的“消费者主权”——竞争机制。自 1949 年，马克思主义经济学成为正统，但计划经济、公有制的社会主义实践出现了问题后，有识之士一直在试图寻求更为丰富的思想和学术资源。此时，中国大地上能够接上现代经济学主流的人还在，陈岱孙便是一位，而他从哈佛学成博士归来，是半个世纪前的 1927 年。当年，陈岱孙因成绩优越，曾获奖一把金钥匙。在中国社会主义改造和彻底废除市场经济的年代，他的同学钱伯仑（E. H. Chamberlin，1899—1979）和俄林（B. Ohlin 1899—1967），则在 1950—1960 年代分别以垄断竞争理论和现代外贸理论在经济学史上留名。哈佛，对于 1949 年以后受教育的中国人是遥远而陌生的。连

1980年，在国际语言学校，二排右二张磐、右五乌家培、四排左二黄范章。（乌家培提供）

黄范章对于老师陈岱孙的哈佛经历都知之甚少。在中国极“左”年代，那成了一段讳莫如深的历史。现在，终于重新开启通往哈佛的求学之路了。黄范章问陈岱老有什么事需要自己办，80 岁的陈岱孙迟疑了一阵儿，说自己年纪很大了，不能再去哈佛。当年他住在 Perkins Hall 18 号房间，如果方便的话到那里看看，拍个照片带回来更好。两年之后，陈岱老高兴地看着黄范章拍的照片，“外观没变”，他说得平静。然而，有谁能体味其中物是人非的沧桑。无巧不成书，后来黄范章介绍曾任尼克松总统经济顾问委员会主席的鲍尔·麦克拉肯（Paul McCracken，1915—2012）到北京见陈岱孙，两人惊喜地发现，他们在哈佛，前后相隔 20 年，竟同住 Perkins Hall 18 号房，各自描述的家具摆设，竟丝毫未变。真是佳话！

黄范章进哈佛大学国际发展研究所（HIID）和经济系学习，着重研究战后美国主流经济学的发展。此时，“供给学派”在美国兴起，黄范章及时向国内作了介绍。他写了《美国经济学与美国政党》（1981）、《供给学派与里根经济政策》（1982）、《美国宏观经济学在70年代的一些发展》（1982）。他说，“我在这里所学的，一辈子受用，日后关于改革的整个理论都与此相关。”而在观念上受到的冲击和震撼，则是随时随地发生着。

房东杰奎琳是位单身母亲，与前夫保持着友好往来；她大学毕业，却做超市售货员。当知道黄范章打算参观博物馆时，她建议他去国会看看，而且最好是在举行听证会时。

“警卫会让你进国会大厦？”黄范章脑海中闪现着人民大会堂前戒备森严的景象。“Why not? I am a taxpayer.”（“为什么不让？我是纳税人。”）

这是黄范章生平第一次亲耳听到有人自称“纳税人”。“她讲这话时那种坦荡豪迈的神情，至今历历在目。”20多年后，黄范章回想：“‘我是纳税人’就是国内几十年讲的‘当家做主’。中国靠宣传灌输，杰奎琳却是‘自我意识’。”

而另一次去监狱听课的经历，给了黄范章更大的震撼。听说托马斯在社区大学教书，还在一个监狱给犯人讲课，黄范章十分好奇。这天，他跟着托马斯及其学生走进了这家监狱。这是一间明亮的教室，陆陆续续地有年轻人进来，互打招呼，相邻而坐。未见囚犯，托马斯却已经开课了。随后的课堂讨论很热烈。比如说，在世界各国对于犯罪有没有共同界定？有人说有，杀人、抢劫、偷盗、强奸，几乎在所有国家都定为犯罪；有人说，有的国家有“重婚罪”，有的国家一夫多妻合法。发言者慷慨陈词。这时，一个小伙子的发言引起黄范章注意：“现在的法律是有钱人订的，所以我们容易触犯法律；一旦我们能进国会，制定法律，他们就会容易犯法。”原来，这就是一位囚犯。可是，他的神态语气，跟想象中的完全不同。黄范章在国内看到过，不要说“罪犯”，就是"文革"中的批斗对象也是"低头认罪",畏畏缩缩,见人不敢平视。为什么？人的尊严和权利，是天赋的，还是被什么人赋予的？黄范章禁不住要探究。

"作为罪犯，他们被剥夺行动自由和政治权利，如选举和被选举权，但不应该剥夺受教育权，受教育权属于天赋人权。"托马斯解释。

"那为什么你要带自己在外面大学里的学生入狱一同听你的课呢？"

"消除犯人心理障碍，让他们感到这是在课堂上课而不是在监狱。上课时可以不穿囚衣，不列队走，自由进入，和外来学生随意交谈，享有正常人的权利和尊重。"

弥足珍贵的一课。虽然当时的中国尚没有步入现代社会轨道,然而,它好似一颗颗种子，随着黄范章们漂洋过海。

1982 年初归国的黄范章被委任为经济所副所长，分管对外学术交流。这时的所长是刘国光，副所长是董辅礽。黄范章的研究在三个领域展开：现代经济理论和政策、西方国家经济、中国经济改革。同年，他又应邀去瑞典做了三个月学术考察。他把瑞典作为当代资本主义的一般形态来考察，写了一本《瑞典：福利国家的实践与理论》，于 1987 年出版。1985 年冬,黄范章接到了新调令,到国际货币基金组织（IMF）担任中国执行董事。初来乍到，他体会到来自一个刚刚走出封闭的国家的尴尬。IMF 需要各国报统计资料，比如财政预算、赤字、货币发行量、国际储备，等等。显然，有些资料属于绝密，在国内的人都看不到,怎么可能告诉外国人。有人把这种要求看成是干预本国内政。"在制度的国际接轨之前，首先是观念的接轨。"黄范章对此深有体会。他说，必须理解为什么 IMF 需要这个资料。因为钱款来自纳税人，所以对于借款要有监控。后来，他从 IMF 又去了密歇根大学中国研究中心。此时的黄范章越来越成熟，融会贯通，他萌生了用股份制改造国有企业的思想，并进一步主张用基金所有制取代国有制。这一观点 1989 年发表后，被海外学者称之为"金融社会主义"（Financial Socialism）或"基金社会主义"（Fund Socialism）。从 1980 年的首航,一而再,再而三,直到 1988 年落定，担任国家计委经济研究中心（后来的宏观经济研究院）副主任，黄范章已是今非昔比了。1998 年，他提出随着经济全球化，“风险”、“危机”也全球化了，一个国家单靠本国的宏观经济管理，已不足以确保本国经济的稳定与发展，需要宏观经济政策方面的“国际合作”，金融监管国际化。这样的远见，是基于他的国际视野。在此次金融危机时，得以证明。

乌家培：接轨世界[2]

“文革”后，第一个来访的美国经济学家代表团是在 1979 年，由计量经济学创始人克莱因率领。乌家培想不到，参加接待，会为他与克莱因、与计量经济学间建立起那样深远的连接和缘分。值得注意的是，克莱因一行甚至早于东欧国家的布鲁斯和奥塔·锡克来华。他是一个伟大的行动者，中美关系刚刚正常化，便以经济学家之身，搭建东西方桥梁，其意义远远超过他所主持的世界经济模型连接项目（LINK）。

1980 年，对于克莱因和乌家培都是非凡的一年。克莱因荣获诺贝尔经济学奖。在这个荣耀的夏天，他再来北京，举办计量经济学暑期讲习班，为中国培训第一批计量经济学人才。而乌家培，则作为社科院第一批访问学者，被马洪派往宾夕法尼亚大学克莱因教授门下。

无疑乌家培是幸运的，不过，这不是一个孤立的幸运，是一连串的幸运，其中凝聚着几位前辈的心血。1949 年后，中国经济学家以阐述经典和政策为主，只有定性，没有定量分析。其实，有人不仅想到要开展定量研究，而且也有部署有行动。1955 年毕业于东北财经大学统计系的乌家培，既有红的背景，又有专的才能，被孙冶方点将，成为最早研究经济数学方法的人之一。1958 年 12 月孙冶方在布拉格参加完世界社会主义国家经济研究所学术协作会议后，1959 年 1—2 月顺道访问苏联。看到苏联同行在搞经济数学化，孙冶方也打算把它引进来，派乌家培、田光去苏联学习。为此，乌家培被送去中国科技大学进修两年数学。

在科罗拉多州经济所门前，左一黄范章、左二台湾朋友、左三周天豹、左四乌家培、左五刘景彤。（黄范章提供）

就在护照、签证、置装准备就绪时，中苏关系破裂，未能成行。[3] 随后，孙冶方在经济所设立了经济数学方法研究小组，有乌家培、张守一和甘兆熙三人。“经济数学方法”的全称是“在经济研究和计划工作中应用数学方法和电子计算机”。数学在经济学中的应用，在“社会主义教育运动”中被当作修正主义批判。他们当年做了些翻译工作，像苏联涅姆钦诺夫院士的《经济数学方法和模型》(1982)，苏、波、匈、捷等国有关部门联系平衡表的一批论文，集成《投入产出法文集》；研究社会主义再生产模式、部门联系平衡表及经济计量学的批判利用等。1965年，中宣部科学处处长于光远找数学家华罗庚商讨建立经济学家和数学家联盟时，乌家培也在座。

经过暴风骤雨的“文革”，到了1979年，已是中国社会科学院副院长的于光远交给乌家培一个任务，召开“开展数量经济研究，成立中国数量经济研究会”座谈会。会后于光远拍板，定下了“数量经济学”这一学科名称。据说，这个叫法，在20世纪50年代的美国也曾用过。

快到1980年春节，马洪和夫人陈伯林亲自到机场给乌家培等五位社科院第一批访问学者送行。时任中国社会科学出版社社长的陈伯林还嘱咐乌家培在美国完成数量经济学书稿后寄回，她来出版。虽然中美建交一年了，却未通航，他们需绕道欧洲。按照中美双方的外交对等原则，需要亮明身份时，这五位共产党员，只报了四位。当我好奇地问为什么时，乌家培只是说：“不能说五个。考虑到周天豹年轻，就瞒了他了。”抵达美国之日，正是中国的大年三十。

先进入的是科罗拉多州美国经济研究所。来美上大学的外国学生，先在这里学英语、数学、统计学，等等。乌家培们学了半年英语之后，才分散到各个大学：张磐去MIT，刘景彤去匹兹堡，周天豹去斯坦福，黄范章去哈佛，乌家培则去宾夕法尼亚大学。

既是党员就要过组织生活。他们组成了临时党小组，怕被窃听，不在房间开会，到草地上过组织生活。五门英语课中，阅读、写作、语法是他们的强项，听、说是弱项。“因为文化差异，人家讲电影，咱连听都没听说过，更别提看了，怎么听得懂。”乌家培说。有人建议，住到美国人家里可以快速提高英语口语水平。小组长乌家培便去和校方交涉。就在他们要搬家时，管人事的一位老太太出差回来，坚决不同意他们搬走，又说不出理由。乌家培们警觉地意识到其中肯定有文章，联想到五个人的房间，分别在不同楼层的上下一条线位置。此时，东西方对峙的冷战思维还在，不过，已经有了中国热。美国人非常想了解这个封闭了几十年的国家，尤其好奇“文化大革命”。每个周末都有人请他们去聊天。他们也看到了美国是一个多元的、万花筒的社会。“有的社会主义者比我们还要社会主义。”乌家培说。

来自世界各地的同学轮流主办晚会，命名为“日本之夜”、“中东之夜”。按理，应该有“中国之夜”。可是，乌家培、黄范章等都比较拘谨，发憷。而且，还有一位台湾同学，总不能分开搞台湾之夜和中国之夜啊。

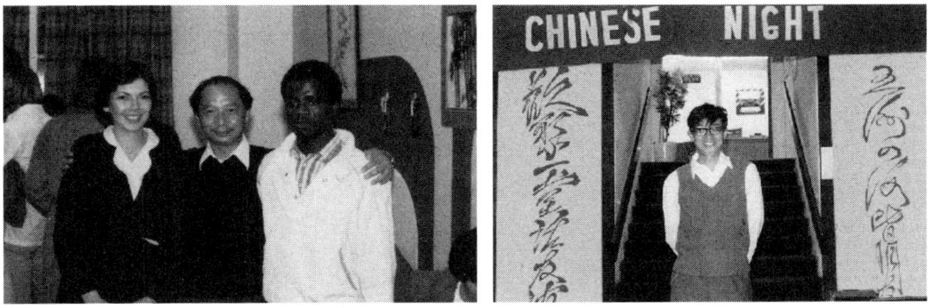

黄范章（左图）和乌家培（右图）在“中国之夜”联欢会上。（黄范章、乌家培提供）

学校远离华盛顿中国大使馆，无法请示，他们跟台湾同学商量，咱们一起搞一个中国之夜，不谈政治，只介绍文化；不用中国歌曲，用广东乐曲，没有政治性，还可以跳舞。张磐是五人中职位最高和党龄最长的，他说“出了事儿我负责。”其余四人都说：“不要你负责，我们五个人顶。”黄范章说：“我们凭着自己的党性去做。”举办中国之夜的消息一传出，就受到台湾侨民的热烈响应。他们做菜，拿来古董、旗袍，晚会搞到凌晨，非常成功。这是30年前的两岸交流，他们回忆起来很骄傲。

1980年10月，得知自己所在的经济所所长许涤新带中国经济学家代表团来美，乌家培赶去威斯康星大学参加他们与诺贝尔经济学奖得主刘易斯等经济学家的交流。乌家培印象很深：“中方报告有很多资料和观点，都是理论性、政策性和宣传性的规范研究，美方报告，几乎都是应用性、分析性、定量化的实证研究，有数字、公式、图表。这使我产生一种感受，两种截然不同的研究风格和方式如能相互取长补短，那有多好啊！”来自国家计委经济研究所的一位朋友访问宾夕法尼亚大学计算中心时，看到成堆的打印纸，感慨地对乌家培说，“这我们学不起，哪儿有这么多纸啊！”80年代初的美国已经计算机化了，中国才是开始使用计算器的时代。

为庆祝克莱因获诺贝尔经济学奖，1981 年 3 月，各国经济学家代表在纽约联合国总部开 LINK 预测大会。乌家培记得清楚："三月了，还下大雪，我住在联合国总部对面的 Plaza Hotel，第一次住这么豪华的宾馆。"会后，他和克氏及其夫人一起回费城。"在美国，是先生给夫人提东西。所以，克氏拿着夫人的东西，我则帮克氏拿东西。我怀里抱了一大本计算机打印出来的韩国宏观经济模型。"在电梯里，克莱因说："这是第一个韩国模型，是个新生婴儿，好好保护。"此时，在世界经济模型连接项目中，只有斯坦福大学刘遵义做的一个小规模中国模型。克莱因希望有来自中国大陆学者的模型，连接到世界经济模型中。

乌家培在美国写了一本书《经济数量分析概论》。黄范章劝他别写，乌家培觉得回国就没时间了。福特基金会规定，最后三个月可以旅游。乌家培利用这个时机访问了 14 个科研单位、大学和企业的 50 多位著名学者，如阿罗、萨缪尔森教授等，写了一份《发展经济预测和政策分析》的调研报告。

1982 年回国时，乌家培整 50 岁。他奉命筹备数量经济与技术经济研究所，该所是在经济所数量经济研究室、工经所管理现代化研究室以及技术经济研究所三个单位基础上成立的。他与董辅礽合作主持"六五时期的国力预测"，并主持"宏观经济模型及其应用研究"等重大项目，出版了《投入产出法在中国的应用》(1984)、《中国宏观经济模型研究》(1986)、《经济计量方法在中国的应用》(1986)、《宏观经济控制论》(1990)，等等。

此时，国务院对决策科学化、民主化，经济计划需要经济预测，经济管理需要现代化有强烈意识。国务院领导要求上送国务院的报告必须有数字和数量分析，否则一概退回。这是一种矫枉，矫的是以往拍脑袋、不讲科学、空洞无物的枉。于是，投入产出分析和经济预测方法普遍发展起来。这是一个突破性转变，重视数量，背离教条主义，摆脱只讲概念的时代。1982 年 10 月，国家计委成立经济预测中心，五年后成立国家信息中心。乌家培先后担任中心总经济师、副主任。

1985年国务院领导批准中国参加克莱因的LINK项目。乌家培、范木荣和郑绍濂领导有关单位开始研究用于LINK项目的中国模型。终于在1986年12月，中国宏观经济模型正式联结到世界经济模型系统中。如果说中国经济和世界的接轨直到21世纪才大体完成，而模型的接轨则始于80年代。LINK创造了一个平台：连通中国和世界。

“改革”，有时被一些论者抽象、笼统和意识形态化。其实，改革和发展是彼此嵌入的，市场化意味着数量化。虽然过去的计划也是以数字体现的，但是，它们生成的方式完全不同。当人们拼凑改革图景时，数量化被挤到了视野之外。是80年代自上而下对于科学决策的要求，IT革命的悄然兴起，统计核算体系的完善，汇聚成推动中国数量经济学科发展的契机。乌家培在这时代潮流中，成为接轨的中心人物之一。值得一提的是，克莱因在过去30年间，来访中国超过50次。1992年，他受聘国家信息中心顾问。

赵人伟：实证之路[4]

“文革”结束后，经济学界的“拨乱反正”，以于光远发起的四次按劳分配会为标志，讨论要不要按劳分配，按劳分配是资产阶级法权还是无产阶级法权，它是不是产生资产阶级分子的基础。改革实践也是从调动人的积极性，改善收入分配关系入手的。由此可见，收入分配问题，是关乎社会主义制度的本质问题。人们陷在既有的理论框架和思维模式中，以经典著作为依据循环论战，耗费了很多精力。在这中间，有一个人，独辟蹊径，按照现代经济学的理论框架，进行实证研究，他所领导的收入分配课题组的研究成果一问世，就在国内外产生巨大反响，在中国和英美出版中英文版。课题的数据以Chips（China Household Income Projects）著称。他，就是曾任社科院经济所所长的赵人伟。

赵人伟回顾说："从理论实证到经验实证，我走了 20 多年。而第一步，是在英国走的。"1982 年 1 月，49 岁的赵人伟去牛津大学圣安东尼学院做访问学者，缘于两年前孙冶方和布鲁斯的一个口头约定。那次，他陪布鲁斯去北京协和医院看望孙冶方。孙冶方和布鲁斯在病房中谈起改革的话题，他们发现，彼此的理念相近。兴奋之余，孙冶方指着赵人伟对布鲁斯说，"让他跟你去学吧"，布鲁斯一口答应。恰巧，后来英国学术院和中国社科院有一个交流项目，成全了赵人伟。

到了英国，他们发现，原定一年的访问太短。布鲁斯给社科院写信请求延长一年；院长雷蒙 · 卡尔帮他筹措到第二年经费，也给社科院外事局局长写信请求。然而，有人提出要审查经费来源，大费周折。赵人伟感慨，"一方面改革开放，一方面卡得还很紧。不要说搞研究了，连创造条件都很难。"

上午听课，下午研讨，晚上参加学术派对或自学。布鲁斯给赵人伟开了一个大书单。对于英文尚不过关的赵人伟，应付起来实在吃力。赵人伟说："这把年纪学英语事倍功半。"说起学英语，顾准曾是赵人伟的老师。那是 1972—1974 年干校后期和返京初期的逍遥岁月，一同向顾准请教的还有张纯音、吴敬琏、周叔莲、乌加培、林青松、张曙光等。顾准从美国《经济评论》上选文章，让他们读译。这使赵人伟得以走近顾准，感知一个有伟大思想和情怀的人。大约在 1973 年，有一次，顾准拿了一篇鲍尔丁所写《作为道德学的经济学》对赵人伟说："这篇文章写得太好了，你要学英文和经济学，可以试着翻译。"赵人伟啃了几个星期也没译出来。还有一次，赵人伟读英文版的《茵梦湖》，向顾准请教。顾准借过去看，还给赵人伟时说，自己流着眼泪看完这本书，"真是哀而不怨，哀而不怨啊！"[5] 直到老年，赵人伟才体谅出顾准当时的心境。1974 年批林批孔，军宣队组织经济所一些人，审查加尔布雷斯的《中国之行》一书。赵人伟很乐意受邀参加，也是想趁机学点英语。直到出国前，他才正儿八经地在语言学院上了一个业余英语培训班，一周两次。

东西方教育体系之截然不同，给赵人伟印象极深："我们的大学是

赵人伟在牛津。（赵人伟提供）

记笔记、补笔记、背笔记、丢笔记。牛津是自由的教育，特别提倡思想碰撞，不仅同学科碰撞，还有不同学科的碰撞。”接触各种思潮、观点，赵人伟的思想眼界大开。他的研究方向之一是比较经济学，思考的是中国经济体制改革的理论基础。通过研究左中右三派，莫里斯·道布、兰格、哈耶克、米塞斯等人，从而有了国际眼光。反观国内正在进行的“计划与市场”的讨论，就感觉到那还停留在口号经济学的层次。

触发赵人伟感想的新鲜事很多。比如车和人的关系。走在路上，每个院子里开出来的汽车，都避让他；而在中国，是人让车。当初接待布鲁斯，社科院安排了专车，每天在北京饭店楼下接送。布鲁斯觉得待遇太高了，自己就是一名教授。在英国，连爵士也不配车，只有勋爵才有。牛津大学圣彼特学院院长凯恩克劳斯爵士，曾担任英国政府经济事务部长，是名副其实的“大官”。有一次他代表英国学术院在伦敦请大家吃饭，赵人伟也在座。到了晚上，已年过 70 岁的凯恩克劳斯说：“对不起，我 8 点要走，不然搭不上晚上从伦敦回牛津的公共汽车了。”赵人伟说，“在用车方面，更见我们国家的官僚。”到学校上班，布鲁斯步行，他的学生林至人开宝马，赵人伟骑自行车。给教授打扫卫生的服务员也开车而来。“汽车不是身份的象征。大家是一种分工合作，互相尊重。”赵人伟由此引申：“在一个成熟的社会，中产阶级的壮大，市民社会的形成，是民主政治的物质基础。”

进入第二年，赵人伟的研究兴趣转移到收入分配问题。自大学毕业的20年里，赵人伟的工资基本未变，直到1977年，才涨了7块钱。1981年，赵人伟跟许涤新、宋则行、刘国光到英国访问，驻英大使柯华介绍情况说，英国的阶级结构和马克思写《资本论》时不一样了，是菱形结构，中间大，两头小。赵人伟感到很新鲜。到了英国，布鲁斯也对他说，“马克思讲，‘无产阶级在革命中失去的是锁链，得到的却是全世界！’不过，现在英国的情况已经改变了。今天，英国的工人阶级搞革命失去的不见得是锁链，得到的也不见得是全世界。”赵人伟开始思考：这种情况的改变是不是马克思以来社会主义运动的积极成果呢？他看到很多留学生住在英国失业工人家里。他们虽然没有工资收入，靠房子出租和失业救济金，也能活下去。而据1981年世行第一次考察中国的报告，中国居民几乎没有财产收入：挣少量工资，有少量存款，得少量利息。赵人伟还考察过苏联红色无产者机床厂，工人磨洋工的情形与国内“大锅饭”十分相似。总之，这一幅幅社会图景在赵人伟的脑海中远远近近地叠映，他渴望获得一个清晰的以世界为背景的中国图景。

为什么选择收入分配问题，而不是诸如国企改革之类的热点问题？赵人伟觉得国企改革涉及政企关系，比较难啃。而这个选择发生在牛津，则是因为他第一次尝到了按照个人意志做出自由选择。“人，要有自由选择的空间，人的智慧和特长不知在哪里开花。牛津是尊重个人选择的。”在晚间，赵人伟经常参加高桌晚宴（High Table），一边吃饭，一边交流。一顿晚饭要换几个地方，还要换相邻座位的人，就是为了和不同的人进行交流。他极欣赏牛津大学30多个学院之间的充分沟通和

访问学者合影，从左至右：王辑思（北大）、赵人伟、王昌跃（中国银行）、罗肇鸿（世经所）、熊正儒（外文局）。（赵人伟提供）

横向联系。

在研究方法上，此时，最吸引赵人伟的是匈牙利经济学家科尔奈的实证分析，他回答“是什么”，而非“应该是什么”。这对于从来都在接受诸如“共产主义理想应该是什么”这类规范命题的赵人伟，像是发现了新大陆。1984 年一回国，赵人伟便着手对工资和价格双冻结时代，不同代人之间分配不公问题进行开拓性研究。他提出两种不公平：一是压低农产品价格，抬高工业品价格造成的城乡差距，还有“抽瘦补肥”的逆向再分配；二是，城市里的职务分配。论文发表在 1985 年《经济研究》上，获孙冶方经济学奖，并被国外杂志转载。[6] 赵人伟说，“这是我研究收入分配不公的起点。”

当看到西方经济学家批评科尔奈的实证研究是“实证非实证”时，赵人伟才恍然大悟，原来，那只能称之为理论实证，有数据支撑的经验实证才是真正的实证。他决心走经验实证的路。终于，在1988年，赵人伟领导的社科院经济所居民收入分配研究课题组成立起来了。他们雄心勃勃，花了半年时间按照国际标准设计调查问卷，开始中国研究机构最大一次付费入户调查。样本包括28个省市的农村地区和10个省市的城镇地区，1万农户，9000城市户，每一户付30—40元。他们还首次发布了1988年的中国基尼系数0.382。然而，数据显示的收入差距远不如赵人伟亲眼所见来得震撼。

这是令赵人伟最痛心的。20多年来，收入分配差距越来越大，既不公平，又没有效率。“原以为渐进改革会降低改革成本，事实证明，它也有使改革成本上升的风险。”还是“耿耿于怀”于公车使用，赵人伟常常以1998年公车使用货币化改革没有兑现为例，说明新财富进入旧体制的巨大代价。他们的研究还揭示了由于腐败、权钱交易所带来的收入分配不公，从而提出对权力的监督制衡和政治体制改革。

赵人伟清楚自己的历史责任，即转型初期的探索任务；也深知自身的历史局限。他说，“我主持课题有一个理念，既要几代人联合作战，又要几代人连续作战，实行滚动式发展。新的问题，特别是复杂的分析技术，必须依靠年轻人去探索，老一代人只能做新一代人的梯子，而绝不能做新一代人的拦路虎。”经济所老研究员、师从熊彼得的哈佛大学经济学博士关淑庄曾对赵人伟说：“你们所受的经济学教育同我们所受的完全不同。你们的教育背景是两因素（指商品两因素），我们是两条线（指供给曲线和需求曲线）。”[7] 人到中年才迎来自己的研究黄金时期，这个错后，使赵人伟付出了加倍的辛劳。他说，“创造性的年龄已经过去了，只是在最后二三十年，补了一点，补了二点，历史就是这样。不伤心，不后悔。”

吴敬琏：夯实基础[8]

吴敬琏第一次出国是1978年去希腊参加经济学国际会议，颇有“洞中数日，世上千年”之感。听不懂国外经济学家的学术语言，这使他大受刺激。第二次出访是1979年6月，随中国社会科学院代表团去法国。多亏同行中有杨绛，见多识广，语言功力高强，令吴敬琏大喜：“杨先生是我们的骄傲！”[9]

自从在干校和顾准结下忘年交，吴敬琏开始广泛阅读东西方经济、政治、思想史著作，对几十年来中国经济和政治发展作系统、认真地思索和探讨。二姐吴敬瑜是北京第二外国语学院的老师，干校在河南信阳明港，经济所的干校在信阳息县。敬琏给姐姐写信说行动受到限制，想利用这段时间把英文捡起来。敬瑜便给他寄短篇小说看。从干校回京后，吴敬琏一度着迷于装晶体管收音机，一直装到8个管，甚至买了元器件打算装电视机，还打了好多家具。夫人周南有个朴素的想法，国家不会一直这样下去，终究是需要知识分子，需要学问的。她劝吴敬琏停止这些手艺活儿。吴敬琏终于下决心全面学习补课了。他开始读英文版《罗马帝国衰亡史》，10卷本，每本500页，每天读50页，雷打不动。1978年秋，吴敬琏、董辅礽、荣敬本三人去二外补习了四个月英文。他还参加经济所经济数学补习班，请北师大数学系老师辅导微积分和线性代数。

“文革”结束时的吴敬琏已经有了一些思想积累和准备，很快就显露头角，批判封建专制主义，成为“拨乱反正”时期的“高产作家”。吴敬琏一家四口在北师大一间14平方米的房子里已经住了10年。房间里有双人床、上下铺床、书桌、饭桌、书架、钢琴、柜子。家人上班上学时，吴敬琏在书桌上工作；晚上，孩子做作业，吴敬琏就把一个三合板的象棋盘铺在大床上，坐着小马扎，趴在床沿上写。

虽然已经很大程度地摆脱了意识形态的束缚，但是思想方法和分析工具还是沿用几十年来传统政治经济学方法，对于清除“左”的思想后应该建立一种什么样的经济体制没有清晰的概念。布鲁斯和奥塔·锡克的来华讲学，令吴敬琏辈如坐春风，感到他们确实比我们高明。追根寻源，是因为他们跟西方经济学界有更多接触，了解现代经济学。

而国内经济学界被隔绝得太久，因此，出国学习的紧迫性愈发强了。

吴敬琏得到福特基金会项目去耶鲁大学做访问学者是在 1983 年 1 月，这年他 53 岁。经历了最初的改革实践和计划与市场的争论，他带着很多问题而去：经济体制的功能是什么？衡量经济体制优劣的标准是什么？经济系统在什么条件下才能有效运转？选择或设计经济体制应当遵循哪些原则？

吴敬琏在耶鲁大学经济系和社会与政策研究所（ISPS）做研究。主要合作者蒙蒂亚斯（J. M. Montias），是比较经济体制学的开山鼻祖式人物。早期的比较经济学处于“主义”阶段，只描述几种典型经济体制的性质，如社会主义、资本主义和封建主义，很大程度是比较政治制度。是蒙蒂亚斯和 1975 年度诺贝尔经济学奖获得者库普曼斯(Tjalling Charles Koopmans）最先提出了比较经济体制这门学问的基本框架。研究所里有来自各国的学者，有东欧的、韩国的、日本的。全世界的事情汇聚于此，流动着新思潮，信息爆炸。所里经常召开讨论会，比较东欧和西方体制的区别，改革办法的优劣。吴敬琏每次都参加，也介绍中国改革。他们把各国的经济体制类型做了细致的比较，好像色谱，一端是命令经济，另一端是自由放任的市场经济，中间的状态千差万别。把中国放进去，就看得很清楚了。

原以为有很多时间做研究，但是，吴敬琏发现，当务之急是补修经济学。他从大学本科生的课听起，经济学原理、宏观经济学、微观经济学，一直到博士生的讨论课。英语不过关，听不太懂，加上底子差，十分吃力。从基础补起可能是吴敬琏与其他访问学者特别是资深访问学者的不同之处。因为他有教授头衔，美国教授自然很看重，时常送书给他，之后，就打电话约他吃饭，讨论书的内容。他们哪里知道，要让英文并不过关的吴敬琏短时间内阅读和发表评论谈何容易。大约 20 年后，当时耶鲁的一位研究生，已是加州大学圣地亚哥分校中国事务首席教授的巴里 · 诺顿（Barry Naughton）跟吴敬琏女儿聊天时，被问到，当时知不知道吴敬琏教授从来没有受过系统的现代经济学训练，他说，没人往那方面想。在生活上吴敬

吴敬琏在耶鲁大学社会与政策研究所门前留影。（吴敬琏提供）

琏只能简而又简，最常吃的是清水熬白菜。

美国人对刚刚改革开放的中国知之甚少，有人还以为中国人梳着长辫子，拉黄包车呢。一有机会，吴敬琏便宣传中国改革和社会进步。1983 年初，国内“清除精神污染”的消息传到美国，许多中国留学生情绪波动，对祖国的前途感到迷茫。中国作家代表团访美来到耶鲁，吴祖光悄悄告诉吴敬琏，邓小平已经“叫停”了。吴敬琏和来自社科院哲学所的姚介厚应纽约总领事馆教育处邀请到东部的大学开座谈会，报告中国经济改革。[10] 有 MIT 学理工的留学生，觉得从事科学技术工作有必要了解经济，选修了经济学课程，还组织起讨论会来。

吴敬琏交了很多朋友，特别是一批参加过“保钓运动”和祖国统一运动的台湾青年，彼此出身环境不同，追求民主自由和社会公正的基本方向一致。有的朋友，后来在经济学上颇有建树，成为中国经济问题专家，像钱颖一、拉迪（Nicholas Lardy）、肖凤霞、黄佩华，等等。

1981 年上台的里根总统采用新自由主义供给学派经济学家的观点，用减税、解除管制等措施，激活美国企业的竞争力，使美国经济摆脱 1970 年代以来的滞胀，呈现复苏景象。吴敬琏仔细观察市场经济的运行机制，头脑里，萦绕着中国正在进行的改革。

1984 年 6 月吴敬琏出席在德国举办的比较经济学讨论会，做了一个关于中国经济改革和发展的报告，提出区分“行政性分权”和“经济性分权”的问题。所谓“行政性分权”是把中央的权力下放给地方行政机构；“经济性分权”是将过分集中于行政主管机关的决策权向企业分权。吴敬琏认为，在保持命令经济框架不变的情况下实行分权，损害了计划经济的政令统一，结果是政出多门，整个经济陷于混乱。行政性分权也会造成地方保护主义和市场割据倾向。经过这样的分析，市场取向的改革就变成了唯一选择。7 月份，吴敬琏在加州大学伯克利分校所作的《1979—1983 年中国经济概观》主题讲演中，再次讲到“行政性分权”和“经济性分权”。一位美国同行向他提出，前人已经对此作过讨论，称之为分权 I、分权 II。事后，吴敬琏找到 60 年代有关中国的“分权”研究。而美国学者对于文献的掌握给吴敬琏留下了很深的印象。他常对学生讲，写文章，要先看人家已经说过什么，理解现有的东西，然后你再提出新问题，使自己“站在巨人的肩上”。他对学界流行的那种“前无古人，后无来者”，自己构筑一套“理论体系”的做法表示怀疑。

吴敬琏的头脑里已经获得了关于市场经济的一个比较完整的框架，这是建立在经济科学基础上的。在耶鲁度过了紧张而充实的一年半，他称之为“丰满”。1984 年夏，他计划去夏威夷开会，经香港回国。可是长期劳累过度使他的舌头僵硬，转不动了，便直接回国了。老朋友周叔莲看到说，吴敬琏头发白了。不过，没几天，他就被马洪找去写《关于社会主义制度下我国商品经济的再探索》意见书。那是他将所学和中国的实际相结合做出的第一个重要贡献。

第一趟美国之行，还是长期的，吴敬琏给家人带回来被女儿称之为“洋货”的东西有：飞机上发的果酱、刀叉、布拖鞋，旅馆发的肥皂、浴液、洗发精。最高级的是彩色胶卷。送人之后家里还剩下两卷。吴敬琏规定每人只能照两张。爱漂亮的大女儿晓莲想多照，还和父亲闹了别扭。不过，吴敬琏还是斥巨资买了一个大件——一台 Digital 牌计算机，送给他所在的经济所。当时规定公派研究人员每月拿 450 美元，福特基金会给的钱多于此，多余的交公。吴敬琏省吃俭用攒下的钱就派了这个用场。可惜，直到他调离经济所去国务院技术经济中心时，也没见着所里将其开封。[11]

吴敬琏一路飞快地走在时代前面，从坚定地主张市场取向改革到倡导法治的市场经济。说来，年过半百，才开始打基础，走上正轨。然而，他创造了大器晚成的人生。

吴敬琏一直说自己幸运，赶上了改革开放时代。他惋惜顾准、孙冶方过早地离去；惋惜薛暮桥年事已高，没有足够时间。他铭记着顾准的最后一次长谈。顾准说，“中国的‘神武景气”是一定会到来的……‘待机守时’。为了抓住这样的机会，中国人必须有自己的理论思维。总有一天情况会发生变化。那时，要能拿得出东西来报效国家。”

附 记

黄范章老师 2014 年去世了。他在 2009 年 4 月 10 日给我的电子邮件中曾写道：“老一辈为探索改革历尽磨难。他们既要顶住政治摧残，更要克服历史加诸他们的思想局限性，多难呀！”上一次采访乌家培，是在 2001 年。他住的房子原先是钱锺书、杨绛先生家。置身其中自然联想这座房子里的人和事。乌家培的眼疾已使他无法阅读，全靠夫人朗读。最近一次去，见他 98 岁的老母亲还在厨房做饭，不由得感叹生命的韧性。赵人伟一句“我在亡羊补牢犹未为晚的安慰中奋斗了 30 年”，也是他们的共同特征。成为最早的访问学者，是幸运的。历史选择了他们，他们也抓住了历史的机会。

---

1. 写作本文，于2009年4月10日采访了黄范章先生，并参考黄范章先生的文章：

   ⑴《陈岱孙与哈佛——纪念岱老逝世十周年》，载《学习时报》，2007年11月12日；

   ⑵《从我看到的美国监狱里的"人权"谈起》，未发表稿；

   ⑶《制度创新、理论创新的30年——兼论创立有中国特色的转轨经济学和社会主义市场经济学》，载《经济学家》，2008（6）；

   ⑷《漫谈纳税与民主》，载《学习时报》，2007年3月26日。

2. 原载《经济观察报》，2009年5月11日。写作本文时，2009年4月9日采访了乌家培先生。

   参考文献：

   ⑴乌家培《见证我国经济学改革开放及其成果》，见魏礼群主编《改革开放三十年见证与回顾》，中国言实出版社，2008年；

   ⑵乌家培《我国数量经济学发展：昨天、今天和明天》，载《重庆工商大学学报》，2008（1）；

   ⑶乌家培、梁优彩《我国经济预测发展的回顾与见证》，载《中国数量经济学30年》，张守一、汪同三、葛新权主编，北京，社会科学文献出版社，2010。

3. "1959年我在苏联考察，刚遇上列昂节夫在那里宣传投入产出法。我同苏联一位经济学家就这题目交换了意见。他说："列昂节夫这一套投入产出方法，就是早在苏联新经济政策以后的第一位计委主任提出过的一张棋盘平衡表，不过那个时候没有运用运筹学等现代数学方法来计算。列昂节夫把现代数学运用到国民经济各部门的投入产出方面来，是有贡献的。但是，计量经济学、现代高等数学在经济学方面的应用，30年代在苏联也有人提倡过，却被多次批判而给否定了。"孙冶方：《也谈理论联系实际和百家争鸣问题》，见《孙冶方全集》（第3卷），381页。

4. 原载《经济观察报》，2009年5月18日。写作本文，对赵人伟先生作了多次采访。

   参考文献：赵人伟：《紫竹探真——收入分配及其他》，上海远东出版社，2007。

5. 赵人伟：《顾准的学术生涯和感情世界》，见《紫竹探真》354页。

6. 赵人伟：《劳动者个人收入分配的若干变化趋势》，载《经济研究》，1985（3）。

7. 赵人伟：《顾准的学术生涯和感情世界》，见《紫竹探真》，352页。

8. 原载《经济观察报》，2009年5月25日。

   参考文献：柳红：《当代中国经济学家学术评传——吴敬琏》，173—179页。

9. 吴学昭：《听杨绛谈往事》，三联书店，329页，2008。

10. 参见邹恒甫：《最后的狂人：我就是邹恒甫》，东方出版社，2013，216页。

11. 吴晓莲：《我和爸爸吴敬琏》，北京，当代中国出版社，2007，133页。

1985：巴山轮之行[1]

怎样进行宏观调控？继续使用行政命令最为简便顺手，可是，改革怎么前进呢？

1985年是中国改革史上的一个转折：从农村改革到城市改革；从计划经济到有计划的商品经济。这一年，物价和工资制度改革全面展开，在城市放开了肉、鱼、禽、蛋、蔬菜、水果等副食品价格。在经济改革和转轨过程中出现的经济现象都是崭新的问题。经济学家们对于1984年底爆发的"经济过热"看法不一。它属于什么经济现象？是经典市场经济意义上的"经济过热"，还是在从计划经济到市场经济转型过程中的特殊现象？应该如何应对？它给经济体制转型提出了紧迫的课题：怎样进行宏观调控？继续使用行政命令最为简便顺手，可是，改革怎么前进呢？

1985年9月2日—7日，长江上，行驶着一艘崭新的游轮，叫巴山轮。巴山轮上，正在召开"宏观经济管理国际讨论会"。有60余位中外重要经济学家和官员参加，他们是：美国耶鲁大学经济学教授、1981年度诺贝尔经济学奖得主托宾（James Tobin），英国剑桥大学教授、格拉斯哥大学名誉校长凯恩克劳斯爵士（Alexander Cairncross），联邦德国中央银行前行长埃明格尔（Otmar Emminger），匈牙利科学院经济研究所研究部主任科尔奈（János Kornai），英国牛津大学安东尼学院高级研究员布鲁斯（Wlodzimierz Brus），南斯拉夫政府经济改革执行委员会委员、斯洛文尼亚艺术与科学院通讯院士巴伊特（Aleksander Bajt），法国保险总公司董事长、里昂信贷银行董事阿尔伯特（Michel Albert），美国波士顿大学经济学教授、韩国财政体制改革委员会顾问琼斯（Leroy Jones），日本兴业银行董事、调查部部长小林实等。世界银行驻北京代表处主任林重庚、世行官员亚德里安·伍德以及中国方面的国家体改委党组书记安志文、国务院经济研究中心总干事薛暮桥、国务院技术经济研究中心总干事马洪、中国社会科学院副院长刘国光、国家体改委副主任高尚全，以及杨启先、童大林、洪虎、吴敬琏、赵人伟、张卓元、周叔莲、陈吉元、戴园晨、宫著铭、项怀诚、王琢、田源、吴凯泰、李克穆、郭树清、楼继伟、何家成、李振宁等。

几天前的1985年8月31日，国务院总理在中南海会见了将要上船的外国经济学家，中方参加的有安志文、薛暮桥、马洪、童大林、高尚全、刘国光等。总理重申中国经济改革的方向与目标是坚定不移的，而对于改革步骤则要慎重和稳妥。他说，城市经济改革的任务相当艰巨，企业的经营权扩大之后，宏观管理如何与之相适应还需要认真研究和解决。中国现阶段的社会主义经济，是公有制基础上的有计划的商品经济。因此，在增强企业活力的同时，要逐步建立一个完整的市场体系，包括商品市场、金融市场和劳务市场等。国家对企业的管理要逐步由直接管理为主转变为间接管理为主，运用经济和法律手段以及必要的行政手段来调节和控制宏观经济，以便更好地促进社会生产力的发展。[2]

9月2日，巴山轮从重庆起航。巴山轮会议是国务院批准由中国经济体制改革研究会、中国社会科学院和世界银行联合主办的。国务院经济技术社会发展研究中心名誉总干事薛暮桥致开幕词，他说："最近一年，我们把改革的重点转向城市国营企业，转向以城市为重点的整个经济体制改革，这比过去的改革复杂得多，困难得多。要把微观经济搞活，必须加强对宏观经济的控制。现在我们还不善于加强宏观管理，所以微观放活以后，就出现许多漏洞。去年第四季度到今年第一季度，就出现银行信贷基金失控和消费基金失控，给今年的经济体制改革增加了困难。因此，召开经济计划和宏观管理国际讨论会，就有特别重要的意义，我们对会议寄予很大的希望。”[3]

接下来，会议的议题是宏观经济管理的国际经验（3—4 日）、计划与市场问题（5—6 日）、可供中国参考和借鉴的国际经验（6—7 日）。

沿长江向东，巴山轮经忠县石宝寨，过云阳县城，在奉节小憩；又行至巫山，换乘两头尖、肚儿圆的柳叶舟游览小三峡——龙门峡、铁棺峡、滴翠峡；再经葛洲坝到宜昌、沙市、武汉。经济学家，一面思想冲浪，一面沿线参观农贸市场、荆州博物馆、黄鹤楼、江汉路一条街，走访农户。

关于经济体制改革的目标模式，科尔奈的一个分析引起了大家的兴趣。他把一切经济体制划分为两大类，一类是行政协调（1），二类是市场协调（2）。在一类中，又分为直接行政控制（A）和间接行政控制（B）；在二类中又分为没有宏观控制的市场协调（A）和有宏观控制的市场协调（B）。科尔奈倾向于选择有宏观控制的市场协调（2B）。中国人对此都很认同，似乎觉得找到了改革的方向。然而，怎么实现宏观控制下的市场协调呢？计划经济时代，宏观调控手段就是计划和财政，连“宏观”这个词，都被说成是资本主义的词。时任体改委规划局局长的杨启先坦承，“当时尽管提出了商品经济，其实大家的思想并不统一，很大程度是因为，对怎么实现这个目标心里没底。具体目标究竟是什么，怎么走。直到在巴山轮会议上，我们才得到了特别突出的概念，宏观调控最要害的是金融手段。”而此前国内即使是主张商品经济的人也提不出一套完整的理论，只是认定市场比计划好。与西方专家学者的第一次正面接触，听他们讲怎样运用财政政策、货币政策对经济进行间接调控，中国学者和官员都极为兴奋。

明确了改革目标是商品经济，改革的道路问题就显现出来了：是

高尚全与托宾交谈。（高尚全提供）

激进的“一揽子”还是渐进？布鲁斯认为只能循序渐进；科尔奈则认为不可一概而论。比如所有制改革宜分步渐进，而计划、物价、工资体制则可能一揽子改革效果更好。刘国光和赵人伟提交的论文《当前中国经济体制改革遇到的几个问题》，讨论体制改革的经济环境，所有制变革中的股份制以及模式转换中的双重制问题。他们直面双轨制产生的摩擦和紊乱，提出平稳过渡建议。

会上的另一个主题是怎么克服“经济过热”。托宾发言时，拿了一张中国统计数字表。张卓元说他能从主要经济指标看出中国经济运行处于过热状态，“让我们在座的中国人都非常讶异。”[4] 吴敬琏对两位外国嘉宾印象深刻。一位是曾经担任德国联邦银行行长的埃明格尔，不属于凯恩斯学派；另一位是托宾——凯恩斯主义货币问题大师。虽然派别不同，他们对中国宏观经济形势给出了一致判断。托宾建议要采取“三紧政策”，即紧的财政政策、货币政策和收入政策。

中方部分人员和外宾在巴山轮上合影。前排左五安志文，左七薛暮桥；二排右四刘国光，右五马洪；三排右一高尚全，左三林重庚。（刘国光提供）

有这样一个比喻：改革相当于要造就一辆性能良好的汽车，经济政策相当于汽车驾驶员。不能指望一个好的经济体制自然而然地解决一切经济问题，因为糟糕的驾驶员会使最好的汽车翻车。大家达成了共识：中国面临的问题不是要不要和敢不敢利用市场，而是宏观管理手段跟不上，限制了利用市场的能力。

7日上午会议在武汉闭幕。马洪在闭幕词中讲如何通过微观和宏观经济体制改革保证经济稳定增长；谈及宏观经济管理政策，特别是货币政策、财政政策、收入政策是我国经济运行机制中的薄弱环节；要提高生产要素流动性和开放金融市场。外国人没有想到中国经济学家在这么短的时间里，运用现代经济学原理把问题说得如此清楚。

在汉阳晴川饭店，杨启先起草给国务院总理的报告《宏观经济管理国际讨论会对我国改革有参考价值的几点意见》（10日），接着写《关于“巴山轮会议”主要情况报告》（12日）报送国务院。10天后，9月

23 日，中共全国代表会议通过的“七五”计划建议中，就已经吸收了巴山轮会议的成果。

科尔奈提醒中国同行要警惕重新恢复中央集权的危险。“解决改革过程遇到的经济困难最简便的办法是重新运用行政手段，这是社会主义国家政府部门的本能反应。必须时刻记住改革的总目标。”郭树清在会后发表的《国际知名学者和专家谈中国经济改革》[5]一文，也强调了改革会遇到种种困难和阻力，有重新回到集权体制的可能性。关键是要改革，不要复辟。

林重庚是巴山轮会议的核心人物之一。他首先有个创意，跟中国社会科学院副院长刘国光谈，邀请国外一些专家来。然后，刘国光再去找国家体改委的廖季立，廖季立也表示赞成。于是，就开始会议的筹办。外方的代表都是林重庚邀请的，并且，他还提议让 45 岁以下的青年学者参加。所以，会上有了 29 岁的郭树清、何家成等人。由于中外双方话语系统不同，起初三天彼此讲不到一起，出现了三岔口。他从中协调，安排私下个别交谈，使后两天会开得越来越有成效。张卓元特别佩服林重庚宽阔的外国经验和背景。讲到养老金，林重庚就会介绍智利怎么做，新加坡怎么做，哪些对我们有参考价值。而中国学者则对外国知之甚少。讨论工资问题时，外国专家把工资作为一个价格来谈，讲劳动力价格、劳动力市场，很多中国学者和官员头一次听说。[6]

一散会，阿尔伯特就急着回国参加董事会议，计划从武汉飞北京，再飞法国。而武汉班机误点，令他非常着急。他说自己是董事长，不能延误。还说“我是中国政府请来的客人，你们应该想办法用专机把我送到北京去”[7]。一个西方人提出如此特殊要求，侧面地反映了他作为参会者的荣誉感，认为自己是来为中国政府出谋划策的。往后中国有无数国际会议，大概没有人把自己看得如此重要。赵人伟说：“当时的学者有改革的参与感和使命感，定位比较好，官员也不摆谱，官员和学者同心协力搞改革，不比谁高谁低。”[8]

这是一次从计划经济向市场经济转型的思想启蒙，也把焦点集中在了政府—市场—企业上，为1987年十三大提出“国家调节市场，市场引导企业”的方针作了理论准备。按照龚育之的说法，“离确认有国家调控的市场经济，只隔一层纸了。”[9]

巴山轮会议的主角薛暮桥、马洪、布鲁斯、托宾都已作古，巴山轮也早已退役，连三峡沿线的很多道风景都不复存在了，而巴山轮会议留在了改革史上。

---

1. 原载《经济观察报》，2009年9月7日。就巴山轮会议主题，采访过吴敬琏、杨启先、赵人伟先生。

   参考文献：

   ⑴中国经济体制改革研究会：《宏观经济的管理和改革——宏观经济管理国际讨论会言论选编》，北京，经济日报出版社，1986年6月；

   ⑵赵人伟：《1985年“巴山轮会议”的回顾与思考》，载《经济研究》，2008（12）；

   ⑶郭树清：《国际知名学者和专家谈中国经济改革》，载《经济社会体制比较》1985（3）。
2. 新华社北京8月31日电，记者杨继刚、史晓帆：《国务院总理对参加“宏观经济管理国际讨论会”的中外代表说：中国经济改革的目标坚定不移》，载《人民日报》，1985年9月1日。
3. 薛暮桥：《开幕词》，见中国经济体制改革研究会：《宏观经济的管理和改革——宏观经济管理国际讨论会言论选编》58—60页。
4. 张卓元：《我们当时缺少国际经验》，载《时代人物周报》，2005年8月16日。
5. 《经济社会体制比较》，1985（3）。
6. 张卓元：《我们当时缺少国际经验》，载《时代人物周报》，2005年8月16日。
7. 洪虎：《体验人生的第一次》，载《时代人物周报》，2005年8月16日。
8. 在接受笔者采访时所谈。
9. 吴敬琏：《20年来中国的经济改革和经济发展》，载《百年潮》，1999年11月。

《经济研究》：沉重的转型[1]

> 我编《经济研究》没别的企求，只是想把自己当成一块砖，让后来的年轻人能在这块砖上平坦地走过去……我要当这么块砖还不行吗？！

《经济研究》，既与它所在的中国社会科学院经济研究所的地位相关，也有独立的学术地位。这本 1955 年创刊、1966 年停刊、1978 年复刊的杂志，进入改革时代，经历了鲜为人知的转型过程，到 1980 年代中期，成为探索改革开放的学术平台，领风气之先。

在刚刚经历了几十年政治运动，各种势力盘根错节的老大单位里，一本杂志的地位有些尴尬：不是一线研究室，却是风向标；权力不大，责任很大；既被“轻视”，又是众矢之的。和那个时代的杂志一样，《经济研究》编辑查校马克思、恩格斯、列宁、斯大林、毛泽东语录极其认真，连标点都不错。语录用黑体字标出，作者大量引用，文字层层保护，论据多从黑体字里摘出。“文革”前，于光远曾称赞《经济研究》的引文“绝对准确”。

转型开始

唐宗焜是1983年第7期至1989年第1期《经济研究》的常务副主编。中国社会科学院各所的杂志主编都挂所长名，实际负责人叫常务副主编。刚接手《经济研究》，他就听说，如果不把某位领导的文章放在头条，那位领导就会说："下期再发吧！"此时的唐宗焜尚不知水的深浅，打的主意是，既然让我干，就要按我的来，换个样子。他悄悄搞起刊物改革，想促进理论研究转轨和体制改革进程。

在编辑部召开的通讯员会议上和走访所内外研究单位、高等院校和经济部门的一些作者时，都听到他们对《经济研究》的批评：有些文章让人"难读、难懂、难受"、"有人名气很大，文章空洞无物"、"理论要指导实践，要有能'开窍'的文章"。1983年底，唐宗焜在《〈经济研究〉1983年工作总结》中做了这样的评估："理论和实践结合好、质量高的文章少，一般性的文章多。有的文章或者限于一般议论，不解决实际问题；或者太实，理论高度不够；或者缺乏新意，没有深度。"他决心启动《经济研究》的转型。[2]

1984年第1期，唐宗焜以一篇"编者按"亮明打算："经济体制改革，从理论基础到方案设计，包括总体设计和分部设计，都有许多问题需要从理论上进一步深入研究和讨论。这是经济理论战线上刻不容缓的任务……本刊愿本着百家争鸣的方针，提供更多的篇幅，围绕这个主题开展讨论，广泛反映不同的理论观点和改革建议。"整个1984年，《经济研究》发表了约70篇直接探讨经济体制改革的文章，平均每期五六篇，多的一期有八九篇，内容涉及经济体制改革的理论基础、模式选择、国有企业改革、农村改革和经济各部门、各领域的改革。《经济研究》过去依赖相对固定的一批中老年经济学家，而唐宗焜把目光投向了青年和新人。这年9月，编辑乔桐封参加完第一届全国中青年经济理论会，从莫干山一回京，唐宗焜就向她了解情况，并且大力推出新人。1984年，有78位作者是头一次在《经济研究》发文，和老作者的比例为41:59。

如1984年第10期，发表了研究生蔡重直主张开放金融市场和楼继伟、周小川探索价格体系改革的论文。这在《经济研究》的历史上是破天荒的。

经过一年多的调研和实践，唐宗焜向所里提交了一份汇报提纲——《关于〈经济研究〉编辑工作的几个方针性问题》。它强调百家争鸣，"要为不同观点特别是一时还居于少数地位的观点提供发表机会。提倡自由切实的讨论，批评与反批评都要坚持平等态度、以理服人，反对强加于人。"要加强对国外经济问题的探讨，开展对国外经济理论的评论。在文章风格上应提倡百花齐放，在版面上力求生动活泼。除原有的"经济调查"、"书评"、"综述"、"短论"、"经济工作研究"专栏外，今年又新辟了"文评"、"经济体制改革实例研究"等栏，第二年还可逐步开辟"经济理论研究评述"、"国外经济理论述评"、"研究生毕业论文选摘"、"经济杂谈"、"经济随笔"、"回忆录"等栏，有条件时还可辟"经济难题招标"专栏。

转型不止于此。针对编辑部自身，唐宗焜提出《经济研究》编辑队伍也存在着年龄老化、知识老化和专业单一化的严重缺陷。"九名编辑人员毕业于50年代，三名毕业于60年代（其中两名"文革"前，一名"文革"期间），两名自学成才，只有一名是1982年毕业的。50年代、60年代大学里政治经济学社会主义部分的教育，受苏联传统观念的影响很深，而且缺乏高等数学和外语的训练。同时，现有15名编辑人员所受的专业教育，除了一名国民经济计划专业和两名自学的以外，几乎都是政治经济学专业的。"这成为制约《经济研究》开创新局面的主观因素。急需补充年轻的知识面较广的大学毕业生和毕业研究生。

这份意见书得到所分党组和编委会的认可后，就成为唐宗焜实施刊物转型的总纲。既放手干，就要准备承担政治风险；大胆用稿，又争取不授人以柄。

1985年10月，《经济研究》编辑部在杭州召开经济机制理论讨论会合影。社科院经济所所长董辅礽、副所长赵人伟和编辑部与会人员合影。前排左起：旷建伟、董辅礽、唐宗焜、张鹤龄，后排左起：朱铁臻、赵人伟、乔桐封、张问敏、钟华。（唐宗焜提供）

马丁事件

进入 1985 年，谁都看到了《经济研究》的突破和新局面。这年，一共发表了 40 篇年轻作者的文章，占 22%。比如王小强等《把西藏经济的“输血”机制转变为“造血”机制》、中国农村发展问题研究组《国民经济新成长阶段和农村发展》、中国经济体制改革研究所《改革：我们面临的挑战与选择》，等等。有些没订杂志的读者来买刊物，有的还自己打印体改所报告。唐宗焜想和青年交朋友，他让乔桐封找些人来聊聊。那天来了十几位，挤在小小的办公室里海阔天空。编辑部一点财权都没有，唐宗焜拿自己的咖啡招待他们。发王小强文章前，唐宗焜也请他来，听他讲西藏之行。那天王小强有些激动。一面是求贤若渴的唐宗焜，一面是需要平台的青年。据传，《红旗》杂志编辑部也察觉“《经济研究》变了”。所谓“变”，不知是好还是不好，唐宗焜没问过。

唐宗焜是上海人，1933年生，1957年从北大毕业和同班同学赵人伟一起分到经济所，进《经济研究》当编辑。1957年5月19日北大第一张大字报贴出来时，于光远正在大饭厅上团课。当时传说经济系应届毕业生分配不出去，大家发愁出路，挽留于光远攀谈到深夜。唐宗焜说："别的都忘记了，只记得他反复讲自己是革命的阿Q主义，不管遇到什么困难和挫折，都能找到可干的事。"

早就听说：《经济研究》只要唐宗焜看了，就没错字。而他用的无非是苦功，累得不行时，就躺在床上看校样。为了开拓稿源，他还想出了一个“笨办法”。1985年8月，向全国高校财经院系征集经济类应届毕业研究生学位论文，得到了广泛支持。随后，整个编辑部像觅宝一样，一本本看，工作得极其努力。乔桐封说："累得都快吐血了。"发现有价值的文章，就商请作者浓缩、修改，在杂志上发表。与此同时，编辑出版了1985、1986、1987年《经济学博士、硕士论文选》[3]。这样一来，《经济研究》在年轻人中的局面完全打开了。

思想理论界风浪不断。1985年11月2日《工人日报》发表了一篇署名马丁的文章《当代我国经济学研究的十大转变》[4]，经过外国媒体报道再转回国内[5]，以讹传讹，被说成是“高层次精神污染”、“典型的资产阶级自由化”。

1986年2月，中国社会科学院世界经济研究所的秦柳方[6]报告胡乔木一份《经济理论的一些情况》，开篇是："近年，一些理论工作者对马克思主义产生怀疑、非难，已经引起党中央的重视，书记处作了讨论，耀邦同志也作了指示，但最近一段时间，经济理论方面还存在一些混乱现象。"

接下来，他列举了报刊上的“自由化”观点。[7]摘抄如下：

（1）主张价格改革可以冒更大的风险，主张建立劳动力市场，让农民进城，压低工资水平。1985年11月《经济研究》杂志第

11 期发表了中国经济体制改革研究所写的城市经济体制改革综合调查报告，题为《改革：我们面临的挑战与选择》，并作为第一篇重要文章刊出。……报告主张市场机制要在经济系统运行中起重要作用……报告对社会主义的就业、社会福利制度全盘加以否定，主张建立劳动力市场，要学习西方的办法，实行失业保险，“让农民进城”……报告说：“占就业人口百分之六十以上的青年……愿意冒失业风险，自主选择职业”……报告主张建立资金市场，金融改革“实行双轨制”，“扶持民间信贷的发展”。

（2）主张全民所有制企业要实行“股份化”。1985 年春，有几位同志写了一份关于“政策体系”的报告，在报告中首先提出我国全民所有制国营企业，应当仿照西方国家的办法，实行“股份化”，“让职工购买股票……”“其实这种观点是羞羞答答地以资本主义私有制为基础的合股公司来代替社会主义公有制。”

（3）主张全民所有制的国营企业要实行“资产经营责任制”……如果全民所有制企业把资产交给经营者，并分享经营资产的利润，难道还不是资本主义的私营企业?

（4）把资本主义国家的计划与商品经济同社会主义国家的有计划的商品经济等同起来……

（5）“以运用西方经济学的研究方法来研究社会主义经济运行为特征的新兴社会主义经济改革学派异军突起”……文章的中心目的，是要说明社会主义政治经济学理论对中国的社会主义经济体制改革已经不灵了……

（6）认为“经济学缺乏新概念”。《经济学周报》1986 年 2 月 2 日第 5 版所载《略议经济学概念的建设问题》一文……贬低现有政治经济学教材……还危言耸听地说：“在改革中我们常常失误，跟我们缺乏健全的新理论有关。”……在此文作者看来，马列主义政治经济学都是陈旧的概念，只有搬用西方经济学说，以西方经济学的概念来阐述经济理论，开药方，经济体制改革才能不致失误。

（7）全盘否定陈云同志关于社会主义经济建设必须以计划经济为主、市场调节为辅的重要指示。前年，国家体改委的同志写的一份研究报告，对陈云同志关于社会主义经济建设必须以计划经济为主、市场调节为辅的重要指示，全盘加以否定。

秦柳方的建议如下：

中央宣传部以及各省、市、自治区党委宣传部，要加强对报刊的思想领导，促使他们端正宣传报道的方针……防止理论宣传上的自由化倾向。

经济体制改革有关领导部门，对于不坚持社会主义，不注意计划经济，不顾国情，照搬西方学说，照搬西方国家的政策措施，轻易开出的药方，在决策时要采取清醒的、慎重的态度，以免改革工作发生失误。

有些以青年理论工作者组成的研究所，应当充实力量，实行老、中、青相结合，加强领导……

在上报的材料中，秦柳方还附了若干文章，包括马丁的文章。胡乔木将材料呈送给总书记和国务院总理。1986 年 3 月 3 日国务院领导批示："批判经济理论上的自由化可要慎重。现在更需要的是大胆探索。"3 月 5 日，胡耀邦总书记批示同意国务院领导的意见。因此，"马丁事件"没有掀起大浪来。人们已经厌烦透了这类举动。于光远呼吁理论界点名批评；董辅礽建议"中宣部对个别向中央领导谎报理论界'军情'，又不愿将不同意见写成文章公开讨论的人进行批评帮助"。

所列第一条错误就是《经济研究》1985 年第 11 期发表的体改所的研究报告，唐宗焜决心回应。他写了篇尖锐长文[8]，字字琢磨，不想牵连编辑部和经济所，以个人名义发表。他也对个别编辑透露自己日后可能的政治风险，无非两种情况："一是批判我，那我还有发言权，不怕"；

“二是极而言之像‘文革’那样，不分青红皂白把你一棍子打下去再说，根本不让你申辩。这样‘文革’卷土重来，中国就完了，我个人还算得了什么呢？”

他写道：

> 有个别同志……在当前我国经济研究领域发现了一片“混乱现象”，失魂落魄似的打小报告，谎报军情，主张对经济理论界的“自由化倾向”严加控制。……任何有强烈的社会责任感的经济理论工作者都不能不关注这样的同志究竟想把我们控制到哪里去。
>
> 有人竟以为可以不必以理服人，而摆出一副权威的架势，要在理论观点上充当裁判……（该信所举的“自由化倾向”或“混乱现象”）无非是说有人主张市场机制要在经济系统运行中起重要作用，要建立资金市场和劳动市场，实行自主选择职业和失业保险制度，改革社会福利和社会保障制度，主张价格改革步伐可以更大一些，或者主张国有企业实行股份制……何罪之有？据说这就犯了不坚持社会主义、不坚持计划经济的弥天大罪……

针对告状信中要对青年人加强控制的言论，他说，“千万不能有意无意地去挫伤他们理论研究的锐气。”文章在《经济研究》1986 年第 5 期一刊出，一位学长托人带便条：“宗焜：我和这里一些同志读了您的大作，十分赞赏，的确代表了您们刊物的水平，特表示祝贺。”一位社科院研究生院同学来信：“接连而至的马丁事件和秦 ×× 小报告，在我们青年学生中引起了一阵惶恐……难道经济学界刚从徘徊中走出，又要再一次被禁锢？！真是万幸，顶住了！……我和我的同学们谢谢您，谢谢《经济研究》。”还有一封来信称该文“淋漓尽致”，碰巧，这天，同事在楼梯上碰到唐宗焜，脱口而出：“你的文章淋漓但尚未尽致。”他品出了该文留有余地的味道。

这一时，人们得知中宣部部长朱厚泽讲宽厚、宽容和宽松，受到很大鼓舞。[9]然而就在8月一天，在中国社会科学院院长、副院长参加的一个会议上，当经济片各所汇报完学术动态后，有一位领导专就唐宗焜的文章说了一番话，提出警告。唐宗焜确实要为自己的批评付代价了。

转型成功

中国农村发展问题研究所的《农民、市场和制度创新——包产到户八年后农村发展面临的深层改革》，是一篇相当尖锐、直面现实、很有深度的文章，要发在1987年第1期上。已经排了清样，又碰上政治形势的敏感时刻[10]。为了保护刊物和作者发言权，唐宗焜征求意见，是照发还是缓发。主要执笔人周其仁很有信心："谁要批就得在同一层次上批，没有调查的人没法批。"照发不误。当有人惊讶："你们现在还敢发这样的文章啊？"唐宗焜答："我们有把握。"

1987年1月28日，《中共中央关于当前反对资产阶级自由化若干问题的通知》下达。在经济所分党组生活会上，唐宗焜的文章成了问题。所长董辅礽把责任揽过去："如果有什么责任，首先是所长的负责。"唐宗焜激动了，"我编《经济研究》没别的企求，只是想把自己当成一块砖，让后来的年轻人能在这块砖上平坦地走过去。""我要当这么块砖还不行吗？！"两三年后，这笔账又被翻出来当成整人的棍子。唐宗焜一直耿耿于怀，竟没人来跟他当面讲这篇文章究竟"错"在哪里。他说：我提的问题其实很简单明确，就是，中国不改革有没有出路？没有。不探索能不能改革？不能。所以，反对探索，实质就是反对改革。

《经济研究》编辑部开过两个会，一是1985年的经济机制理论讨论会，再是1988年的宏观经济基本理论讨论会。标志着《经济研究》内容转型的两个阶段：先是从理论脱离实际转到注重实际经济过程及其机制研究；继而，由注重对策研究上升到经济学基本理论与方法研究。

董辅礽所长很高兴，因为常听到外界对《经济研究》的好评："比别的刊物不是高一点，高一截。”“过去阅览室里的《经济研究》布满灰尘，现在大家抢着看，都揉烂了。”唐宗焜反而给老董泼冷水：“《经济研究》上去很难，下来很容易。”确实，他“如履薄冰”，既准备承担政治风险，更怕落后于改革发展的需要。

《经济研究》1985 年定价：0.45 元，稿费 18 元 / 千字；1987 年提高到 20 元 / 千字，印数约 56000 本。

附 记

2009 年端午节前听唐宗焜先生回顾这段岁月。对于编辑部同仁辛勤工作、合作理解、对刊物转型的贡献，他心怀感激。这是个追求完美、严谨到极致的人。夏天，白衬衫最上面的扣子还系得严整。瘦弱的身躯里洋溢着方刚血气。我的眼前老浮现他谈话间时而深情、时而激愤的样子，后悔忘记对他说：亏得你有《经济研究》，亏得《经济研究》有你。唐宗焜这一生最有价值的事业是启动了《经济研究》转型。不鸣则已，一鸣惊人。这鸣叫，鸣放，是借了《经济研究》之口。

1．原载《经济观察报》，2009 年 6 月 15 日。写作本文时，笔者于 2009 年 5 月 22 日和 27 日采访了乔桐封女士和唐宗焜先生；还与唐先生数次通电话，有 20 余封邮件往来。他为我提供了详尽的背景资料。在此次修订中，作了新的补充。

参考文献：

(1)《经济研究》杂志。

(2)唐宗焜：《关于〈经济研究〉编辑工作几个方针性问题的汇报提纲》，1984 年 12 月。

(3)唐宗焜：《经济理论工作者的社会责任感》，载《经济研究》，1985（5）。

(4)唐宗焜：《鼓励不同学派的形成和竞赛》，载《经济研究》，1986（7）。

⑸唐宗焜：《经济科学和社会主义精神文明建设》，载《经济研究》，1986（11）。

⑹发展研究所综合课题组：《农民、市场和制度创新——包产到户八年后农村发展面临的深层改革》，载《经济研究》，1987（1）。

⑺徐庆全：《"马丁事件"的来龙去脉》。

⑻冯兰瑞：《"马丁文章"事件始末》。

⑼唐宗焜：《1985年：〈经济研究〉变了》，载《经济学家茶座》，2009（4）。

2．唐宗焜：《1985年：〈经济研究〉变了》，《经济学家茶座》2009（4）。

3．《经济研究》编辑部：《经济学博士、硕士论文选》，1985、1986、1987年度，由经济日报出版社出版。

4．《当代我国经济学研究的十大转变》内容包括以下十个方面：

⑴从批判经济学转向建设经济学；

⑵从对经济政策的理论阐释转向科学分析；

⑶从对当代西方经济学的排斥、否定转向分析借鉴；

⑷从生产关系的研究转向生产力以及生产力和生产关系相互作用机制的研究；

⑸从经济关系的一般研究转向经济运行机制的具体研究；

⑹从经济的定性分析转向定量分析；

⑺从理论经济学转向应用经济学；

⑻从微观经济转向宏观经济、从短期规划转向长期战略的研究；

⑼从孤立的单向度的经济学研究转向综合的多学科的社会经济研究；

⑽从线性知识结构转向复合型知识结构。

5．根据冯兰瑞《"马丁文章"事件始末》：1985年12月10日《北京周报》（英、日）译载了马丁文章。12月11日，日本时事通讯社播发关于该文消息，被同日的《朝日新闻》与次日的《读卖新闻》采用。12月19日，纽约《中报》根据《读卖新闻》报道发表题为《扬弃学术功利主义——论中国对经济学研究应有的态度》的社论。12月25日新华社《参考资料》以《纽约〈中报〉社论谈我国的经济学研究问题》为题全文刊登了《中报》社论，被1986年1月25日《红旗》杂志主办的《理论交流》第2期转载；2月21日，新华社《国内动态清样》第380期又根据《红旗》的《理论交流》，以《纽约〈中报〉批评我国某些经济学家"食洋不化"，认为马克思的经济学说有强大生命力》为题，编发了《中报》社论。自1986年1月至3月，《世界经济导报》（1986年3月3日）、新华社《经济参考》（1986年3月4日）、上海解放日报社《报刊文摘》（1986年3月18日）等报刊摘要或全文转载，光明日报社主办的《文摘报》于3月16日和3月21日两次分别从《经济参考》和《世界经济导报》摘登。

6．秦柳方（1906—2007），江苏无锡人。1929年参加由陈翰笙和王寅生主持的无锡农民农村经济调查团，1933年共同发起创建中国农村经济研究会并任理事，出版《中国农村》杂志。抗战胜利后，在沪担任《文汇报》社论委员兼经济版主编、《经济周报》编委。上海解放后，历任上海市军管会中纺公司代表室顾问，华东区花纱布公司经理，华东贸易部计划处、物价处处长，中央商业部工业商品局副局长，中财委六办商业组副组长，国务院八办商业组组长等职。1957年到中国科学院经济研究所任领导小组成员、《经济研究》编辑部主任，1979年任中国社会科学院世界经济与政治研究所科研处处长、《世界经济调研》常务副主编兼《世界经济导报》副主编。

7. 1990年代初，中国社会科学院派“联络组”到经济所时，曾将该信印发全所。

8. 唐宗焜：《经济理论工作者的社会责任感》，载《经济研究》，1985（5）。

9. 1986年，朱厚泽时任中宣部部长。他讲宽厚、宽容和宽松。“三个‘宽’字，提出一个问题，就是：对于跟我们原来的想法不太一致的思想观点，是不是可以采取宽容一点的态度；对待有不同意见的同志，是不是可以宽厚一点；整个空气、环境是不是可以搞得宽松、有弹性一点。”转引自胡泳：《朱厚泽谈“宽”》，载价值中国网 http://www.chinavalue.net/Article/Archive/2008/2/29/101431.html。

10. 1986年12月中下旬，合肥、北京等地一些高等院校的学生上街游行。12月23日，《人民日报》发表社论《珍惜和发展安定团结的政治局面》，12月25日和29日发表两篇评论员文章《政治体制改革只能在党的领导下进行》、《讲民主不能离开四项基本原则》。邓小平在1986年12月30日同几位中央负责人谈话，后以《旗帜鲜明地反对资产阶级自由化》发表，见《邓小平文选》第3卷，194—197页。

董辅礽：守身为大[1]

“保身”是不同流合污，不够！保身的人，可能丢弃原则，背弃真理，抛弃节操；“守身”是坚守节操。

1946年，董辅礽（1927—2004）报考武汉大学经济系时的作文试题是《守身为大说》；时隔58年，他又写了一篇《守身为大》。写完之后三个月，2004年7月30日，董辅礽在美国杜克大学医疗中心去世。仿佛冥冥之中，他的经济学生涯从那里开始，在这里结束，最终聚焦在了“守身为大”上。封笔之作，成了一篇人生答卷，也是一种理想和圆满。他特别强调“保身”和“守身”的差别。“保身”是不同流合污，不够！保身的人，可能丢弃原则，背弃真理，抛弃节操；“守身”是坚守节操。

董辅礽，浙江人，1953—1957年在苏联国立经济学院留学，1959年从武汉大学调入中国科学院经济研究所。“文革”后，他当副所长的年头很长，而当所长则只有三年，从1985到1988年。但是，他在经济所和经济学界事实上的影响力，在理论探索和学术组织上的魄力和勇气，成就了经济所在1980年代的辉煌。

“四人帮”曾在上海组织编写《社会主义政治经济学》，书刚印出，

“文革”就结束了。于光远带着董辅礽去上海取样书，在返京的火车上就筹划出来经济学界拨乱反正、批判“四人帮”经济理论的部署。[2]中国社会科学院领导小组成员吴亮平（1908—1986）来到经济所主持投票，大家推举董辅礽为业务行政领导小组组长。直到1977年许涤新调任经济所所长之前，董辅礽是经济所的实际负责人。他们解散了下干校时的连、排、班编制，按照学科成立研究室，将《经济研究》、《经济学译丛》、《经济学动态》杂志陆续复刊，一点点地把一个废研究闹“革命”十几年的研究所引到轨道上。从1977年4月到1979年7月，在于光远领导下，董辅礽主持和组织双周座谈会，批判上述《社会主义政治经济学》，总结过去几十年历程。[3]那是一个群情激昂的年代，经济所的两个大会议室装不下听会的人。北大、人大、计委、外省市的人都来参加。“文革”开始时，经济所是重镇；清算和收拾“文革”遗害，经济所也责无旁贷地成为全国经济理论界的思想中心。这两年的研讨成果体现在董辅礽主持编辑的《“四人帮”对马克思主义政治经济学的篡改》[4]和《社会主义经济制度及其优越性》[5]，被学界公认为“大破大立”的范本。

1978年9月，全国哲学社会科学会议在北京召开，会议快结束时，轮到董辅礽发言：“长时间以来，我国经济理论一直认为全民所有制必须，而且只能采取国家所有制形式”，“这种看法需要重新评价，因为多年的实践使我们认识到，全民所有制的国家所有制形式带来了许多问题。”列数问题之后的结论是：“必须改革国家所有制。”“使国家行政组织和经济组织分开，经济活动由各种经济组织进行。”“使农村的基层政权组织同人民公社集体所有制经济组织分开。乡镇政权……不能对人民公社的经营管理直接进行干预。”这就是著名的“两个分离”：政企分离、政社分离。语惊四座，只是惊在人心里，会场极为安静。会后，徐雪寒（1911—2005）对他说：“老董啊，你的胆子可真大，人民公社是毛主席提出来的，你这样提是要冒风险的！”此时正是“两个凡是”时期。董辅礽把讲演变成了文章发表在1979年1月的《经济研究》上，题目是《关于我国社会主义所有制形式问题》。有人逼他检讨，他拒绝，

董辅礽在写作。（关敬如提供）

说自己没错；"没有错误，片面性总有吧"，"片面性也没有"。多年后，曾逼他检讨的人，有一次指着董辅礽对外国学者说，"改革所有制问题是他最早提出来的，但是他提得太早了。"[6]

董辅礽冲破禁锢、有锋芒的讲演也曾影响和震撼了很多青年。77级本科生关敬如记得1978年9月，董辅礽在武汉大学的那场讲演。学校用电化教室、主报告厅和其他教室联结，主席台、过道、教室到处挤满了人，"全校师生为之振奋，感受到这是一个极具爆炸性的课题。"[7]田源说："对我，产生了如磁石般的吸引力，一次校准了我终生分析经济体制问题的坐标。"[8]

1979年，董辅礽在《经济体制改革的几个基本问题》中明确指出："经济体制改革的实质在于改革全民所有制的国家所有制形式"，"只注意经济管理方法的改变，而不进行所有制形式的改变，应该说是舍本求末。”[9]在整个80年代，所有制改革，是董辅礽思想的一条主线，沿着这条路他一直前进。1985年，当有人听不懂他说的“社会主义经济应该是以公有制为主导的多种所有制的混合经济”时，他用八宝饭打比方：主要成分是糯米，还有红枣、莲子之类，虽然糯米饭是主要成分，但是糯米饭本身不是八宝饭，只有把它们组合在一起，才是八宝饭。

如今人们天经地义享受的成果，在改革早期无异于“冒犯天条”。1985年5月12日，《解放日报》第一次提出“温州模式”。历来被视作“资本主义复辟典型”的温州，此时家庭工业蓬勃兴旺。1985年温州市有家庭工厂10.7万个，联户工厂2.5万个，40多万人从业；在417个商品市场中，年成交额在亿元左右的有10个；民间信贷十分活跃。然而，也有企业家被判“投机倒把罪”，地方官员几度更换，人心惶惶。社会上姓“社”姓“资”的争论声浪很高。

董辅礽欣喜地看到中国农村正在经历联产承包责任制后的另一场变革，1亿多农村人口转向非农产业。1986年2月，董辅礽和赵人伟带领中国社会科学院经济研究所温州农村调查组去温州调研。他们俩都是浙江人，一个生于镇海，一个生于金华。成员有马家驹、华生、李兰亭、李实、陈循、陈瑞铭、袁钢明、章琳、裴小革等。亲眼看到市场力量，令董辅礽十分激动，他说“脑子里像开了锅一样”，是一场巨大的思想激荡。在中国，即使董辅礽这个岁数的人，对于市场经济见到过的都少，甚至有人根本没见过。温州这个经济体，在中国是异数，也是教材。温州市领导忧心忡忡，反复对调查组的人讲“目前的温州经济仍旧以集体所有制占主体”。谁都明白，它是个体。董辅礽给他们打气，希望把温州模式坚持下去，为市场经济理论在实践上找到一个好的依据。他在大礼堂作报告：“温州人大可不必神经紧张，完全可以抬起头来，大步流星地走自己的路，发展以个体私有经济为主的农村非农产业。”

5月份，马家驹、华生、袁钢明执笔完成了调查报告《温州农村商品经济考察与中国农村现代化道路探索》[10]，这样总结："'温州模式'同'苏南模式'相比，优点主要是适应面宽，它从土地承包中自然生长出来，不推自广，致富的动力大，速度快。民办企业利益关系直接，兴办方式灵活多样，进入非农产业的面广，而且吸收转移的农村人口更多，产业结构较为合理。"也指出一些值得注意的问题：不同地区间经济发展不平衡，工业和技术基础薄弱，不正当竞争造成某些外部不经济，个人收入差距拉大。这篇调查报告成为来自北京的研究机构论证"温州模式"，为之系统辩护的先声。加起来，董辅礽为温州写了十多万字的文章；温州也成了他每次讲学的重要话题。结论有三个：第一，要发展市场经济；第二，要发展农村的非农产业；第三，允许发展非公有制企业。否则整个国家的经济"活"不起来。[11]在那里，他还看到许多七八岁孩子不上学，摆摊卖烟，每天赚几块钱；与北方农村十八九岁的大小伙子在村头闲逛，形成反差。[12]由此，他开始思考商品经济发展以后的教育改革问题。

中国改革有自上而下和自下而上两条路，让非国有经济发育起来，就是自下而上的。它根本性地颠覆了传统社会主义的基石。董辅礽确实看明白了，总结出来，宣传出去。也就是说，在摸着石头过河中，温州这块石头，被董辅礽触到了，他抓住不放，把温州的意义阐发出来。因为，这是他期待已久的。从改革国家所有制，到宣传温州模式，是董辅礽在所有制改革理论上新的高度。事实就是这样，没有温州模式的合法化，就没有改革的进展。

1986年，董辅礽提出"关系国民经济命脉或不应以赢利为目标，而只能以社会公共利益为目标的企业可以保留国家所有制"，"其他企业的国家所有制必须改革寻求适当的所有制形式"。此后，他的表述愈发明确。这种有进有退、有所为有所不为的思想，直到15年后，才进入中共中央《决定》。无疑，董辅礽是高瞻远瞩之人。1987年，董辅礽开始了关于国家所有制改革的实证研究。他领导的课题组分两批对1200家国有企业进行问卷和数据调查，建立了1172个有效样本企业的数据库，含340万个数值，其中包括769家样本企业连续10年（1980—1989）的统计数据。这是空前的工作。同时，他们还对近百家企业进行实地调查，并考察了英国国有企业私有化的原因、操作规程和后果。

直到1985年，董辅礽才成为经济所所长，一上任，就在全所大会上提出，要把经济所逐步办成有世界影响的研究所，研究人员要甘于长期坐冷板凳，做出有独创性、有分量的研究成果，产生出传世著作。经济所的唐宗焜评价说，"董辅礽任所长这一届，是经济研究所有史以来学术建设最兴旺的时期。"

1992年，董辅礽临危受命任中国国际信托投资公司国际所所长、《经济导刊》主编，也属于守身之举。

附 记

董辅礽老师有一个特点，无论寒冬酷暑，只在加减一件罩衣之间变化；冬天穿单裤，跟年轻人比谁穿得少。董辅礽一直不肯招博士和硕士生，说："怕误人子弟，也不愿因我之故，牵连他人。"华生是在多次请求之后，才成为董辅礽第一个博士生的。和华生谈董辅礽，他开口说："是个异端。"我一愣，怕是没听清，他又说一遍："本质上，他是个异端"，"标新立异，学风正，在扶植后生上，做得最优秀，没有门户之见。"所有人都知道他勤奋。在飞机上哪怕只有一小时航程，也写东西，从未在晚上12点前睡过觉，而且早起。然而，他还有另外一面。经济所副所长朱玲评论董辅礽的写作风格："从复杂走向简单，从华贵走向朴实，从一脸严肃走向平易近人，活泼流畅深入浅出，读来朗朗上口声情并茂。"[13] 一位学生则提供了这样的画面："面对漫山遍野的油菜花，他会让司机停下来，鼓励我们蹲在花丛中照相；面对光秃秃的火山口，他会带领我们爬到山顶，欣赏那几千年前被岩浆侵蚀过的大地美景；面对危险的湿地，他会第一个跳上去，去感受那温柔的陷阱带来的刺激。”[14]

其实我离董老师不远，我所在的工经所和他的经济所在同一座楼。但是近距离的接触只有一次，是2000年陪匈牙利科学院经济研究所的玛利亚·乔纳蒂向他请教国有企业改革问题。而对他有更多的了解则是在他去世之后。这不能不说是个遗憾。

1．原载《经济观察报》，2009年10月26日。写作本文，采访了赵人伟、唐宗焜、华生、裴小革先生。

参考文献：

⑴董辅礽经济学发展基金会：《追思董辅礽》，北京，社会科学文献出版社，2005。

⑵薛永应：《董辅礽评传》，武汉大学出版社，2000。

⑶叶辅靖：《当代中国经济学家评传——董辅礽》，陕西师范大学出版社，2002。

⑷董辅礽经济科学奖励基金编：《追求彻底的理论创新——董辅礽经济思想评述》，北京，经济科学出版社，1997。

⑸唐宗焜：《经济研究所大有作为的好所长——为2004年8月29日首都经济学界董辅礽学术思想研讨会准备的发言稿》，唐宗焜先生提供电子版。

2．关于于光远和经济所的关系，于光远本人有过这样的记述：“我同经济研究所有很深的渊源。1949年，把旧中央研究院社会研究所改造为中国科学院经济研究所这件事，就是组织上派我做的。在狄超白时代，我就同这个所经常联系。到了孙冶方时代，关系就更加密切。我们之间，不仅是中宣部这样的领导机关和它所管的单位之间的关系，更主要的是作为经济学家的我和当时中国地位最高的一个经济研究所之间的关系。‘文革’中，我和经济所间只剩下同孙冶方等一起挨斗受批的关系。没有想到‘文革’后期，作为邓小平领导下的国务院政治研究室的负责人之一，我又分管经济研究所的工作。”见于光远：《他是一位年轻的老经济学家》，1997年5月25日，《追求彻底的理论创新——董辅礽经济思想评述》一书的序言。

3．于光远：《他是一位年轻的老经济学家》，《追求彻底的理论创新——董辅礽经济思想评述》一书的序言。

4．中国社会科学院经济研究所编：《“四人帮”对马克思主义政治经济学的篡改》，山西人民出版社，1979。

5．董辅礽主编：《社会主义经济制度及其优越性》，北京出版社，1981。

6．薛永应：《董辅礽评传》，182页。

7. 关敬如 :《董老师永远活在我们心中》，见《追思董辅礽》，164 页。

8. 田源 :《董老师——您的品格永存我心》，见《追思董辅礽》，244 页。

9. 董辅礽 :《经济体制改革研究》（上卷），北京，经济科学出版社，15—16 页，1995。

10. 中国社会科学院经济研究所温州农村调查组 :《温州农村商品经济考察与中国农村现代化道路探索》，载《经济研究》，1986（6）。调查组由董辅礽、赵人伟主持，成员有（按姓氏笔画为序）马家驹、华生、李兰亭、李实、陈循、陈瑞铭、袁钢明、章琳、裴小革。浙江省社会科学院经济研究所的同仁参加了调查和一部分讨论，温州市、金华市党政部门许多人士提供了大力帮助。

11. 薛永应 :《董辅礽评传》，211 页。

12. 杨云龙 :《学问比天大》，见《追思董辅礽》，265 页。

13. 朱玲 :《从经济增长到可持续发展》，见《追求彻底的理论创新——董辅礽经济思想评述》，178 页。

14. 冷国邦 :《殷殷师恩深情永载——缅怀恩师董辅礽先生》，见《追思董辅礽》，169 页。

一颗留下轨迹的流星

中国社会科学院青少年研究所[1]

"文化大革命"之后人文主义勃兴，青少所就是呼唤人性的一个产儿。回顾青少所的历史轨迹，不禁想到：如果1984年这个研究所没有被裁撤，是不是有可能对青年人和在校生的思想及选择产生影响，或者向当时的决策者提供更及时、真实的青年人信息及政策建议？

在1980年代的天空上，有太多的人、事、机构如流星划过，没有痕迹；而有一些流星则留下了轨迹，化作陨石。中国社会科学院青少年研究所（以下简称"青少所"）就是这样一颗流星。

它是中国社会科学院最短命的研究所，只存活了四年——从1980年12月至1984年12月。其背后体现的是在那个特定历史转型期对于青年的关怀、理解和包容，它的不同凡响还在于外挂了两项事业，使星光不仅有灿烂时刻，陨落之后，也被人记忆和书写。这两项事业一个是《走向未来》丛书及其代表的思想启蒙运动，另一个是"就业组"、"国情组"这样跨单位、跨学科的民间青年思想库。

有人从思想史角度评说："这个生命短暂的研究所，曾哺育了八十年代五大'派别'中的两个，是应当在历史上留下一笔的。"

建所

1980 年 12 月 26 日，中国社会科学院和共青团中央联合发布《关于成立青少年研究所的通知》：

> 经国务院批准，中国社会科学院建立青少年研究所。……科研课题的规划以及人员编制、研究经费，由社会科学院负责，团中央进行业务指导，并通过团的组织系统，配合开展调查研究，积极提供资料。青少年研究所的研究对象以当代青年的现实问题为主，兼顾少年问题。……该研究所的基本课题，大致包括：青少年的心理特点和成长的一般规律；青年的社会状况和青年能源的开发；当代青年的特点和对青年的共产主义教育；青年运动和青年教育的历史经验；青少年保护和青少年犯罪问题的对策；国外青年动向。

十余天之后，1981 年 1 月 7 日的《人民日报》报道：经国务院批准，中国社会科学院青少年研究所成立。

回顾 1980 年创建中国社会科学院青少年研究所，需要提及三位人物：钟沛璋（1924 年生）、张黎群（1918—2003）和李景先（1924 年生）。

钟沛璋是浙江人，1948 年担任《青年知识》半月刊主编；1949 年后，创办上海《青年报》，任总编辑；再后来担任《中国青年报》副总编辑、副社长。因 1956 年文章《青年的创造力是国家最宝贵的财富》中的观点，在 1958 年被补划为“右派”。“文革”后，钟沛璋回《中国青年报》担任副社长，兼团中央研究室主任。

是他，在 1980 年上半年，向胡耀邦总书记和中国社会科学院院长胡乔木建议，由共青团中央和中国社会科学院联合成立中国青少年研究所。这项建议很快得到批准。那年 8 月 1 日，社科院副院长梅益（1914—2003）主持了一个有团中央、教育部、全国总工会、全国妇联相关人士参加的会议，讨论筹备青少所。与此同时，钟沛璋的另一个建议也得到采纳，那就是请张黎群担任青少所所长，自己当副所长。

此时的张黎群，离开北京已经 22 年，刚去浙江大学任党委第二书记兼副校长两年。张是四川人，高大、英俊、潇洒。“反右”后，从《中国青年报》社长兼总编位置上下放至陕北米脂，后去四川，在“文革”初被打成西南“三家村”，遭七年关押、劳改。

他欣然北上，在晚年所记《花甲之年再度进京》中写道:“1980 年，满 61 岁，我又强抑办学宏图北返。一下火车，就住进共青团中央大楼十一层一间约十平方米的斗室，着手组建由中国科学院和团中央双重领导、以社科院为主的中国青少年研究所。”

李景先，曾是浙大史地系学生，中共浙大地下党，负责学生自治会党组；1949 年后，担任全国学联常委会理事，团中央学生部大学组指导员。“文革”前，任中央团校少数民族部主任，青年团工作教研室主任。

此时的钟、张、李都接近“老人”之列，自称青年的铁哥们儿，是老派共产党员。三位所长的缘分不可谓不深：都经历过青年运动，在江浙一带做地下党，且有发生在杭州和浙大的故事。在 1947 年浙大著名的“于子三运动”时期，钟沛璋任中共杭州工委委员，李景先正在读大学四年级，在校内发挥地下党作用。

青少所设有青年德育研究室、青年劳动就业研究室、青少年犯罪研究室、青运史研究室、外国青年研究室、资料室等，[2]实行室主任负责制，规定研究人员两年不出成果即调整工作。[3]

“青年学”是一门学科和学问吗?

在上个世纪的中国革命中，青少年占据重要地位，从而也形成了一个青少年研究为政治服务的传统。[4]为什么要在中国社会科学院设立一个不以学科、领域，而以人、人群命名的青少年研究所？它算不算是一门科学？能不能独立建树于科学之林？学界针对青年研究或青年学的定义、研究方法，进行过较长时间的讨论。

时任中国社会科学院副院长的于光远认为，青少年研究是一个科学群。

原团中央研究室后调入青少所负责科研组织的唐若昕(1955 年生)，在《青年学——一门正在兴起的新科学》[5]的文章中试着回答了这个问题。他认为：青年学是一门综合科学，是科学研究上的系统工程。它涉及生理学、心理学、教育学、伦理学、行为科学、社会学、经济学、历史学、政治学，还有哲学、美学、法学、人口学、统计学、概率论、模糊数学，等等。在研究方法上，要定性、定量相结合。有生理学的试验方法，心理学的测定方法，社会学的调查方法，统计学的方法，乃至现代科学系统的方法，等等。《青年研究》主编谢昌逵专文探讨《关于青少年研究的方法》[6]；所长张黎群也发表《青年研究的方向与方法》[7]。社科院副院长马洪还亲自到青少所考察研究成果，肯定青少年研究作为一门科学的存在价值。

“文化大革命”之后人文主义勃兴。人，不再被视作物、工具，而是目的本身。青少所就是呼唤人性的一个产儿。

具体而言，创建青少所至少有三个直接原因：一是极端尖锐的青年问题。据 1980 年统计，30 岁以下人口占全国总人口的 63.8%，这是经历了“向雷锋学习运动”、“红卫兵运动”、“上山下乡运动”，在阶级斗争风浪中长大的一代。他们中只有极少数人成为恢复高考后 77 级和 78 级的大学生，还有更少数量的研究生，绝大部分从农村返城后处于无业状态。一夜之间，干部平反后官复原职，知识分子迎来“科学的春天”,而青年成了“文革”最大的受害者。社会舆论把青少年称作“迷惘的一代”、“毁掉的一代”。二是传统的团系工作法已难以应对如此深重大面积的青少年问题。随着社会学、心理学、伦理学等社会科学学科的相继恢复，将青年问题纳入科学研究序列势在必行。三是改革开放急需有新知识、有朝气的青年骨干。邓小平说要“大胆提拔和放手使用比较年轻的有专业知识又有实际经验的人才”。

1982 年，青少所的五项课题“劳动就业与职业教育”、“青少年犯罪学”、“大学德育”、“今后十八年劳动就业发展趋势与对策”、“当代青年工人状况”被列入哲学社会科学“六五”期间国家重点项目。它标志着青少年研究作为社会科学的一门学科进入国家规划。

青少所有三个刊物：《青年研究》（主编是谢昌逵，副主编楼静波），是从团中央转到青少所的；《青少年犯罪研究》，1982年创刊；《青年就业与劳动》，1983年6月创刊。此外，青少所还出版《青年研究论文集》《青少年犯罪研究资料汇编》《青年就业与劳动研究资料》《青运史资料研究》《大学德育论文集》《外国青年问题研究》，等等。

调查研究

当时，也有人担心青少所失掉为当前政治服务的传统而走向纯学术的道路。与传统研究所和研究人员不同，团系出身的所长和研究人员从问题出发，不从书本和教条出发。他们的应对非常直接——调查研究。

在1981年2月于杭州召开的青少年研究座谈会上，他们明确了三个研究方向：一是如何认识当代大学生，怎样改进青年的思想政治工作；二是如何认识大量待业青年，怎样解决青年的劳动就业问题；三是如何看待日渐突出的青少年犯罪问题以及相关对策。据此，他们展开几路调查，在此举三例。

第一例，大学生现状。1981年上半年，青少所历时三个月，组织三路人马：一批参加教育部、团中央在上海、成都召开的大学生思想政治工作座谈会，了解面上情况，并在北京和上海的大学做调查；一批到重庆、成都、峨眉、绵阳等地13所大学；还有一路去杭州、上海、南京、武汉的8所大学。

他们与200多位学生进行谈话，完成调查报告《对当代大学生现状的认识》。[8] 如今回看这篇文章，还是比较单薄，缺乏数据，分析方法也比较简单，并且是以传统意识形态为评价基准。尽管如此，它通篇透着对大学生善意的理解和爱护，肯定这代大学生的优点：“不轻信、不盲目，独立思考的能力；对高度民主、高度文明的渴望和追求；正视现实的求实态度；对新事物新知识的敏感和吸收能力”。其中提出的一些典型案例，像 1980 年发生 31 起“大学生闹事”，西安交大罢课时间最长，持续 28 天等等，也揭示了那个时代的很多信息，发人深省。

其实，在青少所刚成立的 1980 年 12 月，张黎群就曾带人住进北京大学，调查那里正在参加海淀区人大代表选举的北大学生的竞选情况，与参选人谈话。钟沛璋和谢昌逵等人也去过北大一分校的竞选会场。外界传出过这样的议论：“张黎群在北大作报告支持竞选”。这个说法传到了院长胡乔木那里，胡对此提出了批评。怎样认识当代大学生成为青少所首要研究的现实问题？张黎群，作为所长的首次亮相似乎预示着这个所的命运。

第二例，待业青年调查。当时，回城知识青年不得不同父母挤住在狭小的房间里，靠父母供养，生活十分困难。集会、游行、请愿时有发生。

1981 年 3 月以后，青少所组织力量先后在北京、江苏、辽宁、吉林、黑龙江、甘肃、陕西等省市的 11 个城镇，访问了 120 多个街道或企事业单位，与 200 多名待业青年或从事集体、个体经济的青年谈话，收到 940 份书面调查材料。8 月，他们邀请国家劳动总局、教育部、团中央、全国妇联和 19 个省市的社会科学院（所）、共青团组织和大专院校，在哈尔滨召开“城镇青年就业问题研究规划会议”，[9] 非常明确地提出，就业难题是全方位的体制问题所致，包括所有制、产业结构、劳动人事制度等等。

1981 年初，在北京城区从事个体经营的青年只有 307 人。青少所带着北京经济学院学生对这些个体户进行了个案调查，总结他们自谋职业的经验和问题。1982 年，他们又组织中国人民大学等高校学生到北京、天津、沈阳、南昌、安庆等城市调查，成果是一部《集体企业发展与青年就业调查报告集》和《一个新办集体企业如何创办与发展——

天津青年联合实业公司调查访问记》。

鉴于青年中普遍存在着在集体和个体经济就业不如在国营和全民企业“光彩”的想法，青少所向有关部门建议，以表扬先进典型来扭转观念。1983 年 8 月，由劳动人事部、国家工商行政管理总局、中国社科院、全国总工会、共青团中央、全国妇联联合举办的“全国发展集体与个体经济安置城镇青年就业先进表彰大会”在人民大会堂召开。胡耀邦在中南海怀仁堂接见代表并讲道：“现在社会上有一种陈腐观念，认为到全民所有制光彩，到集体所有制不大光彩，搞个体就很不光彩，找对象都困难。从事集体个体劳动同样是光彩的。凡是辛勤劳动，合法经营，为国家和人民做了贡献的，都是光彩的！”这个讲话和表彰大会拓宽了青年的眼界和就业选择。

青少所还主张“变消极待业为积极的就业培训”，反对陈旧的子承父业、“顶替”制度，以及“归口包干”，走后门、拉关系的做法，力促青年丢掉“铁饭碗”，走“劳动部门介绍就业、自己组织起来就业与自谋职业相结合”的道路。

第三例，对青年农民基本情况的调查。1983 年 4—5 月，青少所在河北栾城县柳河公社三个大队，对 150 名农村青年进行试验调查。在此基础上反复修改调查提纲和问卷，制订调查细目。6 月，他们在栾城县召开“八十年代农村青年现状”调查协作组会议。接下来的 7—9 月，在浙江、安徽、广东、四川、甘肃、河北、山西、吉林、湖北九省进行调查。在每个省，按平原、丘陵、山区抽取三个县；每个县，按经济水平上、中、下抽取三个公社或乡；公社往下也照此抽取。在大队或村还随机抽取三分之一 15 岁到 29 岁的青年为调查对象。他们总共发出 25500 份问卷，有效回收 24627 份，达到 96.6%。当年 9—11 月，问卷的全部数据在国家计委计算中心用电子计算机进行处理，分出全国和分省两部分统计数据，汇编成《一九八三年中国农村青年调查资料》，作为内部资料印行。

青少所在很短的时间内，就完成了一系列调查研究项目，一砖一石，从无到有地打下了一些基础，对于解决当时急迫的社会问题起到了很正面的作用。

接纳《走向未来》丛书编委会和“就业组”与“国情组”挂靠

在民间机构寸步难行的时期，青少所下面有两个挂靠单位：一个是“就业组”及其发展的“国情组”，另一个是《走向未来》丛书编委会。

“就业组”的全称叫“劳动就业特约研究组”，组员主要是中国人民大学的在校大学生和研究生二十余人。它的成立得到了青少所党组和中国人民大学党委的支持和赞助。张黎群和人大教授宋涛出席了1981年10月在人大举办的成立会，并在会上作了讲话。就业组的负责人是党晓捷（1950年生，人大政治经济系78级），姜洪（1953年生，人大政治经济系79级，世界经济专业研究生）和姜渔（1954年生，人大经济系78级）兄弟也是其中起主要作用的人物，此外中国科学院分子生物学专业的研究生子明（1952—2014）也是主力。

经过一年的研究，他们愈发感到，单纯从青年就业角度就事论事不行，要有对国情和总体发展战略透彻的理解。于是，将“就业组”改成“国情与青年发展研究组”，目标朝向创建民间思想库，提供决策咨询。国情组组长由青少所副所长李景先兼任。他在1983年9月所做的《关于国情与青年发展研究组的报告》（子明代拟）中，展现出了辽阔的研究方向和创新的组织运作模式。

《走向未来》丛书编委会是1982年成立的，地点在团中央办公楼的青少所。从现有记录看，最早的编委会召开时间是1982年5月。[10]

经过一年准备，到1983年6月，《走向未来》丛书的第一批书稿即交付出版。编委会在编委献辞中热情洋溢地写道：“我们期待她能够展现当代自然科学和社会科学日新月异的面貌；反映人类认识和追求真理的曲折道路；记录这一代人对祖国命运和人类未来的思考。”“在中国社会科学院青少年研究所领导下，我们编辑了这套《走向未来》

丛书。”1984 年 1 月，《走向未来》丛书面世，备受追捧。青少所的张黎群、钟沛璋担任顾问，唐若昕担任副主编。[11] 当初，唐若昕把筹划《走向未来》丛书的金观涛介绍给钟沛璋时，钟问他意图何为，金答：推动启蒙。这一说就合了钟意。至于丛书为什么选择四川人民出版社出版，则是老四川张黎群的关系。有了青少所这个靠山，《走向未来》丛书编委会从出版社争取到了组稿权和终审权。

这两项民间事业得以挂靠青少所，自然因为所长张黎群、副所长钟沛璋和李景先的理解和支持；但是，唐若昕功不可没。是他，在青年才俊朋友圈和开明的所领导之间穿针引线，成就了体制内外结合创造历史的精彩篇章，而唐若昕本人也是这两个事业的参与者。

为什么被撤销？

1984 年 12 月社科院青少所被撤销是件大事。他们并没有像马列所冯兰瑞等人那样抵抗保所，可能是出于性格原因，也可能是张黎群已被李昌调去中纪委，钟沛璋去中宣部任新闻局局长。

这个所的撤销有两个特点：

第一，撤销过程突然而快速。张黎群在他的自传中说：“我这个研究所长高高兴兴、心甘情愿地走马上任，当了四年后，1984 年突然接到领导电示：‘写封辞职书上报’。于是，所的建制撤销了。”他还写道：“1984 年青少年所莫名其妙地被撤销了。”[12]

那是 1984 年 11 月初，中国社会科学院党组和共青团中央书记处联合向中共中央书记处送上了《关于撤消青少年研究所的报告》。12 月 17 日上午，社科院党组孙尚清、吴介民、杨克召见李景先、刘鉴农、谢昌逵在院部会议室谈话。孙尚清说：“我们代表院党组传达中央决定，撤消青少年研究所。根据中央四十三号文件，社科院机构设置合理化，要作适当调整。我院调整之一就是撤消青少年研究所。”[13]

第二，没有公布撤销原因。公开的说法是为了“社科院机构设置合理化”。但是，这个理由不合逻辑，毕竟四年前是那样兴师动众成立起来的。当事人各有说法，似乎真相尚未出现，只在一些回忆文字中略见端倪和线索。

刘鉴农先生曾专门写过一节“青少年研究所的撤消”：“1983年10月中共中央发布关于整党的决定，11月初中国社科院党组即根据胡乔木、邓力群同志的指示部署，先进行反对和抵制精神污染的工作，让青少年研究所停止所有科研工作，对所出版的刊物、书籍和会议上的讲话、论文、报告反复进行检查，有没有精神污染，院党组派来了一位联络员了解情况进行督促。有传言青少所是社科院清理精神污染的重点之一，使得大家颇紧张。在清理的过程中，又传达了邓力群的两次讲话，并要以研究室为单位，联系实际开展批评与自我批评。”[14]三个多月后，青少所分党组写了一个《关于清理精神污染工作的小结》。李景先回忆：“院领导对我们的检查还不满意，曾找我谈过话，说你们对精神污染的检查不彻底，避重就轻，有意隐瞒。”[15]

这中间有一个故事，说的是《1984青年研究论文选》中，有一篇论述对青少年进行性教育的重要性与必要性的论文，成为重点清理对象。有人指示一定要把它删掉，而且要在全所召开对该论文的批判会。主编谢昌逵不服，去拜访叶恭绍教授（1908—1998，儿童少年卫生学家，医学教育家）和周建人先生（1888—1984）。他们对这篇论文在学术上做了充分的肯定。谢昌逵带着两篇评论给胡耀邦写信。此后，他听说胡耀邦在一个讲话中提到对人体艺术的肯定。在接下来全所召开对该论文的批判会时，谢昌逵把胡耀邦的讲话交给主持人，但是主持人并没有宣读。院里又要求所党组成员表决是否撤掉此文，只谢昌逵一人反对，那本论文选集就硬是被裁掉了几页，成为明显缺页而又发行的书。[16]

历史，有待知情者揭开谜底。

不是结语的结语

如今回顾只有四年生命的中国社会科学院青少年研究所的历史轨迹，不禁想到：如果1984年这个研究所没有被裁撤，它持续对青年人，特别是在校大学生进行研究并保持沟通，是不是有可能对青年人和在校生的思想及选择产生影响，或者向当时的决策者提供更及时、真实的青年人信息及政策建议？那些裁撤青少所的决策者都已作古，他们可能对此无意识，也没有过反省。历史从来充满了遗憾。无论如何，青少所还是1980年代一颗耀眼的流星，《走向未来》丛书和“就业组”、“国情组”是其留给后人的“陨石”，其中尚有各种未燃尽的历史、精神和思想元素。

---

1. 原载《经济观察报》，2014年11月。
2. 刘鉴农：《开创对我国青少年的科学研究——忆中国社科院和团中央合办的青少年研究所》，原载团中央青运史档案馆编：《改革开放30年共青团工作回顾与研究文集》，中国青年出版社2008年版。
3. 青年德育研究室先由李景先兼主任，后由中央团校调来的肖约之担任主任；青年劳动就业研究室由原中央团校政治经济教研室主任李辰任主任；青少年犯罪研究室由原中央团校教研室主任赤光任主任，邵道生任副主任；青运史研究室由原团中央办公厅青运史组罗征敬任主任；资料室负责人是吴昂。
4. 参见谢昌逵：《关于青少年研究的方法》，载于《青年研究》，1981（4）。
5. 载中国社会科学院青少年研究所《青年研究》编辑部编《1981青年研究论文资料选编》。
6. 载《青年研究》，1981（4）。
7. 载《社会科学研究》，1982（4）。
8. 载《青年研究》，1981（17）。
9. 青少年研究所：《变消极待业为积极的就业培训——关于城镇青年就业问题的调查报告》，1981年12月。
10. 根据朱嘉明日记：1982年5月19日，“去团中央四楼会议室开会，《走向未来》”；5月20日，“去团中央参加《走向未来》编委会”。
11. 1984年编委会成员构成为，主编包遵信，副主编金观涛、唐若昕，编委（按姓氏笔画）：王岐山、王小强、王小鲁、尹蓝天、乐秀成、刘青峰、朱嘉明、朱熹豪、阮芳赋、何维凌、严家其、陈子伶、张钢、易小冶、贾新民、陶德荣、翁永曦、黄江南、董秀玉、樊洪业、戴士和。1985年，编委会增加了顾问严济慈、杜润生、张黎群、陈翰伯、侯外庐、钟沛璋、钱三强，增加编委丁学良、王焱、陈越光、秦晓鹰。
12. 张黎群：《一本未写完的书》，上海人民出版社，1994年，313页、314页。
13. 刘鉴农：《开创对我国青少年的科学研究——忆中国社科院和团中央合办的青少年研究所》，团中央青运史档案馆编：《改革开放30年共青团工作回顾与研究文集》，中国青年出版社2008年版。

14．同上。

15．同上。

16．谢昌逵：《我跟胡耀邦的三次接触》，载《人民心中的胡耀邦》，转载于胡耀邦史料信息网。

对话1987[1]

中国的改革要进一步往前探索，争取群众的理解，需要把经济学家们在沙龙里议论的主题变成群众的语言；需要把改革的底交给群众，同舟共济，共同承担改革的欢乐和风险。

1987 年，对于中国人来说，经过八年改革，实现了温饱走向小康，人均 GDP 突破千元，海峡对岸解除了 38 年戒严令。旧秩序在瓦解，新秩序待建立。新年刚过，电视里播放百位歌手的合唱《让世界充满爱》："我们同欢乐 / 我们同忍受 / 我们共风雨 / 我们共追求。"是 24 岁的作曲家郭峰受启发于迈克尔 · 杰克逊（Michael Jackson）的 *We Are the World* 所作。

1987 年 1 月 6 日，《人民日报》发表社论《旗帜鲜明地反对资产阶级自由化》，28 日，中央下达《关于当前反对资产阶级自由化若干问题的通知》。《通知》说；"这场斗争严格限于党内，而且主要在政治思想领域内进行，不要联系经济改革的政策、农村政策、科学技术研究、文学艺术风格技巧的探索，以及人们的日常生活。"这虽然给改革者一些安慰，但还是让人担心改革有停顿下来的危险。

知识界、新闻界和老百姓对改革始终寄予厚望，热情满怀。《工人日报》、《中国青年报》、《中国经济体制改革》杂志、《经济日报》理论部、《经济发展与体制改革》杂志联合发起了“改革与社会经济发展知识竞赛”，在 1987 年 1 月 20 日的报纸上登出试题，说明竞赛的目的在于普及有关经济体制改革和社会经济发展的基本知识，让广大群众进一步理解改革，支持改革，参与改革。因此，答题可以查阅文件、报刊图书等资料。先是笔答，产生 1132 名优胜者，前 12 名参加电视演讲赛。设立的奖项是：特等奖 2 名，奖励 800—1000 元；一等奖 10 名，300—400 元；二等奖 20 名，80—100 元；三等奖 100 名，30—50 元；四等奖 1000 名。在 20 多年前，这些奖金是不小的数目，它出自一批企业赞助。特等奖得主将被邀请参加隶属于国家体改委的体改所组织的国内社会调查。

3 月 13 日，时任体改所副所长的徐景安和李峻联名给邓小平写了一封信[2]，其中写道：“存在西化倾向的大多是青年学生和文化工作者的一部分人……他们毕竟不掌管国家的领导权。而存在僵化倾向的，大多是实际掌握领导权的一批干部……我党的严重历史教训之一就是对上述两种错误倾向没能作出清醒的、恰当的估计，过分夸大了资本主义复辟的危险性。因此，对两种倾向的实际作用和危害，作出总体上的估计是必要的，以便在突出反对某种倾向时，掌握必要的度，保证我国改革的顺利前进。”信中强调，“改革需要强大的舆论开路和强大的政治力量支撑。”1987 年 7 月，邓小平在一次谈话中说：“搞现代化建设，搞改革、开放，存在‘左’和‘右’的干扰问题……最主要的是‘左’的干扰。建国后，从 1957 年到 1978 年，我们吃亏都在‘左’。”[3]

知识竞赛如火如荼地进行，近十万人参与，有工人、农民、士兵、个体户、干部、学生，甚至服刑人员。在 4 月 9 日北京举行的优胜者座谈会上，他们说，参加竞赛，既认识到改革的好处，又理解了它的艰巨性和复杂性，有了心理准备。有人提出，当前改革还不能满足改革实践的需要，应当在政策制定机构和执行机构之间、政府和群众之间建立通畅的对话渠道。人民强烈要求改革，殷切希望改革能获得更大成功，把自己对明天幸福美好的憧憬，寄托在改革上。[4]5 月 15—25 日，

12 位选手的电视演讲赛，从初赛、半决赛到决赛，结束了有史以来最大规模的知识竞赛。国家体改委副主任高尚全和广播电影电视部副部长谢文清出席发奖仪式。

5 月 10 日，北大、清华、人大的学生来到王府井、西单、火车站和过往行人对话改革。王府井新华书店门口挂着横幅“北京大学中国经济发展和改革咨询”。原先安排经济学院 100 人上街，但是社会学系和国政系的学生也要求参加，来了 130 多人。这是在国家体改委等机构指导下，总共有 500 多学生参加的咨询。从上午 9 点到下午 1 点半，两千多人提问，两万多人驻足旁听。问题涉及：改革的形势和趋势；改革的依据；工资、收入、物价改革、个体户、承包责任制、人民币发行、厂长负责制，等等。有感于现场的热烈，有学者呼吁建立正常渠道，使学者、政府、群众能经常对话，搞对话日、对话办公室，使之制度化。一位参加咨询的学生留言：“我衷心希望宣传机构更公开地向人民讲明我们的实际问题和困难，求得理解和支持。”[5]

国家体改委副主任高尚全参加了咨询，还有北京市副市长陈昊苏、市委常委汪家镠、团市委副书记蒋效愚。而出人意料的是，主管经济的姚依林（1917—1994）副总理也长时间地站在人群中。这位“一二·九”运动的领导人之一，曾组织平津学生南下，向民众宣传抗日救亡。

媒体纷纷报道：《街头问答听心声——首都大学生围绕经济发展和改革开展上街咨询活动》[6]、《星期天，北京街头二万人对话改革》[7]。中国改革要进一步往前探索，争取群众的理解、支持和积极参与就成了改革成败的关键之一。需要把经济学家们在沙龙里议论的主题变成群众的语言；需要把改革的底交给群众，同舟共济，共同承担改革的欢乐和风险。

5 月 13 日，中共中央代理总书记在北京召开宣传、理论、新闻、党校干部会议。专门讲到对改革的舆论宣传。体改部门组织研究人员去高校座谈，搜集了 150 多个问题，认真研究。6 月 3 日下午，国家体改委综合规划司司长郑洪庆、理论宣传司司长宋廷明以体改所特约研究员身份和体改所的李峻、张少杰、曹远征一起，和北大、清华、人大、北航的70多名研究生、本科生做了一场改革对话。《人民日报》4—5日连载《首都中青年理论工作者同大学生对话录》，好评如潮。在此，摘抄两例：

问：如何看待改革与每个人的利益？

答：改革给人民带来的好处显而易见。但群众确有不满情绪：一是出于群众的正义感及其对改革的爱护，痛恨以权谋私等不正之风对改革的损害；二是群众尚不熟悉在新的经济环境下生活，习惯势力仍有很大的影响；三是人民希望尽快地满足自己的各种愿望，而忽视了满足这些愿望的现实条件。既要求提工资，又要求物价不动，这是不可能的。你是愿意国家把价格管死，表面上价格很低，但生产萎缩，收入不变，供应短缺，到处排长队，凭票配给呢？还是愿意价格逐步放开，刺激生产，收入增加，稍微多花点钱，但可以选购自己需要的商品呢？

问：你们了解群众情绪吗？知道他们有什么不满吗？

答：我们有所了解。改革给人民带来的好处显而易见。但群众确有不满情绪。这两方面的事实，构成了人们所说的"拿起筷子吃肉，放下筷子骂娘"的现象。我们曾用现代社会学方法，对这种现象进行过14次大规模的调查。结果表明，在普遍认为生活水平大大改善的基础上，引起人们不满情绪的因素按程度排列表现为以下四个方面：一，不正之风；二，收入差距过大；三，物价上涨；四，劳动力不能流动。

同学们问得直接，有《破产法》无《企业法》，是不是有"孙子"没"爷爷"？如何处理不同利益集团的关系？建国30多年，我们总是高唱"社会主义好"，它的优越性究竟体现在哪里？经济体制改革，就是要在经济运行机制中引入一些资本主义东西吗？政治体制不改革，经济体制改革就无法深入吗？还有物价、个人收入差距扩大、雇工、厂长负责

1987年6月5日 星期五 第三版

人民日报

科教·文化·体育

如何看待改革与每个人的利益?

没有改革就没有中国特色的社会主义

——中青年理论工作者同首都大学生对话录

金戈铁马记征程 叱咤风云写将军

《中国人民解放军组织沿革和领导成员名录》出版发行

北大授予潘诺夫斯基名誉教授称号

全运会女子手球决赛赛程过半

西子湖畔挥刀舞棍 武林高手争进羊城

全国武术赛在杭州举行

内蒙古等八支女子曲棍球队进军广州

男排郴州基地集训迎大赛

——访中国男排主教练邹志华

亚洲俱乐部杯足球赛赛两场

八一队胜合群队将与鸭绿江队争出线权

大连足球运动学校聘请曾雪麟为名誉校长

首都举行《古都新貌》摄影比赛

上海举办纪念柳亚子展览

1987年6月5日《人民日报》报影。6月4日也有一个版面，连续推出《中青年理论工作者同首都大学生对话录》。

制与企业民主管理的关系、住宅商品化的前景，等等。五位一一作答，并向大家说明，当前改革正进入新旧两种体制交替和转换时期，各方面的矛盾和摩擦比较多。尤其是价格改革，风险最大，但是只要处理得当，就能化险为夷。

人说“理论界吹来一股清新的风”。为了满足更多人的需求，高尚全主编，50 多位学者参与，写出《中国经济改革 200 问》，由人民日报出版社 9 月出版，首印就有 10 万册。中顾委副主任薄一波在序言中写道：“这种对话方式过去就有，但后来不知不觉地就废弛了。这种方式本来是同群众、同党外人士平等协商、对话的极好方式。现在把它在新情况下恢复起来，可以说是十分有益的。”[8] 这一年，针对改革中的社会心理，杨冠三领导的体改所社会舆论调查室进行了八次大规模调查。新成立的改革宣传办公室也到各地去和九省市市长谈改革。

在 10 月召开的中共第十三次代表大会上，决议提出“国家调节市场，市场引导企业”，在市场取向的改革上又向前进了一步。

改革的决策和推行与人民的关系，让人想起林肯演讲中所说的“民有、民治、民享”（of the people，by the people，for the people）。用今天的大白话说就是，改革的主体是人民、改革的进程依靠人民、改革的目的是为了人民。发生在 1987 年的对话，只是几个闪光点。翻开那页历史，可以看到，老百姓和理论研究者、政策制定者之间，一直在用朴素的方式，热忱地寻求沟通、理解和支持。同舟共济，是改革得以推进的关键。这样的特征构成了“80 年代模式”。

附 记

写这个题目源于读《世界经济导报》的发现。对话的声势，两万人上街，副总理也上街，这在今天简直不可想象。于是开始采访。高尚全老师记不得了。找两位写报道的记者阮江宁和潘慕平，也颇费周折。阮在西雅图，给了我重要概念；潘慕平在最后一分钟打来电话，他只记得有这个事儿，情节忘了。李峻为我提供了宝贵线索，彻底打开了我关于"对话"的思路。这位当年体改所副所长，如今已远离体改圈儿。好在有文字和图片，只见高尚全被人群团团围住，学生们搭着桌子。阮江宁说，"领导上街回答问题在建国史上前所未有，在某种程度上化解了很多社会矛盾，使改革得到更多人的理解和支持。"

---

1. 原载《经济观察报》，2009 年 7 月 13 日。写作本文时，采访了阮江宁、潘慕平和李峻先生。人民日报出版社的蒋菊平女士为我查找了历史资料。
2. 徐景安：《我所经历的经济体制改革决策过程》，载《百年潮》，2008（2）。
3. 邓小平：《我国方针政策的两个基本点》1987 年 7 月 4 日，《邓小平文选》第 3 卷，248 页。
4. 《改革需要人民的理解和支持——改革与社会经济发展知识竞赛纪事》，载《经济日报》1987 年 5 月 16 日。
5. 据 1987 年 5 月 11 日《人民日报》、《北京日报》。
6. 《人民日报》，1987 年 5 月 11 日。
7. 《世界经济导报》，1987 年 5 月。
8. 《中国经济改革 200 问》，北京，人民日报出版社，1987 年 9 月。

附录：中国经济改革200问

关于改革的若干理论问题

发展商品经济和坚持共产主义理论是否矛盾?

改革既然是一场革命，那么它会不会动摇社会主义制度?

一些报刊最近提到，过去我们对社会主义人为地附加了很多东西，这个观点很新颖，能否具体讲一讲?

在过去的经济理论和政治生活中，是否存在只重视生产关系、上层建筑，不重视生产力的决定作用的倾向?

最近时常听到“社会主义初级阶段”的提法，请问这是不是一个新提法，有什么意义?

我国已经搞了30多年的社会主义，为什么到现在还处在社会主义的初级阶段?

说我国现在是社会主义初级阶段，是不是倒退到了“过渡时期”?初级阶段与“过渡时期”有什么不同?

确认我国现在还处在社会主义的初级阶段，对我国的改革、开放、搞活有什么指导意义?

社会主义初级阶段在经济上有哪些特点?

社会上现今普遍流行着一种所谓“趋同”的说法，即认为资本主义经济和社会主义经济在某些方面正相互靠拢，重要表现就是计划的作用在资本主义经济中增大，市场的作用在社会主义经济中增大。怎样看待这种现象呢?

工人阶级在改革中处于什么样的地位?有的工人认为自己“过去是主人，现在是商品”，这种看法对吗?

建国30多年来我们经常歌唱“社会主义好”，它的优越性究竟体现在哪里?

“不坚持改革开放，就不能很好地坚持四项基本原则”，这句话怎么理解?

有人说，经济体制改革，就是要在经济运行中引入一些资本主义的东西，这话对吗?

最近我们注意到报刊上的一些提法，有提到反“左”，也有提到反“右”，到底主要应当反对什么倾向?

既然一切有利于发展生产力的办法我们都应采取，为什么不能多发展一些资本主义成分?许多资本主义国家不是也发展很快吗?

改革会与哪些传统观念发生冲突?

现在个体户到处都是，个体户多了会不会动摇社会主义的公有制基础?

在改革中发生了失误，譬如有些提法或试验过了头，算不算资产阶级自由化?

农村搞家庭承包，取消了人民公社，集体经济是不是名存实亡了?

很多国营企业现在实行承包和租赁，这是不是把公有制变成了私有制?

现在社会上出现了私营企业，那里有雇工，这和我们以往一贯主张的社会主义分配原则怎能相容呢?

如何认识雇工问题?

当前理论是否落后于改革实践?表现在哪里?

关于改革的形势判断

8 年改革取得了哪些看得见的成就?

8 年改革有没有失误?如果有,主要表现在什么地方?

当前的改革处于整个改革过程中的哪一阶段,它的难点是什么?

能否人为地造成一个“宽松的经济环境”进行改革?

改革的推进是不平衡的,就我国而言,哪些方面的改革相对快一些,为什么?

前些日子听人讲中国改革的“路数”错了,导致很多问题,是不是这样?

经济体制改革为什么至今没有一个完整、全面的总体规划?

我国经济体制改革的步子是否走得太慢?

中国的改革有风险吗?如有的话,具体是指什么?

有种观点认为,社会主义国家已进行的改革都不成功,你们怎么看?

有人说,这几年取得的经济成就不应都算到改革的账上。因为社会本身在发展,经济实力就应不断增长,人民生活水平就应不断提高。这种说法对吗?

怎样理解当前改革已成为社会主义国家的“潮流”?许多国家不是几十年前就已开始改革了吗?

当前的经济形势如何?是否存在国民收入超分配问题?

这几年在宏观经济调节中是否采取了刺激需求的政策,并以此作为改革的一个推动力?

既然没有采取主动的刺激需求政策,价格水平为什么持续上升?价格水平持续上升是总需求持续偏大的结果,还是价格改革的结果?

既然总需求的增长率受到抑制,为什么还有很大的财政赤字?

我国近年国际收支逆差较大,是什么原因?

现在经济增长速度高而经济效益低,这是为什么,说明什么问题?

关于计划体制改革

计划与市场的关系如何?怎样协调统一?

“改革的中心环节是完善市场机制”,对此说法,你有何评价?

健全的市场体系的主要内容是什么?市场发育能否人为促进?

计划体制改革的进展如何?

计划体制改革存在哪些问题,趋势如何?

“七五”期间改革的主要内容之一,是宏观管理从直接控制为主转向间接控制为主。请问间接控制是否就是凯恩斯主义的需求管理?

“七五”期间改革的三项主要内容是互相关联的,如何协调三者的关系?

近年来，我国基本建设投资规模是否适当，结果是否合理？

对三线建设如何评价，今后如何发挥其作用？

改革以来，中央与地方的关系发生了哪些变化？

关于企业体制改革

应当怎样看待企业改革在经济体制改革中的地位？

有人认为近几年的企业改革只是浅层次的，你如何评价？

有人说越改革企业效益越差，这是不是事实？

前几年，在企业推行过承包制，后来实行了“利改税”，现在又开始承包经营责任制，怎样看待这个变化？

企业承包经营责任制是不是一种过渡性的改革措施？

企业租赁承包时进行竞争投标有什么好处？

在租赁过程中容易出现哪些问题？有什么解决办法？

实行企业股份制是不是搞资本主义？

如何看待近几年进行的企业股份制尝试？

如何认识企业行为短期化？

现在很多同志在讨论要素市场，要素市场和企业改革有什么关系？

当前改革的重点应当是完善企业内部机制，还是理顺企业外部条件？

近期内我国企业要进行哪些改革？

扩大企业经营自主权，实行厂长负责制，会不会削弱党对企业的领导？

实行厂长负责制以后，应该由谁约束厂长（经理）呢？

有人说破产法是资本主义制度所特有的，为什么我国也颁布了破产法？

我国制订企业破产法，对人民的权益是保护还是损害？

企业制度改革是否应以企业职工所有制为基本目标模式？这种模式是否能使职工关心企业发展？

人们常说要建立企业内部所有者、经营者和生产者之间有效的相互制衡的机制，这种机制指的是什么？

理论界对我国企业财产制度改革的目标模式有何设想？

目前,企业改革模式是多样化的。今后的方向究竟是向多样化发展,还是向规范化发展？

关于价格改革

是否可以说，价格改革就是涨价？为什么物价只见上涨，不见降低？

为什么要进行价格改革，人们不大清楚，你们能作个介绍吗？

统计局公布的物价上涨幅度为什么总是低于我自己感觉到的上涨幅度？

市场物价上涨对职工和居民生活的影响怎样？

市场上为什么会出现“一物多价”？

商店的标价签，挂有红、蓝、绿3种颜色，这是怎么一回事？

现在工厂里有平价和议价产品，商店里有平价和议价商品，如何评价这种价格“双轨制”？它还能持续多久？

据说几大城市价格比其他城市高，原因何在？

放开7种工业品价格后，为什么其中有些商品仍然买不到？

为什么鱼蛋生产发展了，供应还紧张，价格还上涨？

为什么部分大城市浴池收费调整后，洗澡难的问题仍不见缓解？

现在原材料价格上涨很厉害，为什么？它是否影响了消费品的价格？

成本推进型价格上涨这种现象是有道理的，工资也是成本中的一个部分，工资上涨是否也引起价格上涨呢？

就目前情况而言，政府能不能控制住物价？

关于市场和流通

有人说，大城市蔬菜价格改革以后价格上涨了，居民支出多了，补贴增加了，不如不改，是不是这样？

一些农副产品的生产销售放开后，价格长时间降不下来，为什么？是不是“一放就涨，一涨就多，一多就稳，一稳就降”的说法在一些地区不灵？

现在，为什么群众需要的小商品反而难买了？

改革多年，为什么一些大城市“乘车难”、“住宿难”、“吃饭难”等问题还很严重？

改革后，商业服务业态度不好的现象时有发生，对这个问题你作何解释？

有些群众议论，改革以来市场供应的商品越来越丰富，但市场秩序也越来越混乱，你的看法如何？

近年来，一些个体商贩漫天要价、坑害群众的事情时有发生，对此有何良策？是不是要限制个体经济的发展？

国营商业企业搞承包和租赁后，会不会为了追利润，去干损害群众利益的事？

市场上近几年的假药、假酒、假烟等，是因为改革才出现的吗？

在今后的改革中，如何保护消费者的利益？

关于财政税收改革

8年来，财政体制做了哪些改革？

为什么要征收个人收入调节税？这会不会影响贯彻执行劳动致富政策？

为什么要发布《中华人民共和国城乡个体工商业户所得税暂行条例》？

有人说，按规定严格征税不利于企业搞活，会阻碍改革，这话对吗？

有的同志认为，城市进行综合改革试点的最大好处是可以提高地方财政留成比例，这种看法正确吗？

在谈到财政体制时，经常听到“分灶吃饭”这个词，请解释一下是什么含义？

上面谈到“分灶吃饭”的体制是以“块块”为主，那么它会不会形成“地区封锁”、“地区保护”的局面呢？

实行“利改税”以后，是不是税制越改越复杂了？

关于金融体制改革

8年来，金融体制改革有何进展？如何评价这一改革？

近年来报纸上经常报道各地建立了金融市场，这些市场指的是什么？

金融体制改革的方向和重点是什么？如何选择突破口进一步推进金融体制改革？

国家加强对股票和债券的管理是否会限制企业自主权，阻碍金融体制改革的深入开展？

有人讲，近年来我国货币发行量大幅度增加是通货膨胀，这种说法对不对？

现在国家、企业发行了债券，一些企业发行了股票，应当如何选择认购各种金融资产？

我国既然有众多的金融机构，为什么还要建立资金市场？

专业银行是经营货币资金的特殊单位，为什么要自负盈亏，实行企业化经营？

现在新成立了交通银行，还有各种信托投资公司和城市信用社，建立这么多金融机构有必要吗？

几年来企业自有资金增加了，但要认购国库券、重点建设债券。有人说，这是国家一手给钱一手又把钱收回去了，能否作一解释？

今年中国人民银行发行了50元和100元两种面额较大的货币。有人说这是票子“毛”了，货币贬值了，这种看法对吗？

近几年来，我国一些城市出现了私人钱庄，存款利息高，放贷条件松。可是，人们由于不知底，存钱、借贷心里总不踏实。不知道政府对这些私人钱庄是什么态度？

关于工资改革和收入问题

目前群众对工资改革议论不少，反应强烈。为什么人们对工资改革会这么关心？你们了解群众的想法吗？

前一阶段工资改革是否成功地起到了打破“大锅饭”、调动职工积极性的作用？有没有失误？下一步工资改革的方向是什么？

工资改革不就是加点钱嘛，为什么搞了这么久还没有完成？

工资改革对改革全局有何影响？

改革以来，实际工资是上升了还是下降了？为什么实际情况与一部分人的感受不一样？

这几年是工资水平提高得太快了，还是在还以前的“欠账”？

我国经济是否存在消费超前问题？如果存在，根源在哪里？

如何评价1985年机关、事业单位实行的新的工资制度？它有哪些方面需要完善？

现在许多企业和事业单位都按照机关的行政序列划分等级，规定干部的工资标准，我认为这种制度应加以改革，不知你怎么看？

1985 年底，在全国企业中实行了“工资套改”，社会上对这次改革议论较多，能否谈谈你对这次“套改”的看法？

为什么机关、事业单位都有工龄津贴，而企业职工却没有？这样区别对待合理吗？

目前脑力劳动与体力劳动工资关系倒置的现象是否有所改变？

理论上讲要按劳分配，但我们这些中年人干得最多，工资却不高，生活负担很重，这如何解释？

企业工资与经济效益挂钩后，为什么还要用奖金税和工资调节税加以限制？国家为什么对企业的工资总额控制得那么死？

工资收入增长过快会给国民经济的发展和改革带来极大压力，有什么合理的控制办法？

几年来，市场物价上涨幅度较大，群众担心实际收入会下降，能否把工资与物价指数挂钩浮动，以免除群众对价格改革的恐惧心理？

国家确定收入分配政策的原则是什么？现在还要不要坚持按劳分配的原则？

有些人下班后从事“第二职业”，得到不少收入，这合理吗？

不合理的收入差距产生的原因是什么？应当用什么样的手段来消除？

改革以后，个人收入的差距扩大了，群众议论很多，你如何看待这个问题？社会主义初级阶段究竟在多大程度上允许收入差距的存在？

让一部分人先富起来的政策，究竟使谁得到了实惠？这一部分能否带动大家富起来？为什么不让工人先富起来？

现在许多个体户的收入很高，职工很有意见，对这个问题应该怎么看？

全民企业都是国家所有，但近年来在不同行业之间和不同企业之间，职工的工资收入拉开了较大差距，这种情况合理吗？

如何看待企业承包或租赁后，经营者收入与职工工资收入之间的差距？

关于劳动力流动

为什么一定要改革就业制度，不改行不行？

前面提到，劳动力的流动和择业竞争有助于弱化工资上涨压力。但我国人口这么多，如果允许劳动力自由流动，是否会出现大规模失业？我们在经济上、政治上能否承受得了？

为什么要开放劳务市场？

开放劳务市场的最基本条件是什么？

开放劳务市场应该先从哪部分人做起？

目前劳动力流动的状况如何？

现在领导、职工都在喊“促进劳动力流动”，为什么真想“流动”又那么难？

什么叫劳动力自由流动？什么叫劳动力合理流动？

对今后的就业形势应当如何估计？

关于对外开放和外资、外贸问题

有人认为改革和开放之间没有联系，你怎么看？

我国为什么要实行对外开放？现在的开放和旧中国的“门户开放”是一回事吗？

为什么外贸体制改革后，我国的出口出现了“自相竞争”？这对现代化建设有何影响？

我国外贸统负盈亏、吃“大锅饭”的问题至今仍无很多变化，原因何在？

外贸收购的某些农副产品（例如苎麻）价格“疯涨”，人称得了“麻风病”，这是为什么？

这几年进口是否“挤”了国内工业？如果是这样，你认为应该怎么办？

从电台、电视台播放的外汇牌价中，我感到人民币的汇率不断波动，并且呈下降的趋势，这是为什么？这是不是意味着人民币贬值？

如何看待对外开放以来日益猖獗的走私活动？

劳务出口是接受国外资本家的剥削吗？

“三资”企业（外商独资、中外合资、中外合作经营企业）是朝企业私有化方向迈步吗？

现在社会上对特区有些议论，你怎么看？

用“成绩很大、问题不少”来评价近几年来执行对外开放政策的效果，合适吗？

有些群众对借外债感到担忧，能不能解释一下？

关于住宅商品化

住房制度改革牵动千家万户，大家都十分关心，能否介绍一下住房制度改革的主要内容和基本路子？

住房制度改革能否从制度上解决住房上的不正之风？

住房制度改革在经济体制改革中居于什么地位？

住房制度改革与深化企业改革有什么联系？

关于农村经济改革的深化

怎样理解把承包的土地“卖了”这一现象呢？

为什么用粮食合同订购替代统购统销？

在农村允许私人企业存在和发展吗？

如何加强市场机制，促进农村商品生产？

改革前后农民的财产关系发生了怎样的变化？

改革前后农民的身份发生了怎样的变化？

在农村，当前是否应该强调发展合作经济？

农村劳动力转移过程中应注意哪些问题？

农村经济体制改革后，农民的收入、消费情况发生了哪些变化？

关于改革试点问题

什么是城市综合改革试点？几年来取得了哪些进展？

请谈谈经济体制改革为什么要先试点？试点与总体规划之间是个什么关系？

有人说，中国体制改革的特色之一，是走先试点后推广的路子。对此，应如何理解？

有人认为，城市综合改革试点是“吃偏饭”，没有推广价值，实际情况如何？

金融体制改革试点是不是在宏观紧缩的形势下逼出来的？目前试点取得了哪些成效？

几年来，党中央、国务院陆续对一些大城市实行了计划单列。有人说，这一办法沿袭了原有的计划体制，和60年代的计划单列没有什么不同，是这样吗？

我国50年代有大区，60年代、70年代有协作区，80年代有经济区，它们之间有什么区别？

几年来区域横向经济联系有哪些发展？

中等城市进行机构改革试点，意义何在？目前进展如何？

据了解，不少人对机构改革信心不足，因为我国曾进行过几次机构改革，效果都不好，这次会不会走老路？

几年来，实行市领导县的体制取得了哪些进展，会不会形成新的“块块”？

关于改革的社会心理及其他

为什么说，经济体制改革是一项既复杂又艰巨的任务？其复杂性、艰巨性表现在哪里？

改革不是应该力求标准化、规范化吗？为什么现在不少改革措施很不标准、很不规范？

要加速我国经济体制改革，需要采取哪些措施？

为什么现在要加强对改革的舆论宣传工作？

改革真像个“黑箱”，被神秘化了。例如价格改革等，要到方案公布时大家才晓得，为什么改革过程不公开化？

有人说，不正之风都是改革搞出来的，这种说法对不对？

有人认为我国改革的速度太慢，改革的“黄金时期”已经过去了，是不是这样？

8年改革给人民带来这么大的好处，为什么还有那么多人发牢骚？

每项改革措施出台，为什么总有一些人不那么支持？

改革中，应当承认社会上的不同利益集团，如何处理不同利益集团的关系呢？

有人说，今年开展的“双增双节”运动是50年代的翻版，不利于深化改革，这样说有道理吗？

匈牙利、南斯拉夫等东欧国家改革了二三十年，我们可从他们的改革中得到哪些启示？

我国目前的改革与古代变法有何本质区别？

改革思路的碰撞[1]

经济学的创新需要一个良好的学术环境，创新和争鸣是不可分的。只有在争鸣的学术环境中，集体的智慧才能得到充分的发挥。

从1979年国务院财经委员会的经济体制改革研究小组，到1980年的体改办，再到1982年5月成立国家经济体制改革委员会，国务院总理兼任体改委主任，三年三级跳。如果说国务院是改革的司令部，体改委就是参谋部。而国务院总理既是司令，又是参谋长。这足以显示经济改革在80年代的重中之重。而体改委的贡献之一就是以超脱的地位，组织经济学家制订改革规划，阻挡部门、地区或某些利益群体的干扰。

1985：西山会议

1984年10月的十二届三中全会确立了中国实行有计划的商品经济，要加快以城市为重点的整个经济体制改革步伐。

这年8月，中国社会科学院马列所的硕士研究生郭树清完成了一篇3万5千字的论文《中国经济体制改革探索》[2]，发表在1985年2月的《经济研究参考资料》第30期上，并寄送给体改委。他还和同学刘吉瑞、邱树芳给国务院总理写了一份报告《全面改革亟需总体规划——事关我国改革成败的一个重大问题》，对此，总理作了“有益无害”的批示。随后，国务院机关事务管理局在西山为他们安排一处，由许美征、楼继伟、郭树清、王芹、刘吉瑞、李弘、邱树芳、宫著铭、贾和亭等组成的经济体制改革总体规划研究小组在那里集中工作。5月份，他们将《体制改革总体规划报告》呈送国务院。领导批示同意进行改革方案的总体规划，并要求与制定“七五”（1986—1990）计划相结合。

1985年12月15—17日，在北京西山，国家体改委体改所和北京青年经济学会讨论1985年国民经济形势和1986年拟采取的经济发展和体制改革的重大举措。在交流和碰撞中，形成了一批课题小组。1986年元旦刚过，国务院总理就宣布要在1986年做好准备，使改革能在1987年迈出决定性步伐。1月25日，总理听取了关于“七五”前期改革设想的汇报，几种代表性的观点是体改所王小强、宋国青提出的“包、租、卖、分”国有企业；体改所徐景安的“七五”前期改革重点应是价格改革，放开生产资料、房屋价格；国务院发展研究中心吴敬琏代表周小川、楼继伟、李剑阁等人提出的企业、市场、宏观调节体系“三环节配套改革”；社科院经济研究所华生的“资产经营责任制”。随后，国务院总理要求体改所所长高尚全会同吴敬琏、周小川、楼继伟、宫著铭等人做一个改革方案。于是，他们在几天之内，以1月25日的汇报内容为基础，写出了一份综合改革方案。

在3月13日中央财经领导小组和15日国务院常务会议上，总理两次讲话都谈道：当前这种新旧体制胶着对峙，相互摩擦，冲突较多的局面不宜拖得太长。1987和1988年需要采取比较重大的步骤，促使新的经济体制能够起主导作用。“明年的改革可以从以下三个方面去设计、去研究：第一是价格，第二是税收，第三是财政。这三个方面的改革是互相联系的。”“关键是价格体系的改革，其他的改革围绕价格改革来进行。”

1986：方案办

为此，1986 年 4 月国务院经济体制改革方案研讨小组成立起来，组长为国务院副总理田纪云，下设办公室，简称“方案办”，负责方案设计。方案办在中南海工字楼，负责人有高尚全、姜习、杨启先、傅丰祥和郑洪庆。另有价格组、财税组、投资组、金融组、工资组及外贸组。4 月 30 日，“七五”前期以价格、税收、财政、金融和贸易为重点的配套改革方案就送交国务院。其中，价格改革是“先调后放”；财税改革是打破市场割据，将“分灶吃饭”改为“分税制”。审议、修改、再审议，6 月 12 日，国务院总理在玉泉山亲自主持会议听取汇报。会期两天。第一天，吴敬琏作了一个情绪激动的发言，他说，“现在经济上有这么多问题，唯一的出路就是改革。我不是一个很冒失的人，看问题往往倾向于悲观，但现在，我看没有多大危险性，我们有能力改革。”此时，总理刚访问土耳其归来，他对土耳其大步搞价格改革的成果印象很深，所以认为虽然放开价格是有风险的事，但只要迈出去了这一步，前面就是坦途。会上的气氛使主张配套改革的人听了都很高兴。散会后，田纪云还特别向吴敬琏打招呼，要他好好准备明天的发言。他们希望在第二天的会上领导能够接受方案办上报的改革方案。没想到，第二天最先发言的几位经济界老领导都对如此激进的改革能否成功持怀疑态度，决定修改后再议。年轻同事责怪吴敬琏没有“抢话筒”精神。

尽管有许多曲折，经过修改，配套改革方案还是在 8 月份的北戴河中央财经小组会上，获得了批准。9 月 13 日，国务院总理、副总理向邓小平汇报了改革方案。邓小平说，这个方案非常好，我看就这么办。不过，他谈得更多的是政治体制改革：“不搞政治体制改革，经济体制难于贯彻。党政分开……改革总要有一个期限，不能太迟，明年党的代表大会要有一个蓝图。”

虽然决策层已经基本拍板了，但是戏剧性的转折还是发生了。到了 10 月，国务院决定转向以股份制、承包制为主要形式的企业改革。对吴敬琏等人的配套改革方案有来自不同方向的批评，诸如：它无论在经济上还是政治上都不可行；从书本出发，脱离实际，理想化；它需要比较宽松的经济环境，中国目前不具备；再有，配套改革意味着巨大的利益关系调整，会损害部分人的既得利益，遇到社会阻力和政治风险，等等。

在经济学界，与吴敬琏等“价格改革主线论”分歧最大的是厉以宁的“企业改革主线论”。早在 1983 年，厉以宁就参加了中央书记处主持下的改革方案起草。人们印象最深的是，1986 年 4 月 25 日他在北京大学五四科学讨论会上的发言。那天，他走上讲堂，没有一句开场白，一张口，就语惊四座：“中国经济改革的失败可能是由于价格改革的失败，但经济改革的成功并不取决于价格改革，而取决于所有制改革。”当年听过他讲演的人至今记得那个场面，除了对他的观点，还赞叹厉以宁讲演之夺人功夫。厉以宁主张绕开价格改革，先进行所有制改革。

配套改革方案中止后，转向了企业改革，全面推广承包制，试行股份化。一度中国 99% 以上的国有企业选择了承包制。而没过多久，承包制的短期和长期矛盾就显现出来了，负盈不负亏，一企一制，无法规范。有评论说企业改革是在旧的双轨制中使经济运行得更好，是在改革的此岸；价格改革是要建立新经济体制从而达到改革的彼岸。其实，哪里分得出彼此？分明彼也是此，此也是彼。在学术界，更深的争论还有改革可不可以设计，要不要进行总体规划，是走激进还是渐进路线。

1988—1989 年展望出版社分别为两种不同主张的人出了书，吴敬琏、周小川等人的《中国经济改革的整体设计》和厉以宁的《中国经济改革的思路》。在前言里，他们诚恳地说出心里话：

> 吴敬琏说：“我们曾经慨叹中国没有真正的经济学，只有对‘最高指示’、现行政策的诠释和辩护。可是时至今日，以是否符合现行政策和是否得到领导首肯来评判学术观点正误的风气并未根绝，因而会出现‘理论刮风’、‘热点转圈’之类的现象。……虽然我们的意见难免有错谬的地方，但是就总体而言，却是诚实探索的

结果，因而敝帚自珍，不愿轻易地改变。”

厉以宁说：“经济学的创新需要一个良好的学术环境，创新和争鸣是不可分的。只有在争鸣的学术环境中，集体的智慧才能得到充分的发挥。……就像万里长江一样，它的源头可能是无数细小的溪流，从发源地开始，直到注入大海之前，它容纳了多少条大河；每一条大河是由数不尽的小的支流汇成的，而任何一条支流的源头，也都来自细小的溪泉。经济学的创新不正是这样么？”

1987：“358”

1987 年 10 月，担任国家体改委主任五个月的李铁映（1936 年生）提出开门搞规划，委托了八个课题组，研究 1988—1995 年经济体制改革的中期规划。所谓中期规划是指三年、五年、八年，所以又称“358 规划”。负责人分别是：中国社科院课题组，刘国光、张卓元；北京大学课题组，厉以宁；中央党校课题组，王珏；中国人民大学课题组，吴树青；吴敬琏课题组，吴敬琏、周小川；国务院农研中心发展研究所课题组，陈锡文；国家计委课题组，刘洪、洪佳和；上海课题组，贺镐圣。这是一次集各方智慧为改革献计献策的探索，有上百人参加。1987 年冬，在京郊怀柔一家宾馆，李铁映亲自主持讨论会，体改委顾问安志文（1919 年生）等人参加。张卓元回忆：“那么多经济学家坐在一起，就中国经济改革问题进行互不相让的争论，今天回忆起来，还觉得有意义。”[3]

中期改革以什么为主线？这是争论最大的问题。有三种代表性意见：一是北京大学课题组和中共中央党校课题组，主张以企业改革为主线，积极推行股份制，建立现代企业制度；二是吴敬琏课题组，主张以价格改革为主线，着力实现经济运行机制转换，为企业改革和其他改革创造良好的市场环境；三是以刘国光为首的中国社科学院课题

《中国经济改革的整体设计》书影。

《中国经济改革的思路》书影。

《中国改革大思路》书影。

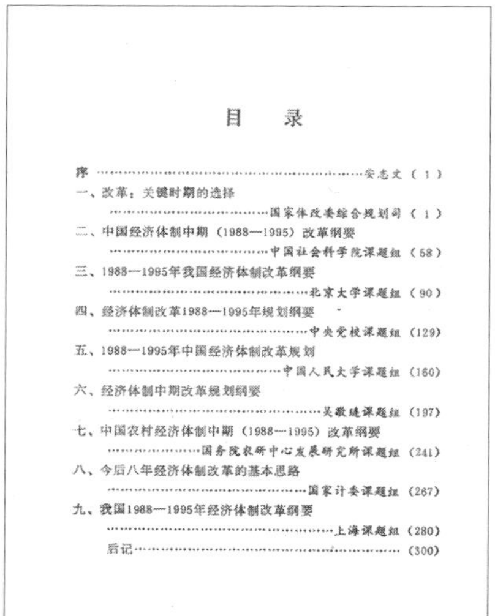

目 录

《中国改革大思路》目录。

组，主张两条主线论，即企业改革和价格改革、所有制改革和经济运行机制改革双线推进，认为这两方面改革是一个硬币的两面。[4]

一年后，李铁映离任，体改委又回到由总理兼主任的传统。因此，到了课题结题时，1988 年 6 月 1 日，体改委在国务院一招举办经济体制改革中期规划研讨会，是国务院总理李鹏听取的课题组汇报，每组五分钟，各抒己见。在坚持市场取向改革方向上大家绝对一致，但是在如何推进，改革的主线是什么，改革发展和稳定的关系，快速还是逐步转轨等方面，则各有主张，争辩，互不相让。但是，经过长时间的调研碰撞，八个方案愈发地趋同，你中有我，我中有你。吴敬琏课题组对企业改革也给予了极大重视；厉以宁的北大课题组对价格改革的具体方式及步骤也作了细致安排。区别只是以企业改革为主线，还是以价格改革为主线进行配套改革。对于确立新经济体制的主导地位，他们都抱着极大希望，最乐观地认为四年即可；多数意见是争取八年或稍长一些时间。结果我们已经看到了，体制转型比经济学家们的估计要复杂和艰巨得多。1988 年 7 月，体改委规划司司长郑洪庆、副司长曾国祥负责组织人手将各家成果编辑成《中国改革大思路》一书出版。

中期改革思路有这样一些要点[5]：

第一，目标：确立新经济体制的主导地位。而新经济体制的基本框架是“政府调控市场，市场引导企业”，它包括：经济运行的市场化，企业形态的公司化，宏观调控的间接化。

第二，起点：新、旧两种体制的相持格局。

第三，指导思想：稳定、发展与改革的有机结合。

第四，战略选择：综合配套，协调改革。

主线：企业改革还是价格改革。

在往后的 20 余年中，吴敬琏和厉以宁似乎都还有个情结，为当年决策层没有采纳自己的主张而感到遗憾。现实永远比理论复杂得多。中国改革并不依任何一个方案而行，但是每一个方案又都有过影响，留下了痕迹。改革最终走的是一条合力线。争论和碰撞的意义并不是分出高下对错，而是激发人们对于改革的思考，它是改革过程中一个必要而积极的环节，毫无疑义地影响了历史走向。张卓元说 ：“当时争论的意义已远远超出谁对谁错的问题，最主要的是激发了经济学家积极参与中国经济改革，贡献自己的智慧。”[6] 厉以宁也说 ：“重要的不在于结论是什么。关注争论的人们，无论赞同哪一方的观点，都对争论涉及的经典理论和国际经验有了更清晰和正确的认识。因此，这场争论不仅仅停留在政策主张层面，更对促进中国经济学的繁荣与发展起到了积极的推动作用。”[7]

---

1. 原载《经济观察报》，2009 年 11 月 23 日。

   参考文献 ：

   ⑴国家经济体制改革委员会综合规划司 ：《中国改革大思路》，沈阳出版社，1988。

   ⑵厉以宁 ：《中国经济改革的思路》，北京，中国展望出版社，1989。

   ⑶吴敬琏、周小川 ：《中国经济改革的整体设计》，北京，中国展望出版社，1990。

   ⑷张卓元 ：《集中各方智慧为经济改革献计献策——忆 1987 年国家体改委组织八单位制订中期改革规划纲要》，见中国社会科学院老专家协会 ：《我在现场——亲历改革开放 30 年》，北京，社会科学文献出版社，2009。

   ⑸柳红 ：《当代中国经济学家学术评传——吴敬琏》。
2. 这篇文章还收入郭树清 ：《整体的渐进》，北京，经济科学出版社，1998 ；新望 ：《改革 30 年 ：经济学文选》，北京，三联书店，2008。
3. 张卓元 ：《集中各方智慧为经济改革献计献策》，见中国社会科学院老专家协会 ：《我在现场 ：亲历改革开放 30 年》，148 页。
4. 同上。
5. 国家体改委综合规划司 ：《改革 ：关键时期的选择》，见国家经济体制改革委员会综合规划司 ：《中国改革大思路》。
6. 张卓元 ：《集中各方智慧为经济改革献计献策》，见中国社会科学院老专家协会 ：《我在现场 ：亲历改革开放 30 年》，148 页。
7. 马国川 ：《厉以宁 ：被耽搁的股份制》，载《经济观察报》，2008 年 5 月 10 日。

第三代 | 1940—1960

他们的主体是老三届，受教育于1950和1960年代，以这样或那样的方式参与过“文化大革命”，又经历过务农、做工、当兵，对中国社会有深入体察。70年代末，他们重新获得受教育机会，投入改革洪流。风云际会，机缘巧合，以30岁左右的年纪，切入改革核心问题，参与和影响了既理想又务实的中国改革，在历史上留下了深深的印迹。

脚踏实地的发展组[1]

发展组把最基层的实践和创造、成绩和问题，与高层决策、“红头文件”联系在了一起，人人是笔杆子，个个杰出，它更像一所没有围墙的大学，展开着崭新的“上山下乡”运动。

在纪念改革开放30周年时，2008年11月23日，首届中国经济理论创新奖，奖给杜润生及中国农村发展问题研究组（简称“发展组”）的农村家庭联产承包责任制理论[2]。

所谓“家庭联产承包责任制”，是以集体经济组织为发包方，以家庭为承包主，以承包合同为纽带而组成的有机整体。在这种制度下，土地所有权仍属集体，农户只有使用权，实行土地使用权与所有权适度分离、农户家庭承包经营。家庭联产承包责任制仍然是公有制经济，并没有改变集体经济的社会主义性质，它坚持基本生产资料集体所有制，坚持社会主义按劳分配原则，核心是一个“包”字，因此在实践中人们常称之为“包产到户”或“包干到户”。这两者之间的区别是，所谓“包产到户”是指分配功能仍由集体行使，农民收获后将产品全部或部分交给集体，由集体根据承包任务完成情况分配；而“包干到户”则是指农民只需完成上交任务，其余产品都归自己支配，按照群众的说法就是：“交够国家的，留足集体的，剩下全是自己的。”

随着颁奖结果呈现给公众的，是理论提出者及其主要贡献：中国农村发展问题研究组，杜润生[3]、郭崇毅[4]、张广友[5]、吴象[6]、陆子修[7]、陆学艺[8]、吴庭美[9]、王郁昭[10]、周诚[11]、余国耀[12]，等等。对于主要贡献者中的发展组，媒体是这样介绍的：[13]

中国农村发展问题研究组主要成员，较早从正面论述了家庭联产承包责任制理论，发表的关于包产到户的重要论文和研究报告主要有：

王贵宸、魏道南的《联系产量的生产责任制是一种好办法》(1980年1月)；

王贵宸、魏道南、陈一谘的《关于安徽包产到户情况的调查报告(1980年8月)》；

陈一谘的《为什么经济水平较高的水阳公社也搞了“包产到户”？》(1980年8月)；

王贵宸、魏道南的《论包产到户》(1980年9月)；

杨勋的《论包产到户——一个重要的理论政策问题》(1980年7月)；

杨勋的《怎样看待包干到户——安徽滁县地区农村调查》(1981)；

王小强、周其仁的《包产到户所体现的经济原则和中国农村商品经济发展的特殊道路》(1981年3月)；

陈一谘等的《农村发展的问题和趋势——“双包到户”后的滁县地区农村经济调查》等(1982年4月)。

同时他们还主持完成了《包产到户资料选(一)(二)》(1981年4月)的编辑工作，收入有关农业生产责任制的理论论文、历史资料和调查报告100多篇。这些论文和研究报告对于探讨家庭联产承包责任制理论，宣传介绍包产到户的成功经验，推动包产到户在农村的发展等具有非常重要的作用。

此创新奖每年或两年评选一次，每次只奖励一个经过长时间实践检验的中国原创性经济理论。时隔近30年，发展组的“农民党”早就进城了，青年变成了“老头儿”，他们当年的支持者已经是八九十岁的老者，甚至已经作古。而由此展开的历史画卷实在是波澜壮阔。

不约而同

“文革”之后的中国，仿佛宇宙大爆炸的时代，不同的人群有不同的聚集，不同的聚集有不同的表达。文学有《伤痕》，美术有星星画展，诗歌有《今天》，戏剧有《于无声处》，政治有西单民主墙……

在北京，有一批上山下乡回城青年，热衷于讨论经济、政治、思想、新学、农村、改革，着眼于未来，中国向何处去。这里有从河南回来的陈一谘、邓英淘、罗小朋、王小强等，从陕西回来的王岐山等，从山西回来的王小鲁、白南风、林春、李银河等，从内蒙古回来的翁永曦、张木生、白南生等，从东北回来的朱嘉明、陈锡文、周其仁等。他们的联系早在“文革”时期就开始编织了。以王小鲁为例，还在山西汾阳插队时，就认识了江北辰；后来江北辰上了北京经济学院，引来了同学杨冠三等；通过李捷男，他认识了黄江南；黄江南读了社科院研究生后又介绍了同学朱嘉明；1978 年与王小强同时进社科院写作组，后来编辑《未定稿》，源于李银河向父亲林韦的推荐；而王小强身后是一批河南的朋友；周其仁向《未定稿》投稿，王小强约他来编辑部面谈；而周其仁又和朱嘉明同在东北兵团四师；人大 79 级工经系的研究生罗小朋把同宿舍的崔鹤鸣拉了进来；而周其仁、白南风、杜鹰是人大 78 级同班同学……就这样，像织布，有经线纬线，穿梭来去，这一根牵着那一根；也像火，东一点，西一点，星星之火聚成堆，这一堆连上那一堆。他们骑着自行车，满北京跑，风来雨去地聚会，纵横捭阖，豪情万丈。

据说，最早一次较多人的聚会是在翁永曦所在的《中国农民报》办公室，东单西总布胡同。时间是 1979 年冬。生着炉子，他给大家买了花生、瓜子，里外屋，40 来人挤着。那天，翁永曦的口才给人印象颇深。散去时，大家都意犹未尽。黄江南和朱嘉明便自告奋勇，请到我们研究生院来。其实研究生院没有校舍，借用的是北师大的板房。那是个星期天，他们声称要复习功课，从学校拿到了钥匙。四面八方的人拥在板房教室里。然后是第三次，不知是谁借到了车公庄市委党校礼堂，有一二千人。这些会，只有议题，没人知道怎么开。定个时间、地点，大家口口相传。他们素昧平生，一举手一投足，就瞬间认同，就拍肩膀，就是哥们儿，就有共同语言。他们大多20多岁，身上的“小资”气质早就被摧毁了，见面就谈国家大事。有三个聚集的主体：一是社科院，像《未定稿》、研究生院；二是农口，像《中国农民报》、农委；三是大学，像人大、北大。渐渐地，青年们形成了不同组合。其中，由松散到固定组织的只有发展组。他们一鸣惊人。

在青年之中的灵魂人物是两位出生于1940年代的老大学生。一个是何维凌，他毕业于北大技术物理系，“文革”期间与同学胡定国合写“共产主义青年学会宣言”，被打成反革命，先关押在半步桥，后到清河农场劳改。周培源当北大校长后，安排他为化学系教师。另一个是陈一谘，社科院农经所研究人员，曾是北大物理系和中文系学生，1959年因写万言书向党中央进言，被康生点名思想反动，没有按时毕业，后被分配到河南农村，在确山地区当公社书记。[14]

罗小朋（1947年生）也是老大学生。此时在中国人民大学工业经济系读研究生。1970年从北京航空学院毕业后，他自愿去河南农村插队。而自愿去农村插队的还有一位，叫张木生（1948年生）。早在“文革”前的1965年，没有上山下乡运动之前，他从人大附中初三毕业，就去了内蒙古插队。在20岁那年，写下了3万字的《农民问题再学习——关于社会主义体制的研究》。

组织起来

1979年，人民公社体制受到了前所未有的撼动。因为头年大旱，安徽山南区自发包产到户的比例达到77%，结果是夏粮比上年增长265%，国家征购增长5.7倍。可是，县委却要求农民重新回到集体经济。产量增了，说错了；减产了，反而说大方向正确。这是什么理论？

从中央到地方，有人挑战，有人铤而走险，有人支持，有人害怕，有人反对。这年夏天，社科院的陆学艺、贾信德、李兰亭去安徽农村调查，写了一篇《包产到户问题应当重新研究》。陆学艺（1933 年生）毕业于北大哲学系，在社科院哲学所工作，从高中时代就立志成为农业经济学家。又过了一年，1980 年 6—7 月，国家农委组织了十几个省的调查。这时，大约 20% 的生产队都采用了包产到户。虽然增产增收，可还是议论纷纷。最要命的反对是说背离了社会主义道路，是方向性错误。1980 年 11 月 5 日，《人民日报》发表了中央书记处政策研究室吴象以新华社记者名义写的文章《阳关道与独木桥》，反映了当时的交锋。他在文章的最后写道："不论是独木桥、木板桥、石板桥、铁索桥，只要是能走人的，我们统统加以利用，加以改造，加以发展，这样才能走出沟壑纵横的深山，来到平坦原野，沿着金光灿烂的阳关大道前进。"

就在这时，发展组横空出世。它 1980 年 9 月开始组建，1981 年 2 月成立。至关重要的人物有三位。

首要的一位是陈一谘。1980 年 4—7 月，他对安徽农村做了深入调查[15]，回北京后向领导部门作了汇报，并在北京农业经济学会做报告，写出《农村的曙光，中国的希望——关于安徽农村实行"包产到户"的考察报告》。[16] 他写道："在调查中，几乎处处遇到以下三个有关社会主义的重大理论问题：一是如何走中国自己的社会主义道路以及社会主义的阶段性和我们处于什么阶段的问题；二是公有化的条件和实现过程以及按劳分配的问题；三是对计划经济的理解和实现以及计划调节和市场调节的相互关系问题。这几个重大问题不弄清楚，今后我们难免还会犯'左'的错误。"陈一谘认为：我们应该有理论勇气，探索未知，学问不在书本中，而在精巧的大自然中。

另一位是王耕今（1911—2007），中国社会科学院农业经济研究所副所长。早在山东滨海抗日根据地，就调查减租减息，是山东省委调研室研究人员，薛暮桥的部下。还有一位是杨勋（1932 年生），北大经济系农经老师，"文革"期间曾入狱两年。是何维凌，将陈一谘介绍给杨勋。

1980年9月，陈一谘约杨勋去王耕今位于三里河国家计委宿舍的家，同去的还有农经所室主任王贵宸。陈一谘提出由农经所和北大经济系联合组织一批人研究人民公社问题，先去安徽农村实地调查。杨勋对此反响热烈，愿意全力以赴。她建议组织教师和学生利用暑假搞调查，王耕今也热情支持。就在王耕今家的餐桌上，发展组的蓝图被描画出来了。[17] 他们知道，此时，那些对农村有深刻关怀的青年，学了新知识，经过思想交锋，已经蓄积了能量，跃跃欲试。

就这样，发展组的故事开始了。

中国农村发展问题研究组真是个好名字，不知是谁起的。"发展"是一个新词儿，据说是何维凌翻译过来的。

就在9月，筹备小组写出了一份《中国农村发展问题研究计划的总体构想》[18]，参加写作和讨论的有陈一谘、何维凌、邓英淘、白若冰、孟繁华、王小鲁、赵小冬、谢扬、江北辰等。他们从世界经济趋势、中国经济改革的需要、农村经济研究的现状以及完成研究任务的条件等多个角度进行分析，宣称这是"一批插过队、有头脑、有才干的'志愿兵'，有老一辈革命家和科学家的支持、帮助和指导"。他们设想研究人员以中青年为主，自愿参加。并提出了三个条件：第一，有不谋私利的献身精神；第二，有优良的政治和学术品质；第三，有独立研究和工作的能力。他们管这三条叫"积极正派有能力。"此外，还别具一格地加了一条注意事项："不急不怠，人人动脑；不干则已，干则必成。"在《构想》的结尾，他们写道："希望大家拿出布尔巴基学派'推倒重来'的精神，对我们的研究进行科学的设计。真理总是越辩越明，而我们都必须服从真理。"好一个掷地有声、决一死战的劲头儿！

10月份，他们设计出了组织架构：由中国社会科学院农经所联络有关人员组成研究组。成员有中国社会科学院、中国科学院、中国农科院、中国人民大学、北京大学、北京经济学院、北京农业大学、北京师范大学、中央民族学院、人民日报社等单位30余人。主持协调的是由王耕今、杨勋、陈一谘等七人组成的执行小组。[19] 发展组下面设理

《农村经济变革的系统考察》书影。

论历史组、方法组、秘书组、现状组等。他们发明创造的合约是，在农经所和发展组之间，建立一个甲方乙方关系，由农经所委托课题，并拨经费给发展组用。而这个经费其实是上面给的专款。这个上面可能是书记处研究室，也可能是农委等。

在北大新建的图书馆三楼，杨勋为发展组借了一间活动室，办了30个借书证。1980年冬，他们遍访农业专家。为了筹集研究经费，还去了邓力群家。邓力群（1915—2015）是又一位关键人物，时任社科院副院长、中央书记处研究室主任。那天，邓力群把社科院秘书长梅益叫到家中商讨，当即决定拨给发展组两万元。在那个年代，两万是笔了不得的钱。对于发展组的成立，为发展组争取合法地位，推动和支持青年研究农村发展问题，邓力群的功劳无可替代。

此后，发展组在未名湖后湖的北大二招楼上租了一间办公室，由贵州来的孙方明值班。孙方明是因为认识罗小朋而加入的。同学们在此学习讨论，常常激辩到深夜。杨勋有时从家里煮一锅面汤端来。她说：

“那热情真像当年闹革命。”何维凌根据英文书为大家讲“三论”（控制论、信息论、系统论），他把北大的单人宿舍拿出来给发展组用；连木樨地22号楼的家，也成了读书活动据点。方法组每周活动一次。邓英淘给组员讲过抽象代数。大家对新知识都充满了渴望。白南风在学校里已经旁听了外系的课，像离散数学、集合论、数理逻辑、拓扑、图论都学了一遍。

到了12月，现状组提交了一整套文件：《关于中国农村经济调查表的初步设想》、《农业生产责任制调查表式》、《中国农村社会调查提纲》及《关于农村经济社会问题概略调查的意见》。参加设计的有陈一谘、何维凌、孟繁华、杜鹰、赵晓冬、谢扬、王文仲、白南生、秦其明、杨冠三、陈锡文、马苏元、周其仁、吴奇等。回看这些历史文件，让人感到，他们将要开展的大规模、有现代科学指导、经过总体设计的调查，接上了民国时期乡村调查的地气，构成了20世纪具有社会学和经济学意义的又一个创举。

1981年2月11日，发展组成立了。成立会在北大招待所召开。由王耕今主持，北大经济系主任胡代光也应邀参加。邓力群和国家农委副主任杜润生都出席，而且讲了很长的话。[20]

邓力群讲：

> 在座的同志中的绝大多数都插过队。插过队，现在进了城，还想到农村，是令人很高兴的事。中国十亿人口，其中有八亿农民，这是我们的基本国情。这好像是个常识，但是对这种国情真正认识清楚，并且由此出发去看问题、想问题的人，实在还不很多。你们当过农民，现在还想把自己的学识、能力用于农村的发展，拿你们的话来说，就是为了这项事业要有一种献身精神。
>
> ……
>
> 我们把八亿农民的事情真正搞好了，在中国和世界历史上都将有伟大的意义。为了这个事业，是值得把全部精力、全部生命

贡献出去的，是值得为之牺牲一切的。

……

你们最近很勤恳，这是很好的。但也不是三年五年、甚至十年八年就能做到的，而是必须一辈子坚持下去，不管什么时候，不管遇到什么困难，都要坚持下去。一定要虚怀若谷。要坚定地相信，富有生命力的东西，永远来自人民。……善于思维，善于抽象，两件都不容易，但是，“有志者事竟成”。归根到底，你们是有希望的。说得再乐观一点，在我去见马克思之前，可以看见从你们中间出现一批全心全意为八亿农民服务的农业科学家、农业经济学家。我再活十年吧，像你们这股劲干下去，十年就可以成为有学问的人。

杜润生讲：

我来的主要目的，是表示农委对青年同志中有志于研究中国农村问题的同志的支持。

……

我这个支持绝不是客气话，而是出于对事业利益的考虑。这是我们事业的需要，是人民的需要！

……研究工作不能怕犯错误。害怕被否定，就要自己先否定，要人家拍板，就要自己先不拍板。我相信你们一定会搞好的。中国有丰富的经验，世界也有许多好经验。你们还年轻，而且都有一定的基础。这些都是有利条件。在工作中，如果有困难，需要我们支持的，我们一定随时尽力支持。

许多同志下过乡，和农民有阶级感情，阶级感情是我们办好一切事情的基础，它激励我们去发现真理。

同志们，八亿农民期待着你们！

《中国农村发展问题研究组集刊——农村·经济·社会（1981年卷）》书影。

充满激情而语重心长。他们用理想、使命、责任，点燃青年心中的火。

言者是谁？听者又是谁？王小强这样记载："说是'大会'，不过三四十个回城知青，一群'蓝蚂蚁'白丁。论官阶，除了陈一谘当过公社书记，连比科长还小的股长都没有一个；论学历，除了罗小朋考上研究生，最高不过大学本科在读。当时，邓力群任中央书记处政策研究室副主任、中国社会科学院副院长；杜润生任国家农业委员会副主任。十年'文革'落幕不久，很多人心有余悸。党中央核心智囊高官亲自出马，大张旗鼓，支持一个自发的民间组织。"而两位高官和青年们的渊源何来呢？原来，邓英淘是邓力群之子，杜润生与张木生、白若冰的父辈是老交情。[21]

两个月后，4月份，发展组的第一个成果出来了，是《包产到户资料选（一）（二）》。第一册是理论和历史资料，第二册是调查报告，时间跨度从1950年代至1980年。

再下农村

发展组，虽然叫“组”，却是通“天”的，有尚方宝剑。在我们的记忆里，用“组”影响历史的大概还有一个，就是“文革小组”。[22]

邓力群派书记处研究室吴象负责联络发展组，并允许发展组以书记处研究室名义到全国各地调查。他们把第一次大规模的调查，选在了最早开始包产到户试点的安徽滁县。

调查组兵分三路，一路为专题组，分别下队蹲点，如大塘、小塘等，有陈锡文、杨冠三、梁晓东等；一路是综合组，有邓英淘、王小强、周其仁、杨勋、陈一谘等；一路是流通组，调查供销社和产品销售系统，有白若冰、王子平等。[23]地委书记王郁昭热情接待和配合。安徽的夏天特热，别人躲避不及，只有发展组前往，因为这些大学生只有假期可以利用。白天走访，晚上写材料。大家对安徽农村的蚊子都印象很深。有趣的是，他们说，虽然物资匮乏，可是抹上从北京带去的避蚊油还挺管用。

回到北京，很快就写出了一组报告：综合报告《“双包到户”地区农村发展的问题和趋势》（陈一谘、孙方明执笔，参加者：王小强、邓英淘、白南生、张木生、白南风、周其仁）、专题报告（一）《“双包到户”后的粮食生产前景问题》（邓英淘、张阿妹）、专题报告（二）《“双包到户”后农村社会的贫富问题》（白南风、邓永思）、专题报告（三）《“双包到户”后的劳动力和资金变动趋势》（白南生、徐宽、赵明宇）、专题报告（四）《“双包到户”后的协作与联合问题》（张木生、杜鹰、谢扬）、专题报告（五）《“双包到户”后农村基层单位经济职能的变化和公社体制改革》（周其仁、王小强）、专题报告（六）《怎样看待包干到户》（杨勋、孙方明）。[24]此外，还有陈锡文、马苏元、杨冠三、梁晓东等做的典型调查。白南风的贫富问题调查报告里有很多图表。他说，那时候不懂基尼系数，很幼稚，只会用直方图。可是，那是多么认真详细的报告。放在今天任何一位大学三年级学生身上，都不可想象。

发展组的滁县调查报告被送到了高层领导手上。国务院总理批示："这个报告把农村'包产到户'以后的情况讲得一清二楚。建议各省委书记、省长一阅。"[25]胡耀邦说："这是经得起检验的东西。"[26]在中央书记处会议上，总理专门谈到经济决策必须以系统的调查研究为基础，并以发展组为例，要求各部门从有过下乡经历、又考入大学的年轻人中选出500人来参加工作。[27]发展组为1981年冬天的中央农村工作会议准备了一份系统全面的第一手资料，紧接着参与1982年中央"一号文件"的起草。这是一个改变历史的文件，肯定了土地的农民家庭承包经营制度。包产到户合法了！从此，发展组持续地参与中国农村改革大政方针的酝酿和文件起草，直到第五个"一号文件"。

北大77级地质系学生宋国青提出，改革统购统销的方向是用征收货币税替代强制低价收购，用市价收购农产品。可是他的研究连发表的机会都没有。发展组的人读到他的文章后非常认同，一方面吸收他为成员，一方面把他的建议提交给高层政策制定者。杜润生支持他们试验。他给河北省省长高扬打电话。高扬也表示欢迎年轻人来搞改革试验。1984年春，由罗小朋作为试点小组负责人，在石家庄地区的藁城和邢台地区的宁晋两县开始了试验。在藁城，试验一个比较稳妥的"差价税"方案；在宁晋，则大胆地做自由价格改革试验。他们还设计发行地方货币，用流通券减少因价格自由化带来的地区间收入转移。[28]最后，虽因形势变化而作罢，但它是一段多么富有创意和激动人心的试验啊！

1984年，一些人把目光投向了贫困地区。这年初，王小强、孙方明、陈锡文、高山、王小鲁、白南风去贵州，完成了《贵州农村调查报告》；此后，王小强、白南风又进行了四个月西藏地区调查。这些成果，被写进了他们合作的《富饶的贫困》[29]一书，这是"走向未来"丛书中的一种。在序言中写道："落后地区的放大或许就是落后的中国；落后地区开发的问题，或许也是中国改革和发展中的问题；对落后地区开发的理论概括，或许对中国的发展具有同样的现实意义。"字里行间充满

“走向未来”丛书之《富饶的贫困》书影。

了感情。他们揭示了在今天看来最为重要的资源问题，还有人的问题。这不禁让后来的人们陷入深深地沉思：中国走了一条什么样的发展道路？“一个松绑，就松出商品经济的歌舞声平。只要‘思想解放’，改革，竟是如此轻而易举。……‘松绑’焕发出的巨大生产积极性，三年时间毁坏森林 113.41 万亩，被人称之为第三次大破坏。是讽刺吗？是对那些把改革简单归结为‘松绑’的轻飘见解的讽刺；是对那些小看落后地区开发研究之理论意义，以为照搬西方商品经济模式即能解决中国发展问题的简单认识的讽刺。”[30] 这样的句子比比皆是，哪是写出来的，根本就是倾泻而出。没有端着架子、故弄玄虚的隔靴搔痒，而是直面真问题的纯粹。

在大约三年时间里，发展组为调查走遍了安徽、甘肃、四川、贵州、江苏、上海、广西、福建、江西、浙江、广东、云南、辽宁、山西、宁夏、河南、河北、山东、吉林、黑龙江、湖北、湖南、西藏等省、市、自治区，1982 年春在广西梧州地区对开发山区问题的调查，同年秋冬在江西吉安地区对区域经济和全局改革的关联问题的调查，都是系统而综合的内容。1984 年，发展组出版的《农村经济变革的系统考察》，是一次理论尝试。第一章第一节的题目是 ：“在求实精神的火焰中完成理论经济学的变革”。这样热情张扬的词句，简直就是农发所的风格！文如其人。读下去，像是听他们演讲 ：“包产到户究竟是社会主义，还是资本主义，这样大是大非的前提没解决，你讨论它如何运行，岂不是颠倒了问题的顺序？但这偏偏是生活的顺序。”

顶天立地

1982 年，77、78 级的大学生毕业了。在国家计委副主任宋平的帮助下，发展组得到了几十个编制。他们一毕业，就进入社科院农经所。发展组相当于农经所的一个研究室，有间办公室。不过，那里只留一个人值班，真正的上班地点在西直门内半壁街原中联部伍修权公馆。前院有假山，后院是发展组的基地。有人说 ：“假如我们毕业后去国家计委，只能大清早上班先给大家打开水。人家写好文章，我们得跑腿打印、校对、折片子、装订。”他们对工作单位的选择是 ：第一，不定时坐班 ；第二，大门口无岗哨 ；第三，经费独立。[31]

发展组把最基层的实践和创造、成绩和问题，与高层决策、“红头文件”联系在了一起，人人是笔杆子，个个杰出，在农村改革的实践和理论上，不断推进、深入。它更像一所没有围墙的大学，展开着崭新的“上山下乡”运动。大约 200 余位大学生、研究生曾经参与过发展组的调研。在说人民公社好、谁又敢说人民公社坏的“两个凡是”余威还在的年代，他们挑战了金口玉言。而包产到户自身经久不衰的生命力，因为发展组，扩张为冲垮旧制度的一支力量。

这是一个特殊的群体，发端于民间，又顶天立地。顶着高层决策者的支持，立足于农村的土地。这里没有权威，没有迷信，没有什么非要固守不可颠覆的秩序。当理论界的主流正在为拨乱反正讨论着名词概念术语时，他们跑远了，冲到前面去了。不唯书，不唯上。虽熟读马列，学过西方经济学，但是，深知没有现成的理论可以解决中国农村问题。于是，他们用自己的脚，自己的头脑，自己的智慧，自己的综合，来创造；信奉实践出真知，中国农村的理论要到农民那里去找。他们与上至党中央书记、省委书记，下至农民打交道，一律平等。其实，一切始于真诚和朴实的动机。罗小朋说："当时就是一个很朴素的想法，我们都知道中国农村有多苦，我们能否用自己的智慧帮助改变这种情况？很多人都是立了志的，我们跟当时的领导说我们不去做官不去搞别的，就是立志要改变农村的面貌。"他还问过一个深刻的问题，"一群名不见经传的小人物，突然间对历史的进程发生了重大的积极影响，究竟是为什么？难道仅仅是因为这些小人物的天分吗？"[32] 发展组的作用好像一座桥，过桥的人有地方和中央领导，有农民和干部，有官员和理论家。借助这座桥，他们相会，从而得以沟通，估量风险和可靠性。党内的改革者，需要借力，发展组就成了所借之力。这批有理想、有创造力、有勇气、不恐惧、吃苦耐劳、脚踏实地的人，在一个充满理想和浪漫的天空，自然风雷激荡。

1984 年莫干山会后，发展组成员去往两个方向：一个是隶属于国家体改委的中国经济体制改革研究所；一个是隶属于国务院农村发展研究中心的农村发展研究所。

附 记

怎么说，发展组都是个异数。何维凌说："这是一个成功的自发的自组织过程。"[33] 这位创始者已经过世 18 年了。其他人呢，他们都在哪儿？有人主掌中国农业当局，有人成教授，有人做研究，有人退休在家，有人海外漂泊。有人偏左，有人向右……多么希望有一天，发展组的人再聚，兄弟情义，一个都不少，如同当年从农村回到北京那样。也多么希望有一天，我能把发展组的故事完整地写出来。

1．原载《经济观察报》，2009年12月14日。写作本文时，采访了王小鲁、周其仁、白南风先生。

参考文献：

(1)中国农村发展问题研究组：《中国农村发展问题研究组集刊——农村·经济·社会（1981年卷）》。

(2)中国农村发展问题研究组：《包产到户资料选》。

(3)中国农村发展问题研究组：《农村经济变革的系统考察》，北京，中国社会科学出版社，1984。

(4)杨勋：《心路：良知的命运》，北京，新华出版社，2004。

2．《农村家庭联产承包责任制理论简介》，见董辅礽经济科学发展基金会：《中国经济学家年度论坛暨中国经济理论创新奖2008》，北京，经济科学出版社，103页，2009。

3．杜润生在1980年秋在中央长期规划会议上，提出先在贫困地区试行包产到户。他主持起草了1982年到1986年的五个重要的"一号文件"，正式肯定了土地的家庭承包经营制度，结束了包产到户长达30年的争论。

4．郭崇毅发表了《关于肥西县夏季大丰收情况的报告》（1979年6月）、《责任到户的性质及其有关问题》（1979年8月）。

5．张广友、陆子修所写《灾年创高产，一年大变样——来安县魏郢生产队实行定产到组、以产计工的调查》，于1979年1月20日在新华社播发。张广友1979年3月7日在《人民日报》发表的《农业计酬必须紧密联系产量》，在舆论上推动了全国农村改革。

6．吴象1980年11月在《人民日报》上发表《阳光道与独木桥》。吴象、李千峰、张广友1981年1月22日、23日连续发表《历史性的转折——皖、豫、鲁农村见闻之一》和《巨大的吸引力——皖、豫、鲁农村见闻之二》。

7．1980年1月在北京召开的全国农村人民公社经营管理会议上，安徽代表周曰礼、陆子修以《联系产量责任制的强大生命力》为题，介绍安徽实行联产承包责任制，特别是经营落后地区农民要求实行包产到户的情况，引起了包产到户姓"资"还是姓"社"的激烈争论。

8．陆学艺、贾信德、李兰亭在1979年10月的《包产到户问题应当研究》一文中，从理论上阐述了包产到户的性质和必要性，认为对1962年包产到户的问题要重新调查研究，实事求是地作出结论。之后，陆学艺陆续发表《包产到户的由来和今后的发展——关于甘肃省包产到户问题的考察报告》（1980年11月）、《关于包产到户的几个问题》（1981年1月）、《包产到户的动向和应明确的一个问题》（1981年9月）等文章。

9．吴庭美1979年写了《一剂必不可少的补药——凤阳县梨园公社小岗生产队"包干到户"的调查》报告，被送到时任安徽省委第一书记万里手中，引起万里的重视并亲自到小岗村调查。

10．1980年初，在安徽省委召开的全省农村工作会议上，王郁昭作了《顺应民心，积极引导》的发言，提出要给大包干报个户口，承认它也是社会主义的一种生产责任制形式。1981年2月王郁昭写了《包产到户是农村集体经济管理上的新突破》一文。

11．周诚写有《农村人民公社生产队实行产量责任制问题的探讨》（1980年10月）。

12．余国耀于1980年10月在《红旗》杂志第20期发表《怎样看包产到户》一文。

13．董辅礽经济科学发展基金会：《中国经济学家年度论坛暨中国经济理论创新奖2008》，106—109页。

14. 杨勋：《心路：良知的命运》，241 页。

15. 当时考察了安徽省肥西县、滁县地区、全椒县、来安县、嘉山县、凤阳县、定远县、巢湖地区、巢县、无为县、当涂县、安庆地区、徽州地区、歙县、宣城县，书面调查了阜南县、固镇县、宿县，并对比调查了苏州地区和吴县。在安徽境内走访了省、地、县、社 127 个单位，大队、生产队 103 个单位，社员 304 人，重点调查了 8 个县的 45 个队，其中："大队核算" 的 4 个、"定额记工" 的 3 个、"包产到组" 的 6 个、"包产到户" 的 32 个，还作了 420 户家计调查。见陈一谘：《农村的曙光，中国的希望——关于安徽农村实行 "包产到户" 的考察报告》。

16. 中国农村发展问题研究组：《中国农村发展问题研究组集刊——农村 · 经济 · 社会（1981 年卷）》，96 页。

17. 杨勋：《心路：良知的命运》，241—242 页。

18. 中国农村发展问题研究组：《中国农村发展问题研究组集刊——农村 · 经济 · 社会（1981 年卷）》，16 页。

19. 秘书组：《中国农村发展问题研究计划提纲》，见中国农村发展问题研究组：《中国农村发展问题研究组集刊——农村 · 经济 · 社会（1981 年卷）》，33 页。

20. 原载《农业经济丛刊》，1981（3）；转载于中国农村发展问题研究组：《中国农村发展问题研究组集刊——农村 · 经济 · 社会（1981 年卷）》。

21. 王小强：《假如你是毛主席——第一次见杜润生》，载中信泰富政治暨经济研究部、中国税务杂志社综合研究组：《香港传真》，2008 年 12 月 3 日。

22. 中央文革小组（简称中央文革或文革小组）是为全面发动"文化大革命"而成立的特殊机构。从 1966 年 5 月政治局扩大会议设立中央文革小组，到中共九大后逐步消亡，在三年时间里，它掌握了中央的很大权力。林彪、江青、陈伯达、康生、张春桥等人利用中央文革小组的名义，煽动 "打倒一切、全面内战"，成为所谓 "无产阶级司令部" 的重要代表。沈传宝：《中央文革小组的历史沿革及立废原因探析》，载《中共党史研究》，2007 年 1 月。

23. 杨勋：《心路：良知的命运》，246 页。

24. 中国农村发展问题研究组：《中国农村发展问题研究组集刊——农村 · 经济 · 社会（1981 年卷）》。

25. Catherine Keyser：《体改所与政策制定——毛以后中国的专业化研究》。

26. 杜润生：《杜润生自述：中国农村体制变革重大决策纪实》，124 页。

27. 周其仁：《学者是如何参政的》，载中国经济学教育科研网经济学论坛，2006 年 2 月 22 日。

28. 罗小朋：《价格改革历史述评》，载 http://luo-xiaopeng.blog.sohu.com/107129688.html。

29. 王小强、白南风：《富饶的贫困》，成都：四川人民出版社，1986。

30. 同上，48—49 页。

31. 杨勋：《心路：良知的命运》，257 页。

32. 罗小朋：《价格改革历史述评》，载 http://luo-xiaopeng.blog.sohu.com/107129688.html。

33. Catherine Keyser：《体改所与政策制定——毛以后中国的专业化研究》。

横空出世的莫干山会

记1984年全国中青年经济科学工作者讨论会[1]

当时关于改革的很多好的想法和思路，并非来自一个人，常常是不约而同，来自很多人。此外，必须注意“头脑风暴”的作用，相互刺激，互相启发。这是莫干山会的贡献。

中国改革时期的会议很多，能被记载的很少。而中青年经济学家的两个会议将被载入史册：一个是 1984 年 9 月的莫干山会议；一个是 1989 年 3 月的京丰宾馆会议。前者，使中青年经济学家全面崛起，开始影响中国的改革时代；后者则随着那年春夏之交的历史事件而暂时销声匿迹。开会的人，各奔东西，有的升官了，有的下野了，有的经商了，有的走远了。

在纪念改革开放 30 周年的时候，“莫干山会议”一再被提起，这是指 1984 年 9 月 3—10 日，在浙江省德清县莫干山上召开的第一次全国性的中青年经济科学工作者讨论会。它被称作“经济改革思想史的开创性事件”，是青年经济工作者“第一次集体发声”。这次会议不仅使一批经济学家脱颖而出，走上舞台，也为 80 年代的改革提供了重要的思路，引起中央高层领导的重视。“上山”开会者甚至成了一种荣耀。

然而，一直被遗忘、忽略或隐去的是，莫干山会议是怎么开始的？复旦大学的张军研究改革思想史，曾专论莫干山会议，但是他说：“我没有找到筹划这个会议的更多细节信息。”[2]既然这么重要的会议，是谁的动议？谁在组织？一句话，谁搭起了这个台子，捧出各路青年登台亮相，脱颖而出？2008年5月出版的《体改所与政策制定》[3]一书，用了不小的篇幅讲“1984年和莫干山会议”。

因为特殊的机缘，我熟悉莫干山会的几位发起组织者。当我萌生记述这段历史的念头时，得到了他们的支持。除了一对一采访，也听到他们相互间的对话、补正，以及不断追加新的回忆给我。这个过程极有乐趣。但愿这篇文字能够加深人们对于那个神龙见尾不见首的会议的了解。

谁是发起人

莫干山会议的发起人是朱嘉明、刘佑成、黄江南和张钢。为此，我采访了朱嘉明、张钢和黄江南。

1984年，他们多大年纪？在做什么？

朱嘉明和黄江南分别33岁、34岁，同是国务院发展研究中心前身国务院技术经济中心经济师、助理研究员。他们俩是中国社会科学院研究生院工业经济系第一届硕士，此时，刚参加完社科院举办的第一次博士招生考试。

张钢，35岁，《经济学周报》负责人，中国经济学团体联合会（简称“经团联”）联络人。

刘佑成，34岁，浙江经济研究中心研究人员。

缘起

谈及莫干山会的缘起，朱嘉明、张钢和黄江南不约而同地想起天津—北京的火车。

黄江南记得：“那时穿得很少，是夏天，我和嘉明等人去天津南开，

1984年初杭州聚谈，从左至右：刘佑成、黄江南、朱嘉明等。（朱嘉明提供）

在火车上议起来。北京青年经济学界已经动起来了，外地青年经济学家还没有。比如，天津的就特别想参加北京的活动。南开的杜厦把天大和南开的研究生组织起来，经常找我们去讲课。”张钢回忆：“我和嘉明、江南去天津南开和研究生对话，在回来的路上，大家议起，农村改革已经5年了，不进入城市改革不配套，不行。各地有人才，应该交叉，于是提出召开一次会议。”朱嘉明说：“我认为光靠老一代不行，年轻一代应该登上历史舞台。1984年1月，我去杭州，和刘佑成谈过。莫干山地点是我提出来的。1984年夏，我们去天津支持南开的活动，当时，天津经济学界还没有形成一个集体的力量，从天津回北京的火车上，我口述，张钢写了‘关于召开青年经济科学工作者会议的通知’，是用铅笔，在一张破纸上写的。下了火车，直奔月坛北小街2号院3号楼，在二楼会议室，让乔桐封整理，回到2号楼定下来，定稿是乔桐封写的。”

毕竟24年过去了，记忆留下来的是一些零碎的片断和画面。翻阅朱嘉明1984年的日记：

“9月1日—10日

“生活工作在莫干山

“全国中青年经济科学工作者学术讨论会自9月3日—9月10日召开，这是我提议，与佑成、江南在今年3月于杭州发起的。会议成功了，感到由衷的欣慰。

“在莫干山，住329楼。几乎每天早晨都去爬山。

“我直接组织‘对外开放组’的讨论。基本上是成功的。”

至此，可以看到，开会的设想最初萌生于朱嘉明的头脑，然后在杭州和刘佑成、黄江南交换意见决定下来，接着张钢加入，讨论、启动、落实，张钢成为会议重要的组织者。

朱嘉明的日记中，有1月份在杭州、3月份在北京与刘佑成详谈的记录。显然，刘佑成是使莫干山会议得以召开的人物之一。我先在网上搜索，知他曾任浙江省社科院副院长，还做过公司董事长以及上市公司的独立董事。可是后来的踪迹就没有了。通过杭州的朋友打听，还是没有联系上。

开会有风险

1984年，农村改革已经大有起色，城市改革尚举步维艰。保守势力很强大，思想意识形态依然比较紧张。人们走得小心翼翼，怕踩雷，怕前功尽弃。党内改革派和民间改革者彼此都需要借势而行。

1984年5月，在安徽合肥，由民间发起组织了一个“世界新技术革命浪潮和中国改革研讨会”，温元凯是组织者之一。他们邀请了改革的先锋人物——凤阳县县委书记翁永曦、浙江海盐衬衫总厂厂长步鑫生、鞍山无缝钢管厂厂长王泽普，意在把全国的改革者联合起来，推动社会进步，甚至有进一步推动政治体制改革的意图。这个会以一个响亮的名字流传，叫“全国改革者大会”。

会议锋芒毕露，遭到了中央领导的批评，凭什么叫“改革者大会”，难道说参加是改革者，不参加就不是改革者？张钢说：“改革者大会后，草木皆兵，这时开会非常扎眼。为了增加合法性，才想到用多家新闻机构联名发起的办法。”

9月份的莫干山会是由《经济学周报》、《经济日报》、中央人民广播电台、《世界经济导报》、《中国青年报》、《中国青年》杂志、《中国村镇百业信息报》、《经济效益报》、浙江省社会科学院和浙江省经济研究中心联合发起召开的，声势不可谓不大。

张钢说：“会议筹备期间搞了一个会议筹备组，我牵头；会议有一个‘领导小组’，由每个发起单位的领导组成。比如《经济日报》总编安岗、副总编辑丁望，《经济学周报》总编辑王瑞荪，《中国青年》杂志副总编辑崔维德，《中国村镇百业信息报》社长白若冰，等等。开这个会，没有领导表态同意，也没有反对。有人好心对我说：‘出了事，我们都可以脱身，你张钢跑不了。’我说：‘没什么，就是把我打倒，我也没有半截砖头高。’”

黄江南说：“浙江经济研究中心承担办会解决了两大难题，一是地方，二是政府研究部门，从而有了合法性。原来只有报社，中国的事儿，得民办官助，我们要找官方支持。”

青年还是中年？

“中青年”、“中老年”，现在人们叫得顺口。在中文中，过去只有青年、中年和老年。对此，张钢认为他有发明权：“会议起个什么名字呢？青年？我们当时30岁左右，不是了。中年？不甘心。我记得特清楚，在月坛北小街的办公室里，有一张行军床。那天我躺在床上，屁股冲着墙，脚跷在墙上，我猛一翻身，叫‘中青年’！后来有人说，‘还中少年、中老年呢’，我们不管，就叫‘中青年’！”就这么定了。会议的全称叫“全国中青年经济科学工作者学术讨论会”。

谁上莫干山

参加会议的正式代表有124人，他们是由会议筹备组根据来自全国29个省、市、自治区的1300余篇应征论文挑选出来的。在选拔过程中，不讲关系、不讲学历、不讲职称、不讲职业、不讲“名气”，凭论文水平确认代表资格。这，也构成了莫干山会议的辉煌。

朱嘉明、黄江南、张钢商量要在报上征文，以文选人。于是在几家报纸发消息，1984年6月12日的《经济日报》有这样一条：

> 本报等五单位将召开中青年经济学术讨论会
> 广泛征集论文邀请入选者作为正式代表出席
>
> 本报讯 《经济日报》、《经济学周报》、《世界经济导报》、《中国青年》等报刊和浙江省社会科学院，将于9月上旬在浙江省联合召开“中青年经济科学工作者学术讨论会”。讨论的中心内容是我国经济体制改革中的重大理论问题和现实问题。从本月中旬开始，向全国广大中青年经济科学工作者广泛征集论文。论文入选将作为正式代表应邀出席会议。论文写明“九月征文”字样，寄北京市《经济学周报》社。论文不超过八千字，提纲不超过一千字，并请写清作者姓名、性别、年龄和工作单位。

就是这条约200字的短讯，吹响了一个嘹亮的集结号。

张钢说：“会议筹备组由《经济学周报》承担日常组织工作。还有论文组，审阅应征的所有来稿。临时办公室设在中组部招待所。论文组组长是王小鲁，副组长是周其仁。他们一篇篇过，嘉明把关。当时我们定了一个原则，一个省选 5 人，共 150 人。选文章的过程中，郭凡生的反梯度理论，论文组发生了争执，最终，他还是被选上了。他也是从这次会上崭露头角。根据论文，最终选中了 124 人，其他 26 人是原来的经济圈儿固有的人。最终，150 人 +10 个领导小组成员 + 记者组 10 个，因为在莫干山开，多给了浙江 10 个名额。”

“天津开发报一个女记者哭闹着要上山，（周）其仁死活不放。后来实在不行，让她上来一晚上，第二天必须离去。总之，非常严格。”

黄江南则说：“一位民族学院的女士，在山下哭了好长时间，非要上来。阻挡她的人说，你又不是发起单位的，又没有论文被选上，凭什么让你上。结果她说：‘我也是搞改革的啊！’挨不过她的执拗，就说让她上来待一天就离开。结果她留了下来。”

这是趣谈。

朱嘉明回忆：“报纸发布开会并征文的消息后，全国影响震撼。不断扩大阅稿队伍，高梁很卖力气，还有蒋跃、张少杰。先看文字，不看作者，选文章时再看地点，平衡地区、题目。比如，讨论价格改革的比较多，从中挑选，再考虑地区。张维迎提交的是价格改革的文章，一开始没有被选上，后来又被选上了。郭凡生因为反梯度理论，脱颖而出。”

朱嘉明 8 月 13 日、14 日的日记：“晚上在《经济研究》讨论 9 月会议名单。一经敲定，立刻通报。”

1984 年 8 月 25 日《经济日报》报道：

“截至 8 月 15 日止，会议筹备组收到了来自全国各地的 1300 多篇论文。论文作者有从事理论研究的专业人员，更多的是在各条战线基层工作、利用业余时间从事理论研究的同志。……有的作者还附函叙述了他们在十分困难的条件下进行学习、探讨的情况，表达了他们关心四化大业愿为改革献计的强烈责任感。”

关于开会的风险问题，黄江南说：“政府是由人和部门组成的，有的人本身，就代表了政府。上山的还有国务院总理的秘书李湘鲁、张劲夫的秘书孔丹，以及王岐山。他们来，我们心里踏实了很多。当时不像现在，没几杆大旗不行。没人出文，一切都在正式和非正式之间。”

“在正式和非正式之间”，这话说得妙！回顾来路，每一个预示改革的动作，都穿行于正式和非正式之间。

朱嘉明也一再强调李湘鲁、王岐山、孔丹上山的作用，因为他们很大程度上代表了某些中央领导的态度。

张钢说：“实际上这次会，不单是地方政府和中央级媒体单位作为全国中青年经济学者建言的合法活动平台，同时，中央最高机构也以不同的方式出现，密切关注。也正因为如此，更要求我们在新闻方面要有严格的纪律。我们规定各新闻单位一律不许报道。好在他们基本遵守了这些要求。”

只有中央人民广播电台周平写的会议报道，在当天的新闻联播做了广播。《经济日报》会后转发了周平等人的报道。[4]

后人大概不理解为什么不让报道。在当时改革和保守势力胶着对峙的时候，要想前进必须谨言慎行，避免树大招风，坏了大事。

《经济日报》副总编辑丁望、《世界经济导报》副总编辑朱杏清、《中国青年》杂志副总编辑崔维德、《中国村镇百业信息报》社长白若冰、《红旗》杂志编辑陈晓梅等都上了山，还有中宣部理论局局长贾春峰、中央财经领导小组办公室娄建、外经贸部研究室田力维、计委经济研究所赵明，等等。浙江省委副书记、省长薛驹，省委顾问委员会副主任崔健，省委常委、宣传部部长罗东到会讲话，对会议表示支持和祝贺。罗东后来说，如果没有参加莫干山会，他不会批准电视剧《新闻启示录》[5]播映。莫干山会的启蒙作用可见一斑。这是后话。

黄江南记得，上山者最高级别的干部是马宾，部级，“他的思想很解放，不是职务行为，是个人行为”。

如今年逾九旬的马宾，被奉为“左”派精神领袖。人在历史中，真是此一时彼一时啊！

新鲜的会风

会上没有宣读论文、交换资料、泛泛议论，而是围绕城市经济体制改革，分若干专题，把探讨理论问题和现实问题结合起来，拿出解决问题的办法和建议。

据张钢回忆，莫干山会的组织工作由五个组分担：第一是领导小组，由各发起单位的领导人组成，他们不负责会议的运作，基本也不参与会议任何决定。第二是秘书组，负责会议的组织、议题、讨论、简报，最后报告及各项决定等，张钢任秘书长，成员有朱嘉明、黄江南、徐景安、王岐山、王小鲁、周其仁和刘佑成。后来秘书组会议又增加李湘鲁、金观涛，以及各会议分组的部分组长如杨沐、高粱等人。第三是新闻组，由发起新闻单位各出一人组成，中青报经济部主任陆薇薇任组长。第四是会务组，由《经济学周报》和浙江省经济研究中心负责，组长是张连城和蒋晓玲。此外，最重要的是学术组，组长和副组长是朱嘉明、黄江南、徐景安，成员为各会议分组组长。

开会时间分三段，上午 8∶30—12∶00，下午 2∶30—5∶30，晚上 7∶30—11∶00。

张钢说："那时，我参加好多会，看着老人打隔山炮，任何会都拿着稿子念。这次我们索性提出，论文不许带上山，只带身子来。没人开过这样的会。第一天让大家放羊。"

黄江南说："具体组织工作张钢花了力气。我和嘉明主要是设计框架，组织项目内容，考虑设几个组，给每个组出题。这些题目都必须是当时国家经济发展和改革面对的尖锐问题，也只有这样才能保证会议的讨论有的放矢、切中要害。由于我们有在国务院咨询部门工作的背景，以及一直参与国家经济建设和改革重大策略的策划工作，因而有基础拿出一套很有挑战性的各分组讨论课题。这些题目奠定了会议的内容、方向和基础，为会议成功奠定了一块基石。第一天，是上山交朋友，三三五五聊天，互相了解，会议分成几个组。每个组有核心

对外开放组主要人员合影，从左至右：常修泽、金岩石、朱嘉明、杜厦、郝一生、李罗力。（朱嘉明提供）

的人主持会，没有报告，有中心发言，抛砖引玉，大家讨论，去哪个组听都行。”

朱嘉明说：“我们创造了很多新鲜的形式，挂牌讨论，分组，我负责对外开放组，人们分散在各个小楼里，互相串。任意选择自己感兴趣的问题组参加。”

会议开得热火朝天，有时火药味儿十足。从白天到夜里，讨论、争论不休。人们精神亢奋，专注，高强度，不休息，会议结束时，竟有一大半人都生了病。

成果

莫干山会议的宗旨是“为党和国家献计献策”，中心议题是城市经济体制改革。

早在开会前，张钢和刘佑成在浙江省委的会议室向省委省政府领导报告了会议的目的及准备情况，获得支持，确定了会议的时间与地点。为保障会议顺利进行，实行了一级保卫、食品检验等各项安全措施。会后，秘书组又向浙江省常委做了汇报。

会议期间，省长薛驹及省委省政府的主要领导人都上山看望了与会代表，并看望因劳累过度胃出血卧床的张钢。

开这么大一个全国性会议，讨论经济改革问题，极其引人注目。各个部门都在静观，观风向，看看是不是这伙青年人这回要挨批评。没想到，中央领导一反常态，不仅重视会议的成果，也开始重视这伙青年。黄江南说：“年轻人的思路比较活跃，虽然不够专业，但是比官僚专业一点，给他们开阔了思路。”

莫干山会议结束，一些人继续赶写报告，9 月 15 日就完成并上报了七份专题报告：

之一：《价格改革的两种思路》

之二：《与价格改革相关的若干问题》

之三：《企业实行自负盈亏应从国营小企业和集体企业起步》

之四：《沿海十四个城市对外开放的若干问题的建议》

之五：《金融体制改革的若干意见》

之六：《发展和管理股份经济的几个问题》

之七：《粮食购销体制的改革和农村产业结构的变动》

这些报告，以一种崭新的文风示人，一改动辄引用马列经典的陈词滥调，从问题出发，提出政策建议。

此时，市场轨已经开始铺设，价格改革自然成为迫在眉睫的问题。前两年，东欧改革经济学家奥塔 · 锡克来华讲学，就引起并专门讨论过价格问题。这一次，青年人拿出了比较务实的解决方案。

会议选了几位代表向主管计委和体改委的国务委员张劲夫做了汇报。1984 年 9 月 20 日，张劲夫批示："中青年经济工作者讨论会上提出的'价格改革的两种思路'，极有参考价值。" 10 月 10 日国务院总理批示："'价格改革的两种思路'很开脑筋。总题目是如何使放调结合，灵活运用；因势利导，既避免了大的震动，又可解决问题。广东的从改物价管理体制入手，江苏乡镇企业走过的路，协作煤价的下浮，及粮棉油大量搞超购价的结果带来了比例价，都实质上是放调结合的成功事例。" [6] 此《价格改革的两种思路》，是由徐景安执笔完成的报告。

黄江南说：会开得很成功，给青年人造了一番声势，挖掘了一批人才。他也坦言，那些被选中上山的人有很大的偶然性。"同等水平的人，我相信大有人在，有的论文入选，取决于看论文的人。而一旦被选中，他的命运就大不一样了，眼界不一样，认识了核心圈的朋友，有渠道了，可以讨论最重要的改革问题。"概括莫干山会议的成果，他讲了四点："第一是涌现了人才。第二是解放思想。第三是对决策层的又一次影响。早年，总理见'四君子'（翁永曦、王岐山、朱嘉明、黄江南）是第一次老青对话（那次嘉明去安徽开改革会要做报告，没有参加会见）；这次会后，有了第二次老青对话。这表明，青年人是为国家着想，是支持改革的，不是反革命。当时，大家的眼睛都看着中央的态度。第四，把经济研究和政策研究结合起来，确立了青年是政策研究的主力军。过去，其实没有政策研究，所谓政策研究室是大秘书班子，没有独立研究，负责给领导写文件和发言稿。从这次会上可以看到，青年人根据实际情况研究问题，提出政策建议。从那时起，政府开始注重政策研究了。"

不仅国务院总理找了几位青年，国务院发展研究中心主任马洪也找了他们。会后，很多人进入了政府体改部门，比如田源成为国家体改委委员。从西北来的年纪最小的参会者张维迎只有 24 岁，当时在读研究生的最后半年，这年 12 月，他去体改委报到上班了。会后，还有一批人去江西参加价格改革试点工作。

以前，青年人在社会舞台上一直处于被压抑的状态，哪个领域都由老人、权威占据着，论资排辈。比如，在《经济研究》发表文章的都是经济学界有名气的“权威”，青年基本不可能在刊物上露面。然而，经历了“文革”之后的思想启蒙，青年人有着强烈的参与社会变革的热情和愿望，其“指点江山，激扬文字”的抱负不输民国时期起于青萍草莽的大风英雄。

莫干山会议之后，“中青年”成为被社会广泛承认的改革时代新名词。在《经济研究》编辑部工作也是参会者的乔桐封说：“‘中青年’很快就成了气候，青出于蓝而胜于蓝。《经济研究》就是从那以后开始刊登青年人的文章。”

《经济日报》9月下旬辟专版“探讨经济改革中的理论问题——中青年经济科学工作者学术讨论会论文摘登”，他们刊登了天津市经济体制改革办公室郭振英的《自负盈亏与企业扩权》，内蒙古自治区党委政研室郭凡生的《谈谈技术的梯度推移规律》，中国人民大学工业经济系吴克的《计划管理中综合运用各种经济杠杆》，南开大学经济研究所常修泽的《从蛇口工业区的开发得到的启示》，上海科学学研究所夏禹龙、谭大骏、陈平、蔡乃中的《沿海开放地带的战略地位》，复旦大学世界经济研究所、世界经济导报社陆丁、张一宁的《引进外资引力何在》，清华大学、中国社会科学院研究生院的周小川、楼继伟、李剑阁的《价格改革无需增加财政负担》，西北大学经济系张维迎的《价格体制改革是改革的中心环节》，以及国务院价格研究中心田源、陈德尊的《关于价格改革思路的思路》等。其他报刊也有发表。

莫干山会效应像发射波，一波一波向外扩展。各地政府开始愿意吸纳青年学者的意见，鼓励青年人冒头。[7]河南省政府组织河南省经济咨询团，省长刘杰任团长，副省长何竹康任副团长，邀请莫干山会议中的一些骨干人员成为他们的咨询顾问，于1985年4月在政协礼堂举行聘请仪式，近百位青年经济学家济济一堂，开创了省一级领导和青年经济学家直接沟通对话、直接形成地区发展战略的先河。

讨 论 会
浙江莫干山 杭州照相馆摄

科学工作者学术

1984年9月浙江莫干山，中青年经济科学工作者学术讨论会合影。(赵明提供)

有识之士意识到，要把青年经济学家组织起来，为国家的改革开放献计献策，于是体改委组织了中国经济体制改革研究所，以及随后的北京青年经济学会、各地青年经济学会的成立都是这次会议的直接成果。各省“中青年”对于体制改革的研究也越来越多地介入。

会后，与会者照了一张合影，一共183人，女性代表17人(见拉页图)。

另有一张很多人在山路台阶上的合影，因为天凉和生病，许多人纷纷套上炊事员的白制服，形象颇为滑稽。

回过头来再看几位会议的发起人。

张钢因为忙于筹备，几乎没睡，会议后期，胃出血，13日由王小鲁和田源护送回京。不久，便做了胃切除手术。会议后的报告撰写工作，由徐景安、朱嘉明、黄江南组织完成。黄江南说：“七份报告，我主笔组织写了两份，一份是与蒋跃，另一份是与刘渝一起写的。”而对于朱嘉明，莫干山会议简直是刻骨铭心。9月12日，他在杭州讨论报告，13日给浙江省委省政府做改革报告，这时接“母亲病危”电报，当晚乘机回京。朱镕基也在同一架飞机上，彼此还有交谈。然而，他没赶上见母亲最后一面，从莫干山上给母亲寄的明信片竟由他自己接收。朱嘉明说：“莫干山会，农历八月十五，母亲之死，对于我是三个分不开的历史符号。”

朱嘉明还说：“所谓影响历史，是在这个意义上说的：它是时代的，是集体的。莫干山会议之所以成功，除了组织者搭起了一个平台以外，历史已经具备了水到渠成的条件，人们不仅对于改革有普遍的共识，而且经过5年改革，特别是1977年恢复高考以后，大学生、研究生开始成长，积累了相当多的人才，他们有超前的想法。风云际会，机缘巧合，否则，这个会既不会成功，也不会产生如此深远的影响。当时关于改革的很多好的想法和思路，并非来自一个人，常常是不约而同，来自很多人。此外，必须注意‘头脑风暴’的作用，相互刺激，互相启发。这是莫干山会的贡献。”

附 记

几位莫干山会议的发起人都已年届60岁，笑谈当年，还是那颗热情而年轻的心。至今人们还在不断地提起莫干山会，是因为会议的发起组织者，聪明巧妙地组合了各种支持力量和资源，把会办得有声有色，影响历史。

如果今天能横空出世几位30岁的青年，打破陈腐，引领一代新人，掀起思想浪潮，直面社会问题，推动社会进步，让30年后的人们回忆品评，那该多好啊！

时常，还能听到当年的参会者讲他们上山的趣事。这些故事在我脑海里，构成对那一代人，对那个时代了解的背景。

---

1. 2008年9月4日采访朱嘉明、张钢先生，9月18日采访黄江南先生。
2. "我没有找到筹划这个会议的更多细节信息，但从我手上仅有的资料显示，这个会议是3月份以征文的形式开始筹备的。"张军：《莫干山上的价格论战》，载《经济观察报》，2007年10月14日。
3. 凯瑟琳·奎塞：《体改所与政策制定》，香港，大风出版社，2008年5月第一版，第86—96页。
4. 周平、阎卡林、高善罡：《全国首次中青年经济科学工作者学术讨论会　探讨经济改革的重大理论和现实问题，勇于探索，深入分析，互相切磋，提出了一些值得重视的见解》，载《经济日报》，1984年9月12日。
5. 《新闻启示录》，编剧张光照，导演张光照、戚健，浙江电视台1984年摄制的电视单本剧。1985年度全国优秀电视剧（第5届）"飞天奖"单本剧一等奖，在上世纪80年代轰动中国。它记录了当年上海交通大学老校长邓旭初所推行的改革，还有浙江的改革先锋步鑫生等。《新闻启示录》遭遇了不同的审查意见。最终，在中央电视台播放，引起全国轰动，观众要求重播。
6. 徐景安：《"双轨制"改革的由来》，载《财经》，2008（5）。
7. 《上海市长邀请年轻经济学家参加论坛》，载《解放日报》，1985年1月19日；《湖北鼓励中青年知识分子冒尖》，载《人民日报》，1985年1月8日。

历史之棱镜——莫干山会议三十周年再记[1]

每年农历八月十八前后，是钱塘涌潮之最，排山倒海，声浪震天。刚刚下山的青年，聚精会神于潮涨之壮丽，意气风发，踌躇满志，眺望潮水涌来退去，对改革前景充满乐观憧憬。他们无法预见，往后三十年中国社会转型的潮起潮落那么惊心动魄。

1984 年 9 月 3 日至 10 日，在浙江莫干山上举办了一个全国性的会议——“中青年经济科学工作者学术讨论会”，史称“莫干山会议”。1978 年以来，与改革有关的经济理论研讨会不计其数，没有哪一个像莫干山会那样被持续关注，被视作可以发掘利用的遗产。国家发改委国际合作交流中心自 2012 年开始，每年 9 月在莫干山召开中青年理论讨论会；今年已是第三年，题目是“2014 年中青年改革开放论坛暨 1984 年莫干山会议 30 周年”。

莫干山会具备什么品质，有什么独到之处，怎么会产生这样的效果？ 2008 年，我根据采访和文字资料，撰写了《影响改革进程的莫干山会议——记 1984 年中青年经济科学工作者学术讨论会》一文。[2] 此后，在研究 1980 年代经济学家的过程中，得见更多相关的史料，深感莫干山会是个历史棱镜，可以折射出会议本身的有情有理、有神有趣，也可以折射出会议之后的风云变幻、人生冷暖，以及中国历史演变的有浮有沉、有明有暗。值此三十周年纪念再记，力求将所知的个人记忆融入整体，将零碎记录拼成图像。

创意、设计和组织

莫干山会并非自上而下、官方发起，而是一个自下而上、“民间发起”，得到体制内机构和一些开明人士支持的会议。其创意来自当时国务院技术经济研究中心的朱嘉明（1950 年生）和中国社会科学院工业经济研究所的黄江南（1950 年生）。他们是中国社会科学院现实经济系 1978 级研究生同学，此时职务是助理研究员。1978 年以后，随着“上山下乡”北京知识青年回城、上大学、读研究生，一些在“文革”期间开始思考中国现实和命运的青年人聚集起来，形成一个个讨论问题、调查研究的圈、组，或称“民间思想部落”[3]。比如：1980 年聚在一起的“四君子”[4]、“中国农村发展问题研究组”[5]，1982 年的“青年就业研究组”[6]，1983 年的“流通组”[7]、“国情组”[8]，以及“国民经济双周讨论会”[9]。栖息于这些群落的年轻人，遍及各个大学、社科院、中科院、报社及党政机关，形成了很强的力量和场，并且与上海、天津、武汉的年轻人遥相呼应。然而，朱嘉明、黄江南他们更希望出现这样一种局面，那就是在全国范围内，特别是偏远地区的有为青年也能参与到改革理论的研究和实践中来，他们把召开全国性的会议当作一个途径。[10]他们把这个想法最先说与刘佑成（1949 年生）和孙皓晖（1949 年生），时间是 1984 年 1 月，地点在杭州。刘、孙是陕西人，刘佑成从复旦大学获得经济学硕士，时任浙江省经济研究中心副主任；孙皓晖[11]是法学出身，在西北大学任教。他们设想把会议地点选在浙江，最好是莫干山。这年春天，朱嘉明、黄江南和《经济学周报》社张钢（1948 年生）去南开大学，和那里的朋友谈了关于莫干山会的具体设想。张钢成为会议筹备和举办的重要操持者。

朱嘉明和黄江南所在的国务院技术经济研究中心和中国社会科学院工经所的负责人是马洪（1920—2007）和蒋一苇（1920—1993）。虽然他们都是极有创造力、组织力的人，但是难以承担发起和组织全国中青年会议的责任。既然不能使用自己所在单位的名义，只能寻求外援，找发起单位，名正言顺地撑起这个架子来。在那时的中国，并不存在一个纯粹的“体制外”，也没有与国家相对应的“社会”，只有年轻人自己培育的自由组合空间。至于选择标准：一是处于改革先锋的新兴媒体；二是多家媒体联合发起。那是 1949 年以来少有的媒体宽松时期，创办一份报纸并不难。首先是《经济学周报》（1982—1989），它是由中国经济学团体联合会的发起人于光远、冯兰瑞（1920 年生）等创办的，王瑞荪（1925 年生）任总编；其次是安岗（1918—2013）、丁望（1926—2003）担任主编、副主编的《经济日报》——这份报纸 1983 年 1 月 1 日创刊，影响力和发展势头强劲。此外还有《中国村镇百业信息报》，它是由参与过中国农村发展问题研究组的青年白若冰等人于 1984 年刚刚创办的，是中国第一家系列报刊，由主报和系列专刊组成；曾任于光远秘书的刘与任主编的《经济效益报》（1980—1989）；老媒体有《中国青年报》、《中国青年》杂志和中央人民广播电台等。几家媒体都十分愿意承担发起单位的责任。与此同时，刘佑成争取到浙江省委省政府全力支持。私下里，中央书记处农研室主任杜润生向浙江省省长薛驹打了招呼。浙江省社会科学院和经济研究中心也作为联合发起单位，加起来总共十家，相当可观。

6 月 12 日，《经济日报》发消息：《本报等五单位将召开中青年经济学术讨论会，广泛征集论文邀请入选者作为正式代表出席》。与此同时，成立三个组：一是领导小组，由各发起单位负责人担任。[12] 二是筹备组，尽可能广泛地把在京机关中有密切联系的青年人囊括进来，包括各发起单位中年轻一代的干将。组长是张钢（经济学周报）；副组长是徐景安（1941 年生，国家体改委）、黄江南（中国社科院工经所）；组员有卢健（中央财经领导小组办公室）、周其仁（1950 年生，中国农村发展问题研究组）、高善罡（1955 年生，经济日报）、崔维德（中国青年杂志社）、陆薇薇（中国青年报）、朱杏清（1949 年生，世界经济导报）、周平（1952 年生，中央人民广播电台）、刘佑成（浙江省经济研究中心）、王小鲁（1951 年生，《中国社会科学》杂志社）、孙祥剑（国家经委财贸综合局）、胡世英（自学杂志社）、周小川（清华大学）和卢迈（1949 年生，北京经济学院）。三是论文组，组长是王小鲁、周其仁，副组长是朱嘉明、卢迈、宋廷明（1945 年生）、高梁（1948 年生）。[13] 参加阅稿的还有张少杰（1953—2011）、蒋跃（1958 年）、夏小林、高善罡等。[14] 临时办公地点在北京燕京饭店。他们几乎都是“知青”一代，身上有着“江湖”精神，不惜出力流汗。对收到的 1300 多篇论文，他们进行了七次评审[15]，不徇私情、不讲关系、遵守程序，最终挑选出 120 余篇。据高梁回忆：“整整一个暑假没有回家，看了一个月的稿。”张少杰做过一个统计，选中的代表按校别算，人大最多；按组别算，则是“流通组”最多。

8 月 27 日，《经济学周报》刊出：《长江后浪推前浪——中青年经济科学工作者学术讨论即将在浙江省召开》[16]。朱嘉明以该报评论员的名义发表《祝贺与希望》：

> 这是经济学界的一件大事。……
>
> 经济科学工作者队伍急需一大批新生力量来补充。召开中青年经济科学工作者学术讨论会，就是发现、汇集、扩大经济科学工作者大军的一个具体的行动。
>
> 这次讨论会，在开会方式上也有所改革。参加者的入场券是自己提交大会的论文。大会只以文取人，不计其他，入选者才能出席。会上也不是各念各的文章，文章另行印发，由会议选择几个我国社会主义经济建设中的重大理论问题和现实问题进行讨论。在认真讨论的基础上，形成若干建议。这样，会议的参加者不再是一些老面孔，给一些确有研究的中青年提供了施展才学的机会；同时，会散人走也留下了成果。可能这样的开会方法，也会为今后召开类似会议开创一种新的风气。

一切进行得有条不紊。进入会议阶段，筹备组和论文组转换成大会秘书处[17]及七个课题组召集人，加上原有的领导小组，构成保障会议顺利进行的金三角结构。八天会议中，秘书处编印至少四期《会议情况》。9月10日会议结束后，各组报告起草人赶写报告，15日就已完成七份专题报告，加上两个附件，共九份文件上报。国家体改委的徐景安在改稿和呈送过程中都起了重要作用。9月下旬，朱嘉明、黄江南等几位经秦皇岛去北戴河做了最后的修订工作，同行的还有《经济学周报》的马力和中央人民广播电台的周平等。[18]

课题组是围绕城市经济体制改革及相关问题设置的。按照论文内容和专业兴趣，将与会者分配在七个课题组内。第一组是宏观组，讨论经济体制改革中的宏观问题，召集人是国务院经济研究中心的马小冈；第二组是企业组，讨论工业管理体制和企业活力问题，召集人是重庆社科院周天豹和中国社会科学院工业经济所杨沐（1946年生）；第三组是开放组，召集人是国务院技术经济研究中心朱嘉明；第四组是流通组，讨论发挥中心城市多功能问题，召集人是商业部办公厅蔡晓鹏（1950年生）；第五组，金融组，讨论经济体制改革中的新课题，诸如金融市场、股份经济、劳动力流动等问题，召集人是中国人民银行研究生部蔡重直（1953年生）；第六组，农村组，讨论农村经济体制改革和城市经济体制改革的接口问题，比如农村产业结构变化、农副产品购销政策等问题，召集人是中国农村发展问题研究组周其仁；第七组，理论组，讨论基本理论问题，如政府职能等，召集人是《中国社会科学》编辑王小鲁和社科院经济所研究生高梁。

会议的资金来源，用今天的话说，就是“1980年代的众筹”。中央书记处农研室资助10000元，各发起单位资助1000—2000元不等，其支出项目主要是印制材料、会场、交通和伙食补贴等。[19]从8月15日筹备组寄出的会议注意事项中可见：“会议代表旅差费、住宿费回本单位报销”；“由于住宿安排条件有限，请不要提前到达”。[20]因为不负担食宿，所费并不太多。

在交通基础设施极为落后的年代，不仅办会不易，很多受邀代表前来开会的路程也殊为艰难。要不是看到一份记录，似乎那个时代的困境都被彻底淹没了。来自山东济宁印染厂的翟新华（1949 年生），9 月 1 日下午乘公共汽车一路站到兖州，买不到当日去往杭州的车票，四处托人，好不容易才登上了夜里 2 点的火车：

> 车上人多得出奇。不要说没有座位，就是坐在地板上的地方，蹲下去的地方都没有。站着也不能自主。人贴着人，脚挪动一寸就要碰到别人。车窗都关着，又闷又热，加上挤，人们都很烦躁，时有争吵。火车过了徐州，又过了南京，本以为到上海会有座了，不料，常州、无锡、苏州过了，上海到了，仍没有座。一直站到杭州。从凌晨 2 点一直站到下午 5 点，15 个小时，没有喝一口水，没有吃一个苹果，没有上一次厕所，同时大汗不止，口渴难忍。对我来说，这是历史最高水平，就是“文革”大串联，也没有此景况！[21]

东道主方面承担会务的主要是浙江省经济研究中心和社科院，组成有 24 名成员的会务组，打头的是后来担任浙江省体改委主任的章荣高。省政府汽车队、莫干山管理处各派出五位。他们竭尽全力。中秋节前两天，9 月 8 日，给大家发梨和苹果；10 日晚上加餐、赏月，为各组准备月饼、糖、瓜子，组织中秋之夜舞会。

组织这么大规模的会议，困难来自方方面面，只是从未听到任何当事人口里吐出过一个难字，完全是众人拾柴，热气腾腾的感觉。

与会者的草根性、广泛性及多元化特征

莫干山会议参加者的草根性、广泛性和多元化特征决定了会议的品质。而以为它是“精英”集会，是对历史的误读。何来与会者的草根性、广泛性和多元化呢？它是以在报纸上征文得到响应为基础的。

可惜1300多份应征论文的资料未有保存，难以对作者、选题进行分析。在通讯条件差，连电话和传真都未普及的年代，达到如此深而广的动员程度，是人心所向的反映。会议发起组织者创造性地调动各种社会资源，将大批名不见经传的学生、教师、研究人员、企业人员、军人，还有从中央到省、市、县，从中心到边远城市研究经济改革的青年人，组织在了一起。

针对“中青年经济科学工作者学术讨论会名单”，笔者对近180位代表，作了一个按地域、身份、行业的分类（表略），由此可以清楚地看到谁是会议的参加者。[22]

首先，区域分布广泛，涵盖24个省、市、自治区。90多人来自研究机构，或在校研究生；36人来自党政部门；12人来自企业；34人来自媒体。

第二，以青年为主，老、中、青结合。青年又以上世纪50年代出生，30岁左右，经历过“文革”、上山下乡，恢复高考之后考取大学和研究生的为主。研究生多是用自己的硕士论文来参选。像参与价格双轨制讨论的华生（1953年生）、何家成（1956年生）、张少杰、高梁、张维迎（1959年生）等，都是1982级研究生。中老年则包括：50岁以上的大约10人，最年长者是国务院技术经济研究中心副总干事马宾（1913年生），时年71岁；其他如安岗（66岁）、丁望（58岁）、冯兰瑞（64岁）等，以及浙江省省长薛驹（62岁），中共浙江省顾问委员会副主任崔健（66岁），省委常委、宣传部部长罗东（53岁），省社会科学院院长沈善洪（1931—2013，53岁），浙江大学党委副书记周文骞（1931年生，53岁）。他们的出席既为年轻人保驾护航，也有借青年之锐气造势，推行改革之意，渴望从这些“自命不凡”、敢想敢说的年轻学者包括研究生那里听取新思想、新知识，也感受新会风。

第三，中央和地方党政机关人员的参与。从北京来的有中组部、中宣部，中央财经领导小组，中央书记处农研室，国家计委、国家体改委、商业部，北京市委、市政府、北京西城区等机构工作人员。浙江省更是倾巢出动：除了省长、宣传部长，社科院院长，浙大副书记，还有省委宣传部、办公厅、组织部、体改委、省经济研究中心、浙江人民出版社、浙江社会科学学会联合会。浙江省还有二十余位特邀代表和列席代表，分属研究机构和省委省政府。

特别值得一提的是国务院总理秘书李湘鲁（1948 年生）和国务委员兼国家经济委员会主任张劲夫的秘书孔丹（1947 年生），以及中央书记处农村政策研究室王岐山（1948 年生），他们起着上引下连、穿针引线、内外呼应等无可替代的作用。虽然 1983 年的“清除精神污染”运动时间不长即被叫停，但是，政治经济上的保守力量，对改革或充满疑义或反对者，对于此次青年们大张旗鼓讨论经济改革理论与实践问题，是特别盯牢的。国家体改委就有领导顾虑这个会是媒体与民间组织的，因而劝体改委宏观规划组的徐景安不要参加，但是徐景安执意赴会。会议组织者十分清楚局势，既保障安全，又不失锐气，尽量使会议有利于改革的整体事业。众多党政机关人士的出席，无疑给他们增添了底气、合法性和保护色。这些与会者没有官气，谦恭，行事低调，平等讨论，甚至忘乎所以地争论。中组部青干局还带来一张由中组部、中宣部、国家人事局制作的“社会科学专门人才登记表”，请与会者登记，想发现和聚焦人才。

第四，媒体代表。参与会议的媒体本身就是改革的产物，为改革鼓与呼是他们的使命。特别是经历了“反右”、“文革”之后的老报人，重新拥有一块媒体阵地时，思想已十分成熟，且有魄力和经验，深知如何给予青年人最有力的支持。以《经济日报》为例，安岗和丁望总是说他们义不容辞，要给予青年人最好的“后勤”保障。会后，《经济日报》辟专版先后刊发莫干山会议文章 18 篇。在共同的理想追求下，学界与媒体相得益彰。

第五，企业代表。会议邀请了 12 位来自企业的代表，他们是国有企业体制中潜藏着“企业家”精神的思变之人，像西单商场的赵聚武、泰州炼油厂的阎卡林、山东济宁印染厂的翟新华等。

覆盖城市改革的七个专题

即便三十年后回过头再看，莫干山会议的主题和七个课题组的设计，都不得不说既有新意，又从现实出发，覆盖了改革所面临的各个领域。这是会议的“骨架”。而把问题讨论透、讨论充分，而不是开那种流行的“神仙会”、说“神仙话”，确实需要创造新式的开会方法。在这方面，莫干山会议无疑是“创新”：会议论文只是入场券，会议期间不宣读论文。

9 月 3 日一早，已在杭州报到的代表 4 点多起床，乘车行 80 多公里上莫干山。开幕式于 9 点钟在莫干山 450 号大教堂旧址内举行。上午发言的是东道主浙江省省长薛驹、《经济学周报》主编王瑞荪和国务院技术经济研究中心副总干事马宾。下午发言的有中宣部理论局副局长贾春峰（1938 年生）、中组部青干局闫淮、大会秘书长张钢，以及国务院体改委徐景安等。

王瑞荪和贾春峰的讲话给人印象较深。王瑞荪说 :“改革实践提出许多新情况、新问题，需要从理论上和实践上给予回答。老一辈经济科学工作者在丰富的现实生活中获得新的动力，也涌现出一批中青年经济科学工作者……这次会议是建国三十五年以来第一次中青年经济科学工作者的学术讨论会。我们希望……能够体现出讲求实际、追求真理的科学精神；能够体现出‘百花齐放、百家争鸣’的民主精神；能够体现出‘五湖四海’、同心同德的团结精神；能够体现出不屈不挠、勇往直前的进取精神。”[23] 贾春峰的发言题目是《时代的召唤，崇高的责任》。“对于改革实践提出的许多课题，在过去的书本上是找不到现成结论和具体答案的。这就需要运用马克思主义的世界观和方法论，对于错综复杂、急剧变化的现实经济生活进行科学的分析和研究，从而作出新的理论概括。这种研究，是需要付出巨大心血的崇高的科学工作，要有献身精神、求实态度、创新勇气和科学的思维方式，绝不能复述已有的结论，或者在经典著作中寻章摘句、机械套用某些原理所能完成。

改革的实践日新月异，现实生活在大踏步前进。”“大变革要注重理论的大发展，也必然促进理论的大发展。”[24]

并没有例行的大会发言，就进入三天分组讨论，之后才是大会，然后再回到小组，归纳整理课题报告。它既是开会，又是共同研究、完成课题的过程。以第二组日程安排[25]为例：

> 9月3日，上午、下午参加全体大会。晚上开碰头会：1）自我介绍、相互认识；2）谈谈自己的参会想法（5分钟）；3）介绍小组讨论日程安排的设想。
>
> 9月4日，全天小组讨论：1）工业企业自负盈亏、自主经营的实质和含义；2）怎样使企业的盈余和职工的自身利益相结合；3）社会主义国家是否要有破产法，为什么？
>
> 9月5日，全天小组讨论：1）我国工业企业的自负盈亏可采取哪些不同的模式；2）以指令性计划为主的大型骨干企业是否可实行自负盈亏；3）我国工业企业实行自负盈亏可采取哪些步骤？
>
> 9月6日，全天小组讨论：1）工业部门管理和工业行业管理的主要不同点；2）加强工业行业管理的现实意义；3）工业行业管理应有哪些内容和形式？
>
> 9月7日，上午大会发言，下午小组讨论。
>
> 9月8日，小组讨论：1）当前工业行业管理的情况，什么是急需改革的问题；2）加强工业行业管理的步骤和措施；3）加强行业管理和发挥中心城市的作用的关系。
>
> 9月9日，小组讨论：1）讨论并通过小组的讨论《课题汇报》——a. 关于工业企业自负盈亏问题的探讨，b. 关于实行工业行业管理的设想和建议；2）当前妨碍我国工业技术进步的主要因素有哪些？3）在体制改革中我们能采取哪些措施加快工业技术进步。

这里，非常有必要对莫干山会议的分组顺序及各组论题作个简略叙述：

第一组，宏观组。聚焦于价格改革，认为现有价格体系有两大弊病：一是官定价格太多，二是价格结构不合理，彻底价格改革的时机已经成熟。针对价格改革的目标模式、原则部署和相关的财政、物价水平、工资和计划体制的配套措施，有三种意见：（1）强调以调为主，以放为辅，即对能源、原材料、重要农产品和公用事业费价格必须管住，对其他一、二、三类产品价格能放的，而且市场有可能调节好的就放。（2）以放为主，以调为辅，认为上述基本产品有的也可以放，尤其是替代弹性较高的产品，要管的只是那些震荡大而替代弹性小的产品价格。同时，对所有放的价格以分次逐步扩大幅度的浮动价格形式过渡，从长远看，实行计划指导下的自由价格。（3）先放，然后放、调结合，经五六年时间达到该放的放开，该调的调好，以便在某些产品上实行官价与自由价并存的价格双轨制。[26]

第二组，企业组。集中讨论关于国有企业改革的基本方向和启动点，关于“利润留成”和“股份制”两种改革方式，关于国有企业破产问题。题目似乎不够刺激，却是最重要的课题，这些问题是建立所谓现代企业制度、废除国家所有制的根本问题。

第三组，开放组。这是一个东西对话的阵势，成员来自沿海开放地区和西部地区，有上海的陈申申、陈乐波、陈平、蔡乃中，天津的杜厦、李罗力、金岩石、常修泽、郝一生、杨海田，广州的张向荣，香港招商局蛇口工业区的梁宪等，内蒙古的郭凡生、曹征海，陕西的张宝通、刘安等。来自北京的朱嘉明作为召集人，有点居中裁判的味道。讨论涉及面相当广泛：（1）扩大开放战略，包括建立以市场调节为主的经济环境，通过市场机制为外资企业的生产经营活动提供保证，打破条条与块块束缚，允许各种类型的经济实体对外进行经济活动，颁布各种经济法规、法令，在条件不成熟时颁布临时措置法或试行方案。（2）沿海开放和中西部地区开发的关系。形成了由东到西的“梯度开发理论”和“反梯度开发理论”，以及在内地“中心开花”理论之间的争论。郭凡生是“反梯度推移理论”的代表人物。该组的专题报告提出：“沿海对外开放，内地也应对外开放，是一个大宏观决策，需要国家统筹考虑”。[27]（3）金融、外汇管理体制，集中讨论在对外开放形势下的汇率制度改革问题。提出在短期内将双重汇率向单一汇率靠拢，实施有限浮动性汇率和差额财政出口补贴。特别是，建立一揽子加权平均指数以取代人民币只钉住美元的做法。（4）特区货币问题，包括特区货币的特征，与主权货币的关系，管理体制。虽然最终没有发行特区货币，但是这一讨论对后来的金融货币体制改革还是具有参考意义。

第四组，流通组。主要集中在讨论如何发挥城市多种功能：（1）城市功能发挥和建立全国统一市场之间具有相关性，为此需要全方位开发城市多种经济功能，不能依靠行政力量组织，只有依靠市场机制。（2）政府在发挥城市功能方面的作用，主要包括改革城市基础设施，建立人口自由流动制度，推动城市发挥贸易中心、资本中心、金融中心的作用，并建立相关的法律体系。所以，中央对地方的考核指标不应该仅仅是工农业总产值。因为为了完成总产值计划，会耗尽城市的全部力量，阻碍和压制城市多种功能的发育。（3）调整城市产业结构，改变单一工业生产功能大城市，着力解决交通拥堵、环境污染、水电煤气供应不足、生活质量下降等严重问题，着力发展服务部门。（4）实现理论上的突破，纠正那种认为只有物质生产部门才创造价值，不承认城市多种功能和第三产业对社会利益的贡献的思想。[28]

第五组，金融组。召集人是中国人民银行总行金融研究所的蔡重直[29]，成员有刘渝、齐永贵，广东深圳市国际信托投资公司的沈水根，武汉大学经济系的肖帆等。重点讨论“我国经济体制改革和商品生产对金融提出了哪些最为迫切的要求”、“我国应建立什么样的金融体系”、“当前金融改革主要抓哪些环节”等问题，以及“区域性金融中心”和“开放金融市场”问题，由开放金融市场（资本市场）引发的“股份经济”问题。[30]

第六组，农村组。主要成员是中国农村发展问题研究组和中央书记处农研室成员，如王岐山、陈一谘、裴长洪、白南生、左芳等，讨论的主要问题是：(1)如何判断农村改革和发展总体形势；(2)改革农产品(首先是粮食)购销体制，新型粮食流通渠道和粮食部门经营模式；(3)农村产业结构。[31]该组就粮食问题提出的建议是：粮食收购倒三七计价后实行限额收购；把财政对粮食的补贴下放到省，由省灵活使用；在当时，国家粮食库存保持在1000亿斤左右为宜。[32]

第七组，理论组。讨论集中在：(1)经济体制改革的总体设想；(2)政企分离及国家的经济职能；(3)所有制形式以及经济模式选择。他们认为，国家的经济职能并不等于用行政办法管理经济，政企分离就是要改变过去企业隶属于国家行政机关，缺乏相对独立的生产经营自主权力和相对独立的经济利益的状况，而政企不分的根本原因在于国家所有制。[33]

近年来，"价格双轨制"、"发明权"的争论，和相关人员获得经济理论创新奖，引发了媒体关注。"价格改革"，确实是1984年前后迫切需要求解的现实问题，会上的讨论和建议受到了张劲夫的赞赏，并呈总理且得到批示。但是，价格双轨制讨论仅仅是莫干山会议的一个问题。如果将这个会议的成果只局限在这一个问题上，而不了解会议对其他问题的讨论和贡献，则是莫大的误解和偏差。

挂牌讨论，是莫干山会的一大发明，即任何人可以提议讨论某个问题、陈述理论，经过大会学术组认可，即可挂牌讨论。6日晚上，第一组的挂牌讨论达到高峰。据马小冈回忆："我这个召集人不得不采取发言限时15分钟的规定，到点敲茶杯。其他组代表纷纷跑到我们组加入论战，挤一百多人，许多人站着。我把茶杯几乎敲碎，无法阻止激辩。"[34]原《经济学周报》的马力对那个场景印象深刻："人多得啊，里屋小，桌子板凳，大家挤在上面，连外屋都堆满了人。大家使劲吵，各种观点的人在争吵中做了修正，最后，谁都不是完全固守原来的观点。"她提到一件趣事：张维迎陕西口音特重，让人听不懂，能在会上发言吗？她去问张维迎。张维迎回答说自己行，"都答辩过了，还得了优呢"。

会议进行到第六天，9 月 8 日，领导小组、各组召集人和会议秘书处召开了一次碰头会，对前一阶段进行小结。好在有历史记录，让我们得见这些前辈对会议的观察和评论。丁望发言说："会议的性质还是学术会议，衡量会议成果要用多方位尺度，如青年人有许多好的思路是成果，各地把会风带回去也是成果。不要把全部精力都放在上书上。"冯兰瑞则说："讨论侧重建议当然很重要，突出了从实际出发；另一方面，从实际中提出一些政策的理论问题，让同志们回去研究。学术讨论会都是政策也不成。"王瑞荪说："这次会议不同的就是从当前社会主义建设和改革的现实问题出发，提出解决问题的看法和建议。因此，难度比较高，要求熟练运用理论，判断分析问题，因而会议有深度，交锋激烈。这样开会，值得学术讨论会提倡。从政策上提出某些建议是符合改革要求的。"浙江省经济研究中心主任张奇说："我们省正在搞城市综合体制改革，探讨如何发挥中心城市多功能问题，如何把企业搞活。"浙江省社科院经济研究所所长的发言是："我们准备召集浙江的同志开个会，讨论应当吸取什么。"中央办公厅李应堂说："大家为此绞尽脑汁，常常讨论到深夜，很晚才休息，看到青年人的活力。在讨论中是平等的，谁也不去压谁。"[35]

总的来说，莫干山会是讨论企业改革、价格改革、股份制、金融市场、中心城市多功能、政府职能转变等一系列涉及城市改革关键问题的会。从以上七个组的讨论内容不难看出这样三个特点：一是务实，从国情出发。二是自由讨论、观点交锋，不讲套话废话，畅所欲言。虽然从计划经济向市场经济的转型已经悄然开始，但是，计划经济的影响力依然强大，官方话语还守着"计划经济"，会上却很少囿于教条。并且，在开放之初即在讨论深层开放问题。三是有学术精神。讲经济理论，讲学术根据，创造出一个自由的学术空间。

如果说会议有主导者的话，主导者主要是那些已经大学或者研究生毕业，进入工作岗位的人。发起、组织者与大多数参会者是同代人，年纪相仿。他们在历史的呼唤下作出了呼应，再将这种呼应作为新的信号发送出去，得到更大范围的响应，从而成就了这一跨越空间、地域、行业、职阶的，全方位的协作。

响彻山谷的大合唱[36]

这是2011年5月29日高梁在张少杰追思会上说的："少杰，还记得莫干山上彻夜的讨论，和响彻山谷的大合唱吗？"催人泪下啊！那是当年9月10日中秋节晚上聚餐，他们理论组的同伴喝了很多酒，醉了，回到所住的小楼使劲侃，使劲唱，把能想到的歌全唱了一遍，直唱到后半夜。用"响彻山谷的大合唱"来描述莫干山会的本质再恰当不过了，不是独唱，没有明星，是合唱。三十年后的今天，如果说莫干山会值得纪念，那么纪念的不是媒体上重新塑造的莫干山会，而是昔日响彻山谷的大合唱。

纪念不是为了荣耀，是为了怀念。曾经发出天籁之音响彻山谷的合唱队，已经零落，缺音少人。先是逝者——当年意气风发的前辈安岗、丁望，风华正茂的中青年周天豹、高小蒙、白南生、齐永贵、张少杰、陈一谘等相继离世。再就是老者——倾心支持青年的百岁老人马宾、90岁的冯兰瑞，和众多进入古稀之年的兄长。还有令人感叹的人生之歧路：居庙堂之高，处江湖之远。有的老病交加，有的漂泊海外，有的回归山野，有的被迫中断学术生涯，还有一些人被边缘化或自我边缘化，被迫沉默或选择沉默。无论世事如何纷繁，在每个人心底想必都还存有难以割舍的一份莫干山情怀。

其次，不是为了"大道理"，是为了情谊。有一段佳话：中国农村发展问题研究组的白南风和中国社会科学院研究生张少杰在山上一见如故。下山之后，少杰给南风写信说：你到我们这儿来，烟管够，侃大山。于是南风去了。再之后，南风带少杰去王小鲁家，见到随总理出访而未上山开会的中国农村发展问题副组长王小强。1985年当少杰研究生毕业时，选择了加入这些气味相投的朋友和事业，进入体改所担任微观室主任，成为企业研究领域的学术带头人。南风作为少杰儿子的义父，去年代亡友赴美参加儿子毕业典礼。在情谊之后是彼此价值观的认同，肝胆相照。上山与下山，冷与热，中心与边缘，对于这一代莫干山人习以为常。

第三，不是为了个人记忆，是为了群体的历史。它是在“文革”后老人复出占据学界、论资排辈的时代，打破陈规、开天辟地的会，是一场头脑风暴。除了那么多小组会、全体会，以及打破组别的挂牌讨论等等规定形式外，还有各式各样的会中会、会外会，各种各样组合的夜谈。这里简直就是一个“思想市场”，人们张着眼睛和耳朵，吸取、学习、思考。会外会是另一种精彩。

莫干山会议是一次知识共同体的聚合和创造。将个人的记忆组合起来，拼凑整个图景，是为了开掘和拓展其思想资源。据说索尔仁尼琴说过这样一句话：“总盯着过去，你会瞎掉一只眼；然而忘记历史，你会双目失明。”在现代传媒之下，某些未经佐证、按照个人记忆的反复言说，有可能会出现过分美化和突出自己在历史上的表现，导致历史事件总体失真。

如果说，莫干山会存在什么历史遗产的话，绝对不仅仅是曾经为改革献计献策，曾经得到总理批示，曾经对改革决策发生过影响，也不仅仅是什么经济学和其他学科的学术性贡献。道理很简单，莫干山会所讨论的议题，无论在当时的历史条件下多么重要，随着时间推移，要么不复存在，要么过于陈旧，要么无法跨越。三十年前经济学和其他学科的训练不足，在理论体系和方法方面，存在显而易见的局限性，难以产生具有国际意义的理论突破和创新。固然莫干山的与会者中有一些今日之人物，但是，仅仅因为这些人物而津津乐道显然难以持久，因为单一的色彩经不起反复渲染。那么，什么是莫干山会的历史遗产？莫干山会的历史遗产其实是一种精神，一种传承与越王勾践的卧薪尝胆和奋发努力，通过“十年生聚，十年教训”，用二十二年打败号称春秋五霸之一吴国的精神。这是接地气、有底气的一代人。

1984 年的中国，刚刚告别“文革”八年，计划经济和人民公社制度还在，在人民币价值被严重高估的情况下，人均国民生产总值不足 300 美元，排名世界 120 名之后，是一个贫困的“超级大国”。这些与会者经历了压抑贫困的漫长岁月，有独立思考的能力和追求真理的勇气，渴望中国的全面现代化，并且相信改革开放是唯一选择。莫干山会为他们提供了一个平台，没有思想禁锢。他们把一个个历史课题抛向天空，再给以回答。莫干山会将青年人推上历史舞台，使新生的改革力量得以聚集，从而改写了 1980 年代各种社会力量的版图。

每年农历八月十八前后，是钱塘涌潮之最，排山倒海，声浪震天。莫干山会散会那天是 9 月 10 日，农历八月十五。第二天，9 月 11 日早晨 8 点，与会者乘车前往海宁，赶在下午 2 点观大潮。刚刚下山的青年，聚精会神于潮涨之壮丽，意气风发，踌躇满志，眺望潮水涌来退去，对改革前景充满乐观憧憬。他们无法预见，往后三十年中国社会转型的潮起潮落那么惊心动魄，走向市场经济、民主法治和社会公正的道路那么曲折艰辛，历史和社会的代价是那么沉重。尽管如此，莫干山人的独立思考能力和追求真理的勇气，却不会因为转型过程的困苦而失去价值。

1．原载 2014 年 9 月 8 日《经济观察报》。

2．即本书中上一篇文章《横空出世的莫干山会》。原文 2008 年 10 月 24 日发表于《经济观察报》，发表时题目被改成《莫干山会议真相》。

3．钱理群语，见钱理群为孙方明著《潮聚潮散——记中国农村发展问题研究组》（大风出版社，2011 年）所写的序言。

4．翁永曦、王岐山、黄江南和朱嘉明自 1980 年至 1982 年，合作五篇文章：1.《关于我国当前经济形势和国民经济调整问题的若干看法》；2.《关于我国经济调整与改革若干阶段问题的看法》；3.《对我国农业发展问题的若干看法》；4.《关于当前我国国民经济问题的若干看法》；5.《思考与选择》。起初他们被称作"四签名"，后来被称作"四君子"。

5．中国农村发展问题研究组（简称发展组）于 1980 年底组建，陈一谘任组长，何维凌、王小强等任副组长，主要成员是在校大学生。该组运行到 1985 年一分为三，一部分人转入国家体改委中国经济体制改革研究所，研究城市改革。

6．青年就业研究组于 1982 年成立，蔡晓鹏任组长，李振宁、张学军、卢迈为副组长，主要成员为各校研究生。

7．1983 年，王岐山将"青年就业研究组"转变成"流通组"，直到 1985 年。蔡晓鹏任组长，成员皆研究生。

8．1983 年 3 月，陈子明、姜洪和石小敏创建国情组，后更名"国情与青年发展研究组"，当年"清除精神污染"运动后被取缔。

9．北京的青年人自发组织的定期讨论，参加者有大学生、研究生、研究人员、记者、教师和机关干部等等。

10．据原南开大学经济研究所李罗力回忆："朱嘉明最早提出召开这个会议的具体设想，就是他到天津与我们这些朋友见面后产生的想法，认为不仅要把北京的中青年学者动员起来，还应该把全国的有志于中国改革开放的中青年经济学者都发动起来。因此，他在回北京的火车上提出了筹备召开全国中青年经济工作者会议的最初构想。"（《李罗力：追忆 1984 年莫干山会议》，作者汪时锋，《第一财经日报》2012 年 8 月 13 日）所说天津之行是在 1984 年春天，朱嘉明、黄江南和《经济学周报》的张钢同行。

11．孙皓晖著有六部十一卷《大秦帝国》，河南文艺出版社，2008 年。

12．领导小组成员即各发起单位代表，他们是：《经济日报》社总编辑安岗、副总编辑丁望，《经济学周报》编委会主任冯兰瑞、主编王瑞荪，中央人民广播电台理论部张学廉，《经济效益报》主编刘与任，《中国村镇百业信息报》白若冰，《中国青年》杂志、《中国青年报》副总编王文起，浙江经济研究中心主任张奇，以及浙江省社科院经济所所长方民生等。

13．徐景安莫干山会议筹备资料，来自徐景安个人空间。

14．据常修泽《史料版 1984 年莫干山会议》，共识网 2013 年 6 月 8 日。

15．根据《经济学周报》主编王瑞荪在开幕式的发言，油印件。

16．张钢撰写。

17．与筹备组人员有个别出入。会议秘书长是张钢，副秘书长是刘佑成、徐景安、黄江南；成员有：章荣高、陈晓玲、杨沐、朱嘉明、卢健、蔡重直、周其仁、王小鲁、高善罡、周平、朱杏清、陆薇薇、王晓华和崔维德。资料来源：会议油印件。

18．根据对马力的采访和相应图片资料。

19．根据徐景安公布的资料，载于徐景安博客。

20．会议注意事项：1）会议报到时间1984年9月2日；2）报到地点：杭州市红楼招待所；3）会议代表旅差费、住宿费回本单位报销；4）会议伙食补助费由会议费支出；5）由于住宿安排条件有限，请不要提前到达；6）入选代表通知书不得转让他人；7）请准备所在组讨论问题的有关材料；8）会后，9月11日，将组织活动一天；9）会议接待组在杭州车站、民航售票处设立接待站；10）将到达杭州的时间、车次、航班提前电告浙江省社会科学院办公室。来源是油印件。

21．根据翟新华笔记。

22．按照实际参会增加了原来名单上没有的李湘鲁、孔丹等；而有的未参会者，名单上则没有去掉。

23．根据讲话稿，油印件。

24．同上。

25．《第二小组讨论日程安排》，油印件。

26．根据《会议情况二》，油印件。

27．根据常修泽《史料版1984年莫干山会议》，共识网2013年6月8日。

28．根据《会议情况二》，油印件。

29．蔡重直、刘渝、齐永贵均为中国人民银行研究生部研究生。

30．根据常修泽《史料版1984年莫干山会议》，共识网2013年6月8日。

31．根据常修泽《史料版1984年莫干山会议》，共识网2013年6月8日。

32．根据《会议情况二》，油印件。

33．根据《会议情况》，油印件。

34．马小冈《从莫干山到京丰宾馆》，《炎黄春秋》2012年第9期。

35．根据《会议情况四》，油印件。

36．2011年5月29日高梁在张少杰追思会上的发言："少杰，你离我们而去，你的同学们、同事们、朋友们都为你惋惜。你还记得在研究生院831宿舍面红耳赤的争论吗？还记得在三岔子、鞍钢和沈阳冶炼厂对中国大工业的感叹吗？还记得莫干山上彻夜的讨论，和响彻山谷的大合唱吗？还记得八九年的寒冬，互相鼓励共渡难关的情景吗？少杰，我们会永远怀念你。"

天津会议：腾飞的构想[1]

> 我们的愿望是要超过莫干山会议。借着改革的东风，充分利用当前改革为我们提供的历史舞台，承担起时代赋予中青年的历史使命。

“《腾飞的构想》，这是一个多么美好的名字！”《经济日报》社长安岗先生写下这句话时67岁。这是他为1985年4月在天津召开的全国中青年经济改革讨论会（以下简称“第二届中青年会”），获奖论文选集所写序言的第一句话。这样美好的表达是属于那个年代的，一个虽不富裕却热血沸腾的年代。《腾飞的构想》是1949年来中国第一部中青年经济论文集。

半年前，1984年9月的莫干山会，是第一次全国中青年经济科学工作者的学术讨论会，从会前天下招贤、以文选人，会上自由讨论、唇枪舌剑，会后献计献策、备受瞩目，青年人漂亮登场。而它的成功，也给人意犹未尽之感。这为半年后的第二届中青年会埋下了伏笔。

在莫干山上，除了人们比较熟悉的关于价格改革的争论及其主角，还有一支活跃力量，就是对外开放组的“天津人”。虽说组长朱嘉明是北京的，主要成员则是南开大学的常修泽、李罗力、杜厦、金岩石，和天津社科院的郝一生。天津有开放传统，此时正在起飞，他们和团市委书记，后任开发区管委会主任的张炜是同龄人和朋友，参加了开发区建设规划论证，1984年，参与写作了《对天津滨海经济开放区建设的一些设想和建议》（蓝皮书）和《深圳经济特区调查和经济开发区研究》。常修泽提交会议的论文是《蛇口工业区开发及其对中国的启示》。起初，他们被分散在各组。他们商量要集中优势兵力，否则天津的力量就被淹没了。因此，提出来都到对外开放组，但是会务组不准。这晚，会议室的门被推开了，先进来三个一米八的大个儿，打头儿的是杜厦，接着李罗力、郝一生，金岩石在后。他们向会议组织者重提要求。有一说，从这晚，有了四条汉子的名声；另一说是《南开周报》头版头条报道他们参加莫干山会，四条汉子由此得名。

他们早就聚在一起搞读书会了，取名“南世中”，南开大学世界经济与中国读书会，每次读一本书，写一篇书评，比如，评托夫勒的《第三次浪潮》、评福格特的《生存之路》、评弗里德曼的《自由选择》。经济研究所领导谷书堂、熊性美都喜欢和支持这些朝气蓬勃的青年。这是南开传统。半个多世纪前，毕业于耶鲁大学的何廉受张伯苓校长之邀，来南开创办经研所，那时留洋归来的教员都是30岁年纪。“青年总是可爱的”，是何先生的名言。金岩石说，“我们聚在一起的目的就是要表达世界与中国应该联在一起，中国应该成为世界当中的一部分，而且能够成为主角。”李罗力（37岁）、金岩石（29岁）下过煤矿，79级研究生；杜厦（36岁）内蒙古插队，78年考学，第一个计量经济学研究生；郝一生（31岁）当过兵，78级；常修泽（39岁）79年进南开做研究，兼谷书堂学术助手。

杜厦说，“在莫干山上，我嗅到了一种味道，最优秀的中青年都在为政府服务，这不应该是经济研究的主要部分。我想开一个有所不同的会。”他把这个想法跟参与主办了莫干山会的《经济日报》社常务副主编丁望说了。丁望时年58岁，30岁时，就担任《中国青年报》副主编了。这是个一生创业不止的人，无条件地支持青年人。有人说，“他的创业故事的主人公都是青年人，而他永远是青年人最大的后台老板。”这话说得好！丁望串联了国务院经济研究中心、中国经济体制改革研

四人合影，从左至右杜厦、李罗力、常修泽、金岩石。（贾增玉提供）

究会、中宣部理论局、红旗杂志社联合主办。所以，杜厦一再说，把这个会从组织上变成现实的人是丁望。

莫干山会后一个月的中共十二届三中全会，通过了《关于经济体制改革的决定》，提出："社会主义计划经济……是在公有制基础上的有计划的商品经济。"保守派有"计划经济"，改革者有"商品经济"，各有所依。第一次在中央文件里明确"商品经济"，给改革者很大鼓舞，也给第二届中青年会的筹备者很大鼓舞。常修泽说，虽然两届会相隔半年，因为隔了三中全会，其背景泾渭分明。

青年义气，有"北京人"不买"天津人"账，觉得他们狂妄。而如果没了北京支持，没有来自社科院、农发中心的几家中青年，这个会就意味着失败。一介书生，地处天津一隅，没有资源，没有地位，却要"号令全国中青年"。杜厦通过中学同学黄江南引见，去北京见了国务院农村发展研究中心的王岐山，赢得他的支持。丁望还带着杜厦找天津市委书记倪志福寻求帮助。

1985 年 1 月 29—30 日，天津警备区司令部招待所里在开第二届中青年会的筹备会。到会的有：中宣部理论局副局长贾春峰、《经济日报》常务副总编丁望、社科院工经所黄江南、国务院技术经济中心朱嘉明、国务院价格研究中心田源、《中国社会科学》王小鲁、中国体改所张维迎、《自然辩证法通讯》金观涛、内蒙古党委政策研究室郭凡生、浙江省体改办章荣高、厦门大学张维平、河南省社科院巫继学、陕西省社科院张宝通、共青团天津市委副书记邢元敏等。负责会务的贾增玉保留的工作笔记，记录了杜厦的讲话："莫干山会是全国中青年第一次精英荟萃，给人留下了难忘的印象，这就使这次会议的难度加大。我们的愿望是要超过莫干山会议。借着改革的东风，充分利用当前改革为我们提供的历史舞台，承担起时代赋予中青年的历史使命。"杜厦雄心勃勃，"天津的同志还有一个想法，使中青年加强团结，形成一种单干所不能及的浩大力量，这个力量足以左右经济局势，影响理论家和企业家，基本上结束过去那种关门读书做学问的局面，使我们更深刻地认识到自己的力量，从自在到自为。"这些受邀的津外人，都是支持和宣传第二届中青年会的主力。

以文选人。收到了 2615 篇论文，先组织青年教师和研究生看，初选出 1000 份左右，装在几个麻袋里运往北京。论文评审组组长常修泽、金岩石、姚林（34 岁，南开经济系讲师）住在红旗杂志社招待所地下室一个星期。姚林说："没白没黑的。"岩石说："很多人记得我的功劳，名字盖上，闭卷，避免走后门。"最终选出 125 篇。此外，还有回避制度，天津作者的论文，由北京人评审。

还有一个了不起的举动是要创办《中青年经济论坛》，并且要给人们一个惊喜，开会时就要让代表拿到创刊号。两家主办单位《经济日报》和天津团市委鼎力相助，一些新兴企业家，像鲁冠球等，还有天津青年实业联合公司都出了些钱。

经过紧锣密鼓地准备，大幕终于拉开。1985 年 4 月 14 日在天津宾馆，天津市委、政府、人大、政协的第一把手全来了；南开校长滕维藻（1917—2008）、经济学院院长谷书堂（1925—2016）、经济研究所所长熊性美

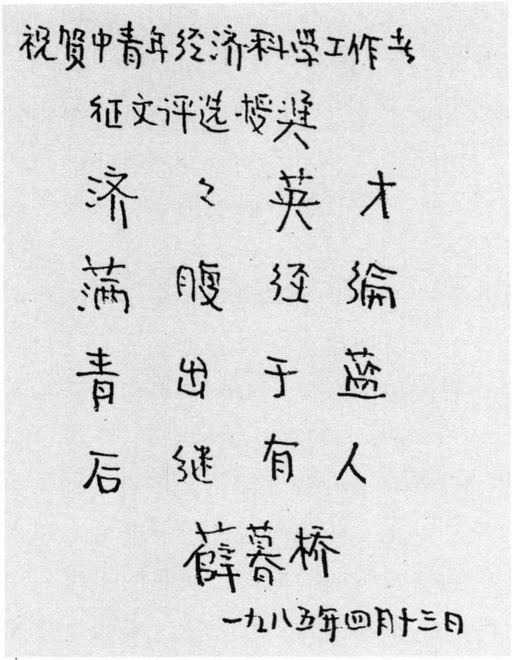
祝贺中青年经济科学工作者
征文评选授奖
济々英才
满腹经纶
青出于蓝
后继有人
薛暮桥
一九八五年四月十三日

薛暮桥贺词。

（1926—2015）也在座，来自全国各地的代表有 250 人。大会秘书长杜厦宣读薛暮桥先生头一天写的贺词，4 句 16 字，可是临上场，他突然发现忘带词儿了。他赶紧让常修泽回忆，常凭记忆默写出了后 3 句“满腹经纶 青出于蓝 后继有人”，怎么也想不起头一句“济济”之后是什么，情急之中写下“济济一堂”。白纸黑字，杜厦上台朗读，“全场热烈鼓掌，气氛造得很好。感谢老经济学家提携支持。”常修泽边笑边讲。应为“济济英才”，错了两字。忙中出乱，也才有趣儿。

会开了六天，19 号闭幕。田源代表征文获奖者发言：“几天时间，我认识了不少新朋友……许多人是从地头、车间、军营乃至各个社会岗位闯入神圣的经济学殿堂的……我们不仅承担着现在，而且承担着未来；不仅要参加并推动经济改革，而且要为 2000 年以后的中国经济

1987年8月天津中青年经济学会首届年会合影。前排蹲者：左二张朝中，右一贾增玉。后排站者：左一郝一生，左三周保民，左四伍晓鹰，左五郭保平，左六金岩石，左八熊性美，左九杜厦；右一逢锦聚，右二张维平，右六张炜。

学奠基……在经济领域里大胆创新、开拓前进，去设计、去创造、去拥抱一个新的更加令人神往的时代。”

李瑞环市长和30多位中青年开了个见面会。姚林说：“第一次近距离听瑞环讲话，他讲得很开，给大家很大信心。”没有像莫干山会后，写报告上报中央，而是发表在自己的《中青年经济论坛》上，还在两个月后以《腾飞的构想》为名由辽宁人民出版社出版选集，内容分八类：宏观经济调节与控制、计划体制改革、财政金融体制改革、价格体制改革、所有制关系调整与企业活力、对外开放与区域经济、第三产业的形成与发展、基本理论。从书后获奖论文作者名单上，看到了一些熟悉的名字：马凯、马建堂、田源、冯仑、刘伟、何小锋、朱民、朱嘉明、华生、李克穆、李罗力、李剑阁、杜厦、何家成、陈琦伟、吴晓求、宋国清、季晓南、周其仁、张少杰、高梁、张学军、张维迎、金岩石、金立佐、吴稼祥、郑洪庆、郑海航、杨鲁军、姚林、洪银兴、郭凡生、郭树清、徐景安、曹思源、常修泽、贝多广、楼继伟、周小川、蔡重直……9 月另一本论文选《改革时代的探索》由天津人民出版社出版。逄锦聚（38 岁，南开经研所）执笔的“征文述评”写道：“论文作者有农民、工人、厂长、经理、高校师生、研究人员，也有中央、地方国家机关的工作人员和领导干部……青年最少保守，富有勇气。”

搭台的几位南开兄弟，在 80 年代后期各走各的路去了：常修泽治学，任国家发改委宏观经济研究院研究员，现已退休；李罗力做官，曾任深圳市政府副秘书长，后主掌深圳、综合开发研究院、马洪基金会；杜厦经商，是天津家世界集团创始人，曾在福布斯排行榜上有名，刚完成一部人生回忆录；金岩石留洋，曾任国金证券首席经济学家，还在经商一线。四个人四条路，正是时代缩影。

附 记

同一个问题：“为什么是天津？”问杜厦，杜答：“因为有我！”问常修泽，常答：“杜厦起了很大作用，此外，一是地缘，天津既独立于北京，又贴近北京，相对超脱；二是人脉，与团市委、天津市委协调；三是老经济学家开明，南开小气候好；四是几人互补，各有优长。”

先后采访了金岩石、贾增玉、常修泽、杜厦、姚林、郝一生诸位。他们还是那些我在三十多年前认识的人，有过血色浪漫，有过沉浮成败；争强好胜，谈笑风生，友谊长在。

1．原载《经济观察报》，2009 年 6 月 29 日。写作本文采访了金岩石、贾增玉、常修泽、杜厦、姚林诸位。

参考文献：

(1)《腾飞的构想——一九八五年“中国中青年经济改革讨论会”获奖优秀论文选集》，辽宁人民出版社，1985。

(2)大会秘书处：《改革时代的探索——1985 年全国中青年经济改革讨论会获奖论文选》，天津人民出版社，1985。

《论坛》春秋[1]

在《论坛》发表文章的青年中，很多是他们有生以来第一次发文，他们的学术生涯由此受到激励而起步。而放眼今日中国经济学界和经济界的风流人物，很多人都曾与《论坛》结缘。

1985年4月在天津创刊的《中青年经济论坛》（双月刊，以下简称《论坛》），虽然不足5年历史，29期，300多万字，数百位作者，却留在历史上了。这不仅因为它被世界上名校图书馆订阅收存，不仅因为它活在那些为之付出心血的人们的记忆深处。它横空出世，创造了许多第一和唯一：作者和编者都是二三十岁的年纪，编辑是业余兼职；民办学术刊物、自负盈亏；以京津沪为头儿，团结全国中青年经济学家。

办一本自己的刊物，这主意出自参加1984年9月莫干山会的南开大学代表。杜厦说是他的主意，得到了朋友们响应。此时，中青年发表文章十分困难。刊物少，论资排辈。一位年轻学者从70年代末到80年代中，不懈地给《经济研究》投稿，却一篇也没能发表。莫干山会上的思想火花和理论探讨因为没有自己的传播渠道，其影响也打了折扣。年轻人有雄心壮志，却师出无名。事实上，民办刊物是不被允许的。但是，时至1980年代中期，有了“变通”的办法——找“挂靠单位”，一则承担责任，尤其是政治风险；再则既支持又放手。当他们瞄准要

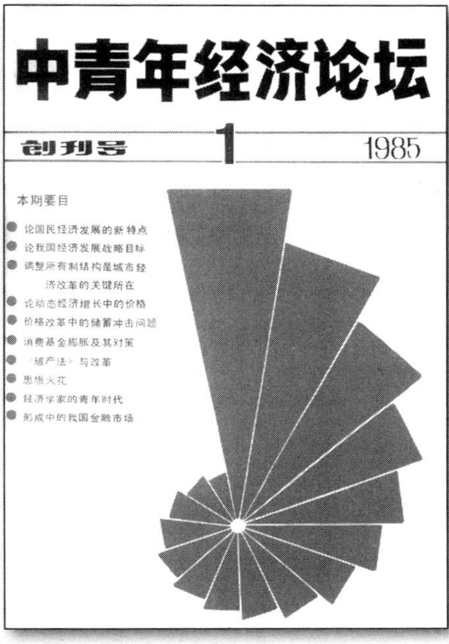

《中青年经济论坛》创刊号封面。

找经济日报社做靠山时，就知道常务副总编丁望会支持。这位50多岁摘了“右派”帽子、55岁到《经济日报》的老报人，遇到《经济日报》创办人安岗，被他的畅想鼓动：报纸成长为托拉斯，在总部楼顶建直升机停机坪，建信息咨询公司……

据说，丁望一直比较得意自己参与主办青年人的莫干山会。学术和新闻在他身上结合，这还是一小步，出任《论坛》主编则是一大步。当然，他知道，自己是出借名义，年轻人需要支持，《论坛》需要合法化。天津团市委书记张炜是另一位支持者。于是，一本学术刊物，在一家新闻机构《经济日报》和天津团市委主办下开张了。一批老经济学家被聘作顾问[2]。

35位编委[3]，覆盖了全国各地有影响和活动力的中青年经济学家。南开和天津的教师、学者轮值当编辑。天津方面负责刊物的主要是郝一生。编务会要么在南开经研所金岩石家，西南村18楼筒子间；要么在宿舍；要么在杜厦家，10间房的临建房，屋里的两个单人床不一样高，床腿底下垫着砖头。他们的妻子，为大家煮面条，送饭。热气腾腾的小屋，热气腾腾的人心！为了省钱，能自己干的就不找外人。封面设计请的是天津社科院郝一生的妹夫罗煜。编委会上，杜厦发给每人一根火柴，给六七种设计稿投票，最后选定一个旋转展开的扇面，寓意《论坛》像历史一样，螺旋式上升。

团市委副书记邢源敏带着郝一生他们骑自行车去青年宫，把传达室旁边的一间大约10平方米的库房给《论坛》编辑部作办公室。郝一生把在部队当兵时认识的贾增玉找来当编辑部主任。

《论坛》创刊号于1985年4月15日出刊。现将目录摘抄如下：

本刊特约评论员：我国当前国民经济发展的若干新特点

徐景安：试论我国的经济发展战略目标

杜厦、郝一生：调整所有制结构是城市经济改革的关键所在

曹思源：《破产法》与经济体制改革

岳冰、郑景胜：形成中的我国生产资料市场

宋国青、张维迎：论动态经济增长中的价格

姚林、周冰、袁世明：论价格改革中的储蓄冲击问题

刘建国：克服价格改革中的"时滞"效应

复旦大学经济系国民经济研究小组：目前我国消费基金膨胀的原因及对策

潘照东：论区域经济发展及其对策——与"梯度推移"论商榷

蔡重直：形成中的我国金融市场

岩石：经济学家的青年时代：弗里德曼、加尔布雷斯

刘仁毅、乔依德、周八骏、傅多文：劳动、资本、技术密集型产业的统计划分方法

王奔洲：有关反托拉斯法的理论论争——美国经济思想史上

引人注目的一页

刘思华：城市经济体制改革中的生态经济原则

杂志发行是个大问题。卖给谁呢？杜厦和金岩石去找在《经济日报》负责三产、办函授学院的冯并，说服他将《论坛》作为函授辅助教材读物。丁望承诺第一期包销一万册。郝一生到北京看见他办公室外的走廊上堆着《论坛》时，特别不好意思。而丁望说：我包销杂志，就是在财务上支持你们。各地编委也都有推销杂志的义务。陕西财院的刘安，人称刘半城，即刘安认识西安半城人，半城人也认识刘安，摆着摊儿蹲在地上卖杂志。

物资短缺，找不到廉价新闻纸，每本杂志成本 0.76 元，赔 0.16 元。发行量越大赔得越多。因为没钱，不退稿；编辑费也很少。必须开源节流。他们办国际广告许可、企业广告、找平价纸、寻求免税。郝一生和贾增玉骑着摩托拉广告。1985 年，《论坛》登了 13 个天津企业广告，收入 22800 元。编委们想到办班、培训、咨询。他们接受包头市政府委托，组成包头市经济发展战略研究组，完成《关于包头市经济社会发展战略规划的若干意见》[4]，将所得 7000 元课题费作为《论坛》进项。1985 年，《论坛》的培训收入有四万元。

编辑部从一人到三人到五人，管发行、出版、联络、印刷、广告、版式设计。不是 10 平方米的小屋，1/3 地方放杂志，还有保险柜、文件柜，四把电镀椅。找熟人打印文件，把旧信封反过来用，省钱。贾增玉当这个家不易。就这样，《论坛》的声誉在海内外一天天好起来。

原则规定作者年龄在 35 岁以下，编委例外。每篇文章末尾，都注明作者年龄。最年轻者：戈晓宇（22 岁，南开教师）、梁天征（23 岁，国务院经济技术社会发展研究中心）、郑先炳（24 岁，中南财大研究生）、朱蔚（24 岁，人大研究生）、周振华（24 岁，南京大学教师）、张维迎（25 岁，体改所）。

鼓励学术争鸣，特别是对重要问题作深入辩论是《论坛》一大特色。

《中青年经济论坛》编委会部分人员合影。从左至右，前排：贾增玉、郝一生、伍晓鹰、朱嘉明、姚林、金岩石、晏学红；后排：郭保平、周小舟、张瑞琪、李罗力、常修泽、杜厦、张维平。（贾增玉提供）

第一篇争鸣文章是发表在1985年第3期、社科院研究生院郭树清等所写《国民经济不能强行起飞》，针对第2期朱嘉明的《论我国正经历的经济发展阶段——一个非典型国家的典型化发展道路》一文。文章写道："有些同志认为，我国经济已经进入了类似日本、西德、巴西、新加坡曾经经历的持续高速增长时期，因而对目前的超常速度不应加以人为的抑制。对此，我们不敢苟同。"表面上，这是一个关于如何估计当前国民经济形势的问题，背后是关于中国的发展阶段，以及改革和发展的关系问题。编者专门写按语，欢迎大家踊跃来稿，进一步讨论。于是，有了后续各种声音。《论坛》中的商榷文章多是针对编委，作者出身不论，有的是来自偏僻地区非研究人员。这是他们刻意为之，以身作则，倡导批评，辩论真理。

金岩石的《经济学家青年时代》系列写得好看。他写弗里德曼，“出身贫寒……却成为资本主义和经济自由的热情捍卫者，是反潮流的英雄”；写加尔布雷斯，“是富家子弟，祖先是农民，后来，曾祖父弃农从商，祖父弃商从工，父亲弃工从文”；写凯恩斯，“常常因为早晨起不来而错过上午 9 点的个别辅导，这种习惯保持了一生。在高官厚禄和言论自由之间，他选择后者，一个自命不凡的在野批评家”；写大来佐武郎，“学校对他的性格鉴定：温厚沉稳，富于思考力，爱哭”。人物多鲜明！《论坛》从第三期开始对海外发行。《海外学者论坛》的头一篇是普林斯顿大学经济系博士候选人杨小凯的《在美国学习现代经济学的感想》[5]。他写道：“刚到美国，我一度觉得现代经济学可以解释中国的一切经济问题，但渐渐地又觉得中国经济的一些特点不能用现代经济理论来解释，甚至怀疑这个理论中的不少东西。虽然有时失望、徘徊和不安，我却总是忍不住要自己想问题并且常常害怕自己在一种读死书的气氛中失去了对一些本来十分有趣的学问及对中国实际经济问题的敏感。”如今读来，依然耐人寻味，可惜斯人已逝，岁月无情。

安岗和丁望一直说要把《论坛》办成年轻人自己的第一流理论刊物，要在适当时候退出。1986 年 2 月杜厦去美访问期间，和在密歇根大学做访问学者的朱嘉明讨论《论坛》未来。8 月初，朱嘉明从美国回来第一站便落脚深圳，参加在石岩湖召开的《论坛》编委会，被推举为主编。此时，《论坛》的影响有了一些思想和意见领袖的意味。《世界经济导报》总编助理何凌报道了这次编委会集中讨论的治学和做人问题。[6]

> 8 月初，假《中青年经济论坛》编委改组之际，一群中青年经济理论工作者聚首深圳，饶有兴趣地研究了研究经济的人要如何做人、治学的问题。
>
> 1984 年莫干山上，全国中青年经济学界的代表首次聚会，交流学术观点，出了一大批成果。从那以后，从中央到地方，越来越多的中青年经济理论工作者参与改革与发展的理论研究和政治

决策，意气风发，激扬文学，引起了海内外学界的注意。

士为知己者用。做学问的最寂寞不过的是怀才不遇。这两年中青年恰逢用人之际，有大显身手的机会，但是不是也有其他令人担忧的倾向？正是这个问题引起了与会者极大关注。

关注之一，是中青年理论研究的短期化。会上有人指出，是不是要地不分南北，人不分东西，都要去搞对策？现在有一种倾向，不搞对策就不能出名成家。事实也是如此，但正如会议代表朱嘉明所说，如果没有人下决心坐个十年、几十年的冷板凳，就不可能有中国改革与发展的理论。厦大副校长王洛林则认为，根本还是治学精神，不做大量的材料收集与整理，不作实证的研究，光靠思想火花，是出不了大师、出不了经世之作的。

发展所周其仁也有他的担心："不要几年以后人们说我们是玩改革的，那就糟了。"他认为，不能把研究看成是政治赌博，人云亦云。自己的学术成果要经得起时间尺度的检验，要对国家的前途、对历史负责。中国的道路正在为发展经济学开创一条新路，是经济研究的"富矿区"，不要糟蹋了。他提出，中国要出经济研究的一代大师，不能以低水平要求自己，要以国际高水平作为目标。要以这一代经济学者的思想、道德的力量开经济研究的一代新风。为此，就要在实践改革的同时改革自己的行为准则，重新构造自己的行为规范。

如何构造中青年经济理论工作者的行为规范，成了大家的中心议题。南开大学经济研究所杜厦认为，实践是检验学术成果的唯一标准。现在有两种倾向值得注意：一是不注重从实际中归纳客观规律，而是靠思想火花，靠逻辑演绎；二是领导的批示成了检验标准。学术上要有不同意见，但都要有反省自己的学术观点的勇气。

王岐山则认为，保持学术研究的独立性也很重要。"怀才不遇可怕，身不由己更可怕。"他主管的发展研究所正打算花一年时间来把握科研方向和组织科研方法，所有科研人员一律不挂“长”，这是定了的。

朱嘉明刚从美国归来，对美国人的务实精神显然留下了深刻印象。他的观点是，经济理论研究者不应是改革设计者，而应是改革的实践者。要尽可能为中国改革与发展多做一点实事。张伟也赞同了这种想法，他说：“改革是需要理论与实际工作者共同努力的事业。”

“大师是等着，小人是追着”，在普林斯顿大学攻读政治学博士的杨小凯以这句幽默的话道出了他对中青年治学精神的看法。他的看法是，改革的探索与研究要扎扎实实，一楼不行就上二楼，可能上得很高，但基础却令人放心不下。

问题好像不少，但踏上历史舞台仅短短的两年，就清醒地认识到自己的短处，中国新一代学者的希望就在这里升起。

1986 年第 5 期，朱嘉明以新主编身份写出《致读者》[7]：

这个刊物将继续遵循创刊伊始所确立的原则：面向青年一代经济科学工作者，不断深入地探讨基础经济理论问题和中国经济改革中面临的现实问题，坚持学术探讨过程中的百花齐放、百家争鸣。

现在，愈来愈多的有识之都感到，现代经济科学很可能在今后的 10 年至 20 年间，在中国有一个大发展。这是因为，中国正经历着深刻的社会变革，这种变革必然为经济科学的蓬勃发展提供环境与机会。在这一代经济科学工作者中，应当产生经济学大师，在中外经济思想史上留下深深的足迹。我希望，本刊物能够成为促进这些大师得以产生与成长的园地之一。

为此，这个刊物将会勇敢地维护学术民主和学术自由的尊严。我相信，如果没有学术民主，学术自由，就不会有学派的产生，当然，也就不会涌现思想理论界的各种大师。

1988年，《中青年经济论坛》与《经济研究》编辑部联合召开宏观经济理论讨论会。（贾增玉提供）

1987 年《论坛》主办单位变更为天津团委、北京青年经济学会和天津中青年经济学会。

《论坛》把改革面对的重大问题、经济理论和中青年联结起来。很多至今重视不够，没有解决，或是常识的问题，那时的青年就提出了，比如：《城市经济体制改革中的生态经济原则》（刘思华，1985）、《论环境污染》（薛文、傅继军，1985）、《〈破产法〉与经济体制改革》（曹思源，1985）、《价格改革与社会心理》（体改所和北大社会学系，1985）、《股份经济——通向未来的唯一选择》（内蒙古区委政研室，1986）、《关于当前农村贫困户问题的探讨》（曹廷汉，1986）、《建立中国特色的社会保障制度》（中央党校，1986）、《东西部关系与农村剩余劳动力的转移》（赵德群，1987）、《严峻的现实——"六五"期间我国东西部差距扩大的分析报告》（郭保平、郭凡生，1987）、《常德地区私营经济的调查》（石成林、宁国凡，1987），等等。1987 年英国文化委员会和《论坛》签约，资助《论坛》每年派两位学者去英国访问交流。

1987 年 6 月，编委周天豹因肝癌去世，常修泽代表《论坛》赶往重庆悼念，他说："《论坛》和全国各地的朋友都有友谊和感情。这不是组织关系，只是一个圈子，一个同仁刊物。"

通过对《论坛》全部论文题目加以分析，可以看到这样一些特点：第一，主题分布相当宽广，不仅有改革、发展、开放，也有将经济学与法学等结合的跨学科研究；第二，具有前瞻性，除了较多西部开发研究，还有像《土地流转与制度创新》（韩俊，1989）、《关于建立农副产品期货交易中心的建议》（1988）、《论人民币国际化》（胡定核，1989）等等；第三，理论范式的转换，提出"传统政治经济学创新"，更多运用现代经济学理论分析；第四，学术争鸣与学科交叉；第五，为既定政策和实践提供建议和论证。

在《论坛》发表文章的青年中，很多是他们有生以来第一次发文，他们的学术生涯由此受到激励而起步。而放眼今日中国经济学界和经济界的风流人物，很多人都曾与《论坛》结缘。所以，金岩石说："我们在内容上对当时一代人的崛起起了很大作用。"杜厦说："青年一代的崛起是一定的，不是我，别人也会做。"从创刊到结束都在，从编辑到常务副主编的姚林说："那是一代人的心血，它把当时有志向，有忧患意识，希望国家发展的人都凝聚在了这本杂志上。"郝一生说："《论坛》像一堆篝火，所有当时被中国经济改革浪潮推到前面的经济学者围在篝火周围，每个人添了柴薪，每个人得到一分热。《论坛》是一个里程碑，它上面刻着这样的铭文：在 20 世纪 80 年代，中国经济改革开放初期，有一批这样的青年经济学人，用他们独特的方式、智慧、胆识、奉献把自己生命青春最宝贵的一段时光和一腔热血溶入了中国当时的那个时代，留下了中青年经济论坛这样一段令人回味的故事，成为中国那段历史的见证之一。"朱嘉明说，《论坛》开辟了一片广阔天地。今天看来它也是一个完美的组合，有以天津为基础的中坚力量，有企业家精神，有源源不断的作者，有官方和半官方支持。《论坛》在大家中间，大家支持《论坛》。

《论坛》一创刊就印 5 万份，定价 0.60 元，稿费 20 元 / 千字。

附 记

《中青年经济论坛》这一 1980 年代的青年经济学同人刊物，竟然在近年中国现代经济学思想史研究中没有了踪影。原因之一是它未被收入多种期刊数据库。这一经济学思想史上的失踪事件，绝不仅是数据时代进行文献史研究的缺失。

---

1. 原载《经济观察报》，2009年7月6日。写作本文采访了金岩石、贾增玉、常修泽、杜厦、姚林、朱嘉明诸位。文章发表后，2009年11月22日又采访了郝一生先生。特别感谢贾增玉先生为我提供了当年的原始资料、工作笔记。
   参考文献：历年《中青年经济论坛》。
2. 顾问委员会委员（按姓氏笔画为序）：马洪、于光远、王惠德、安岗、刘国光、谷书堂、苏星、陈岱孙、宦乡、钱俊瑞、童大林、薛暮桥、藤维藻。
3. 总编辑：丁望；副总编：王晓鲁（王小鲁）、邢元敏、陈申申、金观涛、郝一生；委员（按姓氏笔画为序）：丁望、王洛林、王战、王晓鲁、左志、卢建、田源、邢元敏、刘安、刘佑成、孙恒志、乔桐封、刘景林、朱民、朱嘉明、巫继学、杨沐、李罗力、杜厦、陈一谘、周天豹、陈申申、金观涛、陈伟恕、周其仁、金岩石、张钢、罗保铭、姚林、张朝中、郝一生、高铁生、郭凡生、黄江南、常修泽、蔡重直。
4. 本刊赴包头市经济发展战略研究组：《关于包头市经济社会发展战略规划的若干意见》，载《中青年经济论坛》，1985（5）。研究组成员有：王战，上海复旦大学世界经济研究所；朱嘉明，中国社会科学院工业经济研究所；杜厦，天津南开大学经济研究所；李罗力，天津南开大学经济研究所；陈申申，上海社会科学院部门经济研究所；郝一生，天津社会科学院日本研究所。
5. 杨小凯：《在美国学习现代经济学的感想》，《中青年经济论坛》，1986（2）。
6. 何凌：《如何做人、如何治学》，载《世界经济导报》，1986年8月11日。
7. 1986年9月，顾问委员会及编委会成员有所调整。顾问委员会委员（按姓氏笔画为序）：丁望、马洪、于光远、王惠德、安岗、刘国光、许涤新、谷书堂、苏星、陈岱孙、周叔莲、宦乡、童大林、薛暮桥、滕维藻。编辑委员会：总编：朱嘉明；副总编：陈申申、罗保铭、郝一生、黄江南；编委：王洛林、王战、卢建、田源、刘安、刘佑成、刘景林、孙恒志、孙衔、乔桐封、朱小平、朱嘉明、伍晓鹰、华生、杜厦、巫继学、李罗力、何凌、杨沐、杨小凯、陈申申、陈琦伟、陈伟恕、周天豹、周其仁、罗保铭、金岩石、张向荣、张刚、张炜、张思平、张朝中、姚林、徐景安、袁中印、郝一生、郭凡生、黄江南、常修泽、散襄军；编辑部主任：贾增玉。

西部畅想曲[1]

西部不是西部人的西部，是中国人的西部。人们求知若渴，求友若渴。大家的目标、激情、感情融合起来了。西部和死亡连在一起，增添了悲壮感，也把西部组弟兄间的情谊重重地砸实。

“西部大开发”的口号被人熟知是近年来的事儿，百度百科上对它的描述从 2000 年说起。这个时点，似乎成了中国西部开发的起点。那么之前的历史呢？其实，从 1980 年起，国务院总理就多次谈到世界上有一个南北对话、国内有一个“东西对话”的问题。[2]1983 年胡耀邦总书记视察了西北省区，总理也对新疆作了细致考察，他们都谈到西部的开发和建设。胡耀邦提出将我国经济的战略重点逐步向大西北转移。[3]而在全国各地有一批志愿研究西部的青年学者，有一个契机，让他们把目光投向彼此，从自由联络到松散结合，成立中国西部与民族地区发展研究组（简称“西部组”），再到中国西部开发研究中心（西部中心）的收编整合。他们的足迹向西再向西，进入东亚、中亚、西亚，提出雄伟构想。在以东部沿海开放为主的 80 年代，那是一个与东部差距越拉越大的西部，那是一个冷僻的西部研究。然而这一伙有西部情结的 30 岁左右的青年，出于热爱、理想和梦想，把西部研究做得风生水起。如果历史给他们多一些时间，定会有更灿烂的结果。

让我们先给西部作个定位，它包括11省区：甘、陕、宁、青、滇、黔、川、桂、内蒙古、新疆、西藏。西部人口占全国比重约30%，面积约70%。1985年，该地区有近1/5的人生活在贫困线以下，约占全国贫困线以下生活人口的70%。[4]“六五”期间（1980—1985），东西部的差距又扩大了一倍。五年中差距拉大的速度超过前30年。

最初的关注

1982年3月，上海科学研究所夏禹龙、刘吉、冯之俊、张念椿发表了一篇文章《梯度理论和区域经济》[5]，指出应该由东部沿海先进地区首先掌握世界先进技术，然后按梯度逐步向中部的中间技术地带，西部的传统技术地带传递。[6]国务院副总理薄一波阅后有一个批示：“在研究体制改革中应予重视。”这篇文章在西部产生了强烈反响，并刺激出“反梯度理论”。1984年5月，以郭凡生（29岁）领头的内蒙古党委政策研究室战略组，在《新技术革命与社会发展研讨会》上，提出新技术革命给了不发达国家和地区超越发展的机会。国内不发达地区也可以依靠其丰富的资源优势，从国际上引入资金、技术和人才，实现超越发展，而不仅仅是接受第一二梯度转移来的技术。6月18日，《世界经济导报》以《经济落后地区可以实行超越发展》为题刊登了这篇文章，引起强烈反响。9月，郭凡生以反梯度理论的论文入选第一届全国中青年经济理论讨论会，即莫干山会议。莫干山会上专设西部组，有新疆的聂新勇、陕西的刘安和张宝通、甘肃的李黑虎、重庆的周天豹，等等。郭凡生说在会上大家观点交锋，“一打一晚上，一吵一晚上，都对！”此后，他出版了《贫困与发展》[7]、《摆脱贫困的思考》（与潘照东、曹征海等人合著）。如今已是慧聪集团董事长的郭凡生，曾是在内蒙古青年队踢过边锋和前卫的“足球运动员”，始终有冲锋陷阵的勇武，说起中国当年错失西部开发的历史机遇，仍然耿耿于怀。

在北京，中国体制改革研究所的王小强等人，也早把目光落在了西部落后地区：1984年的《贵州农村考察报告》、1985年的《把西藏经济的输血机制转变为造血机制》（与白南风、卢小飞、李东东合作）、1986年的《富饶的贫困——中国落后地区的经济考察》（与白南风合著）都引起人们关注，后者作为“走向未来”丛书之一甚至成为贵州人的必读书，至今令人难忘。他的“输血”、“造血”理论，不仅深刻、超前，而且今天看来都还具有现实意义。

经济日报社与兰州会议

1985年8月国务院发展研究中心、中国经济体制改革研究会、国家计委计划经济研究中心、经济日报社与西部政府联合召开“我国西部地区经济发展讨论会”。这是一次空前绝后的大会。关于它的由来，还得从头说起。

经济日报社有个奇怪的部，不是按新闻采编系列设置，而是叫“经济工程部”。它是总编安岗受钱学森传播系统工程的启发，取“经济系统工程”之意，设想通过经济工程部横向联络，以《经济日报》为平台，组织社会上专家做经济研究咨询，对决策发挥影响。新华社有个动态清样，是消息内参，《经济日报》就出一份经济内参。他们组织双周讨论会、中青年经济论坛，涉及经济、政治、教育、社会，等等。1980年代的京城才俊，都在《经济日报》这个平台上露过面。1980年曾作为北大哲学系学生竞选海淀区人大代表的杨利川是经济工程部负责人之一。他1984年底调入，1985年底就被派往河南辉县任县委副书记，只在经济工程部工作了短短一年，却交叉着干了好多事。他不由得感慨：“80年代，真是高度浓缩的年代！”办公室是由厕所改的，大约十个人，三张桌子。安岗每天下午挨个儿办公室地走，一边走，一边办公，就所谈之事当场拍板、布置。有时走到后面，又把前面拍板的事儿推翻了。他就是这样活跃、多变、有新意、雷厉风行。

召开西部经济发展研讨会，就是安岗的创意，与他一拍即合的副主编丁望负责落实，具体工作由经济工程部完成。1985年初的寒假，正在人大读博士的青海人曹远征（30岁）和毕业于北大的郑维平被派去甘肃、青海接洽，探探各省对开西部会的态度。两个青年在甘肃见到省委书记李子奇和副省长贾志杰，在青海见到省长黄静波。省领导们都很积极，希望为西部发展造声势，争取有利的开发政策。甘肃省极力要求会议放在兰州。回到北京，向丁望作了汇报，开会的事儿就这么定了。紧接着就是组织人马，要写出一份关于西部发展问题的总报告。这个任务落在了曹远征等人身上，其中也有五道口人民银行研究生部83级研究生，来自新疆的彭纯、谭岳衡、张化桥等。另外，他们组织了十几个课题组，请最有影响的机构和人物牵头开展调研。自然资源环境，由中科院自然资源综合考察委员会主持；人才战略，由搞人才学的王通讯主持；工业布局，由工经所陈栋生主持；还有金融、交通、能源、教育，等等。刚到经济工程部实习的北京经济学院劳动经济系大三学生吕立勤的一个建议也被采纳了。他说，人才指的是精英，应该考虑劳动力资源。于是，就加了一题。几个月后，他们又组织专家对所有课题进行论证答辩。加上西部各省的区域性报告，总共出产了几十份报告、数百万字的会议文件。这是中国第一次全面地、大规模地组织对西部地区进行研究，竟然出自一家媒体。很多真知灼见得以表达，比如，北京大学经济学院世界地理专家陆卓明先生的地理障区论。他认为西北是“开发障区”，如果在开发过程中不注重环境保护，将带来毁灭性的后果。与此同时，《经济日报》发布征文消息网罗社会人才，征文题目是：《我国西部地区的开发与发展》和《全国经济发展中西部与东部的关系》。另外，在报纸上开辟《西部研究与发展》专版，传播这些研究成果。

丁望让经济工程部的薛小和把总报告拿给她父亲、正在北戴河办公的国务院发展研究中心名誉主任薛暮桥看，希望获得来自领导的认可。西部省区各出一万元作为办会经费。在报社办公室，21岁的实习生吕立勤被安排用红机子叫通西部各省领导，他突然发现自己竟干了

参加兰州西部地区经济发展讨论会的部分人员合影。左起：白南风、陈乐波、杨鲁军、温莹、杨利川、安岗、黄文夫、王广正；前面一排：左二段建敏、左三杨军、左四邹蓝。（邹蓝摄影并提供）

大事。薛小和也觉得不可思议，这么简陋的办公室，几个初出茅庐的青年，怎么就张罗成那么大个会。兰州最好的友谊饭店被包下来作为会址。1985 年 8 月 10 日大会开幕，有来自 20 多个省区的代表、26 位省部长。西部省区都是副省长带队，中部的安徽省副省长杨纪珂、武汉市副市长王杰也带队而来。开幕当晚，在兰州市黄河剧场上演了专门为大会排演的《西部之声》音乐舞蹈晚会，东道主盛情迎宾。

会开了 10 天，讨论颇有成果。但是，西部领导还是有些坐不住了，因为大会似乎并没有达到预期影响中央决策的效果。沿海发展势头正好，在全国这盘棋上，显然是先发展东部，再发展西部。有一天傍晚，西部省区领导建议召开大会主席团会议，他们有话要说。丁望却找不到秘书组组长杨利川了。原来，十几个年轻人散步至中山铁桥，水性好的杨利川和前不久刚游过拉萨河的体改所的白南风便下了水。杨利川说，一下去才发现，黄河水可不简单，表面不急，其实有漩涡，冲击力特大，原以为在岸边游两下，可是一下子就被冲下去了，好像能看到对岸，实际很远。就像卒子过河，不能回头了。游到对面是个大堤，没有抓手上不去。这边杨利川还在黄河里趴在管子上试探办法时，那边，急得找不着人的丁望让吕立勤做记录，听着西部省领导的“发难”。他们觉着《经济日报》把大家的胃口吊起来了，却解决不了实际问题。无独有偶，北京来的新闻界人士带头，在饭店楼顶跳舞，扯着嗓子唱歌，虽然电梯工爱看，把电梯索性停在顶层不走了，还是犯了人家的规，被人告到北京，说北京来的年轻人有伤风化。而在北京的一些人看来，兰州大会，似乎旨在集合西部省区为向上面施加压力要政策。安岗和丁望两面受过。然而，即使在当时，参会的人其实都能意识到这次会的价值和意义。

对于来自中国社会科学院西欧所的邹蓝（29 岁），兰州会成了他的人生转折：从西洋到西部。这个无锡人，偏好大漠孤烟、长河落日的边塞意境。1983 年就独自一人一路向西，走大同、呼和浩特、银川、青铜峡、兰州、西宁、湟源、青海湖北岸的海晏……写西北行旅日记。他因征文入选，被约写有关国外贫困地区开发的政策措施报告，参与筹备组、征文评选组、主报告起草组。此后，邹蓝人生的很多笔墨都落在了西部，像《西部开放：非边境省区的抉择》、《巨人的跛足：中国西部贫困地区发展研究》、《西部与西部人》……当他听有人说中国可以干脆放弃西部贫困国土时，气得像是在抗日时期遇上了汉奸。对于兰州大会，他认为那是对中青年学术实力的检验，把全国人才打通了，各地情况分享了。

西部不是西部人的西部，是中国人的西部。参会者不乏东部人，比如上海《世界经济导报》的陈乐波，从此也与西部帮结了缘。他说，兰州会就是有那个时代的特点，从早开到晚，回到房间还在吵。面对实际，刺激着新想法往外冒。人们求知若渴，求友若渴。大家的目标、激情、感情融合起来了。兰州会议的成果，最后凝固成《趋势与对策——中国西部开发》一书出版。

向西，再向西

兰州会后，关注西部的青年学者就自动组成了西部组，有甘肃的李黑虎、时正新、周述实，贵州的龙隆、王干梅、王永庆、周造阳，云南的潘丹柯、和宁、林沧、邓超，内蒙古的郭凡生、曹征海、张太平、潘照东，广西的袁绪程，新疆的尹筑光、于向东，重庆的周天豹、廖元和、何国梅，等等。他们做了许多深入的调查研究。比如，1987 年，在广西、云南、贵州、重庆、内蒙古、甘肃、青海、新疆等地进行大规模乡镇企业调查，之后结集出版《希望之光：在中国西部的乡土上》。扉页上有两行字赫然入目："谨以此书纪念我们西部组敬爱的兄长，英年早逝的经济学家——周天豹[8]同志。"西部和死亡连在一起，增添了悲壮感，也把西部组弟兄间的情谊重重地砸实。

1987 年 12 月，贵州、上海两地中青年理论工作者邀请东西部 9 个省区、80 多位代表参加在贵阳举办的"发展问题——东西部中青年学术对话"。[9]发展是什么？为什么要发展？是这次讨论的基本议题。代表中有上海社会科学院的陈敏之[10]、天津南开大学的常修泽、内蒙古的郭凡生、体改所的刘历鲁、社科院的邹蓝、广西社科院的袁绪程。期间，省委书记胡锦涛、副书记刘正威分别约见了部分青年，听取他们对西部和贵州发展的意见。贵州省副省长刘玉林、团省委书记叶小文也参加了对话。体改所副所长王小强为对话活动形成的论文集《困惑中的思考》[11]写了序言，他写道：

> 落后地区与发达地区的关系不仅有现实意义，同时极有学术魅力。中国的问题归根结底是发展问题。世界上有发展经济学，给我们研究时代不少的帮助。但要真正使中国发展起来，似乎还要靠我们自己。靠我们自己从实践上和学术探索中找出一条更贴切的更符合我国实际的自己的路。中国要有自己的发展经济学，这是我们的信念。

对话不在于热闹一场，在于通过交流诱发更深入的思索，更艰苦的劳动。我们立志于落后中国的振兴，立志于落后地区的振兴，愿意为这一事业的推进铺路。

为了在北京整合西部研究力量，1987 年郭凡生从内蒙古被调进体改委体改所，得到了三个户口、80 平方米的房子和副研究员职称。他至今感叹："这是 1987 年啊！" 1988 年，国家体改委体改所、国务院农研中心发展所、中信国际研究所共同组建的中国西部开发研究中心成立了。中信国际所副所长朱嘉明（37 岁）任主任，郭凡生、冯宛平（35 岁）任副主任，田广任秘书长。在北京出生长大的朱嘉明也是有西部情结的人。在"文革"中数千万知青上山下乡的洪流中，有三十余人自愿组合去了西藏，朱嘉明就在其列。今天的中国南极考察科学家刘小汉也是其中一员。"过了日月山两眼泪汪汪"，对于西部的感情，是他在山上打石羊、在拉萨河游泳、为"翻身农奴"孩子理发、给麻风病人放电影的岁月中一天天建立起来的。西部中心的成立，把散落在各地的研究西部力量聚集起来，形成一支全国性队伍。他们戏称西部帮，彼此以武侠小说中的地域分派：点苍派、苗疆派、峨嵋派、少林派、华山派、祁连派、昆仑派、天山派、阴山派、水路英雄、大内高手，等等。其中的西部军工小组，致力于"三线"军工企业民营化的研究，推动了军转民的历史进程。还值得一提的是，在 1980 年代众多和西部事业相关的人中，有一个人在 1990 年代只身前往西藏，担任林芝地区行署专员，他就是张木生（1948 年生）。

1988 年初，西部中心和新疆维吾尔族自治区党委政研室开始在新疆建立我国西部与民族地区发展、改革与开放综合研究试验区的方案设计。参加的三十多人之中，有汉族、哈萨克族、彝族、白族、苗族；有新疆人、北京人、河南人、内蒙古人、甘肃人、云南人、贵州人。在新疆团体中，有后来担任湘火炬董事长和鼎鑫国际资本董事长的聂新勇（1955 年生），有一度在股票市场上"呼风唤雨"的德隆集团的唐家兄弟。他们一起在山上体验飞行滑翔的冒险和刺激。民国时期担任过吐鲁番县县长的曾问吾先生在《中国经营西域史》记载，面对沿海被日寇封锁，他提议开通甘肃、新疆交通，沟通中苏经济发展。谁能想到，半个世纪后的和平年代，这些想法再次启迪着年轻人关于向西开放的构想。

这次新疆调研的最重要成果，就是形成了中国必须向西部开放的共识。而新疆是向西开放的桥头堡。这年夏天，西部中心和中信国际所，组织了从喀什经塔什库尔干的红其拉甫口岸出境到巴基斯坦的实地考察，论证中巴国际公路和巴基斯坦在中国西部开放战略中的作用。这在当时，不仅需要想象力，而且需要组织大量的人力和财力资源。遗憾的是，原计划从喀什到卡拉奇的路线中断于巴基斯坦的首都伊斯兰堡。

与此同时，中信和新疆组成联合代表团去西亚六国考察[12]，首站是巴基斯坦。这是一个由年轻人组成的充满活力的代表团。除了官方活动，他们会在卡拉奇街头和当地的孩子打街球、和耍蛇人攀谈。7 月 17 日，西部考察团到达伊朗首都德黑兰，第二天，伊朗在经历了数年两伊战争后接受停火决议。他们历史性地成为停火前的最后一个外国代表团，停火后的第一个外国代表团。在里海边，他们试图抽中东人的水烟斗、高歌西北风。谁见过这样的代表团？！之后他们认真考察了土耳其、科威特、阿联酋。回到北京后，他们完成的研究报告就叫：《中国西部必须向西开放》。《世界经济导报》报道："中信和新疆赴西亚考察团得出结论中国还必须向西开放"，"这对加速西部建设，缩小事实上加剧的东西差距，使中国经济走向西亚以至非洲，都是极为重要的。"1988 年 12 月下旬，以中信国际信托投资公司董事长荣毅仁（1916—2005）和新疆党委书记宋汉良（1934—2000）的名义，将研究报告呈送国务院总理，呈送邓小平。据说，邓小平在 1989 年 1 月对报告作了批复。虽然其中的建议没能当即付诸实施，但是它事实上促成了 90 年代初期中国对周边国家边贸的全面开放。

在卡拉奇街头和当地的孩子打街球。前者郭凡生，后者朱嘉明。（朱嘉明提供）

1988年夏秋，在集体讨论的基础上形成了一批调研报告：《由半封闭运行转向全方位开放——新疆开放边境贸易的研究报告》（邹蓝、郝振宇、潘照东）、《霍城对外开放试验区方案的说明》（邹蓝、彭纯、王红雨）、《对建立塔什库尔干—喀什贸易、旅游区（带）方案的说明》（郝震宇、郭凡生、邹蓝），汇集22份研究报告，集成《中国西部：发展、改革、开放的新抉择》一书出版。[13]课题组向新疆党政领导汇报时，真是个热烈的阵势：他们汇报了两天，常委在主会场听，厅局级以上干部在两个分会场听。邹蓝曾经记录过这样的场景[14]：

1988年7月末的一个繁星密布的夜晚，乌鲁木齐沙依巴克区南昌路，妖魔山北麓自治区农科院交流中心刚收割过的实验田里，

新疆党委书记宋汉良与西部中心青年合影，从左至右杨松林、郝震宇、宋汉良、郭凡生、冯宛平。（邹蓝摄影并提供）

> 燃着一堆熊熊篝火，一群青年人的脸被火烤得通红，几瓶酒，几只西瓜，喧腾的笑语，是因为我们的研究获得自治区党政领导宋汉良、铁木尔·达瓦买提的高度评价。若能预卜此课题“中国西部：改革开放的新抉择”凝成的对西开放思路在五个月后会获得小平同志以及当时主持中央工作的总书记的赞赏，说不定这场欢聚，真会变成狂欢呢。

他还写下“我们来，我们看见，我们被征服”，真浪漫，真豪迈！

不能忘记，最先提出西部开放具体建议的是两个青年，一位是国务院国际问题研究中心的顾为群，他曾在1970年代留学英国；一位是社科院世经所的黄方毅，黄炎培之子。他们在1984年就撰文建议在西部修三条铁路：从乌鲁木齐向西，在苏联的捷克利与苏联铁路网汇合：从库尔勒向西南，在巴基斯坦的伊斯兰堡与巴基斯坦铁路汇合；从拉萨向南，在印度的库奇—比哈尔与印度和孟加拉的铁路网汇合，把中国西部从一个半封闭的地区变成一个全方位开放地区。他们第一次在中国呼吁，从印度洋出口，比太平洋近。1986 年 5 月朱嘉明在哈佛参加钱颖一等人主持的中国留美经济学会时，与几位台湾留学生不期而遇，他们对欧亚大陆桥有过系统研究，有一位的父亲曾是民国政府蒙藏委员会主任。在历史上，当 13 世纪成吉思汗雄霸欧亚时，丝绸之路丧失了。铁路兴起后，沙皇占领中亚依靠的是铁路。中国的西部开放，也必须和欧亚铁路联系在一起。要“造血”，要借他山之石。当国家没有足够投入时，西部必须利用地缘优势向西开放。1988 年 6 月 12 日，朱嘉明对日本《朝日新闻》社记者作了一个关于西部问题的深入谈话。他比较中国和美国的西部开发，我们“必须面对三个问题：传统问题、民族问题、邻国问题”。“美国西部的顶端是太平洋，我们的顶端是众多不同的国家。他们是走向大海，我们是走向另外一个世界。”他和西部中心的朋友们构想为西部开发成立一个专门金融机构——西部开发银行，并把这个想法跟西部省区有关人士交流，得到了积极反馈，各省都乐意作发起人。回过头来看，这个构想至今有意义。

他们已经意识到仅仅提出方案、提出构想是不够的，必须帮助西部解决实际问题。对新疆而言，最现成的资源就是葡萄、哈密瓜和各种水果。在当时，需求量最大的是中国香港，而运输落后的局面使新疆的水果运不出去。于是，他们安排香港律师会会长、行政立法两局议员罗德丞（1935—2006）去新疆考察。他是香港人中关注新疆的先驱。1987 年 10 月，宋汉良和人民政府黄宝璋主席接见了罗德丞。在会上，罗德丞和朱嘉明就他们初步探讨的飞艇运输计划作了汇报，引起宋汉良这位石油专家出身的自治区党委书记抑制不住的喜悦，连声说：“好，好，好！”接下来，便进入了非常规范的可行性研究阶段。想一想，如果这个飞艇运水果计划实现了，将是多有意思的景象啊！

1989 年 3 月 31 日在上海虹桥迎宾馆，和平与发展研究所和西部中心又组织了一次“发展问题——中国东西部理论工作者对话会”。郭凡生代表西部中心提出一系列设想：把西部开放加到全国战略中去；实行“贸易为主、产业联动、分步实施、促进开发”；在南疆和云南德宏建立试验性自由贸易区，试验成功，逐步推广。半个月后的1989年4月中旬，朱嘉明带队又出发了。这一次，是去云南畹丁考察。由国家民委、国家体改委、国务院发展研究中心、中信国际问题研究所、中国西部开发研究中心、云南省经济技术研究中心、昆明市委政策研究室的研究人员组成的“德宏边境自由贸易试验区课题组”，就德宏设立特殊开放区域的可行性以及必须进行的相关体制改革问题做了调研论证，形成了一套完整的实施这一战略构想的对外开放和体制改革设计方案。他们设想中国西部有两个走向印度洋的出口，一个从新疆经巴基斯坦，一个从云南经缅甸。可惜这份由冯宛平主持起草的考察报告，还没有来得及向有关部门报告，这段历史就被中断了。[15]

曹远征这样评价1980年代的西部研究：“它廓清了问题的边界，以后的研究再也没有超出去那个范围。在政策上推动了边贸。西部帮是有强烈责任感的群体，西部中心有向心力。虽然它早就不存在了，但是大家的联谊关系始终在，而且更加紧密。可以说，它是1980年代各种民间团体持续时间最长的。”

附 记

进入21世纪曾有过一场经济学家的后发优势、后发劣势的讨论。而早在20年前，事实上就已经有过围绕西部关于“后发优势”的争论。虽说，有很多遗憾、有很多伤心、有很多自豪，西部开发这个未竟的事业持久地萦绕着如今五六十岁的西部帮，然而，毕竟他们奏起过关于西部开发的畅想曲。

1. 原载《经济观察报》，2009 年 8 月 3 日、10 日。写作本文时，于 2009 年 6 月 26 日、7 月 16 日采访了邹蓝先生，他还通过电子邮件发给我相关的资料和补充；7 月 10 日采访了吕立勤先生；7 月 16 日采访了杨利川先生；7 月 21 日采访了郭凡生先生，以及数次采访朱嘉明先生。

   参考文献：

   (1)内蒙古党委政策研究室：《“梯度理论”讨论文集》，载《科学管理研究》，“战略与管理”研究班参考资料，1985。

   (2)郭凡生、潘照东、曹征海等：《摆脱贫困的思考》，北京，技术经济导报社，1986。

   (3)中国西部开发研究中心、新疆维吾尔自治区党委政研室：《中国西部：发展、改革、开放的新抉择——新疆发展、改革、开放综合研究试验区方案设计》，北京，时事出版社，1988。

   (4)中国西部与民族地区发展研究组：《希望之光：在中国西部的乡土上》，四川人民出版社，1989。

   (5)朱嘉明：《关于中国西部地区开发的若干问题》，载《改革》，1989（1）。

2. 薛暮桥说，从 1980 年起，国务院领导就多次谈到国内“东西对话”问题。“所谓‘东西对话’，是指东部经济发展地区要支援西部经济相对落后但资源十分丰富的地区的经济建设，开发那里的矿产和原材料来支援东部加工工业的继续发展，在这个问题上中央的政策是已经定了的。对此，东部和西部都要采取积极的态度。”载《经济日报》，1985 年 4 月 22 日。
3. 《西部要比东部更开放一些》，载《世界经济导报》，1984 年 6 月 25 日。
4. 王伟、郭凡生：《严峻的现实——“六五”期间我国东、西部差距拉大的分析报告》，载《中青年经济论坛》，1987（4）。
5. 载上海科学学研究所《研究与建议》，第 8 期。
6. 同年，天津市科委政策研究室的何钟秀在参加墨西哥举行的世界社会学大会第 23 届委员会上，提交了《论国内技术的梯度转递》，后发表于 1983 年 2 月 6 日《人民日报》和《科研管理》杂志 1983 年第 1 期，将“梯度理论”概括为“梯度发展规律”。
7. 郭凡生、王伟：《贫困与发展》，浙江人民出版社，1988。
8. 周天豹（1944—1987），重庆市社会科学院经济发展研究所所长。曾在贵州六盘水的煤矿里当过井下挖煤矿工。1978 年至 1981 年为中国社会科学院研究生院工业经济所研究生。1981 年去斯坦福大学做访问学者。著作有：《抗战时期国民党开发西南农业的历史考察》，1986；《抗日战争时期西南经济发展概述》，西南师范大学出版社，1988。
9. 1987 年 6 月，上海社会科学院杨建文等中青年理论工作者在完成东部农村发展模式考察课题后，带着了解西部，进而了解中国农村的想法来到贵州。在贵州省社会科学院王永庆等青年理论工作者的陪同下，考察了村寨和工厂，双方形成了在年内进行一次东西部中青年学术对话的意向性方案。并且确立，以发展问题作为对话的基点。
10. 陈敏之（1920—2009），上海社会科学院原部门经济研究所副所长，顾准胞弟。其最重要的贡献是在顾准去世近 20 年后，编辑出版了顾准遗作、撰写与顾准相关的著作，包括：顾准：《从理想主义到经验主义》，香港三联书店，1992；陈敏之：《顾准文集》，贵州人民出版社，1994；陈敏之、丁东：《顾准日记》，经济日报出版社，1997；陈敏之、顾南九：

《顾准文稿》、《顾准笔记》、《顾准日记》，中国青年出版社，2002；陈敏之：《我与顾准》，上海文艺出版社，2003。

顾准（1915—1974），上海人，12 岁进潘序伦先生创办的上海立信会计事务所当练习生。1930 年，以其在会计学方面的成就被誉为“奇特的少年天才”。1934 年完成的《银行会计》，成为国内第一本银行会计教材，被各大学采用，同时开始在大学任兼职教授。1949 年，任上海市财政局局长兼税务局局长、上海市财经委员会副主任和华东军政委员会财政部副部长；1952 年，在“三反运动”中，被撤销党内外一切职务；1956 年入中科院经济研究所，1957 年担任中国科学院资源综合考察委员会副主任，发表《试论社会主义制度下的商品经济和价值规律》，提出在社会主义条件下实行市场经济的思想，在“反右”运动中被划为右派分子。1962 年下放劳动，后回经济研究所。1965 年，顾准第二次被划为右派，在中国这是绝无仅有的。顾准的妻子汪璧被迫提出与顾准离婚，1968 年自杀。顾准坚持独立思考，进入广泛的思想领域，提出“娜拉出走以后怎么样”（无产阶级取得政权以后怎样）的问题，写成《希腊城邦制度》、《从理想主义到经验主义》等，成为中国知识界、思想界的先驱。1974 年 12 月 3 日，顾准因肺癌在北京病逝，享年 59 岁。

11. 《机关青年》编辑部：《发展问题——东西部中青年学术对话论文集：困惑中的思考》，贵州省政府直属机关团工委发行，1988。

12. 1988 年 9 月 29 日，在朱嘉明的主持下，考察团完成了关于西亚六国的考察报告，呈送荣毅仁董事长、宋汉良书记。另有三个附件：1. 关于西亚六国经济情况的统计资料；2. 关于建立西部开放试验区的报告；3. 关于新疆对西开放的若干问题。

13. 中国西部开发研究中心、新疆维吾尔自治区党委政研室：《中国西部：发展、改革、开放的新抉择——新疆发展、改革、开放综合研究试验区方案设计》，北京，时事出版社，1988。

14. 邹蓝：《西部与西部人》，见邹蓝：《喀什噶尔的风》散文集，北京，中国文史出版社，2005。

15. 直到 1993 年，由云南人民出版社出版了这次考察的成果《超越边境贸易的抉择——德宏边境自由贸易区方案和体制设计》。在序言和编后中可见一个大概的历史轮廓：“1987 年，中共中央、国务院在批转《关于民族工作几个重要问题的报告》这一重要文件中就肯定了以下陈述：‘新疆、西藏、云南等省区和其他一些少数民族地区，具有对外开放的优越地理条件，又有丰富的地下、地上资源和独特的旅游资源，进一步搞好开放，就能把某些劣势变成优势，加快经济的发展。我们建议，在这些地区选择一些条件好的地方，借鉴国际上设立内陆开发区和边境自由贸易区的做法，采用我国沿海对外开放地区的一些政策措施，作为进一步开放的试点，探索加快发展的经验。然后，再进一步研究振兴南、北丝绸之路，扩大对外交流的新途径和政策措施。’1989 年初，国家体改委遵照国务院指示，提出在西部省区选取一两个具有区位优势并初具相关条件的地区，进行沿边地区对外开放和体制改革的超前试验。至此，沿边地区对外开放被正式提到党中央、国务院构想中国全方位对外开放战略的议事日程上。1989 年 4—5 月，由国家民委、国家体改委、国务院发展研究中心、中信国际问题研究所、中国西部开发研究中心、云南省经济技术研究中心、昆明市委政策研究室的研究人员组成的‘德宏边境自由贸易试验区课题组’，就德宏设立特殊开放区域的可行性以及必须进行的相关体制改革问题做了调研论证，形成了一套完整的实施这一战略构想的对外开放和体制改革设计方案。本书就是历时一个多月调查研究的成果。”

组合的力量[1]

1984，1986，1988，循着这个轨迹看去，华生团队最突出的特点是立足于中国国情开拓。所有的知识都是拿来用的，绝不固守。在中国急剧变化的时代，很多严格假定的条件不存在，所以简单照搬不行。

青年组合是1980年代的一个现象。发挥组合的力量而不是突出个人。

1980年，翁永曦（1948年生）、王岐山（1948年生）、黄江南（1949年生）、朱嘉明（1950年生）联名就国民经济问题撰文[2]，受到总理重视并约谈，得“四君子”之称，开青年组合之先。之后，青年经济学家三五成群形成若干组合，在1980年代的经济改革中发挥了作用和影响。其中，1984年9月莫干山会后，以华生（1953年生）、何家成（1956年生）为首的组合，持续时间最长。

调？放？

上莫干山会的中国社会科学院研究生院研究生有：华生、何家成、高梁（1948年生）、张少杰（1953年生）。张少杰在企业组，其余几位在宏观组。宏观组里讨论价格改革热火朝天，有“调”、“放”两派。调派的代表人物是国务院价格研究中心的田源，放派的代表人物是西北大学研究生张维迎。华生原本对价格问题并没有深入研究，但是也被价格论战所吸引，和几个同学一起卷入。结束了白天的大会，晚上仍然聚在一起继续讨论的还有中国人民大学计统系的研究生蒋跃（1958年生）。能不能边调边放、调放结合？当时的工业品已经是一物两价甚至多价，这个现象对于价格改革有什么意义？顺着这个思路前进，经过通宵达旦的争论，终于得出了“很令人振奋的结论”（张少杰语），那就是综合双方观点精华，走放调结合、两条腿走路的方针，用先放的办法促进市场价平稳下浮，然后上调计划牌价，有些产品也可以同时外放内调。组织物资部门主动进入市场，发挥平抑供需和价格水平的主渠道作用。他们把这套“改、调、放、导”的思路简括为放调结合的双轨制。[3]于是，他们申请挂牌讨论。可以挂牌讨论，是莫干山会一绝。这天晚上，华生讲方案，张少杰讲理论，其余各有侧重。50多人参加，从七八点钟吵到半夜。会后，组织者挑选一些学者向时任国务委员兼国家经委主任的张劲夫汇报山上讨论的结果，华生作为代表汇报价格改革问题。张劲夫听得非常认真，站起来来回踱步，就双轨制怎么讲、放调结合怎么搞、物资市场如何组织、怎样引导多轨价格归一、防止倒卖等提了很多问题，但当场并未明确表态。[4]

国家体改委的徐景安为价格专题撰写了主报告《价格改革的两种思路》，其中没有提双轨制，把价格组的意见归纳为两种思路，第一种为“调放结合，以调为主”，第二种为“调放结合，先放后调”。而“调放结合”的结果势必就是一种产品、两种价格的双轨制。[5]在主报告之外有两份附件：价格改革的建议之一的执笔人是田源，价格改革的建议之二的执笔人是华生。华生所写题目是《用自觉的双轨制平稳地完成价格改革》。主要思想是利用扩大企业自主权后计划牌价已经全面受到冲击之势，改革价格制度，放开和组织计划外市场，使计划外多价归一和下浮，同时调整计划价格向上，逐步使二者靠近。步骤是先改后调，改中有调，控制每年物价上涨5%—6%的幅度，用5—6年平稳完成中国价格改革。落笔的时候，华生把“放调结合”变为“改调结合”，是因为张劲夫听汇报时非常关心放开后的市场问题，因此他用“改”来概括放开价格和组织市场两个含义。[6]

9 月 20 日，张劲夫批示：“中青年经济工作者讨论会上，提出的价格改革的两种思路，极有参考价值。”9 月 30 日，国务院总理批示：“价格改革的两种思路很开脑筋。总题目是如何使放、调结合，灵活运用；因势利导，既避免了大的震动，又可解决问题。广东从改物价管理体制入手，江苏乡镇企业走过的路，协作煤价的下浮；以及粮、棉、油大量搞超购价的结果带来了比例价，都实质上是放、调结合的成功事例。”国家物价局、物资局 1985 年 1 月发出《关于放开工业品生产资料超产自销产品价格的通知》。1985 年中央“一号文件”，决定取消自 1953 年起实行了 30 多年的农产品统购统销制度，改为合同定购和市场收购的合同内外双轨制。1985 年 4 月 12 日，国家物价局局长成致平在中央电视台公布价格改革方案，宣布“1985 年价格改革的基本方针是:放调结合，小步前进。就是放活价格与调整价格相结合，走小步子，稳步前进”。[7] 华生、何家成、蒋跃、高梁、张少杰在《经济研究》上联名发表《论具有中国特色的价格改革道路》[8]。何家成是 81 级，1984 年毕业；其余是 82 级，1985 年毕业去了各自单位。在以不同的排名顺序写了几篇文章后，一个新的组合出现了。除了华生、何家成，还有两位同学，分别是国务院经济调节办公室的张学军（1954 年生）和社科院财贸所的边勇壮（1954 年生）。此外，还有国务院农村发展研究中心的罗小朋（1947 年生）。

资产经营责任制

1984 年的十二届三中全会提出企业所有权与经营权适当分离。但是，什么是它的有效实现形式呢？经济学家都在探索。华生们认为经济改革必须完成两项基本工程：一是经济运行模式的转换，二是所有制基础的再造。他们以两篇长文系统阐述：《经济运行模式的转换——

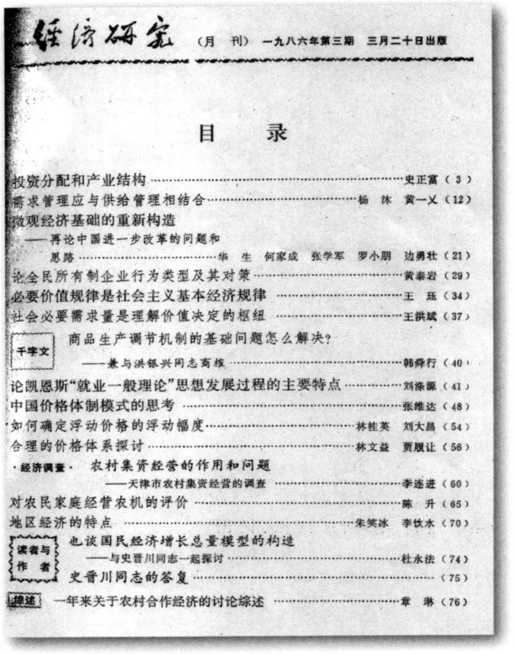

经济研究 （月　刊） 一九八六年第三期　三月二十日出版

目　录

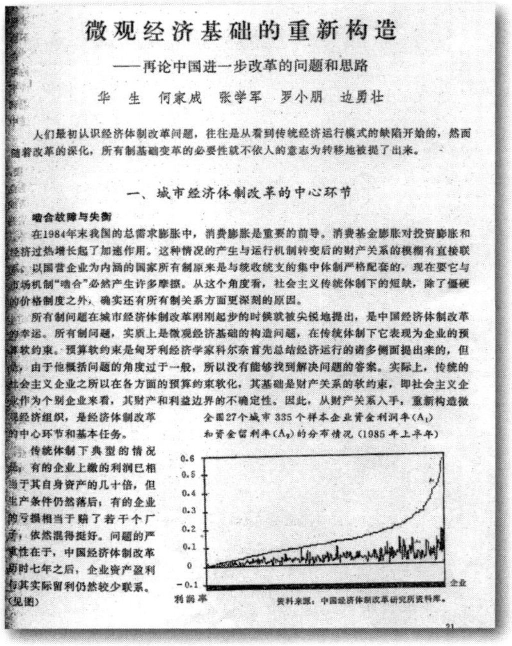

微观经济基础的重新构造

——再论中国进一步改革的问题和思路

华　生　何家成　张学军　罗小朋　边勇壮

人们最初认识经济体制改革问题，往往是从看到传统经济运行模式的缺陷开始的，然而随着改革的深化，所有制基础变革的必要性就不依人的意志为转移地被提了出来。

一、城市经济体制改革的中心环节

啮合故障与失衡

在1984年末我国的总需求膨胀中，消费膨胀是重要的前导。消费基金膨胀对投资膨胀和经济过热增长起了加速作用。这种情况的产生与运行机制转变后的财产关系的模糊有直接联系。以国营企业为内涵的国家所有制原来是与统收统支的集中体制严格配套的，现在要它与市场机制“啮合”必然产生许多摩擦。从这个角度看，社会主义传统体制下的短缺，除了僵硬的价格制度之外，确实还有所有制关系方面更深刻的原因。

所有制问题在城市经济体制改革刚刚起步的时候就被尖锐地提出，是中国经济体制改革的幸运。所有制问题，实质上是微观经济基础的构造问题，在传统体制下它表现为企业的预算软约束。预算软约束是匈牙利经济学家科尔奈首先总结经济运行的诸多侧面提出来的，但是，由于他概括问题的角度过于一般，所以没有能够找到解决问题的答案。实际上，传统的社会主义企业之所以在各方面的预算约束软化，其基础是财产关系的软约束，即社会主义企业作为个别企业来看，其财产和利益边界的不确定性。因此，从财产关系入手，重新构造微观经济组织，是经济体制改革的中心环节和基本任务。

传统体制下典型的情况是，有的企业上缴的利润已相当于其自身资产的几十倍，但生产条件仍然落后；有的企业的亏损相当于赔了若干个厂子，依然混得挺好。问题的严重性在于，中国经济体制改革历时七年之后，企业资产盈利与其实际留利仍然较少联系。（见图）

全国27个城市335个样本企业资金利润率（A_1）和资金留利率（A_2）的分布情况（1985年上半年）

利润率
0.6
0.5
0.4
0.3
0.2
0.1
0
−0.1

企业

资料来源：中国经济体制改革研究所资料库。

21

发表在《经济研究》1986年第3期的《微观经济基础的重新构造——再论中国进一步改革的问题和思路》。

试论中国进一步改革的问题和思路》、《微观经济基础的重新构造——再论中国进一步改革的问题和思路》(简称《构造》)。《构造》发表在《经济研究》1986 年第 3 期，从财产关系入手，提出资产经营责任制。它包括资产评估、收益分享和经营责任，通过设立国有资产管理总局，保证资产完整、增值和收益；竞聘企业经理人，不搞行政任命，等等。这个思路来自于农村改革的启示：联产承包责任制，承包的不是产量，而是土地。华生们似乎觉得可以找到一条路，而资产经营责任制便是“在正确方向上的破题”。

《构造》不仅获得 1986 年度孙冶方经济科学奖，资产经营责任制还在体改委支持下，在沈阳、南京、重庆、武汉、烟台、安徽等地开始企业试点。经济所组织了一个企业体制课题组，有华生、何家成、张学军、罗小朋、边勇壮、杜海燕、郭季平、袁刚明、张小明、王红领、刘小玄、魏辉等。眼看着自己的理论构想付诸实践，欣喜之余也感觉责任重大。他们花大力气向地方政府和试点企业讲解理论和方案。所到之处，书记、省长都热情接待，支持改革开放，支持试验。重庆市市长肖秧就是一位积极支持者。经济所科研处处长俞敏声还介绍课题组去烟台，因为他的弟弟俞正声时任烟台市委书记。

经过一段试验，从理论和实际操作上总结了很多问题，1987 年初，他们编写出一本小册子《资产经营责任制》[9]，由何家成、杜海燕总编和定稿，5 月出版。这是一本实用手册，以问答方式讲解资产经营责任制的意义和作用、企业的内外部关系、试行方法和程序、责任和奖罚、合同的变更和中止，还有试行条例、试行方案、招标启事、理事会章程、招投标暂行规定、标书及答辩评分标准以及试点企业改革情况，等等。时任社科院经济所所长的董辅礽在序言中开宗明义：“中国经济改革面临的一个基本困难是，在向目标模式转换时，缺乏通往有计划的商品经济的现实途径。问题的关键在于，如何使公有制和商品经济实现兼容。”“资产经营责任制……提供了一条富有创新意义的思路。”

1988 年中国成立了国有资产管理局，但是，比华生他们设想的总局低了一个格，而且主要做政策研究。直到2003年成立国资委，建立国有出资人制度，才接近他们当年的想法。社科院研究生院83级研究生，现任国务院国有重点大型企业监事会主席季晓南有一次见到华生说，现在我们还在用你们当年提出来的办法。

如果说在中国的经济改革中，有发明权或者专利的话，国有资产管理局的首创专利应该属于华生和他的同伴。

“提出资产经营责任制，费了很大力气，但真正推进是很难的。”华生坦承它的历史局限，特别是在没有资本市场的情况下。

1988年，华生、张学军、罗小朋在《经济研究》发表了七八万字的长文《中国改革十年：回顾、反思与前景》。他们写道：“当前改革的困境在于改革的深化已经触动传统社会主义理论的若干基本假定和中国特殊的政治、经济和文化结构。……历史，特别是一部中国史反复证明，官权的膨胀从来是改革的主要威胁和社会危机的前兆。社会主义中国正处在历史性的转折关头。”文章结尾是那句被马克思和黑格尔引用过的：“这里有玫瑰花，就在这里跳舞吧！”

在第一个十年，是这个组合，对改革做了大文章，突显了他们的犀利锋芒，文章引起巨大反响。针锋相对的批评是石小敏、刘吉瑞所写《经济学家首先要尊重历史和事实——评华生等〈中国改革十年（回顾篇）〉》，发表在《经济研究》1989年第2期：“《十年回顾》一文采用直接指名道姓地批评自己的论敌的方式，打破了我国经济理论界许多人墨守不移的‘文章不争论,争论不点名’的陈规,也是有益的。”毕竟，这是一种健康的学术和观点之争，1980年代式的，难能可贵。

提携与成长

1984，1986，1988，循着这个轨迹看去，华生团队最突出的特点是立足于中国国情开拓。所有的知识都是拿来用的,绝不固守。华生说：“经济学以严格的假定为前提进行推论，但在中国急剧变化的时代，很多严格假定的条件不存在，所以简单照搬不行。”

华生组合有这么多因素。早年的社科院研究生院没有校址，借居玉泉路十一学校的两栋小楼。82级经济各系同学，每周一次，聚集在张学军、张少杰、高梁宿舍，讨论时政，交流读书心得。这成为他们日后合作的基础。华生和比他们早一级的何家成的合作始于莫干山。而罗小朋是1978级中国人民大学研究生，早先在农村发展组做农村调查时，应征在校研究生，华生、张学军等人都是参加者。从那时他们开始有了交道。华生文章好，勇于辩论，有学术偏好；何家成看问题深，勤于思考；罗小朋性情中人，在发散式思维中时常闪出亮点；张学军和边勇壮性格温和，勤恳。这是一个稳固而有力量的组合。

他们毕业的1985年，恰逢已经当了七年副所长的、社科院最能干的副所长董辅礽升任所长，实行所内重组，破格提拔。成立微观经济室，任命华生为主任；成立宏观经济室，任命何家成为主任；成立发展经济室，把分到国务院经济调节办公室的张学军请回来任主任。而边勇壮是财贸所所长张卓元的学生，自然留在财贸所。张卓元也放手使用，先是让边勇壮当价格室副主任，后来是物资经济室主任，支持他跟经济所的人一起写文章。这些老师的恩泽，让饱经沧桑、如今50多岁的学生回忆起来，感激不已。边勇壮说：“董老师开一代新风，大刀阔斧。”当老先生还没有机会评职称时，他们就被破格提拔成了副研究员。据说巴山轮会后，何家成在写纪要时加入了自己的东西，被刘国光看到，非常欣赏，毕业几个月就让他当室主任。众所周知，社科院经济所这个老所，在历次政治运动中累积了很多矛盾。然而，老一辈学者并没有因为自己这一辈的矛盾影响对于年轻人的欣赏和使用。青年们还特别感谢《经济研究》的常务主编唐宗焜，“我们发文章，他从不置疑，无论是篇幅上还是内容上。按理，一年不能发那么多，可是一年发我们好几篇。”

除了师长，还有政府领导的求贤若渴和对青年的提携。莫干山会后，华生经常受邀参加国务院会议。被邀请的青年来自不同的研究领域。

华生的角色是谈城市改革。无论多高级的干部和领导，对他们都特别友善。“那时很单纯，没有想别的。也没说要和某位领导拉拉关系，谋个一官半职。开会的气氛宽松，大家畅所欲言，只是研究问题。”华生说。

1986 年，国务院总理有一次外出要求华生同行。在专列上，华生给总理讲资产经营责任制。总理问：“现在这些事情都是财政部的，这不是把钱从财政的这个口袋放进那个口袋吗，这两个口袋（财政部和国有资产总局）有什么区别呢？”当时大家对于以一个独立的资产管理系统作为产权代表确实还不理解。不过，总理支持他们试。

2008 年，华生、罗小朋、张学军、边勇壮以一字之差写同名文章：《中国改革 30 年：回顾、反思与前景》。

这是一段佳话。成就这佳话的是 1980 年代的天时、地利、人和。

---

1. 原载《经济观察报》，2009 年 9 月 21 日。写作本文时采访了华生、边勇壮、张学军先生。
   参考文献：
   ⑴徐景安：《双轨制价格改革的由来》，载《领导者》，2008（2），总第 20 期。
   ⑵张维迎：《我总是直截了当地表达我的观点》，载《经济观察报》，2008 年 9 月 28 日。
   ⑶华生：《价格改革破冰：30 年的关键起点——中国价格改革：真实历程和现实意义》，连载于《21 世纪经济报道》，2008 年 9 月 15 日、9 月 29 日。
   ⑷华生：《双轨战略实施的论战和反复》，载《21 世纪经济报道》，2008 年 10 月 20 日。
   ⑸华生：《放调结合，双轨推进战略的现实意义》，载《21 世纪经济报道》，2008 年 11 月 17 日。
   ⑹华生、高梁、张少杰：《令人遗憾的双轨制发明权之争》，载《21 世纪经济报道》2008 年 10 月 13 日。
   ⑺罗小朋：《价格改革历史评述》，http://luo-xiaopeng.blog.sohu.com/107129688.html。
2. 中国社会科学院工业经济研究所黄江南、朱嘉明，中国社会科学院近代史研究所王岐山，国家农委政研室翁永曦：《关于我国当前经济形势和国民经济调整问题的若干看法》，载红旗杂志社总编室编《内部文稿》第 1 期，1981 年 1 月 10 日。
3. 罗小朋在《价格改革的历史评述》一文中写道：“当我看到‘放派’和‘调派’相持不下的时候，突然从河北改革（指此前去石家庄地区宁晋两县做的价格改革试验——笔者注）的经验得到灵感。于是，在我主持的分组会上首先提出了‘两派都行不通，只有搞双轨制’的意见。”历史的过程大概是：在思想碰撞中，一些人开始形成双轨制的思想，并且有了清晰的表达。
4. 华生：《价格改革破冰：三十年的关键起点——中国价格改革：真实历程和现实意义》，连载于《21 世纪经济报道》，2008 年 9 月 15 日、9 月 29 日。

5. 徐景安：《双轨制价格改革的由来》，《领导者》（双月刊），2008（2），总第 20 期。

6. 华生：《价格改革破冰：三十年的关键起点——中国价格改革：真实历程和现实意义》。

7. 华生：《价格改革破冰：三十年的关键起点——中国价格改革：真实历程和现实意义（之二）》，载《21 世纪经济报道》，2008 年 9 月 29 日。莫干山会议其实并没有发明任何新东西，只是在因势利导和把放调结合、组织市场自觉地作为价格改革的战略上点明和拨动了领导头脑中的那根弦，因而影响了价格改革这个关键决策的方向选择。从这个意义上说，莫干山会议确实没有创造出早已存在的放调结合和双轨推进，而真正的贡献就是在一个适当的时间和地点推动其成为中央主动自觉的战略。

8. 载《经济研究》，1985（2）。

9. 何家成、杜海燕等：《资产经营责任制》，北京，经济科学出版社，1987。

参考文献

《改革》杂志社：《生命不息　奋斗不止：纪念经济学家蒋一苇》，北京，经济管理出版社，1986。

《机关青年》编辑部：《发展问题——东西部中青年学术对话论文集》，《困惑中的思考》，贵州省政府直属机关团工委发行，1988。

《经济参考》编辑部：《世界新的技术革命与对策》，内部发行。

《经济管理》编辑部：《日本工业企业管理考察》，北京，中国社会科学出版社，1979。

《经济研究》编辑部：《建国以来社会主义经济理论问题争鸣（1949—1984）》，北京，中国财经出版社，1985。

凯瑟琳·奎塞：《体改所与政策制定》，香港，大风出版社，2008。

本社编：《腾飞的构想——一九八五年“中国中青年经济改革讨论会”获奖优秀论文选集》，辽宁人民出版社，1985。

本书编辑组：《人民日报社论选（1978.12—2009.10）》，北京，人民日报出版社，2010。

本书编辑组：《把一生献给亲爱的祖国——缅怀季崇威同志》，北京，中国财经出版社，2003。

初保泰、董薇园：《外商在中国投资的法律问题》，北京，企业管理出版社，1988。

初保泰、董薇园：《怎样举办中外合资经营企业》，北京，知识出版社，1986。

初保泰：《中外合资经营企业法实施经验问答》，北京，法律出版社，1983。

大会秘书处：《改革时代的探索——1985 年全国中青年经济改革讨论会获奖论文选》，天津人民出版社，1985。

邓加荣：《孙冶方传》，山西经济出版社，1998。

邓加荣：《中国经济学家列传——刘国光》，北京，中国金融出版社，2008。

邓小平：《邓小平文选》，北京，人民出版社，1993。

董辅礽：《经济体制改革研究》，北京，经济科学出版社，1995。

董辅礽经济科学发展基金会：《中国经济学家年度论坛暨中国经济理论创新奖》，北京，经济科学出版社，2009。

董辅礽经济科学奖励基金：《追求彻底的理论创新——董辅礽经济思想评述》，北京，经济科学出版社，1997。

董辅礽经济学发展基金会：《追思董辅礽》，北京，社会科学文献出版社，2005。

董辅礽：《社会主义经济制度及其优越性》，北京出版社，1981。

杜润生：《杜润生文集（1980—1998）》，山西经济出版社，1998。

杜润生：《杜润生自述：中国农村体制变革重大决策纪实》，北京，人民出版社，2005。

杜润生：《中国农村制度变迁》，四川人民出版社，2003。

高尚全：《改革访谈——献给改革开放30年》，北京，经济科学出版社，2008。
高尚全：《强国之路》，北京，改革出版社，1991。
高尚全：《希望之路——中国经济体制改革的成就和展望》，北京，中国青年出版社，1987。
高尚全：《政府转型》，北京，经济科学出版社，2008。
高尚全等：《改革历程——献给改革开放30年》，北京，经济科学出版社，2008。
高尚全：《中国经济改革200问》，北京，人民日报出版社，1987。
谷牧：《谷牧回忆录》，中央文献出版社，2009。
郭凡生、潘照东、曹征海等：《摆脱贫困的思考》，北京，技术经济导报社，1986。
郭凡生、王伟：《贫困与发展》，浙江人民出版社，1988。
郭树清：《整体的渐进》，北京，经济科学出版社，1998。
国家经济体制改革委员会综合规划司：《中国改革大思路》，沈阳出版社，1988。
国务院农研中心发展研究所：《走向现代化的抉择》，北京，经济科学出版社，1987。
季崇威：《论中国对外开放的战略和政策》，北京，社会科学文献出版社，1995。
季崇威：《中国利用外资的历程》，北京，中国经济出版社，1999。
李连第主编：《中国经济学希望之光》，北京，经济日报出版社，1985。
李凌编著：《勇破坚冰的〈未定稿〉及其他》，北京，中国社会科学出版社，2009。
厉以宁：《中国经济改革的思路》，北京，中国展望出版社，1989。
刘国光：《刘国光经济文选》，北京，中国时代经济出版社，2010。
刘国光：《首届中国经济学杰出贡献奖获得者丛书——刘国光专集》，山西经济出版社，2005。
刘国光等：《八十年代中国经济改革与发展》，北京，经济管理出版社，1991。
刘国光：《中国经济发展战略问题研究》，上海人民出版社，1984年1月。
刘鸿儒：《突破——中国资本市场发展之路》，北京，中国金融出版社，2009。
柳红：《当代中国经济学家学术评传——吴敬琏》，陕西师范大学出版社，2002。
楼继伟：《中国改革：波浪式前进》，北京，中国发展出版社，2001。
陆学艺：《陆学艺文集》，上海辞书出版社，2005。
马洪、孙尚清：《中国经济结构问题研究》，北京，人民出版社，1981。
马洪：《经济结构与经济管理》，北京，人民出版社，1982。
马洪：《首届中国经济学杰出贡献奖获得者丛书——马洪专集》，山西经济出版社，2005。
马洪：《孙尚清纪念文集》，北京，中国金融出版社，2001。
内蒙古党委政策研究室：《"梯度理论"讨论文集》，《科学管理研究》编辑部印"战略与规划"研究班参考资料，1985。
北京三联书店编辑部：《关于按劳分配问题——经济学界1977年三次讨论会发言汇编》，北京，三联书店，1978年5月内部发行。
北京三联书店老同志联谊会：《怀念徐雪寒同志》，内部资料。
宋国青、罗小朋：《经济结构与经济改革》，内部资料。

孙尚清：《论经济结构对策》，北京，中国社会科学出版社，1984。
孙冶方：《孙冶方全集》（1—5卷），山西经济出版社，1998。
孙冶方经济科学奖励基金委员会办公室：《孙冶方经济科学基金获奖文集》，1988。
外国经济学说研究会所《外国经济学讲座》（1—4）册，北京，中国社会科学出版社出版。
汪海波、吕政、周绍鹏：《经济体制改革的理论与实践研讨会论文集》，北京，中国经济出版社，1987。
王维澄、高尚全、刘国光：《经济改革新思考》，北京，改革出版社，1988。
王小强、白南风：《富饶的贫困》，成都，四川人民出版社，1986。
魏礼群主编：《改革开放三十年见证与回顾》，中国言实出版社，2008。
吴敬琏、周小川：《中国经济改革的整体设计》，北京，中国展望出版社，1990。
吴敬琏：《吴敬琏选集》，山西人民出版社，1989。
肖冬连：《历史的转轨——从拨乱反正到改革开放》，香港中文大学当代中国文化研究中心，2008。
谢春涛：《〈百年潮〉精品系列——改革风云》，上海辞书出版社，2005。
新望：《改革30年：经济学文选》，北京，三联书店，2008。
徐雪寒：《徐雪寒文集》，北京，三联书店，2006。
薛暮桥：《薛暮桥改革论集》，北京，中国发展出版社，2008。
薛暮桥：《薛暮桥回忆录》，天津人民出版社，1996。
薛暮桥：《薛暮桥经济论文选》，北京，人民出版社，1984。
薛暮桥：《薛暮桥晚年文稿》，北京，三联书店，1999。
薛暮桥：《中国社会主义经济问题研究》，北京，人民出版社，1979年12月。
薛小和：《百年沧桑 一代宗师——薛暮桥逝世一周年纪念文集》，北京，中国发展出版社，2006。
薛永应：《董辅礽评传》，武汉大学出版社，2000。
雅诺什·科尔奈：《思想的力量——学术探索之旅的另类自传》，香港中文大学出版社，2009。
亚诺什·科尔奈：《短缺经济学》，北京，经济科学出版社，1986。
杨勋：《心路：良知的命运》，北京，新华出版社，2004。
叶辅靖：《当代中国经济学家评传——董辅礽》，陕西师范大学出版社，2002。
于光远、苏星主编：《政治经济学》（资本主义部分），北京，人民出版社，1961。
于光远：《政治经济学社会主义部分探索》1—6卷，北京，人民出版社；7卷，北京，经济科学出版社。
于光远等：《匈牙利的经济体制考察报告》，北京，中国社会科学出版社，1981。
张守一、汪同三、葛新权：《中国数量经济学30年》，北京，社会科学文献出版社，2010。
赵人伟：《紫竹探真——收入分配及其他》，上海远东出版社，2007。
中共中央文献研究室编：《十二大以来重要文献选编》，北京，人民出版社，1986。
中国经济体制改革研究会：《宏观经济的管理和改革——宏观经济管理国际讨论会

言论选编》，北京，经济日报出版社，1986。
中国经济体制改革研究所：《艰难的探索——匈牙利、南斯拉夫改革考察》，北京，经济管理出版社，1987。
中国经济体制改革研究所综合调查组编：《改革：我们面临的挑战与选择》，北京，中国经济出版社，1986。
中国科技情报研究所《快报》编辑部、科技文献出版社第二编辑室：《世界新产业革命动向》，北京，科学技术文献出版社，1984。
中国农村发展问题研究组：《国民经济新成长阶段与农村发展》，浙江人民出版社，1987。
中国农村发展问题研究组：《包产到户资料选》，内部资料，1981。
中国农村发展问题研究组:《农村经济变革的系统考察》，北京，中国社会科学出版社，1984。
中国农村发展问题研究组：《中国农村发展问题研究组集刊——农村 · 经济 · 社会(1981 年卷)》，内部资料。
中国农业科学院农业经济研究所、四川省社会科学院农业经济研究所编：《农村经济体制改革文选》1—4 辑，内部资料，1983。
中国社会科学院经济研究所：《“四人帮”对马克思主义政治经济学的篡改》，山西人民出版社，1979。
中国社会科学院经济研究所学术资料室：《孙冶方纪念文集》，上海人民出版社，1983。
中国社会科学院老专家协会：《我在现场——亲历改革开放 30 年》，北京，社会科学文献出版社，2009。
中国社会科学院苏联东欧研究所本书编写组：《苏联东欧国家政治体制及改革》，北京，求实出版社，1987。
中国社会科学院苏联东欧研究所：《捷克斯洛伐克政治经济体制改革的重要文献选编》，1986。
中国社会科学院苏联东欧研究所：《匈牙利政治经济体制改革文献选编》，1985。
中国西部开发研究中心、新疆维吾尔自治区党委政研室：《中国西部：发展、改革、开放的新抉择——新疆发展、改革、开放综合研究试验区方案设计》，北京，时事出版社，1988。
中国西部与民族地区发展研究组：《希望之光：在中国西部的乡土上》，四川人民出版社，1989。
周叔莲：《周叔莲文集》，上海辞书出版社，2005。
朱嘉明、金岩石、常修泽编:《中青年经济论坛》，见《当代中国:发展、改革、开放》(1985—1986)，香港文化教育出版社有限公司，1987。
中国工商行政代表团:《美国怎样培养企业管理人才》，北京，中国社会科学出版社，1980。
1980 年代的《人民日报》、《经济日报》、《经济学周报》、《世界经济导报》、《经济参考报》、《光明日报》、《北京日报》、《工人日报》、《经济研究》、《中青年经济论坛》、《经济研究参考资料》、《经济学动态》、《中国：发展与改革》、《中国青年》。

人名索引

H

J

K

L

M

N

P

Q

R

X

后记

虽然时间并不久远，虽然很多当事人健在，但是，历史被有意无意地遮蔽、遗忘、误解了。我总是想，把那些被埋没的，发掘出来；把那些走向模糊的，清晰起来；把那些被歪曲的，纠正过来。然而，这个心愿太宏大，非我所及。

一

两年前，也就是2008年，中国大陆大张旗鼓地纪念改革开放30年，包括媒体对改革人物的各种评选。我理解，纪念的本意一方面是缅怀，缅怀那些为中国走上改革之路而奋斗牺牲的思想先驱和行动者；另一方面，是反思，为了面向未来。而当时呈现的却是一场场浮华的“盛宴”，形式大于内容。以经济学界为例，集中于个别人物和事件。在这里，历史失之于简单。而这个现象，与30年中最重要的10年——1980年代的改革历史和人物开掘不够有关。虽然时间并不久远，虽然很多当事人健在，但是，历史被有意无意地遮蔽、遗忘、误解了。

一个有趣的现象，可以作为对上述判断的一种证明。那就是，近年来，陆陆续续地，有人出来声明自己是1980年代某个概念、名词、思想的“首创者”，媒体也热衷于用“第一人”的标识。一面是对历史的遗忘，一面是对历史的在意。遗忘，是遗忘那个时代提供的特殊机会和可能，遗忘大家思想交锋和碰撞的前提，遗忘老中青三代一起探索的启发，遗忘那些走入历史的思想和事业的领袖式人物；在意，是站在与1980年代气质完全不同的今天，在意个人的名利。在2008年，最大的一起争论便是关于“价格双轨制”发明权的归属。因为人们对于1980年代的陌生，在模糊的历史背景下，这样争论的结果也无从清晰。争论者激动甚至激愤，媒体受众并不理解各方的要点和语境。

“价格双轨制”争论，把一个“莫干山会”推到公众面前。无论是价格双轨制的热议、被肯定，还是几位论者的崭露头角，皆出自莫干山会，也就是1984年在浙江德清县莫干山召开的、中国青年经济学人第一次集体登场的会议。很多人以参加莫干山会为荣，甚至由此改变命运。当今社会、经济、政治舞台上的一些风云人物，曾是莫干山会的主角。然而，莫干山会是怎么开起来的，却鲜为人知，也从未被记载。

诸如此类，都提示了这样的信息：历史，需要有心人去挖掘、记录、呈现；否则，知其然，不知其所以然。如果做得不及时，历史的文本就有可能中断，或者发生扭曲。在长江后浪推前浪的历史发展中，也要有人溯流追源去研究历史。

恰好，我和莫干山会的几位发起人有缘，做了一些采访，写了一篇《影响改革进程的莫干山会议——记1984年全国中青年经济科学工作者讨论会》，发表在2008年10月27日的《经济观察报》上（发表时的题目为《莫干山会议真相》）。一些被埋没多年的人物在事隔20余年后，第一次铺展在人们眼前，引起读者的兴趣。而在经历过那个年代的人之间，也引起一些“兴奋”，彼此相告，“在报纸上看到了你的名字”，于是，他们找报纸来读。

2008年11月的一天，《经济观察报》观察家版主编殷练女士邀我在报社附近的素菜馆见面，这是我们第一次见。席间，我讲了一位经济学界老人的故事；说者无意，听者有心，她突然起意：“写下来吧，开个专栏！”因为刚发表了莫干山文，也有意做1980年代研究，这么好的平台很吸引我，虽然清楚写专栏是一种承诺，心里没底儿，还是答应了，专栏名叫“那些人与事”。试写了两篇之后，就开始了这趟辛苦而激动人心的旅程，从 2008 年 12 月到 2010 年 7 月，一共写了 40 多个题目。本书就是以这些专栏文章为基础，作了一些加工补充后的结集。

在一个波澜壮阔的 10 年里，40 多个故事，只是沧海一粟，唯愿它能呈现一些 1980 年代的风貌和特征。

二

编辑成书时，遇到一个问题：以什么线索把这些既孤立又联系的篇章串起来？在颇费了一番思量后，还是决定以人物为主线，以三代改革经济学家来区隔。因为，无论事件还是机构，都离不开人的贡献。

从一开始，就想好要尽可能地采用第一手资料。前前后后，大约采访了 70 位亲历者，其中与几位数次甚至十数次地电话交谈。也有采访之后，再通过邮件订正细节。受访者中，年纪最长者是 87 岁的刘国光先生。采访是在中国社会科学院他的办公室进行的。他做了极其认真的准备，写了提纲，准备了书和资料。访谈时间最长的是唐宗焜先生，从上午 10 点进行到下午 4 点，畅所欲言。而在随后文章形成的过程中，我也领略了唐先生的严谨，和他身上浓厚的知识分子气派。

有一些经济学家可能彼此在历史上或者现时，有思想和观点之别，甚至有个人成见。因为我以前的工作背景，客观上近此远彼，曾经顾虑他们是不是愿意接受我的采访。为了避免被拒绝而失去机会，有几个采访，是先找中间人做事先沟通联络成行的。事实上，他们都非常热情，认真对待。通过访谈，也纠正了我从前一些似是而非的印象和概念，尤其感到：人应该以开放的思维，破除成见，用自己的眼睛去看，用自己的耳朵去听，独立思考判断。

我本身是一个独立的自由人，不隶属于任何机构；所做之事，不出于任何项目、课题，完全是个人行为。能够得到这么多经济学家、师长、朋友的信任和支持，内心充满感激。让我写下我所采访过的经济学家和历史见证者的名字，个别人是从前采访的，因为，我采用了从前的资料，所以一并写出（按姓名拼音顺序）：白南风、边勇壮、常修泽、陈坚定、程秀生、初保泰、杜厦、高梁、高尚全、郭凡生、郝一生、胡冀燕、华生、黄范章、黄江南、季红、贾增玉、金岩石、李峻、李善同、李绍荣、李昭、梁小民、刘国光、刘鸿儒、鲁利玲、鲁志强、吕立勤、茅于轼、庞邦选、裴小革、乔桐封、荣敬本、阮江宁、桑百川、唐宗焜、王小鲁、王元、王跃生、魏本华、翁永曦、乌家培、吴家骏、吴敬琏、武克钢、徐景安、许美征、薛小和、杨利川、杨鲁军、杨沐、杨启先、姚林、张钢、张守一、张学军、张宇燕、张泽厚、张卓元、赵人伟、赵兹、周继胜、周其仁、周绍朋、周叔莲、朱嘉明、邹蓝。还有一些人给我提供了资料、线索、背景、联络等方面的帮助，比如王小强、陈乐波、蒋菊平、张维迎、潘慕平、李树桥、崔鹤鸣、赵明、杨凯生、杨海平，等等。

征集照片，是追寻1980年代的又一次旅程。那些人和事，可见、可感。多么感谢为我提供照片的人们，他们是：白南风、车耳、高尚全、关敬如、管延友、胡冀燕、华生、黄范章、季红、贾增玉、李昭、刘国光、鲁志强、马怡、荣敬本、唐宗焜、王小强、乌家培、吴家骏、吴敬琏、薛小和、尹淑琴、张少杰、张泽厚、赵人伟、周绍朋、周叔莲、朱嘉明、邹蓝、赵明等。老者，多数斯人已逝；中青年，多数退隐历史。看到他们的形貌神态，真是惊喜、激动，加上感动。

三

开始写时，脑子里并没有一个完整的图像。写什么，怎么写，是随着研究的深入，一点一点展开和清晰起来的。先写熟悉的，资料和采访条件齐备的，然后逐步扩展人物和事件的覆盖面。写法上，采取以事带人，人在事中；另外也有意展现被遮蔽的、鲜为人知的历史。在大事中留下细节，小中见大。比如，《道口有道》，写的是“五道口”，即中国人民银行研究生部。那里的毕业生，很多是中国金融界举足轻重的人物，参与了商业银行、投资银行、证券事业的创建。我回避了这些辉煌人物，而是挖掘和探寻那些培养出这些人物的老师。写“农村改革之父”杜润生，没有写人们熟知的他为“包产到户”，为中央五个“一号文件”的贡献，而是试图捕捉他人性中最闪光的品质究竟是什么，他怎么是这么迷人的老头儿？最后将它落脚在“善待天地人”上。“巴山轮会议”，是大众非常熟悉的。在过去的10年间，我既写过，也作为专题研究过。这一次，还是希望写得有所不同。中国的西部大开发是2000年以后的一项国家战略。其实早在80年代，西部开发的研究就做得极为红火，而且有一大批火热的青年人，号称“西部帮”。这一次，终于把他们写出来了，这是第一次。类似地，我总是想，把那些被埋没的，发掘出来；把那些走向模糊的，清晰起来；把那些被歪曲的，纠正过来。然而，这个心愿太宏大，非我所及。本书在这方面做了一点微不足道的努力，也是向这些历史人物致敬。

写了一组“东欧来风”，分别是1979年来华的原籍波兰，后流亡英国，并成为牛津大学圣安东尼学院客座教授的布鲁斯；1981年来华，“布拉格之春”时的捷克副总理，后流亡瑞士，任教于圣·加伦经济社会大学的奥塔·锡克；以及1985年来华参加巴山轮会议，《短缺经济学》的作者，匈牙利经济学家科尔奈。那是2008年圣诞节，我去维也纳探亲，为了获得实感，访问了布拉格和布达佩斯。走在布拉格街上，偶然发现墙壁上一组雕像：一只只手，手指V字张开，下面刻着：1989.11.17.。雕像上，插着新鲜的玫瑰花。在共产主义博物馆，重复看布拉格之春纪录片，沉浸在片尾曲《感谢你》之中，泪流，然后跑去音像店买光碟。回维也纳的路上，天空下着12月的雨，大雾迷漫，车里回荡着《感谢你》，心潮起伏。去布达佩斯的火车上，读1956年匈牙利事件，纳吉临刑前的话，给我的心灵震撼难以言喻。也想去布鲁斯的故乡波兰，但是没能成行。靠近那块土地，心里就有了感觉，这不是知识和语言可以代替的。这只是一个插曲，还有很多插曲。

出版是一个充满遗憾的事业，在编辑修订工作进入尾声的时候，我对此深有体会。写史不容易，写当代史更不容易，而写对今天还有直接影响，与明天还有联系的当代史就更难了。我也有很多遗憾。首先，这么大的历史，只写了很小很小的一部分，即使穷我毕生之力，也不能写完。第二，很多有价值的题目，因为各种局限而不能写出来。第三，即使写出来的，也不能穷尽，不能淋漓尽致。而最最遗憾的情形是，脑子里想好要采访并且约定了的人突然生病或者过世。比如，原国务院技术经济研究中心最早的研究生，后来担任过中信国际所所长的皮声浩。再比如，采访杜老（杜润生）是我的夙愿。他前两年还每天去西四砖塔胡同上班，我妈妈家就在离那里不远的粉子胡同，咫尺之隔。然而，当我见到他，已是2010年春节，他住在医院里，97岁高龄。其实，和马洪总可以有这样和那样的联系。1998年去他家时，他的精力很好，思维缜密，有高见。之后，眼见他的帕金森病发展，语言能力衰退，曾和工经所原副所长杨沐计划过对马洪的采访，却没有抓紧。所有这些遗憾，对于记录历史的人，都是很痛苦的事情，耿耿于怀。

我禁不住想，假如1980年代，甚至1990年代，我有今天的意识，今天的觉悟，除了不会错过我们的老所长马洪、蒋一苇，还会采访很多精彩人物，他们一定不会拒绝，一定会支持我。由此想到，当下，今天，到了明天就是历史。所以今天的事情就要立刻去做，尽可能做好。

四

我很幸运，得以近距离地接近上下三代改革经济学家，接了地气。那是因为1985年考入中国社会科学院工业经济研究所读研究生，正是工经所红红火火的年代，历任所长分别是马洪、蒋一苇、周叔莲。而1998年以后，在做吴敬琏先生研究助手期间，因为参与当代中国经济学家学术评传系列丛书之吴敬琏评传的写作，曾做过大量采访；还有参与《当代中国经济改革》[1]一版、二版的修订写作工作，也是了解改革史的机会。再有就是2007年参与改革人物口述史的工作。所有这些，为我做了一些历史、思想、知识和感觉上的储备。再加上利用国家图书馆、社科院经济所图书馆、北大图书馆以及中国人民银行研究生部阅览室，阅读老报纸、老杂志、旧书，给了我一个场，得以触摸和感受 1980 年代。

每一个题目在心里都酝酿很久，和里面的人和事建立感情。比如，中国农村发展问题研究组，是首先进入我视野的。采访和文献准备进行了大半年，却迟迟没有动笔，总觉得火候不够，直到一年之后才写出《脚踏实地的发展组》。每个星期四，是报纸的截稿日；星期三就成了我熬通宵的日子。不是因为没有写完，而是仿佛大考交卷一样，反复修改，字斟句酌。夏天，忍受不用空调的热浪和潮湿；冬夜，身体冻成冰棍儿，心里激动得热血沸腾。虽然能得到赠报，星期六一早还是愿意去报摊儿买报。看着一篇一篇报纸被装进大夹子，仿佛看到历史被收存，感到莫大的宽慰。

五

《经济观察报》的编辑殷练女士，既是专栏的倡议者，也给了我温暖和坚实的支持，她具有优秀编辑的所有特征。我感谢她，也把她视为一生的朋友。其间，我们，或她，或我，都有去海外的时候，每到这时，通过邮件、越洋电话、短信沟通，从未耽搁或出错。而《经济观察报》，无疑是中国最好的报纸之一。他们的“理性、建设性”的理念和实践，我享受到了。这不能不提我写的《话语权背后的责任——兼谈为吴敬琏写传》（2010 年 2 月 8 日）、《面对历史：只有诚实和谦卑——吴晓波著〈吴敬琏传〉的硬伤、软伤及其他》（2010 年 3 月 8 日），也是在该报发表的。而之所以发出这样的批评，很大程度是从 1980 年代研究中得到的启示。

六

曾有一封落款是“山西，郭裕怀”的读者来信，信中说：“读得开心，痛快，真是心潮澎湃，回味无穷”，“我代表经历过这个时代，怀念这个充满活力时代的一批读者向你表示崇高的敬意！”他将每期报纸复印，分送给人。他希望我继续写下去。回信表示感谢时，告诉他我也是山西人。后来才知道，郭裕怀先生是原山西省常务副省长、政协主席、引黄入晋工程总指挥。从邮件，到短信，到电话，到见面，单纯的读者和作者，前辈和晚辈的交往纯粹而有趣。感谢IT时代，使坐在家里的书写，长上飞翔的翅膀。几家网站把我博客上的“那些人与事”专栏复制过去，使更多习惯网络阅读的年轻读者可以读到。最让我高兴的是1980后读者的来信，他们从中了解他们出生时的中国，感动和羡慕那个火热的年代，和那个年代中创造历史的人。确实，我们久违了1980年代。

七

这个历史之旅，也是我的学习和成长之旅。首先，除了历史本身的重要，它还提供了一个重要的维度，用来理解和认识现实。其次，历史重在细节，而细节往往储藏在人的记忆中。人们的记忆会有误差，或遗忘，或选择性记忆，或有意回避对自己不利的，或有意抬高自己的历史地位。这些都是可以理解的。所以还原历史，需要多方求证。采访和文献都要做扎实。第三，每个人都有局限性，有知识的局限，有眼界的局限，有时代的局限，有人性的局限。总之，人是复杂的，没有一贯正确，和一贯错误，不是非黑即白，此一时，彼一时，所以才要历史地看，不简单下结论。比如，有的人，在改革开放之初，是改革的开路先锋，到了后来的某些时候可能成为改革的阻力；有的人，起初觉悟较晚，后来，以开放的思维接受新观念；有的人，这一时表现为改革的生力军，另一时表现得有些摇摆；有的人，这一件事上表现开明，那一件事上表现保守。总之，情况各式各样，很难一概而论。既然写历史，就应该一码是一码，既不能将某人今日之光环放到昨天，也不能因某人今日之被边缘化而忽视其历史上的主导作用，尤其不能埋没那些如今被遗忘了的人的历史贡献。我尽量本着这样的原则，对待每一位历史人物，但也深知有很多疏漏和不周，也有力所不逮。

书中的错误和有待补充的内容，包括老照片中未能尽识的人物姓名，都欢迎读者和行家批评、指正、补充。我知道这个工作很粗浅，把它呈现出来，内心忐忑不安。关于1980年代改革思想史的研究，这只是开始，我会继续做下去，希望得到1980年代改革亲历者的帮助，也希望得到更多人的关注。

八

最后，要感谢我的亲人。最重要的两位：一位是身在海外的先生；一位是升入天国的儿子。

我的工作和本书都与先生有关。因为他，我成为自由职业者，得以有机会专门研究1980年代。他是1980年代改革的亲历者，参与范围广泛，且有历史感，是我的原始动力之一。从他保存的历史资料、日记，到他的高度和总体感，以及人脉关系，使我的选题有了通盘考虑，使我得以接近更多亲历者，使文章有了立得起来的筋骨和精神，使历史有迹可寻。

我在天国的儿子永远是我前行的动力。他希望我写作，一直鼓励我写作。他的心愿，是我牢记在心的一件大事。我也确确实实想过，从哪里开始，如何写下去。终于，在1980年代这个题目上，找到了实现他的愿望的可能。当我沉浸在工作中，他始终是与我同在的力量。而他本身是1980年代的产物；他的名字子尤和1980年代连在一起。

还有，我的写作和发表，是我年迈的父母关心和骄傲的事情。每个星期六，他们去买报纸，戴着老花镜，拿着放大镜读报。最难忘那一幕，今年3月9日清早，在我推母亲进手术室的路上，躺在床上的她对我说：

“你的文章写得好！有理有据！”这说的是头一天，3 月 8 日刊出的《面对历史：只有诚实和谦卑》。父母除了爱我，也懂我。那一天，是我 50 岁生日。

柳红于北京
2010年9月18日

1．吴敬琏：《当代中国经济改革》，上海远东出版社，第一版，1998；第二版，2003。

增订本后记

这本书的第一版于2010年出版，距今已八年之久。其中最早的文章，写于纪念中国改革开放三十年的时刻，而如今，已进入改革开放第四十个年头。在过去八年里，我自己对于1980年代的研究在日益深入，从史料上，从认知上，从理论上，从方法上，它甚至影响和改变了我的人生轨迹。正因为此，对于出版社的朋友前几年关于修订版的建议，始终没有给予积极的响应。一是因为精力和兴趣在一些新的题目上；二是觉得此书是当年在《经济观察报》的专栏文章结集而成，囿于公共写作和报纸的特点，舍去了一些枯燥但是有学术史价值的内容，不免遗憾。

但是，回过头看，这本书通过一个一个人物和事件来展现1980年代改革开放的宏大历史画面，尤其是三代经济学人怎么样地探索和努力，还算是一件有意义和经得起时间考验的工作。因此，在此次修订中，基本保持原貌，只替换和增加了几篇文章，例如：（一）2014年，在莫干山会议三十周年时，在新获得一些会议参加者的私人收藏（如日记、会议文件等）的基础上，所作《历史之棱镜——莫干山会议三十周年再记》;（二）2012 年，位于北京市海淀区五道口的原中国人民银行研究生部与清华大学合并，成立清华大学五道口金融学院，在那个时刻，作为对改革初期的新生事物的纪念，又重新梳理了它的历史，以《辉煌，但是不可持续——解读“五道口”现象》一文为完成了历史使命的（五道口）研究生部送别；（三）2015 年，有中国“农村改革之父”称号的杜润生逝世，享年 102 岁，我以万字长文《杜润生：好大一棵树》表达纪念；（四）2016 年，托夫勒逝世，重提他的《第三次浪潮》一书对中国的影响，那就是《1983—1984 年，中国有一场新的世界产业革命大讨论》。上述四篇都是因为一些特殊契机而写，较之先前相关主题的文章，在资料上要丰富得多，也深入得多，并非重复之作。除了新增这四篇之外，也对其他部分文章做了某些局部修订，或是改正个别差错，或是补充一点史实，或是增加必要的脚注等等，但是，为了尊重早年的“写作历史”，大的格局和风貌不变。

毕竟，这本书是从经济学家的角度进入 1980 年代经济改革研究的第一本著作，通过史实展现 1980 年代人们参与经济改革的波澜壮阔的景象。那是一个经济学家群体作业、团队作业、发挥组合影响的时代。这有助于纠正当时媒体对于个别经济学家作用的夸大和吹捧。随着时间的推移，历史真相越来越被人们看清和了解。

重读旧作时，最让我痛心的是在过去八年中，一位位老师、兄长相继离世——杜润生、于光远、谷书堂、熊性美、张守一、黄范章、周叔莲、张少杰、曹思源、陈佳贵、王忠林、冯宛平、程秀生、杨沐，等等。而每一次噩耗传来，在痛心之余，都鞭策我要抓紧，抢救历史，加快速度。

1980 年代已经远去，而关于 1980 年代的研究还很稀缺。谨以这本旧作的增订版，纪念远去的 1980 年代。希望在不久的将来，我能向读者奉献新的研究成果。

柳红于维也纳

2018年3月20日